典型国家和地区政府预算制度研究丛书

中国财政发展协同创新中心、中央财经大学政府预算管理研究所资助项目

丛书主编/李 燕

英国政府预算制度

王淑杰/编著

图书在版编目（CIP）数据

英国政府预算制度／王淑杰编著．—北京：经济科学出版社，2014.12
（典型国家和地区政府预算制度研究丛书）
ISBN 978-7-5141-5361-3

Ⅰ．①英…　Ⅱ．①王…　Ⅲ．①国家预算－预算制度－研究－美国　Ⅳ．①F815.612

中国版本图书馆CIP数据核字（2015）第001135号

责任编辑：高进水　刘　颖
责任校对：曹　力
责任印制：潘泽新

英国政府预算制度
王淑杰　编著
经济科学出版社出版、发行　新华书店经销
社址：北京市海淀区阜成路甲28号　邮编：100142
总编部电话：010-88191217　发行部电话：010-88191522
网址：www.esp.com.cn
电子邮件：esp@esp.com.cn
天猫网店：经济科学出版社旗舰店
网址：http：//jjkxcbs.tmall.com
北京财经印刷厂印装
787×1092　16开　19.5印张　440000字
2014年12月第1版　2014年12月第1次印刷
ISBN 978-7-5141-5361-3　定价：39.00元
（图书出现印装问题，本社负责调换。电话：010-88191502）

《典型国家和地区政府预算制度研究丛书》

丛书总序

从世界范围来看，现代预算制度的产生发展历程与现代法治国家的建设如影随形，预算是控制和制约政府权力扩张的重要手段。从形式上看，政府预算是经过法定程序批准的、具有法律效力的政府年度财政收支计划，但从其实质而言，是社会公众对政府权力进行“非暴力的制度控制”的有效途径。同时，由于预算还决定着对有限的公共资源在不同利益主体之间如何分配的问题，因而，预算过程中也充满了各种利益集团为争夺有限预算资源的政治博弈。预算过程为各利益集团及公众提供了一个相对开放的平台和渠道，使他们可以通过法定的程序提出自己的预算诉求，了解预算配置的信息，监督预算资源的使用及政府承诺的兑现。因此，预算是实现政府自我约束和立法机构外部控制的重要制度安排与机制。

随着中国公共财政框架体系的逐步建立和完善，预算在保证政府对有限公共资源的配置及使用上的合规有效，强化人大对各部门、各单位使用财政资金的控制功能方面，正在发挥着越来越重要的作用。我国自2000年以来将财政改革及公共财政框架体系的建设聚焦于支出管理后，围绕预算制度的改革与创新就从未间断过：如部门综合预算改革旨在细化预算编制，实现部门预算的完整性；政府采购制度改革旨在将政府的支出管理纳入“公开、公平、公正”的轨道，杜绝黑箱操作；国库集中收付制度改革旨在提升财政部门对预算资金收支流的控制功能，防止财政资金被截流挪用和提高其使用效率；预算外资金管理改革旨在将完整的政府收支纳入财政管理和社会监督视野；政府收支分类改革旨在使政府每一项支出通过功能和经济分类得到“多维定位”，以清晰地反映支出最终去向等。党的十八大以来，党和国家的重要会议、重要文件中均密集涉及政府预算问题，特别是从党的十八大报告中提出的“加强对政府全口径预算决算的审查和监督”到十八届三中全会《中共中央关于全面深化改革若干重大问题的决定》中提出的“实施全面规范、公开透明的预算制度”，再到历经十年修订历程于2015年1月1日起正式实施的新《预算法》等，可以说，预算改革已经成为中国当前行政体制改革、财政体制改革的关键突破口，引起了决策层的高度关注。

从理论研究而言，近十年来中国的政府预算研究也呈现出“百花齐放”的繁荣景象。政府预算突破了传统财政学的研究范畴，政治学、社会学、法学、行政管理学等学科纷纷从各自的研究视角加大对政府预算的研究，跨学科的研究视角和国际化的研究视野也有力地推动了政府预算研究的广度和深度。

西方国家现代预算制度作为政府治理的重要手段，其建立与完善走过了几百年的历史，经历了新兴资产阶段力量与落后王权力量的斗争过程，经历了暴力式的革命路径和非暴力式的改良路径。一个国家预算制度的选择与该国的政治体制、政党政治、经济体制、经济发展阶段、历史文化等环境因素密切相关，各国预算制度的优化也始终与政府改革、政府效率的提高紧密联系在一起，但在发展与改革过程中越来越清晰的是预算已逐渐成为社会公众和立法机构控制约束政府权力扩张的有效工具，是给权力戴上"紧箍咒"的重要载体。

"他山之石，可以攻玉"，编纂《典型国家和地区政府预算制度研究丛书》的根本目的在于，全面、完整、系统地提供典型国家及地区预算管理的做法，归纳典型国家与地区在建立现代预算制度过程中的成功经验与教训，为预算理论及实际工作者了解他国及地区现代预算制度的建立历程、管理模式、关键改革等提供文献资料及经验借鉴，同时也可以为我国建立起现代预算制度及至预算国家提供参考依据。因此，本丛书定位于具有决策参考价值和研究文献价值的专辑，目的不在于说教，而在于为决策者和理论与实际工作者提供一种选择、借鉴的可能。我们也希望本丛书的出版与问世能引起各界和决策层对政府预算的广泛关注，为我国现代预算管理制度的建设与完善，为建设法治中国添砖加瓦。

《典型国家和地区政府预算制度研究丛书》首先选择俄罗斯、美国、英国、德国、日本、澳大利亚、印度、中国香港等国家和地区，内容根据各国和地区的特点，侧重梳理介绍其政府预算管理制度，主要包括组织体系、管理流程、管理制度、监督机制、法律法规以及预算改革的趋势等相关内容，重在诠释各国预算管理的基本事实和最新改革动态，力图总结出可供我国借鉴之处。

本丛书是依托中央财经大学中国财政发展协同创新中心和政府预算管理研究所的力量组织编著的。中央财经大学政府预算研究团队集合了国内外高校、研究机构、实务部门构成的专兼职研究人员，主要从事政府预算管理理论与政策的研究，研究范围涉及政府预算理论、财政信息公开与透明度、预算监督与预算法治化、政府会计与政府财务报告等。研究团队还紧跟国际预算理论发展与我国政府预算管理改革动态，借鉴国际经验，加强对政府预算理论、预算政策、预算制度和预算程序以及中外预算的比较研究。研究团队的特色定位于倡导问题导向型的研究模式，强调研究成果的决策实用价值；随着学科交叉与融合，提倡对政府预算进行跨学科研究；推动研究方法的创新，提倡对政府预算问题开展实证研究。研究团队在运作模式上，提倡"学研一体"的运作模式，以期将科学研究与人才培养工作结合起来。

丛书编写主要基于各国政府相关部门网站、政府预算报告、最新立法及政策方案、各种统计年报等所载大量一手资料和有关文献编纂而成，力图尽可能客观地反映各国的政府预算制度体系及改革近况。但是，由于受各种因素及语言局限，在资料收集上存在一定的难度，该套丛书还存在一些缺憾与疏漏，希望广大读者理解，也欢迎批评指正，以利于我们不断总结，逐渐扩大丛书所涉国家及地区的范围，为广大读者提供更多更好的开展预算研究与指导实践的书籍。

丛书编委会

二〇一四年十二月

关于政府预算流程中立法机构与行政机构关系的几点认识

（代书序）

一、完善预算法的核心问题

2014年8月31日，第十二届全国人民代表大会第十次常务委员会会议表决通过了修改预算法的决定，素有“经济宪法”之称的预算法终于完成了20年来的首次大修。1994年3月22日我国正式颁布实施了《中华人民共和国预算法》并且于1995年1月1日开始实施（下称“1994年预算法”）。2014年是我国“1994年预算法”颁布实施20周年，也是我国分税制财政体制实施20周年。可以这样认为，“1994年预算法”是我国实施分税制财政体制（包括预算体制和税收体制）改革的法律基础，因而也是我国分税制财政体制的基本法律保障。按照这样的逻辑关系分析，并且从法律的角度看，目前我国分税制财政体制实施过程中出现的各种问题——这些问题大到诸如中央与各级地方政府之间财权与事权划分不清晰或者不匹配问题、地方政府债务规模过大乃至存在潜在的地方政府债务危机问题，小到“三公经费”管理不严问题、预算科目划分不科学问题等——实际上都与我国“1994年预算法”本身存在的问题密切相关。因而，从实践的角度看，“1994年预算法”已经难以适应21世纪我国财政体制建设与国家治理工作的需要了。正因为如此，2012年7月6日全国人大常委会官方网站全文公布了《预算法修正案（草案）》，征求公众意见，截至2012年8月5日在一个月的时间里共征求到了33万条意见。我国《预算法》的修订工作之所以持续了10年，其主要原因在于：预算法本身实际上是涉及政治、经济、社会以及各个不同利益集团之间关系的复杂的系统，因而修订过程中是很难取得一致性的意见的，即使是在我国这样一个政治上高度集中统一的国家中，像预算法修订这样的工作也是具有相当大难度的工作；就预算从编制到立法再到执行的预算流程（本书将政府预算从编制到立法——即立法机构通过审查批准再到执行的全过程简称为“预算流程”）而言，上述复杂系统中体现的各种类型的利益关系又集中体现在预算立法机构与行政机构的关系之中，也正是基于这样的复杂的政治经济与社会关系，有人甚至认为，在我国，要进行根本性的预算法大修订的条件还不够成熟。同时还认为，中国预算的法律监督体系从根本上不是预算法所能解决的，而是有赖于政治、经济、社会全面配套改革和宪政改革构建法律监督体制完善的空间。就我国的政府财政改革而言，单靠预算法的修改而过多超前于其他改革的推进，将徒增尴尬，欲速不达。① 看来我国预算法修订过程中的问题的复杂程度比任何人所能想象的都要高。因此，尽管全国人大常委会已经通过了预算修正案，并且在立法宗旨以及在预算公开、地方债务问题、预算口径问题等方面的法律规范已经超越了1994年预算法，但是，在关于立法机构（即我国各级人民代表大会及其常务委员会）在预算流程中的地位与功能的法律界定方面，在预算流程中有关立法机构与行政机构之间的关系问题的处理上，在预算流程中各个有关行为主体的权力、责任与地位的界定上等方面仍然缺乏明确的法律规范，这些缺欠势必导致新修订的预算法仍然难逃“实施难”、甚至“无法实施”的厄运，我国有关专家甚至现在就断定新的预算法只具有“宣示”效应，其实际的法律效力基本上无法得以发挥。

预算法的核心问题是立法机构在预算流程中的地位、责任和功能的法律界定问题及其与行政机构的关系问题。我认为，我国预算法进一步的完善和法律效力的提升的关键点也在于立法机构在预算流程中的地位、责任与功能的法律界定是否明确以及其与行政机构的关系处理是否得当的问题，在于强化对政府预算的法律监督问题。实际上，就新预算法的“亮点”而言，最耀眼的“亮点”就是强化了预算的法律监督。②

“他山之石，可攻玉”。实际上，关于政府预算的立法机关与行政机关的复杂关系问题不仅仅在我国存在，也是世界上大多数国家在处理政府预算的立法与执行过程中所面临的共同性的问题。尽管我国的政治体制与世界上的许多国家例如OECD主要成员国之间的体制有比较大的差异，但是了解、研究这些国家在预算流程中立法机构的地位、责任和功能法律界定特征及其变化的规律、了解这些国家的立法机构在预算流程中与行政机构之间关系的演变与发展规律，对我国进一步完善预算法、进一步处理好立法机构在预算流程中的功能定位问题及其与预算执行机构之间的关系有着十分重要的借鉴意义。

二、立法机构在政府预算流程中扮演的角色——四种类型

（一）立法机构与行政机构在预算流程中的关系

关于立法机构在政府预算流程中的地位、责任和功能的问题首先涉及立法机构与行政机构的关系问题。立法机构（例如我国各级人民代表大会及其常设机构）和行政机构（这里主要是从预算的执行机构的角度讨论行政机构，例如我国国务院、各级地方人民政府及其财政部门）是政府预算流程中两个最为重要的机构，它们各自拥有的权利和功能在各个不同的国家尽管有所不同，但是其关系的基本内涵还是

① 贾康、段爱群：《预算法修改中的创新突破与问题评析》，载于《财政研究》2013年第2期。

② 楼继伟：《新〈预算法〉修正案——六大亮点解读》，新华网，2014年9月11日。

相近或者相同的。影响并导致各个国家的立法机构与行政机构在预算流程中的权利与功能差异的主要因素包括历史性的因素，机制方面的因素，宪法方面的因素，政治方面的因素以及各个不同国家在预算立法程序、立法机构的构成等等——这些因素都在程度不同地影响着各个国家政府预算的流程。

从目前世界各个国家的国家治理结构及其历史演变过程来看，按照宪法对行政机构与立法机构的划分，各个国家的行政与立法机构之间的关系大体上可以进一步分为四种类型，这四种类型中的三种又是分别基于以美国为代表的总统制和以英国为代表的威斯敏斯特体制这两种体制并且在这两种体制框架下的延伸。具体的类型划分如下：

1. 以分权为特征的总统制，其中立法机构对政府预算流程具有强大的决定权——该体系以美国为典型的代表。

2. 以立法、行政权力相对统一、同时也相互制衡为特征的威斯敏斯特体系（Westminster System），在该体系框架内，政府内阁的高级成员通常由立法机构中多数党成员组成而形成的实质上的立法、行政机构权利合一，因而，政府预算流程中的立法与行政环节的衔接相对平滑，行政机构在政府预算流程的各个环节中一般占主导地位。

3. 对上述两种体制进行程度不同的改造后形成的体制，包括. 比较多地具有总统制体系特征的半总统制体系（semi-presidential systems），或者是比较多地具有威斯敏斯特体系特征的非威斯敏斯特议会体系（non-Westminster parliamentary systems）。

4. 我国的在中国共产党领导下的人民代表大会制度，该制度的基本特征按照我国官方的概括为：坚持中国共产党的领导、人民当家做主和依法治国。在人民代表大会制度下，预算流程中的立法与行政环节之间在过去长时间里是“无缝”衔接的，行政机构在预算流程的各个环节中实际上始终占据主导地位，但是近些年来，由于中国共产党开始注重并强调政府预算流程的民主与透明度问题，开始实施强有力的反腐措施，立法机构对预算流程的影响力开始增强，不过总体上看，政府预算流程中的立法与行政环节还是相当平滑的。

（二）立法机构在预算流程中的作用有不断增强的趋势

从世界历史发展的角度看，在过去的几个世纪中，立法机构在政府预算流程中扮演的角色几经演变。在欧洲的英格兰，立法机构在政治与预算制度中的优势地位从整体上看，是随着国家政治体制由君主制向民主制的转变而得到了强化。其他国家也发生了类似的转变。

历史上，立法机构强化其在预算流程中的地位与作用的主要原因是立法机构力图使支配钱袋子的权力独立于君主。其中，决定资源在竞争性项目之间的配置是立法机构与君主（以及政府）之间进行争夺的焦点。

从政府预算产生与发展的历史进程来看，立法机构对财政资金的拨款授权构成了政府预算与财政责任的基础。由于掌握了对财政资金的拨款授权，使得立法机构具备了对财政资金配置的法定影响能力。立法机构通过这种事前决策的功能实现其对整个预算的执行过程和预算项目管理的制约和影响。立法机构的法定影响力主要表现在：行政机构在预算年度内按照批准的预算和获得的预算授权使用财政资金；立法机构或者直接监督行政机构的预算执行过程，或者通过引入独立的审计机构对行政部门的预算执行情况进行审计来实现对预算执行过程的监督与管理。

目前，世界主要经济发达国家的立法机构在政府预算流程中的作用范围实际上已经变得很宽泛。立法机构对预算流程的影响力主要来自于立法机构控制的政治力量、法律手段和制度手段得以实现。立法机构还通过立法机构内部机构的调整以及立法程序的调整实现对预算流程的影响与控制。

一个国家通过宪法对立法和行政机构的预算责任的划分直接决定了立法机构和行政机构在预算流程中的角色定位与作用。

——在像美国这样的实施分权化的总统制体系里，立法机构在政策制定与预算决策领域扮演着十分重要的角色，其主要原因之一是，按照美国宪法的规定，立法机构成员的选举与总统的选举是各自独立进行的，立法机构，即国会参众两院的议员席位与总统所代表的政党并不一定是一致的。

——在以英国为代表的威斯敏斯特体系里，立法机构的预算权力实际上是比较微弱的，在该体系里，行政领导人，即以首相为首的内阁成员产生于国会的多数党，由此决定了立法机构有支持行政机构，即支持政府的义务。

——在介于两种体制的国家里，立法机构和行政机构之间的预算权力则稍有不同，这些国家包括：[①] 法国和韩国等“半总统”体系（the semi – presidential system）类型的国家；德国和意大利等民主共和体系（the parliamentary republic）类型的国家；荷兰、瑞典等非威斯敏斯特议会君主立宪体系（the non – Westminster parliamentary monarchy）国家等。

——以我国为代表的人民代表大会制度，由于中国共产党领导层实际上一直在强化人民代表大会及其常设机构的立法责任和预算权力，使得立法机构在整个预算流程中的影响力在逐步增强，特别是自2014年中共十八届四中全会确立了依法治国的基本方针后，预计我国各级立法机构的预算影响力将会进一步增强。

在整个20世纪，特别是从20世纪后半期以来，以OECD成员国为代表的西方国家立法与行政机构之间的关系发生了很大的变化，这种变化主要是伴随着政府行政机构的急剧膨胀，以及这些国家的政府更多地关注国际关系以及国际间的各种争端的增加，导致行政机构对预算流程的影响力越来越大。不过，进入21世纪以来，这些国家行政机构对预算的影响力受到来自立法机构的越来越严峻的挑战，有些国家的立法机构往往通过坚持强调立法机构应当对政府预算流程拥有更大的影响力与责任的原则来强化立法机构对预算流程的影响力——从这个角度看，在部分西方国家立法机构与行政机构在预算流程中的相互关系正在发生变化，其主要原因之一是来自公众的对预算政策的政治压力越来越大，这种政治压力主要集中在预算约束上，

① Lienert, Ian (2005), “Who Controls the Budget: The Legislature or the Executive?”, IMF Working Paper No. 05/115, June, International Monetary Fund, Washington DC.

来自于人口老龄化进程的加剧对政府预算支出的压力越来越大，同时也来自于由于各个国家推行的绩效预算管理方法对支出的约束越来越紧，各个国家对预算流程再造与预算管理方法与理念的变化实际上也在客观上促使其立法机构强化自身对政府预算的责任，强化其在政府预算流程中的影响力和地位，强化其对政府预算支出的有效控制和对预算风险的防范与控制。

实际上，在许多国家，伴随着人口老龄化及其对政府预算支出压力的增大，伴随着国家主权债务危机问题的加重，伴随着公众对政府预算改革（诸如实施绩效预算、编制中期预算或者建立中期支出框架等）呼声的不断增高以及由此带来的预算改革压力的不断增大，许多国家的立法机构、行政机构都在不约而同地重新审视和强化它们各自在预算流程中的地位与作用，由此导致了立法机构和行政机构在预算流程中的相互关系的不断变化。这种变化及其变化的趋势不仅对相关国家的政府预算改革与发展产生重大影响，而且也会对整个世界经济与政治格局的演变带来重大影响。

三、值得研究的英国预算制度

从政府预算发展历史的角度看，世界上最早出现政府预算的国家是英国，其在13世纪时就出现了政府预算的萌芽。发展到目前，英国的政府预算管理已经比较成熟和完善。如果能够比较全面、客观地了解英国政府预算制度的框架及其内容、梳理其背景历史及现状体制，那就为我国借鉴英国制度构建我国的现代预算制度奠定了基础。显然很多学者也关注到了这一问题，关于英国预算制度方面的介绍和梳理也比较丰富，尤其是学术论文，但论文的论述毕竟篇幅有限，不可能给读者一个全面的视角来了解英国预算制度。而专著则数量较少，且不完全是从英国预算制度的角度出发，可能在论述英国议会制度、发展演变、部门预算、绩效等专题时涉及预算的内容。因此本书试图将现有研究进行编辑、梳理，并补充完善，以提供完整的学习和了解英国政府预算的参考资料。

因为本书的编辑初衷是理清英国政府预算制度的框架并为我国理论和实践提供借鉴，所以本书的写作思路按照英国预算管理宏观背景、英国政府预算管理流程、英国预算管理热点专题以及英国政府预算管理制度特点和借鉴等四个步骤进行，共分十一章内容。

第一个步骤中包含了英国政府预算的环境、演进和主体。这为读者介绍了英国预算制度是在什么样的宏观背景下实施的，由谁来实施。这个背景的交代非常重要。这正是辨别哪些可为我用，哪些不可为我用的基础。因为英国的政治环境、经济环境和财政环境都和我国有很大区别，其历史演变也非常特别，所以才会造就了今天的英国预算制度。我国这些环境与英国有着巨大差别，因此在借鉴英国制度时不能照搬，而要考虑到我国的特殊背景。在英国，其预算管理组织比较充实，包括财政、预算责任办公室、部门、内阁、公共账目委员会、审计等多个机构，机构众多而且分工明确相互监督。这也是英国预算管理比较有特色的地方，值得我国借鉴。第二个步骤包含了预算编制、审批、执行和报告审计等预算管理流程。作者如此安排是为了与我国预算管理流程相一致，便于借鉴。对于每个流程的介绍也结合了当前我国改革的热点，包括复式预算和中期预算等。比如在预算编制部分，就比较详细地论述了复式预算这一热点问题，书中介绍了资源预算和资本预算并列示了表格和数据，为我们更好地借鉴英国复式预算提供了参考。再比如，在预算审批部分，比较具体地介绍了审批程序和内容，这为我国加强人大预算审批，改变人大预算审批“橡皮图章”的尴尬地位提供了良好的借鉴。第三个步骤是对英国预算改革热点专题的梳理，包括预算公开、绩效预算和债务管理等。这些也是当前我国预算改革的热点问题。虽然这些改革在我国都已经开始实施，但管理水平仍旧停留于较低的层次。而本书在这些问题上的梳理无疑能够为未来在我国继续推行这些改革提供良好的借鉴。第四个步骤是对英国做法的总结借鉴以及我国预算改革的展望。在这部分，本书总结了英国中期预算、绩效管理、政府会计和财务报告、信息公开和债务管理等方面的特点，并提出我国可借鉴英国做法，从改善预算公开、推进中期预算、推动绩效预算、加强地方债务管理和健全政府会计和财务报告等方面入手，逐步建立并完善我国的现代预算制度。

作者尽量获得英文原文资料并进行翻译整理，部分资料内容比较新，如关于英国部门会计长、预算责任办公室的介绍等，这为我们了解英国的现状提供了重要的资料。这些英文原文资料大多通过官方网站、研究机构网站或者图书、论文等途径获得，这保证了这些资料的客观性和准确性。

本书是中央财经大学财政学院《典型国家和地区政府预算制度研究丛书》之一，希望该书的出版能够有助于丰富对英国预算制度的研究以及为改进我国预算制度提供参考。

李俊生

2014年11月15日星期六

于北京沙河高教园

目　录

第一章

英国政治经济和财政概况

■ 本章导读

作为“议会之母”和现代预算制度的发源地，英国预算管理制度具有较明显的开创性，并为世界上许多国家效仿。英国的预算制度是在其特定的政治、经济环境下，经过漫长的发展变化而逐渐成熟的。本章在介绍英国单一制、内阁制等政治体制，经济发展历史和现状的基础上，梳理了英国的财政收支概况以及财政体制。

第一节 英国政治体制

英国位于欧洲西部、大西洋的不列颠群岛上，东濒北海，西临大西洋，南与欧洲大陆只有英吉利海峡一水之隔，全称为大不列颠及北爱尔兰联合王国，国土面积24.25万平方公里，人口5 900多万人。英国行政区由英格兰、苏格兰、北爱尔兰、威尔士和大伦敦地区组成。英格兰下设45个郡，威尔士下设8个郡，苏格兰下设9个行政管辖区，北爱尔兰下设26个区，大伦敦地区下设33个区。

一、单一制

英国是一个单一制的民主国家，它的政府体系（即所谓西敏制）直接影响了许多其他国家的政治体制，包括加拿大、印度、澳大利亚和牙买加等英联邦成员国。英国领土由英格兰、威尔士、苏格兰和北爱尔兰四部分组成。1949年以前，英国的正式国名是大不列颠及爱尔兰联合王国，1949年4月17日南爱尔兰独立后，其正式国名相应改为大不列颠及北爱尔兰联合王国，简称联合王国、大不列颠或不列颠。

英国是一个有地方自治传统的单一制国家，这就使它既不同于地方权力较大的联邦制国家，也区别于地方权力较小的中央集权的单一制国家。现代英国地方政府的基本框架是：实行郡和非郡市、城区二级地方政府，或者郡级市和乡区、教区二级地方政府。中央与地方政府关系极为复杂。议会有权决定授予、取消或改变地方政府的权力，中央政府部门对相应的地方政府部门具有指示、指导或建议权。如果地方政府的行为有超越法令规定的“越权”行为，任何公民都可向法院起诉。中央政府有权派视察员对地方政府的某些做法进行检查、监督，有些法规亦要求地方政府把种种计划或命令提交给有关的大臣批准或认可。

二、君主立宪制

英国是最早进行资产阶级革命的国家，资产阶级和贵族相妥协建立了君主立宪制政体，世袭君主成为国家“虚任元首”。宪法是几个世纪以来政治历史演变的产物，宪法的不单独成文性使其具有多样性。英国没有成文的宪法，但宪法惯例（constitutional conventions）具有宪法的作用；各种成文法和普通法共同组成了所谓的英国宪法。

君主立宪制又称“立宪君主制”或“有限君主制”，是资本主义国家君主权力受宪法限制的政权组织形式，有二元制和议会制两种。二元制的君主立宪制，是君主和议会分掌政权。君主任命内阁，内阁对君主负责，君主直接掌握行政权，而议会则行使立法权，但君主有否决权。议会制的君主立宪制，议会掌握立法权，内阁由议会产生并对议会负责，君主的实际权力减弱，其职责大多是礼仪性的。

世袭君主是国家“虚位元首”，议会由英王、下议院、上议院组成。权力主要在下院。政府实行责任内阁制，地方政府根据法律实行“自治”。在司法制度中，不仅有一套复杂的法律体系，而且有一套繁复的法院组织系统。英国的政党制度是两党制，两大资产阶级政党轮流执政。

英国的国家元首和理论上最高权力的拥有者是英国国王，国王还是国家政治权力的精神支柱。实际上，国王只拥有象征性的地位，其权力的形式受到惯例与民意的约束。一个君主在位的时间越长，经验与学识越丰富，他的意见就越会受到内阁和首相本人的重视，而这种君主与内阁之间的交流是在每周例行的秘密会议中进行的。事实上，在英国拥有最高政治权力的人是内阁首相，他（她）必须得到下议院的支持。“君临议会”（Crown in Parliment）代表了英国的国家主权。

三、英国国王

从理论上说，英国国王是英国宪法规定的君主、世袭的国家元首、议会的组成部分、司法的首领、政府的首脑、武装部队的总司令和英国国教的世俗领袖，但在实际上，英国国王只是一个象征性的国家元首。当今英国女王是伊丽莎白·亚历山德拉·玛丽，其头衔的全称是“蒙上帝的恩惠，大不列颠及北爱尔兰联合王国和其他领土及领地的女王、英联邦元首、基督教的保护者”。

国王在立法中的主要职能表现为；召集、终止议会的会议和解散议会；在议会开幕式上发表施政演说，阐明政府政策。但演讲稿必须由内阁撰写，施政演说对国王来说是例行公事。议会通过的法律必须由国王签署并以国王的名义公布才能生效，国王有权拒绝批准议会通过的法案。但是，几百年来，英国国王事实上从未拒绝过议会的任何一个议案。

根据法律规定，国王在行政上的职权为：国王是行政首脑，一切行政权力都以国王的名义付诸实施，包括任免内阁首相、大臣、高级法官和各属地的总督，统帅军队，对外宣战及媾和，接见国内外要人和出国访问等。按照规定，国王每星期二晚上要和首相讨论一次国务问题，内阁及其所属各部的会议文件、决议、记录和报告，必须送国王过目、批阅，但国王对此一概不负责任。所有政府文件除国王签署外，都由一个内阁大臣或全体阁员副署（副署即是表示自己同意）代为负责。因此，在英国就形成了一条原则，即“国王不应有错”。所谓国王不应有错，从法律上说，是指国王不能因为他（或她）的错误而受到法院的审判。因为从政治上说，国王的一切政治行为，都有议会、内阁为其负责，国王在政治上已经没有权力，因而也就没有责任，如有错误，也是议会或有关大臣的事，与国王无关；在民事方面，不得到国王的批准，不能对其提出侵犯权益等的诉讼；在刑事方面，不能对其提出检举。“国王不应有错”原则早在亨利三世时期就已开始形成，后来成为英国的一条宪法性原则。

由于国王在立法中的职能和在行政上的职权，按照习惯和英国人的观点，国王仍被看成“一切权力的源泉”、“国家的化身”。虽然在实际上，国王只具有象征性的地位和权力，统而不治，“临朝而不理政”。国王的活动多数属于礼仪性质，法律上赋予国王的权力，早已让给内阁和议会，国王只是一个虚君。

国王作为国家元首、政府首脑和全国武装部队总司令的地位和职权虽然只是象征性的，但是她（他）在英国政治生活中决不是可有可无的，而是英国政治制度中不可忽视、不可替代的重要组成部分，其精神统治作用是不可估量的。英国资产阶级革命胜利后，虽然保留了国王的位置，但随着资本主义的发展，资产阶级的统治日益巩固，国王和王权不再是民主的对立物，而成为维护资产阶级民主的一种重要力量。在英国资产阶级统治的几百年中，在大多数年代里英国政局都比较稳定，原因固然是多方面的，但英国国王的作用和影响也是一个重要因素。具体而言，在英国政治制度中，国王可以起到如下作用：

（一）作为国家统一和民族团结的象征

英国资产阶级历来宣传英国国王是超阶级、超党派、不谋阶级私利、不持党派偏见的君主，这就使国王在一般臣民中被视为是“中立的”，是“人民自由的保障”，是国家统一、民族团结的象征。当党派斗争引起政治危机和社会危机，引起广大人民群众的强烈不满时，国王就可以真正地行使其解散议会或重新组阁的权力，使国家恢复正常的政治秩序。因而在一定意义上说，英国国王的存在，是英国政治斗争的“安全阀”和“制动器”。而国王在客观上也确实在某种程度上对全民族产生了一种团结、统一的凝聚力。国王的存在，是英国数百年来没有发生社会动乱和剧烈变革的重要原因之一。

（二）作为联系英联邦各成员国的纽带

英联邦是由英国和已经独立的前英国殖民地或附属国组成的联合体，已有70多年历史，目前有54个成员、17亿人口。第一次世界大战后，慑于日益高涨的殖民地民族解放运动，英国调整了同原英帝国其他成员之间的关系。1926年“英帝国会议”的帝国内部关系委员会提出，英国和已经由殖民地成为自治共和国的加拿大、澳大利亚、新西兰和南非是自由结合的英联邦的成员，地位平等，在内政和外交的任何方面互不隶属，唯依靠对英王的共同效忠精神统一在一起。1931年，《威斯敏斯特法案》从法律上对此予以确认，英联邦正式形成。1947年印度、巴基斯坦各自宣布独立并加入英联邦。1949年印度成为共和国，选举了自己的国家元首。从此英联邦成员由需对英王效忠的原则演变为英联邦成员“接受英王为独立成员国自由联合体的象征”。英王是“英联邦的元首”，是加拿大、澳大利亚等十几个国家的女王，通过委派总督代行她的职权。英联邦各成员国同英国政府之间没有法律上的关系，而英王和王室成员经常到英联邦国家去访问，出席两年一次的英联邦国家首脑会议和一年一度的英联邦国家财政部长会议，并参加其他国家的一些庆典活动，密切了英联邦各成员国之间的关系。因此，英王就成为联系英联邦各成员国的纽带。

（三）作为英国资产阶级维护其统治的后备武器

在通常情况下，英王行使其权力时应根据多年形成的惯例，但在政局出现突发事件等特殊情况下，英王可打破惯例决定权力如何行使而发挥应急功能。这是英王的一项重要权力，这项权力的及时行使可以有效地防止在“群龙无首”的情况下可能引起的动乱。因此，在资产阶级统治出现某种特殊需要时，英王可作为后备武器发挥维持和巩固资产阶级统治的作用。

（四）作为调节各政党之间关系的“缓冲器”

英国议会中的各政党常因各自的利益或对某一议案的严重分歧而导致严重的政治危机。当出现这种情况时英王时常居中斡旋，调解政党之间的相互关系，防止出现政治危机。

（五）向首相和大臣提供意见和建议，发挥咨询作用

英王虽然不直接处理政务，但由于他同首相保持着密切联系，经常听取首相就重要问题向他所作的报告，阅读内阁及其所属各委员会的记录、决议和报告，翻阅外交文件和档案以了解英国的外交活动，再加上英王世代统治经验的积累和在位几十年，对内政和外交日积月累的了解要超过首相和大臣，便于其对内政外交做出比较客观理性的判断，所以英王提出的意见、建议往往具有一定的参考价值，是首相和大臣们所不能忽视的，因而对内阁制定政策和内阁的活动可以产生非常重要的影响，发挥非同一般的咨询作用。

（六）保证宪法的一些惯例得到贯彻

比如，英国宪法的惯例之一是内阁阁员必须是议会议员。英国议会的重要组成部分——上院不是由选举产生，而是由英王册封的公、侯、伯、子、男五等爵位的贵族组成。由于英王可临时增封爵位，所以当英国首相碰到准备入阁的个别大臣既非下院议员又非上院议员的情况时，可提请国王行使荣典权，册封其为贵族，从而使之自然成为上院议员，也就具备了内阁阁员的资格，从而使内阁阁员必须是议会议员的宪法惯例得到贯彻。

除上述作用外，有时英王因其特殊地位和影响还能解决一些棘手的政治难题。如1955年，年事已高、身体衰弱的丘吉尔还在担任首相，不愿退休，而保守党又难于启齿请他退休，最后由英王出面劝其退休，使这一难题得以解决。

英国国王与议会、内阁之间的关系如图1－1所示。

四、议会制度

英国是首创议会制的国家，被称为“议会之母”，对其他国家的代议制度产生了重大的影响。英国议会是英国的最高权力机关和立法机关，是在中世纪议会形式的基础上发展起来的，是资产阶级革命的产物。

在英国，议会名义上由国王、上院和下院三部分组成。从法律上讲，国王是议会立法活动的领导者，议会的一切立法活动都是以国王的名义来进行的，议会通过

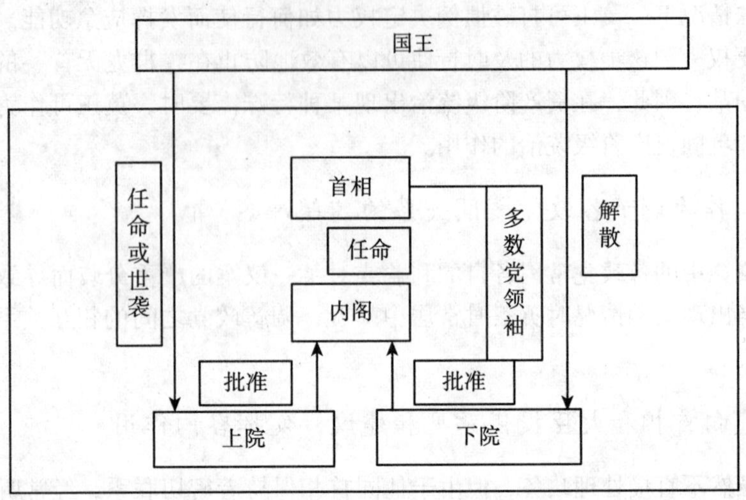

图 1-1　国王与议会、内阁关系图

的议案也都要经国王签署并以国王的名义发布才能正式成为法律。但是，自 19 世纪中后期以来，国王的立法权实际上已成为一种形式上的程序权，对议会上、下两院的立法活动不起实际的作用和影响。

（一）上院的组成和职能

英国议会的上院，又称贵族院，是 17 世纪英国资产阶级革命与贵族相妥协后承袭下来的。自英国现代议会制度确立后至 1998 年，英国议会上院的议员不是由选举产生，而是由各种类型的贵族组成。到 1982 年，英国共有 1178 名贵族，但上院的议员仅有 600 名左右，所以并非所有的贵族都能成为上院议员。构成英国议会上院的贵族有以下几种：历史上册封的各类世袭贵族；上诉审贵族（又称法官上议员，由首相提名，以国王的名义任命，问责上院的法律工作，他们在议会的发言只能限于法律问题）；宗教贵族或精神贵族（他们的议员席位不是终身的，只是在任职期间在上院占有议席，如果他本人不再担任该地区主教，便由新任的地区主教出席）；王室贵族（当代君主的几个男性亲属，在习惯上都算作上院议员，但很少参加议会活动，即便参加会议也极少发表意见）；终身贵族（根据 1958 年（终身贵族法））规定，英王根据首相的提名，可以加封终身贵族和终身女贵族。

从 1999 年起，英国议会上院进行了重大改革。根据 1999 年 1 月 20 日英国政府发表的《议会现代化：改革上院》白皮书，上院改革的宗旨是推进民主化；改革的总目标是使“第二院”（即上院）比过去的“贵族院”更加民主、更有代表性；实现改革总目标的途径是：取消世袭贵族的上院当然议员资格；通过革新一代贵族的提名方式来建立一个过渡性的议院：启动广泛而长期的改革。

新上院议员采取如下方式构成：（1）一定数量的议员从地方议员中选出，他们的产生建立在反映联合三国内部每个民族和地区政治信念平衡的基础上；（2）其余议员在一个真正独立的选任委员会提名的基础上竞选；（3）选任委员会负责使独立人士占总数的比例保持在20%左右；（4）选任委员会对有政党倾向的议员要确保总体上的平衡，这个平衡要与最近一次大选各选民所表达出来的政治信念相称；（5）为减少改革的阻力，现有的一代贵族应成为新上院的议员。

上院的议员不是选举产生的，由王室后裔、世袭贵族、法律贵族、家权贵族、终身贵族、苏格兰贵族、爱尔兰贵族、离任首相组成，无任期限制。由于女王可以临时增封爵位，而议员死亡无须增补，所以贵族院议员人数不定，目前上议院有大约790名议员。上议院议员没有薪水，出席议会会议和活动基于自愿，但议员出席上议院会议和活动，可享受交通、住宿、伙食等补贴。此外，在上议院担任职务的议员，可领取职务薪水。上院议长也不是选举产生，他由贵族院中大法官兼任，开会时议长担任主席，上院开会时间与下院相同。①

上院在立法过程中虽然还在行使某些职能，但不起决定作用。自1911年和1949年的《议会法》生效以后，上院对下院通过的财政法案仅拥有一个月的搁延权，其他法案搁延的期限最长为一年。拖延议案生效是当今英国上院唯一能制约下院立法的手段，但不能阻止下院议案最终成为法律。下院法案在连续两届议会获得通过后，即可成为法律而生效。

上院在立法过程中虽然不起决定作用，但上院议员中，有不少人曾担任过国家的大臣，有的是全国最具名望的法学专家，有的则是宗教界的领袖，而且他们大多自幼接受良好的教育，见识广博，对许多社会问题有较深刻的成熟的见解，因此，上院所具有的对下院议案的修改、提出议案、审议政府政策、向议会或政府提出需要认真对待的建议等权力和做法，对下院和政府的工作是个很大的支持和补充，对保证慎重立法、政策稳定、国家和社会的稳定做出了积极贡献，对维护统治阶级的利益具有不可忽视的作用。上院组织结构见图1－2。

（二）下院的组成和职能

英国议会的下院，又称平民院和众议院。下院议员由选举产生，议员全部按“单名选区制”选举，即每个选区选一名议员，选民一人一票，得票相对多数者当选。在英国凡年满18岁没有被法律取消投票资格的英国公民都有选举权。但居住期限的资格仍保留，选民必须在某一选区中居住3～4个月以上才能在该选区选民册上登记。凡年满21岁的公民都有被选举权。在选区获得2名选民推荐和8名选民联署同意都可成为议员的候选人，但贵族、主教、法官、高级文官、现役军人、宣布破产者、重罪犯人、授权办理选举事务的负责人等没有被选举权。每届新议会产生后，即由多数党提名并同反对党协商后选出议长，前任议长可以连选连任。议长就职后必须放弃原有的党派关系，不能参加辩论。只有在双方票数相等时，才有投票权。议长的职责是主持下院会议，领导下院的管理工作。

英国下议院议员的成员比较复杂，特别在工党获得大选胜利以来下院中议员有大地主、董事长、银行界、工商企业界、律师、教员、新闻记者、农民、工人、工

---

① 英国议会网站，http://www.parliament.uk/mps-lords-and-offices/lords/。

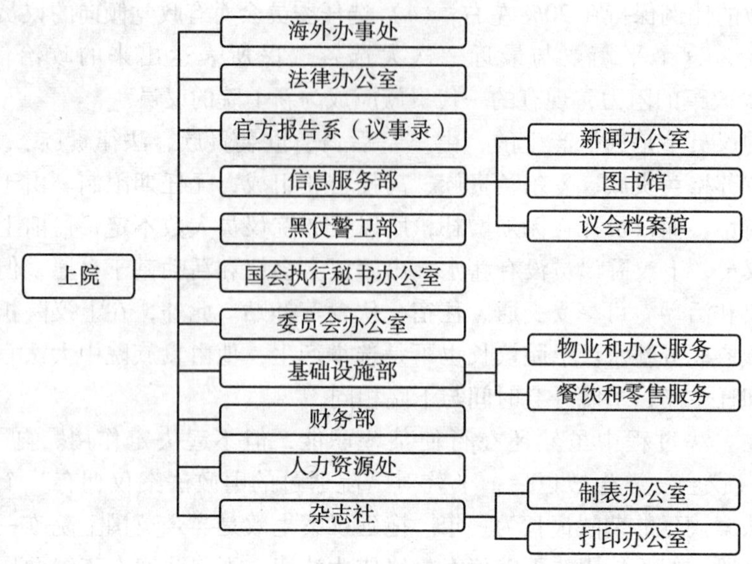

图 1-2　英国上院组织结构

资料来源：根据英国上院网站相关资料整理而成。

会职员等，即各方面的人都有代表，目前有议员 650 名。议员每年要开会 8 个月左右，长时间的出席会议使得他们成为职业议会人。①

英国下议院议员的任期不会超过五年。政府提出的重大议案如果未获议会通过，就可能面临议会提出不信任案，不信任案一旦表决通过，则将迫使首相辞职，而首相也可能主动解散议会，重新举行大选。

下院在英国议会行使立法和监督行政的职权中起主要作用，其职权主要有：

1. 立法权。在英国，任何法律草案都须经过两院通过和英王批准后才能成为法案。按规定财政议案必须在下院提出，司法议案和有关贵族的议案一般先向上院提出，其他各种议案可在任何一院首先提出。但从议会活动的实践来看，现在所有的重要议案一般都由内阁向下院提出。

2. 监督权。英国实行议会内阁制，内阁受议会监督，对议会负责。议会的监督主要有行政监督和财政监督。行政监督的方式主要有：议员对政府及各部大臣就其职能范围内的事情提出质询，要求当众作口头答复；对政府的政策进行辩论；批准条约；对政府提出不信任案等。其中，在条约缔结后和批准前，通常议会有 21 天的时间可以进行讨论，但只要议会不是对政府表示不信任，一般都予以批准。财政监督是议会的传统权力之一，这项权力为下院所专有。根据 1911 年《议会法》规定，财政议案只能在下院提出和通过，上院无权过问和加以否决。下院设审计长和审计委员会，专门负责审查政府账目和决算书。各行政部门和行政人员的用款账目和款项用途都必须是议会作过决定和批准的。议会下院组织结构见图 1-3。

① 英国议会网站，http：//www. parliament. uk/business/commons/。

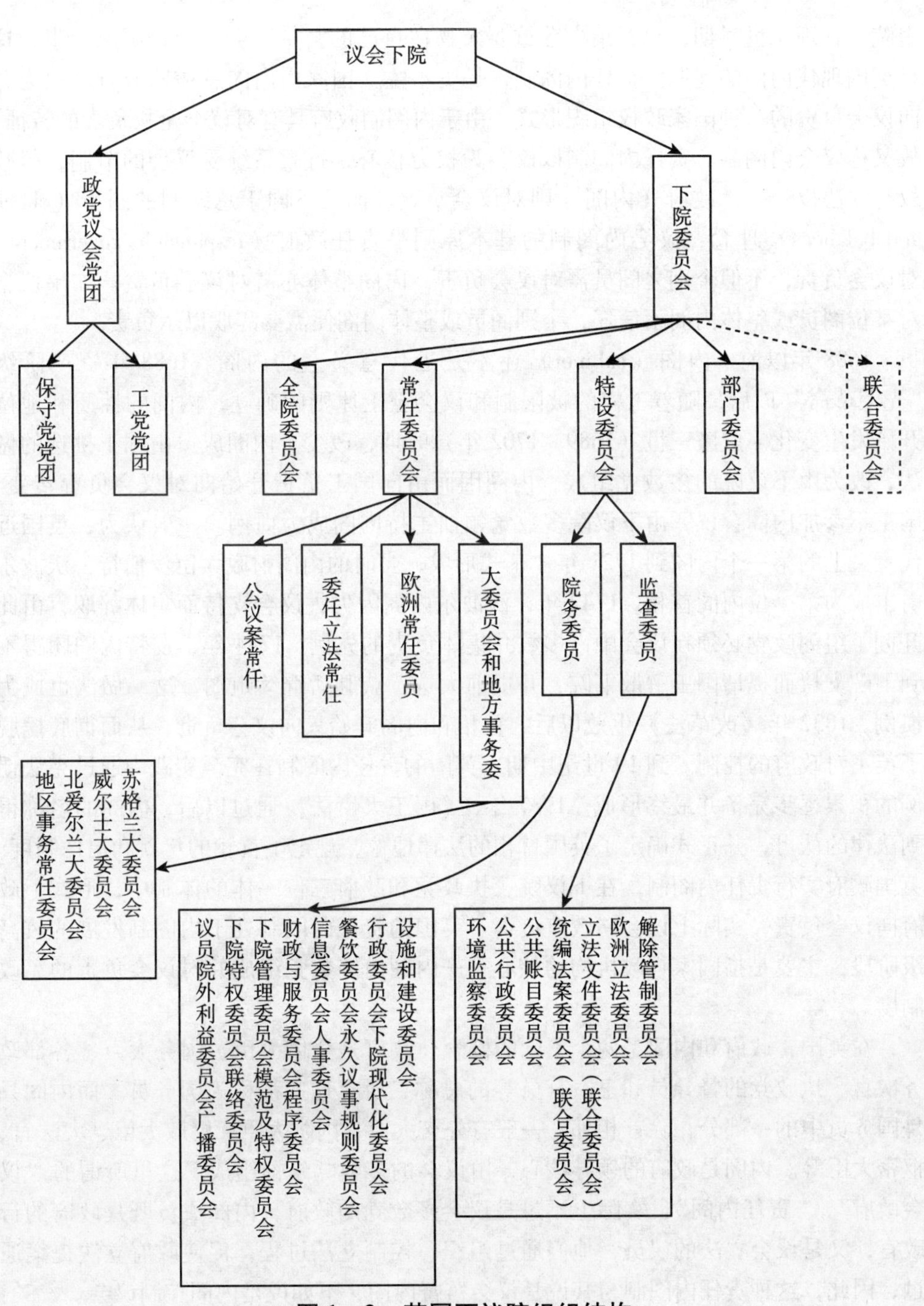

图 1－3　英国下议院组织结构

资料来源：根据英国下议院网站相关资料整理而成。

五、内阁制度

内阁英文为“cabinet”，原意是密室。18 世纪以前，英国的最高权力机关是枢密院。查理二世时期，只召集少数重要人物在自己的密室开会，商讨国家大事，这是英国现代内阁的起源。责任内阁制，是资本主义国家由内阁总揽国家行政权力并向议会负责的一种国家政权组织形式。由于内阁制政府具有对议会全权负责的特征，故又称议会内阁制。责任内阁制以议会为权力核心，行政系统受议会的节制，行政权与立法权合一，政府（内阁）则对议会负责。而且不同于总统制的制衡（check and balances）理念，议会内阁制的基本原则是责任政府（responsible government）对议会负责，不但个别之阁员需对议会负责，内阁整体亦需对议会负责。如果议会对某位阁员或整体内阁不信任，个别阁员或整体内阁便需要辞职以示负责。

1688 年以前，内阁（cabinet）还不是近代意义上的内阁。1688 年资产阶级“光荣革命”以后，随着王权的被限制和议会至上原则的确立，内阁的性质和地位开始发生变化。威廉三世（1689～1702 年）时期，改变了内阁成员由国王挑选的做法，改为由下议院的多数党组成，内阁因而由向国王负责开始向对议会负责转变。国王不参加内阁会议，由下议院多数党领袖主持内阁成为惯例。一般认为，英国近代意义上的第一个内阁到 1721 年才正式形成，当时的内阁财政大臣罗伯特·沃波尔爵士成为第一位内阁首相。1742 年，沃波尔内阁因失去议会支持而集体辞职，由此开创了组阁政党必须在议会中占多数并集体负责的先例。1784 年，皮特内阁团得不到下院支持而提请国王解散下院，并提前大选，获胜后继续组阁，这一做法也成为惯例。1832 年《改革法》生效以后，首相和内阁开始只向议会负责，从而彻底摆脱了英王对政府的控制。到 19 世纪中期，英国的责任内阁制在宪政实践中通过宪法惯例的积累逐步完备并最终形成。1937 年，《国王大臣法》通过以后，内阁的名称得到法律的认可，并正式确定了英国首相的法律地位，规定了首相的年薪和退休制度。英国政府实行责任内阁制，在下议院、执政党和政府三位一体的体制中，形式上政府向议会负责，实际上议会向政府负责。英国的责任内阁制处于内阁制发展的较高级阶段，主要是指国家行政机构的核心——内阁由多数党组成并对议会负责的宪政制度。

在英国，政府和内阁是两个不同的概念。政府是全体大臣、国务大臣、各部政务次官、执政党的督导员和王室官员等的总称，所有这些都称为国务员。而内阁只是国务员中的一部分，除首相外，一般有外交大臣、国防大臣、财政大臣、大法官、枢密大臣等。内阁是政府的领导核心，由议会的多数党领袖组成。这里所谓的“议会政府”、“责任内阁”，实际上不过是议会多数党的政府，内阁成员既是政府的行政官，又是议会立法的议员，他们通过组织、控制立法过程，促使政府立法提案通过，因此，这种责任内阁制与其说是议会监督内阁，不如说是内阁控制议会。

每届议会大选后，英王召见多数党领袖，任命其为首相。英国内阁通常是由议会多数党组成，故称“政党内阁”，但也有多党组成的“联合内阁”。内阁是英国政府的领导核心，是整个国家政权的枢纽，其职权主要有：第一，对提交议会的方案做出最后决定；第二，按照议会制定的法律，实施国内最高行政管理权；第三，协调和划定各行政部门的权力。内阁既操纵立法，又管理行政，被看做是对国家行政的最高控制、政府的主要工具，以及大多数立法和行政主动性的来源等。

首相是内阁的中心人物，同时也是英国政府体制中的执政党、立法和行政相结合的体现者。首相的权力主要有：第一，任免内阁成员和所有政府成员、高级官员、将军、驻外使节以及教职人员、高级法官等；第二，首相是内阁会议的当然主席，主持和指导内阁政府的工作，对部长和大臣间的分歧和纠纷进行裁决；第三，受英王委托行使“王权”；第四，根据自己在议会中拥有支持者的多少而对议会施加不同程度的影响。

第二节　英国经济概况

一、英国经济发展历程

（一）转型期（16~18 世纪）

16~17 世纪的英国正处于由封建社会向资本主义社会过渡时期，这个时期的英国新兴资产阶级为了积累更多的原始积累财富，采取“重金主义”政策，这样便极大地促进了英国资本主义革命和相关产业的发展，到了 17 世纪末 18 世纪初英国已经完成了资本主义进程中的原始积累，为了向工业革命过渡并适应世界经济发展趋势“重金主义”政策也转变为“重工主义”政策，向世界资本主义工业化进程转变。

（二）英国上升为霸权国（1700~1820 年）

在此时期，英国人均收入增长要快于 17 世纪，是欧洲平均水平的 2 倍多。1700 年时，英国的 GDP 是荷兰的 2 倍，1820 年则是 7 倍。

英国资本从 1750 年的 5 亿英镑增长到 1865 年的 60 亿英镑。1700 年人均收入大约是每年 8~9 英镑，经过 50 年增加到 12~13 英镑，到 1800 年增加到 22 英镑，而 1860 年则又翻了一番。

在 1720~1820 年期间，英国的出口每年增长 2%，在 1700 年时，英国的航运量占世界航运能力的 1/5 多一点，但是 1820 年英国的份额已经超出了 40%。

1700~1820 年，虽然英国的经济增长由于成功地施行以邻为壑的商业战略而得到加强，但它的进步还有一些其他原因。与其他欧洲大陆国家不同，它的国内发展没有受到 17 世纪武装冲突的干扰。国内市场的统一程度通过创建收税公路和渠道网络以及发展海岸运输得到极大的提高。其结果促进了不同地区之间更有效率的专业化劳动分工。此外，资源配置效率通过稳健的公共财政和银行业的发展也进一步得到了提高。

（三）加速增长阶段（1820~1913 年）

在 1820~1913 年间，英国的人均收入增长比过去任何时候都要快，大约为 1700~1820 年期间的 3 倍。这个时期是英国和其他西欧国家发展的一个新纪元。经济表现突出的基本原因是技术进步的加速，以及它所伴随的实物资本存量的快速增长，劳动力教育水平的提高和劳动技能的改进。资源配置效率的提高得益于劳动力国际分工的改善。在此期间，英国的出口年平均增长达到3.9%，几乎是GDP增长率的2倍。另外，在此期间不存在与其他国家的重大军事冲突也有利于英国的经济进步。与此形成鲜明对照的是，在此之前的1688～1815年期间，英国先后共卷入6次主要战争，共持续了63年，严重阻碍了经济的发展。

从19世纪早期起，不断加速的通常被喻为“工业革命”的技术进步成为世界经济的主要特征，但“工业”这个词很不恰当地将技术创新的影响狭隘地限于工业部门之内。事实上，技术进步的加速所产生的对经济活动的影响是广泛的，与此相应的组织结构的改进也加速了经济增长。

从19世纪70年代起，英国出现了大量以海外投资为目的的资本流出。约占它的储蓄的一半。法国，德国和荷兰也有巨大的海外投资。到1913年时，英国在国外的资产相当于本国GDP的1.5倍左右，来自它们的收入意味着其国民总收入比国内生产总值多出9%以上。从1870年至1913年，世界人均GDP的年平均增长为1.3%，而在1820年至1870年间为0.5%，在1700～1820年间为0.07%。经济增长的加速不仅由于迅速的技术进步，也由于以英国为主所建立的自由经济秩序加剧了新技术的扩散。虽然这不是全球收入平等化的过程，但是它使全世界的所有地区的收入都有所提高。到1913年，澳大利亚和美国的人均收入水平超过了英国。大多数西欧和东欧国家、爱尔兰、西方衍生国家、拉丁美洲国家以及日本的经济增长率也超过了英国。

（四）“英国病”初期（1918～1929年）

所谓的“英国病”，是指在第二次世界大战结束后，英国经济出现的滞涨状态，而且这种状态持续了近三十年，被一些经济学家戏称为“英国病”（特别是第二次世界大战后，英国经济发展相对缓慢，英国在世界列强中的实力地位下降，人们通常称它作“英国病”或英国的衰退）。

“英国病”在20世纪20年代的发作，受到特定的政治环境的影响。战争结束后不久爆发了1920年的经济危机。在战争期间萎缩的民用工业部门，本来指望可以在战争结束以后恢复和发展起来，然而1920年的经济危机使之成为泡影。煤炭、棉纺织品、造船工业部门因国内市场狭窄和出口遇到困难，不可能恢复元气。甚至在渡过1920年经济危机之后的整个20年代内，经济始终是停滞的。

20世纪20年代英国国内工人阶级斗争的高涨，是这一时期英国政治与经济的另一个重要特征。战后初期，在十月革命影响下，英国工人运动进入一个新阶段。特别是1920年期间，英国工人阶级为了反对包括英帝国主义在内的帝国主义列强干涉苏俄，展开全国性斗争。这都对此后英国经济产生了不利影响。在“英国病”的初期，英国经济力量削弱了，经济长期停滞，国内阶级矛盾激化，而英国对帝国各个部分的控制也不如以往。所以，战后十年，既是“英国病”的初期，也是英帝国解体的开始。

（五）危机和战争双重打击（1930～1945 年）

英国是在 20 世纪 20 年代长期经济停滞的基础上爆发了 30 年代的经济危机。这次严重的经济危机开始于美国。通过国际贸易和国际金融等渠道，英国很快受到美国经济危机的影响。外来的震动和冲击使英国国内经济中原来就存在的各种矛盾激化了。

1930 年第一季度起，工业生产指数和进出口贸易指数都显著下降，失业人数激增，到 1932 年第三季度，英国的经济危机达到了最严重的地步，失业人数达到了 300 万人，失业率达到了 23%，但是英国在经济方面受到的破坏程度仍然不如其他主要资本主义国家，这主要由于英国在第一次世界大战结束后不曾出现高涨。此外，考虑到英国是一个进口大量农产品的国家，20 世纪 30 年代经济危机期间，世界市场上的农产品价格猛跌，而英国对进口食品的需求又是缺少弹性的，这种情况也在一定程度上减轻了危机对英国经济的打击。

通过第二次世界大战，英国对殖民地的控制削弱了很多，美国的势力不仅渗入英国，而且也渗入未被轴心国军队占领的英国殖民地、保护国。

英国国内经济因 30 年代的经济危机和第二次世界大战而变得更糟。战争遗留下一大堆经济问题有待于解决，其中包括：陈旧的和遭到严重损坏的固定资产设备有待于更新、重置；战争压缩的人们购买力到战后必将引起生活资料的奇缺，从而会引起物价上涨，国内市场的缩小、出口竞争能力的削弱，对进口品的迫切需要将急剧增大英国的贸易逆差，而战争结束后短期内并没有增加国际清偿能力的手段；战争期间增大了的内债和外债如何偿还；特别重要的是，战前存在的大规模失业现象在战后会不会再度出现。

如果说第一次世界大战的结束意味着"英国病"的开始，那么第二次世界大战的结束意味着"英国病"的发展和深化。

（六）惨淡经营（1946～1967 年）

1945～1951 年，尽管有美国的贷款和美国资本的输入，但工业技术改造、新工业部门的建立，生产效率的提高却不可能那样快。为了满足人们长期缺少足够生活资料的迫切要求，为了从国外获得为恢复和发展生产所需要的生产设备和原料，在出口品竞争能力没有改进，出口贸易额不可能迅速增长的情况下，英国的国际贸易逆差增大了。于是在 1949 年 9 月，英国政府不得不宣布英镑贬值 30.5%。这是战后英国经济恢复和重建时期的一件大事，它表明要在和平的环境中改进英国在国际经济中的地位，不是那么容易的。

从第二次世界大战到 20 世纪 50 年代，这是英国经济刚刚从沉重打击之下转向和平时期经济的阶段。50 年代是英国消费经济领域内发生重大变化的十年，这一变化表现在五个方面：第一，配给制度结束；第二，消费者实际收入增长，出现了一批有中等收入和有中等购买力的消费者；第三，对耐用消费品的需求扩大；第四，分期付款购货制度盛行；第五，消费者利益受到了重视。

从1954年起到1965年这二十年间，在英国国内生产总值增加的基础上，英国私人总投资不断增加，而且在国内生产总值中所占比重有大幅度提高。

在整个阶段，经济也出现了衰退（如1952年、1955年、1958年、1961年），从而被认为处于“停停走走”的状态。

（七）“英国病”的激化（1967年~20世纪90年代）

20世纪60年代后期是英国经济史上又一个转折点。1967年发生了严重的英镑危机。这是继1949年英镑贬值之后的战后英镑第二次贬值。两次贬值有其相似的一面，这就是它们都意味着英国在国际贸易和金融中的地位进一步削弱，但两次贬值却是在不同的国内外形势下进行的。

“英国病”的激化以1967年英镑危机作为第一幕。从这以后，“英国病”的病情一直没有减轻。进入20世纪70年代后，英国经济基本是停滞不前的，经济增长率不仅放缓，而且在若干年份是负数。“停停走走”名副其实。失业率是相当高的。停滞的经济使失业人数一直有增加的趋势，特别是青年人的失业，很难有解决的希望。与此同时，英国的通货膨胀率也加快了。“双位数”的通货膨胀率已经是常见的现象了。也许在发达的资本主义国家中，只有意大利可以与之相比。

（八）增长缓慢的十年（2000~2009年）

在2000~2009年的10年里，英国国内生产总值平均每年仅增长1.7%，为20世纪40年代以来最低增速。从行业增速来看，制造业最不景气，这10年，英国制造业平均每年收缩1.2%，而即使在20世纪70年代和80年代制造业不景气的两个10年里，英国制造业仍分别增长0.6%和1%。与此同时，英国服务业则出现较快增长，平均年增速为2.6%，处于历史“中等”增长水平。①

二、英国经济现状

（一）综合经济实力强大

英国是世界第六大经济体，欧洲第三大经济体。英国的人均名义GDP和人均购买力平价均排名世界第22名。英国经济全球化程度很高，2012年，英国是世界第11大出口国，第6大进口国。2012年，英国引进外商直接投资（IFDI）排名世界第三，对外直接投资（OFDI）排名世界第二。英国近年来经济增长幅度如图1-4所示。

第三产业主导英国经济，占英国GDP的约78%，其中金融服务业尤其重要。英国伦敦在欧洲所有城市中GDP排名第一，是世界上两大金融中心之一，与纽约齐名。英国制造业在经济中所占的比重逐步下降，但仍占有重要地位。英国航空航天业也很发达，根据不同的衡量方法，排名第二或者第三。英国制药业在英国经济中

① 《英国经济发展历程》，信息中心投资规划科，2010年11月，百度文库。

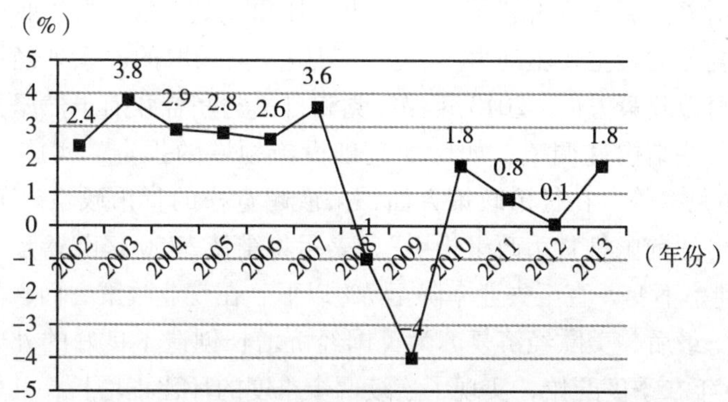

图1-4　2002~2013年英国GDP增幅

资料来源：根据英国财政部相关资料整理而成。

占有重要地位，英国的世界医药研发份额排名第三。英国汽车和电子产品等大量出口海外，很大地刺激了英国工业的发展。北海石油天然气促进了英国经济，其石油天然气储备2007年被估值2.5亿欧元。英国由英格兰、苏格兰、威尔士和北爱尔兰组成，不同地区之间的经济发展程度差距较大，其中英格兰东南部和苏格兰南部的人均富裕程度较高。

英国政府通过女王财政部以及商务、创新和技能部（Department for Business, Innovation and Skills）对英国经济进行干预。自1979年以来，英国采取自由放任的财政政策。英国的中央银行是英格兰银行，利率由货币政策委员会负责。英国的货币是英镑，是美元、欧元之后的世界第三大储备货币。英国是英联邦、欧盟、G7、G8、G20、货币基金组织、世界经济发展合作组织、世界银行、世界贸易组织和联合国的成员国。

（二）英国经济复苏有望

在经历多年的低迷表现后，英国经济2013年表现出众，超过大多数人预期，也好于同期日本和欧元区的经济表现。英国国家统计局数据显示，2013年前三季度英国经济持续增长，修正后的GDP季率分别上升0.4%，0.7%和0.8%。市场研究机构马克特（Markit）表示，2013年经济总体增长1.9%，创2008年金融危机爆发以来的最快增速。

分行业来看，在制造业方面，据Markit公布的数据，2013年12月英国制造业采购经理人指数（PMI）为57.3，虽低于前一个月的58.1，但连续第九个月高于50.0，并且构成PMI的各项指标均表现良好。在服务业方面，2013年12月英国服务业采购经理人指数前值58.8。爱尔兰银行在1月7日报告中称，尽管低于预期值60.3，但数据本身相当强劲而且指数各个分项也表现积极。与此同时，英国就业状况持续好转。英国国家统计局2013年12月发布的统计数据显示，英国的失业率，由第三季度的7.6%下降至7.4%，为2009年以来的最低点，比前一季度的失业人数减少99 000人，第四季度的失业总人口为239万人。

对于英国经济表现出众的原因，专家分析主要有三点：首先，服务业是英国经

济复苏的主要引擎。服务业占英国经济产出的比重高达3/4，服务业持续快速发展成为英国经济复苏的最主要驱动力。其次，英国先前采取的一系列经济刺激措施发挥了效用。在财政政策方面，2013年保守党和自民党联合政府虽然坚持紧缩财政政策，但进行了一些结构性调整，如增加基础设施领域的投资，实施“购房援助计划”，降低公司税率等。在货币政策方面，采取超宽松的货币政策。英国央行2013年8月首次推出“前瞻性货币政策指引”，表示将维持3750亿英镑量化宽松（QE）规模和0.5%利率不变，直至失业率降至7%以下。在就业政策方面，采取一系列措施降低失业率。最后，美欧经济复苏为英国经济增长创造了良好的外部环境。欧元区经济从2013年二季度开始，实现了连续两个季度的环比正增长，开始筑底回升。

（三）持续复苏仍有很长路要走

虽然英国经济整体状况良好，但其背后隐忧亦不容忽视。主要隐忧有以下几个方面。

一是目前经济增长主要依赖家庭消费支出，而消费支出增长能否持续存在不确定性。数据显示，2013年第三季度，英国家庭支出环比上涨0.8个百分点，但实际可支配收入环比仅上涨0.4个百分点，储蓄率从二季度的6.2%下降到5.4%。英国家庭消费支出的增加主要是通过减少储蓄和增加借贷实现的，并非缘于可支配收入的增加。

二是企业投资不足，投资还没有成为经济增长的主要驱动力。虽然制造业产出和订单数量增长速度加快，但仍未达到危机前的水平。不过需要关注的是，2013年英国房价快速上涨。房地产市场的回暖的确有利于经济增长，但要警惕房地产泡沫的出现。据英国抵押贷款机构海利法克斯（Halifax）公布的数据，2013年12月英国房价较上月下滑0.6%，但截至12月的三个月均值房价指数较2012年同期上升7.5%。

三是出口部门表现疲软。据马克特（Markit）公布的数据，2013年12月英国出口订单数量降至2012年9月份以来的最低点。有分析人士表示，2013年英国出口疲软源于其主要贸易伙伴欧元区国家经济复苏缓慢，虽然今年欧元区经济情况会有所回升，但是进口需求仍很难大幅增长。同时，新兴经济体的经济由快速增长向中速增长迈进也会对英国出口造成不利影响。此外，公共债务水平高企也是英国经济复苏面临的一个重要挑战。2012～2013年，英国公共债务总额达13 867亿英镑，占GDP的比重达到88.3%。

（四）基本政策短期保持不变

对于英国经济未来走势，不少机构和学者进行了预测。爱尔兰银行预测，英国今年第一季度经济数据可能有些波动，但经济复苏态势将在年中确立，五年期利率或将比当前水平稍高。高盛集团在近日公布的一份研究报告中预计，英国经济2014年有望获得3%左右的增长，通胀水平温和，失业率将在年内晚些时候落入6.5%～7.0%的区间内。不过高盛认为，即便失业率回到7%的水平下方，英国央行或许也不会在年内升息。不少学者也赞同此观点，认为英国央行今年或将调整其此前设定的7%失业率目标，因为就业市场好转速度快于央行预期，使得该目标门槛对货币政策立场的指导意义减弱。①

目前英国经济复苏态势还不平稳，为巩固复苏势头，英国将基本维持现有政策。考虑经济回升、房地产市场回暖，英国未来政策进一步宽松的可能性很小。当然，也不会很快进行大幅紧缩，因为经济康复需要一定时间，不过可能进行小幅调整，以应对一些问题，如房价快速上涨。

第三节　英国财政概况

英国是一个单一制高度中央集权的国家，设英格兰、苏格兰、威尔士、北爱尔兰四个地区和大伦敦市，地区下辖郡和区。② 地区和郡、区都不是一级政府，地区一级只设事务办公室，是中央政府的办事机构，只能执行中央政府赋予的职责和权利，不能设置地方税。郡、区一级属于地方当局，它们的权力略大于地区，可以有权设置地方税。受这种政治体制的影响，在财政体制上也体现中央高度集权的特点。英国的财政收入占国民生产总值的比例为40%左右，中央财政掌握全国绝大部分的财政收入，地方财政支出主要依靠中央财政的转移支付。

一、事权划分及预算支出

中央政府与地方政府的事权划分比较明确，英国财政根据各级政府的事权划分收支范围，实行严格的分税制，中央与地方政府的预算收入完全按税种划分，不设共享税，由各自所属的税务征收部门征收。

英国在《地方政府法》等相关法律中对中央政府和地方政府的财政职能作了具体规定。中央财政职能包括资源配置职能、稳定经济职能、提供公共劳务职能。国防、外交、对外援助、教育、空间开发、环境保护、海洋开发、尖端科技、卫生保健、社会保险以及全国性的交通运输、通讯和能源开发等，都由中央政府提供和管理。地方政府的财政职能主要有：从事公共建设事业；维护公共安全；发展社会福利；改良社会设施。

根据其事权划分，中央政府与地方政府的预算支出划分是：中央预算支出主要担负国防、外交、高等教育、社会保障、国民健康和医疗、中央政府债务还本付息以及对地方的补助。地方政府的预算支出主要用于中小学教育、地方治安、消防、

① 王成洋：《英国经济复苏势头“抢眼”》，载于《金融时报》2014年1月10日。

② 注：事实上，自1707年苏格兰最终与英格兰合并以来，英国传统的高度中央集权体制已经随着权力下放改革而日益改变面貌，苏格兰也和威尔士一样，地方政府和议会在诸多领域享有一定的立法和行政自主权。

公路维护、住房建筑、预防灾害、地区规划、对个人的社会服务和少量投资。① 从中央预算支出所担负的任务看，中央预算支出占整个财政支出的大头，通常占整个财政收入的80%左右，而地方预算收支缺口过大，对中央预算补助的依赖性严重。由于财力大部分集中在中央政府，中央可以对地方预算实行严格的控制。中央历年总管理支出及其占 GDP 比重见表 1－1。

表 1－1　　英国历年中央总管理支出总额及其占 GDP 的比重

年　份	总管理支出（百万英镑）	占 GDP 的比重（%）	年　份	总管理支出（百万英镑）	占 GDP 的比重（%）
1948～1949	4.5	37.1	1980～1981	112.5	47.0
1949～1950	4.8	37.2	1981～1982	125.6	47.7
1950～1951	5.1	37.3	1982～1983	138.3	48.1
1951～1952	5.9	39.4	1983～1984	149.7	47.8
1952～1953	6.5	40.2	1984～1985	160.0	47.5
1953～1954	6.9	39.6	1985～1986	166.6	45.0
1954～1955	7.0	37.8	1986～1987	172.8	43.6
1955～1956	7.1	36.0	1987～1988	183.3	41.5
1956～1957	7.8	36.6	1988～1989	190.7	38.7
1957～1958	8.1	36.0	1989～1990	210.2	38.9
1958～1959	8.6	36.9	1990～1991	227.5	39.2
1959～1960	9.1	36.7	1991～1992	254.2	41.5
1960～1961	9.7	37.0	1992～1993	274.2	43.3
1961～1962	10.7	38.7	1993～1994	286.3	42.6
1962～1963	11.1	38.2	1994～1995	299.2	42.1
1963～1964	12.0	38.5	1995～1996	311.4	41.4
1964～1965	13.0	38.1	1996～1997	315.8	39.5
1965～1966	14.5	39.6	1997～1998	322.0	38.0
1966～1967	16.0	41.4	1998～1999	330.9	37.0
1967～1968	18.3	44.7	1999～2000	342.9	36.3
1968～1969	19.3	43.4	2000～2001	341.5	34.6
1969～1970	20.3	42.5	2001～2002	389.2	37.8
1970～1971	22.7	42.8	2002～2003	420.9	38.8
1971～1972	25.2	42.5	2003～2004	455.2	39.4
1972～1973	28.3	42.0	2004～2005	492.5	40.6
1973～1974	33.4	44.4	2005～2006	523.7	40.8
1974～1975	43.7	48.6	2006～2007	550.2	40.7
1975～1976	55.7	49.7	2007～2008	583.2	40.7
1976～1977	63.6	48.6	2008～2009	630.3	44.3
1977～1978	69.5	45.6	2009～2010	670.4	47.4
1978～1979	78.6	45.1	2010～2011	689.8	46.7
1979～1980	93.6	44.6	2011～2012	693.1	45.4

资料来源：根据英国财政部网站资料整理而成。

① 《英国的基本法对中央政府和地方政府的财政职能作了具体规定》，百度文库，http：//www.mof.gov.cn/mofhome/guojisi/pindaoliebiao/cjgj/201307/t20130725_969205.html。

总管理支出（Total Managed Expenditure，TME），是从国民账户中得到的支出总和，包含整个公共部门，即中央政府、地方政府以及公共法人的开支。TME 等于总的部门支出限额（DEL）和年度管理支出（AME）之和（包括会计调整）。DEL 大约占 TME 的一半。AME 包括少数的大型计划，但目前多数的公共支出计划都在 DEL 中。此外，TME 可以表示为公共部门经常性支出、公共部门净投资和公共部门折旧三者之和，它包括了中央政府、地方政府的所有开支和公营公司的资本性支出。TME 是一个综合指标，公共部门各部分之间的业务不计入总管理开支，不包括公共部门之间的拨款和利息支付，也不包括公共部门间的财务往来，例如贷款。

表 1-2　　中央各项支出占 GDP 的比重　　单位：%

年　份	社会保障	卫生	教育	国防	治安与安全	交通	公共部门净债务利息支出	公共部门总债务利息支出
2002～2003	11.3	6.1	5.0	2.5	2.2	1.4	1.6	2.0
2003～2004	11.3	6.5	5.3	2.5	2.3	1.4	1.6	2.0
2004～2005	11.3	6.8	5.4	2.5	2.3	1.3	1.6	2.1
2005～2006	11.1	7.0	5.4	2.4	2.3	1.3	1.5	2.1
2006～2007	10.9	7.0	5.4	2.4	2.3	1.5	1.7	2.1
2007～2008	11.0	7.1	5.5	2.4	2.2	1.4	1.6	2.2
2008～2009	12.1	7.7	5.8	2.6	2.4	1.5	1.7	2.2
2009～2010	13.3	8.3	6.2	2.7	2.4	1.6	2.0	2.2
2010～2011	13.3	8.2	6.2	2.7	2.2	1.4	2.9	3.1
2011～2012	13.6	7.9	6.0	2.6	2.1	1.3	2.9	3.1

资料来源：Britain's fiscal watchdog：a view from the kennel，9 May 2013，Robert Chote，Institute and Faculty of Actuaries Spring Lecture London.

二、收入划分

英国的财政预算收入主要来源于各项税收（各税种详见下部分），如果加上国民保险基金，则占 95% 以上，其他还有少量的收费和投资收益。图 1-5 描绘了 1900 年以来英国政府财政收入占 GDP 比重的长期趋势。在两次世界大战期间，由于需要额外的支出，英国政府财政收入快速增长，但战后税收并未回落到战前水平。财政收入占 GDP 的比重在 20 世纪 60 年代后期迅速增长，70 年代波动性较大，部分反映了当时经济增长的不稳定。从 20 世纪 80 年代初期到 90 年代中期，财政收入占 GDP 的比重逐渐稳定，此后保持在 40% 以下。

在英国几乎谈不上多级政府间的税收权限的划分问题，因为其税收管理权高度集中于中央政府。个人所得税、公司所得税、社会保险税、增值税、资本利得税、

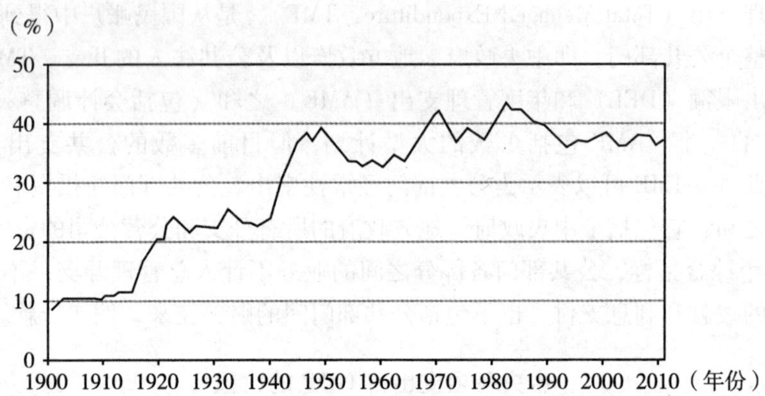

图1-5 1990~2010年英国财政收入占GDP比重

资料来源：根据英国财政部相关资料整理而成。

石油税、资产转移税、土地开发税、国内消费税、遗产税和关税是中央政府征收的主要税种。其中，个人所得税、社会保险税、增值税以及公司所得税是最主要的税种。地方税则主要包括市政税和营业税两种。① 地方预算收入主要是营业税、人头税、中央预算补助收入和地方自筹收入。其中营业税税率由中央政府确定，税收收入全部上缴中央政府再做统一分配。

（一）中央财政收入

中央财政掌握全国绝大部分的财政收入，地方财政支出主要依靠中央财政的转移支付。近三年的收入情况是：2010年，英国中央政府财政总收入为5 446.94亿英镑，其中税收收入4 010.65亿英镑，利息收入80.80亿英镑，强制性社会缴款收入有977.47亿英镑，净经营盈余为4.85亿英镑，国民保险基金收益为244.63亿英镑，市场产出收入为126.66亿英镑，资本利得为1.88亿英镑。2011年，英国中央政府财政总收入为5 799.86亿英镑，其中税收收入4 178.78亿英镑，利息收入98.90亿英镑，强制性社会缴款收入有1 015.97亿英镑，净经营盈余为4.83亿英镑，国民保险基金收益为251.23亿英镑，市场产出收入为114.03亿英镑，资本利得为136.12亿英镑。2012年，英国中央政府财政总收入为6 075.54亿英镑，其中税收收入4 205.19亿英镑，利息收入169.48亿英镑，强制性社会缴款收入有1 044.83亿英镑，净经营盈余为5.13亿英镑，国民保险基金收益为256.71亿英镑，市场产出为101.93亿英镑，资本利得为292.27亿英镑。2013年，英国中央政府财政总收入为6 082.07亿英镑，其中税收收入4 379.66亿英镑，利息收入207.97亿英镑，强制性社会缴款收入有1 065.87亿英镑，净经营盈余为5.16亿英镑，国民保险基金收益为277.63亿英镑，市场产出收入为132.02亿英镑，资本利得为13.76亿英镑。

① 杨红燕、陈天红：《英国财政社会保障支出制度结构与公平性分析》，载于《武汉理工大学学报（社会科学版）》2013年第4期。

表 1-3　　中央财政收入规模及构成　　单位：亿英镑

年份	税收收入	利息收入	强制性社会缴款收入	净经营盈余	国民基金保险收益	市场产出	资本利得	中央财政总收入
2010	4 010.65	80.80	977.47	4.85	244.63	126.66	1.88	5 446.94
2011	4 178.78	98.90	1 015.97	4.83	251.23	114.03	136.12	5 799.86
2012	4 205.19	169.48	1 044.83	5.13	256.71	101.93	292.27	6 075.54
2013	4 379.66	207.97	1 065.87	5.16	277.63	132.02	13.76	6 082.07

资料来源：中国国家统计局：《国际统计年鉴》，http://www.stats.gov.cn/ztjc/ztsj/gjsj/，2014。

中央税收收入主要有个人所得税、公司所得税、资本利得税、遗产税、印花税、增值税、各种消费税、关税、社会保障收入等。关于中央各项税收的具体内容详见下文。

（二）地方财政收入

地方政府的财政来源比较多，① 包括地方税收、中央政府拨款、各种收费和借贷。英国在地方税方面有两个独特之处：一是只有一种地方筹集资金的方式，即不动产税，包括家庭住宅和工商房产。而其他许多国家有不止一种地方筹集资金的方式，如销售税、财产税、所得税。二是对不动产税的依赖程度特别大，而其他欧洲国家最重要的是地方所得税，其次是销售税。除了 1988～1991 年短暂地实行被民众称为“人头税”之外，英国一直通过征收不动产税筹集地方资金。人头税的官方名称是社区费（community charge），按人收取，而不论财产或收入的多寡，因而有利于富人，但不少穷人负担不起，所以非常不得人心，人民的抗议浪潮导致了撒切尔夫人下台。其后市政税（council tax）取代了人头税，市政税是一种极为类似于原来的财产税，但也考虑到了人口因素的新税种。依据有关的规定，凡是年满 18 岁的住房所有者或住房出租者（包括完全保有地产者、住房租借者、法定的房客、领有住房许可证者等 6 类），都要按住房（包括楼房、平房、公寓、活动房屋及可供居住的船只等）的估价缴纳市政税。住房的纳税估价分为 8 个档次，其税率实行累进制。但英国中央政府并不规定具体的市政税税率，而是规定此项税率由各地方议会根据地方政府的开支、税源及其他收入的数量等因素来确定。随着 1993 年 4 月该项税制改革的正式实施，市政税取代了实施了不足 3 年的人头税，开始成为英国地方政府自行征收的唯一税种。

对于工商财产如商店、办公室、工厂和车间征收“统一工商税”，一般又称为全国非家庭税。与住宅相似的是该税取决于按其赢利能力衡量的财产价值；但不同的是对苏格兰自 1989 年开始，对联合王国的其他地区自 1990 年开始，该税率由中

① 董礼胜：《欧盟成员国中央和地方关系比较研究》，中国政法大学出版社 2000 年版。

央政府统一确定。鉴于地方议会不再有权调整该税的税率，它实际上成为中央政府对地方财政收入的贡献的一部分。虽然由地方政府征收，但在使用时它们没有任何的回旋余地。与家庭不动产税一样，中央政府通过调整其拨款弥补没有或很少有工商财产的地方政府。因此，虽然地方议会税与统一工商税看起来很相似，但从分析的角度必须不同地对待。地方政府对于地方议会税具有自由裁量的可能性，但对统一工商税则没有。不过工党政府已表示要重新考虑工商税，因此有可能会再出现各地之间的区别，以体现给地方议会更多的权力和行动自由的总方针。

其他的收入来源包括各种收费、借贷、出售地方议会拥有的不动产、欧洲联盟资金、彩票收入、私人融资。地方政府的大多数服务是“免费”提供的（即使用地方政府的收入），但也对一些服务直接收费，如地方议会房屋租金、校餐、游泳池入场、图书馆罚款和公共交通收费。虽然所得的收入不少，但成本也很高。因此，对收费需要使用净收入的概念。以此衡量，大多数地方政府都是亏损的。不过有些服务事业注定是不盈利的，如公共住房和交通。收费现在还不是地方政府资金的重要来源，但在地方财政受到进一步的压力时有可能变得越来越重要。已有像对进入图书馆或大公园收费甚至让富有的家长资助学校经费这样的建议。

几乎所有的借贷都是用于大型的基建项目，如校舍、住房、道路、地方议会办公室等。地方政府借贷的主要来源有：私人银行；公众（以地方政府债券的形式，个人和公司均可购买，定期支付利息，到期还本）；中央政府（设有公共工程贷款理事会）。借贷使现在的居民受益，却要由将来的人偿还。好在这类项目都具有长期的效益，负责偿还的人也能受益。借贷是潜在的没有止境的资金来源，同时又具有陷入无法自拔的债务的危险。因此，中央政府对其实行严格的控制，一般采取如下三种主要的办法：第一，公共工程贷款理事会规定每一个地方政府的信用额度，如果借款超过这个限额，则需支付更高的利息，因此是一个有力的制约手段；第二，大多数基建项目需获得有关大臣的批准，由于这些项目依靠借贷，所以大臣通过对支出的控制可以有效地限制信贷；第三，自颁行了《地方政府和住房法》（1986年）之后，每一个地方政府都有信贷限额，如果超过，会受到财政惩罚。

出售公有不动产是地方财政中一个有争议的问题。自《住房法（1980年）》颁布以来，大量的地方议会住房出售给了住户。地方议会也形成了向不动产公司出售写字楼的制度，即卖出获得一大笔收入后，再向不动产公司租用。其效果与借款相似，一次性现金收入在今后许多年中逐年偿还。与对借贷一样，中央政府对此也很警觉，力图避免支出失去控制。其实，售出所得的大部分只够还过去的债务，少部分才能用于新的支出项目。只有住房销售收入的25%和其他收入的50%能用于一般性支出途径。

地方政府可以为增进一个地区的经济和环境发展的大型项目申请欧盟资金，主要是向大区基金申请，前提是本国的中央政府无法提供。这类项目一般是地区性的，所以需要一批地方政府合作申请，这为今后大区政府的发展带来了动力。这类项目经常涉及交通、水利、环境保护、林业和经济发展领域。

彩票收入是近年新开拓的收入来源。经常是地方政府与自愿组织和私人公司一道申请资金，用于艺术、相关设施和地方环境的改善。其总数不大，但确实给地方议员提供了资助以前不可能考虑的项目的机会。

私人融资行动是20世纪90年代地方财政领域的一个新思路，虽然是保守党提出来的，但工党也热烈赞成。它成为大型项目由地方政府（有时连中央政府也介入）与私人企业共同出资的一种方式。拥有大笔资金的私人公司应邀为新项目（如学校、休闲中心、住宅和道路建设项目）融资；地方政府从正常的收入中偿还投资。有时还请私人公司管理长期开发规划，也支付费用。利用私人融资有不少好处：其一，拓展了可能闲置的巨大投资资金的用途；其二，给地方政府提供了相对便宜的资本（比银行融资便宜）；其三，使私人企业直接提供地方服务，从而创造一种社区参与感，有助于打破缺乏灵活性的公共部门和私人部门之间的严格界限；其四，符合工党使更多的人直接关注政府事务的思想。

三、税收制度

英国政府负责税务管理的是英国收入与海关管理局（HM Revenue & Customs），由以前的英国国内税务局（Inland Revenue）和英国海关与消费局（HM Customs and Excise）在2005年合并而成立。该机构负责增值税、关税与消费税等的征管。英国的税收由直接税和间接税构成，以直接税为主，间接税为辅。直接税主要有个人所得税、公司所得税、资本利得税、资本转移税、土地开发税、石油税、遗产税及赠与税。间接税主要包括增值税、关税、消费税和印花税。直接税中的所得税是英国税收的主体，占全部税收收入的60%以上。间接税在英国税制中处于辅助地位，在全部税收收入中所占比重为30%略多。

地方税由地方政府负责，占全国税收收入的10%左右，是地方财政的重要来源，但非主要来源；地方财政的主要财源是中央对地方的财政补助。与税收收入分配相适应，英国的税收权力也高度集中于中央。全国的税收立法权由中央掌握，地方只对属于本级政府的地方税才享有征收权及适当的税率调整权和减免权等。但这些地方税权也受到中央的限制，如20世纪80年代英国颁布的《地方税收额封顶法》就是显著一例。①

英国财政大臣每年都通过年度预算报告。其中，每年必调的一个项目就是税务。2012年3月21日，英国财政大臣奥斯本在英国议会提交年财政预算案，第二年4月起，公司税标准税率从25%降低至24%；将个人所得税最高税率从50%降至45%，同时将所得税起征点从7 475英镑提高至9 000英镑，全英2 900万纳税人中2 300万目前按基本税率纳税者将因此受益。从2014～2015年开始，英国纳税人将收到年度税款花费报告，清楚获知自己的税款被用于何处。目前，英国政府财政收入的第一大来源是个人所得税，第二大来源是社会保险税，第三大来源是增值税，第四大来源是公司税。自20世纪90年代中期以来，税收占英国国民收入的比例从来没有

① 杨会军：《驻英使馆经商处》，载于《英国的税收体制》2012年3月30日。

低过36%，也从来没有高过39%。而2010～2011税收年，英国财政支出总额却占到了国民收入的46%以上。根据英国财政研究所（Institute for Fiscal Studies）公布的《2012年绿色预算》（Green Budget 2012），英国政府支出占国民收入的比例将长期徘徊在这一水平附近。英国联合政府的紧缩措施其中4/5为削减支出，而非增税——希望最终让政府支出占国民收入的比例逐步降回到40%以下，也就是20年前的常态水平。

（一）个人所得税

个人所得税是英国的第一大税种，自1979年实施税制改革以来，个人所得税一直是改革的重点。个人所得税是英国政府的一项主要税收，其收入在国家财政中占有很大比例。英国是个人所得税的发源国，采用的是分类综合所得税制，即一部分所得项目先分类别进行征收，然后全部所得汇总后再综合征收。这样既可以加强源泉扣缴，确保税款及时入库，又可以体现累进税率公平税负量能负担的原则。

英国个人所得税的计税依据是应税所得。应税所得是指所得税分类表规定的各种源泉所得，各自扣除允许扣除的很必要费用后，加以汇总，再统一扣除生计费用后的余额。允许扣除的生计费用包括：基础扣除、抚养扣除、劳动所得扣除、老年人扣除、病残者扣除、寡妇（鳏夫）扣除和捐款扣除等。这些扣除项目的金额，按法律规定，每年随物价指数进行调整。英国居民个人就英国以外来源所得在英国以外缴纳的税（限于直接的海外税），按避免双重征税协定或英国法律的单边规定给予税收抵免。英国的个人所得税结构是通过扣除和税率档次的制度来运转的。每一个人都有个人扣除额，从税前总所得额中作扣除就得出应纳税所得额，当然各项所得的费用在汇总时已作扣除。个人扣除额依年龄的增长而增加。除个人扣除额之外，还有已婚夫妇扣除额，也是随年龄的增长而增加的。另外英国个人所得税的级距及扣除额都依当年零售物价指数的升高而作通货膨胀调整。

个人所得税按纳税年度（每年4月6日至次年4月5日）申报。英国个人所得税的纳税人是英国居民和非居民。在英国有固定住所或在任何一个纳税年度内在英国居住满183天者为英国居民纳税人，否则为非居民纳税人。英国个人所得税对居民就其来源于国内外的一切所得征税；对非居民仅就其来源于英国的所得征税。英国个人所得税实行源泉代扣代缴和纳税人申报相结合的方法。个人所得税由雇主从员工的周薪中代为扣除，每付一次薪水，扣除一次税，即所谓的PAYE（pay as you earn）。每个员工都有一个PAYE号，雇主根据员工不同的纳税税率代扣代缴相应的税额。

（二）公司所得税

英国公司所得税亦称"公司税"或"法人税"，是对法人实体的利润所得征收的一种税。公司税按每个财政年（由4月1日至次年3月31日）规定的税率申报纳税。英国公司所得税的开征比个人所得税晚，1947年才开征公司所得税。1947年前，英国公司利润包括在第四类所得之中，缴纳常年利润税。1947年英国在公司所得税以外，单独课征公司利润税。1965 年英国税制改革时，废除了以往的所得税和利润税制度，创立了单一的公司所得税，并将资本所得纳入公司所得税的征税范围。进入 20 世纪 80 年代，英国政府为了刺激投资，促进经济增长，制定了一些税收优惠措施，降低了公司所得税的税负，并且对中小企业采取某些特殊政策，鼓励其发展。2010 ~ 2011 财政年度英国公司税税率为 28%。年收入在 30 万英镑以下的公司税率为 21%。英国的单一公司税制适用于本土和非本土的公司。一般情况下，外国公司设在英国的分支机构不享受较低的公司税率。中国公司设在英国的分支机构，根据中英之间签署的避免双重征税协议中非歧视条款，英国税务局允许企业享受低税率。

（三）增值税

增值税是指对在英国经营期间，提供商品或服务产生的增值部分所征收的赋税。英国 1973 年开始征收增值税，1983 年颁布《增值税法》。增值税的纳税人包括：在英国提供应税商品和劳务，旨在通过营业过程获得收入的个人、合伙企业、团体或公司；从事进口业务者。课税范围涉及工业、农业、商业以及服务业等。

国内商品和增值税的计税依据是销售商品和提供劳务所收到的销货金额及报酬总额。进口商品的计税依据是支付的报酬或海关确定的价额。英国增值税有三个税率，即标准税率、低税率和零税率或免税。低税率适用于国内使用的燃料和电力。零税率相当于许多国家所说的收回已纳税款权利的免税，主要适用于食品、书籍与出版物、客运及出口品等。免税主要适用于某些银行、保险和金融服务、财产交易、教育与健康服务及某些非营利活动。为避免双重课税，用于应纳税的商品和劳务所缴纳的增值税允许抵扣。增值税纳税人每年向关税和消费税局申报四次，即每 3 个月申报一次。纳税人必须在每个纳税申报期满后的 1 个月内提出纳税申报表，并同时缴纳相应的税款。

年营业收入（可征税产品价值）超过 5.6 万英镑的公司，均须进行增值税登记。英国的现行标准增值税率为 20%，某些商业活动、产品享受减免增值税。如果公司年营业收入低于 5.6 万英镑，登记增值税也是允许的，而且在公司购买用于业务的物品时，可以索回增值税。整个欧盟采用一种相同的关税制度。进口货物到欧盟时征收关税，但在欧盟之间跨境转运则无须缴纳关税。

（四）印花税

印花税是公司进行收购活动的一项重要税收。如果一家公司的股份被收购，则按收购价征收 0.5% 的印花税。如果是直接收购企业或资产，对超过 50 万英镑在英国房地产的收购，则征收可能高达 4% 的印花税。因此，以通过收购公司股份来达到拥有企业的目的，比直接收购企业和资产更有利。

（五）社会保险税

社会保险税也称国民保险税（NIC），是对雇主、雇员以及自营人员征收的一种税。纳税人是雇主和雇员以及自营人员。课税对象是雇主支付给雇员的劳动所得，以及自营人员从事各项独立劳务活动取得的所得，实行定额征收制，没有最低生活费和其他任何宽免。社会保险税实行比例税率。雇主和雇员的税率相同，由雇主负责扣缴和申报。英国社会保险税的计征办法采用非累计制，即纳税人每周的税款决定于其本周的所得额，而不受前后各周所得多少的影响。

专栏1-1 英国税制的演变

英国的税收制度经历过相当漫长的历史发展过程。英国近代税制的第一块奠基石是土地税。这是一种直接税，是汉诺威王朝从斯图亚特王朝继承下来的。1692 年，英国议会授权征收土地税。这种简单的直接税在当时是带有“革命”意味的。因为这表示国王此后不再只“靠自己养活”。此前，在西欧式的封建体系中，大大小小的贵族就是他们自己领地上的“国王”，英国王室和宫廷的日常开支只能依赖于王室领地的收入，只有战事来临，王室需要额外支出时，才召集议会，商量战争费用的解决办法，临时征收某项特别税收。17 世纪的英国资产阶级革命，便是由于英王查理一世要求征收对苏格兰作战的费用而与议会发生冲突，最终爆发了英国内战。17 世纪 20~30 年代“无议会统治时期”，查理一世强行征收的“船税”，也是古代英国为抵御海盗进攻而在东南沿海征收的临时税收。查理一世无视传统惯例，欲行强征，激起了极大的民愤。至17 世纪，税收在英国依然是非常的、战时的特殊现象。18 世纪每一项新税的开征总会引起朝野舆论哗然、民众抵触及统治集团内部的相互攻击。不过，土地税的开征终使英国政府有了一项比较稳定的税收，并成为英国政府的财政基础。

第二次世界大战后，英国政府开征了一些新税种。1973 年英国加入欧洲经济共同体后，税收制度又进行了一些重大改革，具体包括：(1) 完善所得税制，将两种独立的所得税，即基本所得税和附加所得税合并，实行统一所得税，并统一使用累进税率；(2) 引进增值税，取代了购买税，即第二次世界大战开始时实行的消费税和选择职业税；(3) 降低关税税率，在与欧洲经济共同体国家贸易中，将关税税率降低 20%。20 世纪 80 年代以后，为鼓励投资，刺激经济增长，英国再次对税制进行了一些改革。主要改革措施有：(1) 降低个人所得税税率，提高起征点。个人所得税最高由原来的 83% 降为 60%；基本税率由原来的 33% 降为 30%，1988 年以来降为 27%，最后降为 25%。同时，税率档次由原来的 11 级降为 6 级，1988 年又进一步规范化为 25% 和 40% 两级。(2) 调整公司所得税税率，鼓励投资。公司所得税税率由原来的 52% 降为 1986 年的 35%。废止对机械设备及生产性建筑物的特别折旧和库存转换制，以扩大税基。取消国民保险附加税和投资所得附加税，减轻企业负担。(3) 改革流转税制度，积极推行增值税。将增值税税率由原来的 8% 分期提高到 12.5% 和 15%，并扩大了增值税税基。

上述改革逐步形成了英国的现行税制。近些年来，英国一直保持着低税的商务环境，以利于商业发展和吸引外国投资。英国目前的公司税标准税率是24%，增值税为20%，在欧洲属较低水平。英国还有更多的减免税条款，如对商业利润不征收地方税，高级管理人员享受优惠的个人所得税和社会保险税。英国具有世界上最广泛的避免双重征税协议网络。对公司内部选择购买股权的灵活税收政策使英国成为欧洲中最支持企业发展的国家之一。

资料来源：《英国的税收体制》，中国商务部网页，http：//gb. mofcom. gov. cn/article/i/201203/20120308045171. shtml，2012 年 3 月 30 日。

（六）税收法律和征管

英国没有独立的税收法典。当涉及某一领域的税收法规数量太多时，则汇编为一部法案。主要的税收法律有《1891 年印花税法》、《1970 年税收管理法》、《1975 年石油税法》、《1983 年增值税法》、《1984 年遗产税法》、《1988 年公司所得税法》、《1990 年资本折扣法》、《2001 年资本折扣法》、《2003 年所得税法》、《2003 年所得税条例》、《2005 年所得税法》、《2007 年所得税法》、《2009 年公司所得税法》、《2010 年公司税法》、《2010 年税法》等。

税款的征收一般以纳税人填写的纳税申报表为依据。公司应在申报表之外附加其年度会计报表，如果公司在正常的税款支付期之前未能及时提供足够的信息以便税务官员估定税款（财务结算期结束的 9 个月之内），那么税务当局可对其处以罚息。个人应在其纳税申报表中详细填报其所得、利得及其申请的费用、津贴、折扣等。独立个人劳务者也必须在申报其应税的经营或职业所得时附送经营报表。雇员如没有别的投资收入，可由其雇主代扣税款（对于此类纳税人，税务机关一般隔几年才会要求其填报纳税申报表）。纳税人一般须在收到报表 30 日之内填报。公司税按每个财政年度（由 4 月 1 日至次年 3 月 31 日）规定的税率申报纳税。

四、转移支付制度

郡政府与区政府都属地方政府。郡级预算收入由中央预算补助拨款、地方税收入和地方规费收入组成。郡政府设有财政局，其内部设税务部门，负责郡本级及各区的市政税、营业房产税的征收。区级预算收入包括有中央预算拨款（经过郡级再分配）、征收地方税的返还以及区级地方规费收入。区一级也设有财政局，但是内部未设税务部门，因此，它只是负责从郡级预算中取得补助收入，安排预算支出。郡级税务部门征收的地方税不是按各区原有的征收数，如数返还各区，而是根据各区的不同情况及郡政府的政策需要，经过综合平衡后再返还给各区。

英国中央政府向两级政府提供拨款。这些拨款有两种类型，即无条件拨款（约占全部转移支付的90%）和专项拨款（约占10%）。无条件拨款（即均等化转移支付）自从 1929 年起就开始实行，1967 年更名为税收支持拨款（Revenue Support

Grant，缩写为 RSG)，该体制延续至今。专项拨款主要用来解决某些项目的溢出效应问题，这些项目包括道路、教育和社会福利等。无条件拨款主要用来解决地区间提供公共服务能力差异的问题。一个地区的支出需求与其自有财源之间的差距越大，其所得的税收支持拨款就越多。税收支持拨款的分配公式由三个部分组成。第一部分是对地方政府支出需求的度量，其他两个部分是对地方政府财政收入能力的度量，包括地方收入（自身税收收入）和其他转移支付（商业财产税返还)。税收支持拨款的目的在于保证所有地方政府在实行同样的地方税税率的情况下，它们所提供的公共服务的水平也大致相同。每个地方政府获得的税收支持拨款的数额由以下公式决定：

$$RSG = SSA - \text{标准地方税收入} - \text{商业财产税返还}$$

式中，标准地方税收入是中央所确定的居民房产税标准税率与上一年地方政府所上报的地方税基的乘积。商业财产税返还是另一种形式的转移支付。RSG 计算公式中最为复杂的部分是对地方政府标准支出需求的评估（Standard Spending Assessment，缩写为 SSA)。中央政府对地方标准支出需求的评估的出发点是中央的均等化拨款应保证地方政府有能力提供标准的服务水平。计算方法对各个地方一视同仁，其中考虑到每个地方的人口、经济、地理和社会特点。按 SSA 计算得出的各地支出需求的差别主要归因于上述这些特点的差异。在地方全部支出中，地方自有财力安排的支出仅占 30% 左右，其余均为中央转移支付安排。

中央政府拨款与地方税收之间的比例在某种程度上反映了中央政府与地方议会之间的权力平衡格局。地方政府征收自己的税收的能力使其对自己的活动具有一定程度的控制。而拨款代表的是中央的控制和地方自由裁量的丧失。概括而言，专项拨款用来确保全国不同地方提供的服务的一致性；一揽子拨款（收入支持拨款）旨在给地方一定程度的选择性和灵活性，但由于基本依据对需求的标准支出评估，所以在实际上回旋的余地也微乎其微；只有由拨款以外的收入尤其是税收维持的服务才给予地方选择和调整的机会。

第二章

英国政府预算制度演变

■ 本章导读

当欧洲诸国仍处于黑暗的“中世纪”时，英国自1215年，以《大宪章》的签订为标志，便开始了政府预算制度的构建过程；1688年的“光荣革命”确立了君主立宪制，使议会基本上控制了财政权，在与国王争夺预算控制权的过程当中获得了胜利，也使得英国预算制度进入了中期发展阶段，而此时欧洲诸国的预算权力还是由君主所控制；早在18世纪50～60年代，格莱斯顿财政改革便奠定了英国现代预算制度的基本框架，而美国现代形式的预算制度则是直到20世纪20年代才得以建立。虽然，现在大不列颠帝国的辉煌已成为历史，但是英国所创建的包括政府预算制度在内的近现代政治、经济制度却为许多国家所借鉴和吸收，并产生了广泛的影响。[①]

① 感谢东北财经大学彭健教授对本章资料的提供。

第一节　早期形成阶段

英国政府预算制度的早期阶段，是以1215年《大宪章》的签署，国王失去部分税收权为起点。其间经历了安茹王朝后期（1215～1216年）、金雀花王朝（1216～1399年）、兰开斯特王朝（1399～1461年）、约克王朝（1461～1485年）、都铎王朝（1485～1603年）、斯图亚特王朝（1603～1649年，1660～1714年）、共和政府时期（1649～1660年）等时期（见表2-1）。在这400多年的历史中，英国的封建议会制度和预算制度逐渐演变为现代意义上的议会和预算制度。

表2-1　　英格兰及英国君主（1066～1660年）

王朝	君主	在位时间
诺曼王朝 House of Norman	· 威廉一世 King William I	（1066～1087年）
	· 威廉二世 King William II	（1087～1100年）
	· 亨利一世 King Henry I	（1100～1135年）
	· 斯蒂芬（King Stephen）	（1135～1154年）
安茹王朝 House of Anjor	· 亨利二世 King Henry II	（1154～1189年）
	· 理查德一世 King Richard I	（1189～1199年）
	· 约翰 King John	（1199～1216年）
金雀花王朝 House of Plantagenet	· 亨利三世 King Henry III	（1216～1272年）
	· 爱德华一世 King Edward I	（1272～1307年）
	· 爱德华二世 King Edward II	（1307～1327年）
	· 爱德华三世 King Edward III	（1327～1377年）
	· 理查德二世 King Richard II	（1377～1399年）
兰开斯特王朝 House of Lancaster	· 亨利四世 King Henry IV	（1399～1413年）
	· 亨利五世 King Henry V	（1413～1422年）
	· 亨利六世 King Henry VI	（1422～1461年）
约克王朝 House of York	· 爱德华四世 King Edward IV	（1461～1483年）
	· 爱德华五世 King Edward V	（1483年）
	· 理查德三世 King Richard III	（1483～1485年）

续表

都铎王朝 House of Tudor	·亨利七世 King Henry VII	(1485～1509 年)
	·亨利八世 King Henry VIII	(1509～1547 年)
	·爱德华六世 King Edward VI	(1547～1553 年)
	·简·格雷 Lady Jane Grey	(1553 年)
	·玛丽一世 Queen Mary I	(1553～1558 年)
	·伊丽莎白一世 Queen Elizabeth I	(1558～1603 年)
斯图亚特王朝 House of Stewart	·詹姆斯一世 King James I	(1603～1625 年)
	·查理一世 King Charles I	(1625～1649 年)
共和政府	·奥利弗·克伦威尔	(1649～1658 年)
	·理查德·克伦威尔	(1658～1660 年)
斯图亚特王朝复辟 House of Stewart	·查理二世 King Chales II	(1660～1685 年)
	·詹姆斯二世 King James II	(1685～1688 年)
	·威廉三世和玛丽二世 King William III and Queen Mary II	(1689～1702 年)
	·安妮女王 Queen Ann	(1702～1714 年)

资料来源：钱乘旦、许洁明：《英国通史》，上海社会科学出版社 2002 年版，第 362～364 页。

一、议会制度和预算制度的渊源

英国议会制度和预算制度的历史渊源，可以追溯到公元 5～7 世纪盎格鲁—撒克逊王国中的“贤人会议”。公元 5～7 世纪，盎格鲁—撒克逊在英格兰建立起大小七个王国，这些王国的国王与贵族代表组成“贤人会议”（Witenagemot）或称为“智者大会”（The Assembly of the Wise Men）。贤人会议的主要职能就是根据世袭的原则选举王位继承人，辅助国王决定王国其他内外大事。“在所有的盎格鲁—撒克逊王国中，贤人会议的同意，对于执行法律、课征税收和批准公共管理的主要活动，都是必须的。”①

1066 年，诺曼底征服②后，威廉一世（King William I，1066～1087 年）基本继承了贤人议会体制。以后，诺曼王朝（1066～1154 年）在贤人会议的基础上建立起了“大咨政会”（The Great Council，也译为“大议会”），后来又逐渐演变成“议

① 参见 Smith，G. B.（1892）. *History of the English Parliament：Together with An Account of Parliament of Scotland and Ireland.* V1，London：Ward，Lock，Bowden Co，pp. 14－15.

② 1066 年，法国诺曼底公爵（11～12 世纪时，法国是一个四分五裂的国家，诺曼底是法国北部的一个公国）带领军队渡过英吉利海峡，与英王哈罗德交战，成为胜利者。并于 1070 年彻底征服了英格兰，建立了诺曼王朝，诺曼底公爵成为威廉一世。英格兰和诺曼底这两个过去各自独立的实体，成为跨海峡的单一的政治单位，不仅共拥有一个王朝，而且共有一个诺曼底—盎格鲁贵族阶层。这种局面一直维持到 1204 年。

会”（Parliament）。[1] 那时，在一般情况下，王室的费用，无论是用于私人还是公务，都要从国王的岁入中支付。而国王征收封建捐税实际上是受限制的，其数量不得超过习惯所许可的限度。如遇紧急情况（比如战争）需要额外的财源时，国王就得寻求封建贵族们的大笔捐赠，其渠道就是召集由封建贵族及教会头面人物组成的“大咨政会”。

然而，无论是“贤人会议”，还是“大咨政会”，都只是依靠习惯和传统拥有这些权利，国王并不是非要遵守和依循这些传统与习惯。贤人会议、大咨政会能够在多大程度上和范围内控制君主增税的企图，是依据双方之间的力量对比而定的。总的说来，当时贤人会议和大咨政会的立法权和税收权，是被限制在很小的范围之内。但正是英国君主为了使自己对臣民的征税较为容易，而召开的看似无足轻重的会议，却在其后议会制度和政府预算制度的形成与发展过程中，逐渐发挥出愈益巨大的作用。

二、早期形成阶段的起点——1215 年《大宪章》

在中世纪，[2] 英国政治舞台上，最活跃的是两大势力——国王和贵族。双方在由诺曼王朝的威廉一世所创立的土地等级分封制的基础上，构成了一种颇具特色的对立统一关系。在 11～12 世纪，基于共同的利益，英国王权和贵族在多数情况下能够互相依赖配合。但到了英王约翰（King John，1199～1216 年，又被称为“失地王”[3]）即位前后，英国经历了严重的通货膨胀，直接减少了王室的实际收入和增加了实际支出，使得财政陷于极度的困难之中。而约翰王在这种财政背景下，为了收复失地和不断扩军备战，进行无休止的财政榨取，这使他与贵族和骑士之间的矛盾不断激化，最终导致了 1215 年的贵族反叛。最终，英王约翰被迫接受了贵族的要求，于 1215 年 6 月 19 日签署了《大宪章》。

《大宪章》数千言，共 63 条，涉及问题较多，对国王在封建规范之内的权利和义务作了非常详尽的规定，也对封臣的权利作了全面的承认。主要内容有：第一，宣布了国王不可擅自征税的原则。《大宪章》第 12 条强调：除封建义务所规定的贡款赋税外，“王国内不可征收任何兵役免除税或捐助，除非得到本王国一致的同意”（所谓“一致同意”，是指当时以大贵族为核心的大资政会的同意）；“为了对某一捐助或兵役免除税的额度进行讨论并取得全国的同意，国王应发起召集大主教、主教、

① Parliament 一词，由意大利语和法语的若干词汇演变而来，在 12 世纪中期的路易十二时被首次使用，其意着重于国家的大众集会（a general assembly of states）。

② 15 世纪后期，西方的人文主义学者首次使用“中世纪”一词，用来指西罗马帝国灭亡（公元 476 年）到 15 世纪结束的 1000 年。然而，当具体到英国时，英国史学家通常认为，在英格兰，“中世纪”指的是 1066 年诺曼底征服到 1485 年都铎王朝建立。诺曼底征服意味着英格兰不仅接受了一个新的王族和一个新的统治者，而且接受了一种新的文化和语言，从而开启了英格兰历史上新的时代。

③ 由于安茹家族内乱和法国国王菲利普的干涉，1199 年继位的约翰王在短短的几年中（1199～1204 年）就使安茹帝国失去了在法兰西的大部分领土，因此，称之为“失地王”。

寺院长老、伯爵和大男爵等开会，讨论研究征款事宜”。第二，明确了若干重要的国民权利。其中比较重要的有：被协商权、享有人身自由的权利、监督国王和反抗政府暴政的权利。

从其内容和性质来看，《大宪章》是大贵族为保护其财产和生命而制定，其中的多数条款是重申国王的权限范围和贵族的封建权利，不过是一个典型的封建法和习惯法文献。但就其精神实质而言，《大宪章》则具有深远的意义：(1)《大宪章》确立了“法律至上，王在法下”的原则，这一原则成为英国宪法政治的基础。(2)《大宪章》为议会制度奠定了基础。《大宪章》通过向国王宣告国民有被协商权的原则，明确规定国王必须召开有若干贵族组成的议会。正是在这种意义上，后世学者称《大宪章》为“第一个伟大的议会文献”。(3)《大宪章》第一次将“非赞同毋纳税”和“无代表权不纳税”原则以法律形式确立下来，标志着英国政府预算制度的早期形成阶段的开始。

尽管英王约翰在《大宪章》上签了字，但“非赞同毋纳税”原则得到真正的遵守，还经过了国王与议会之间近一个世纪的不断较量。《大宪章》签署不久，约翰王就否认了它。于是，君臣之间重开内战，直到1216年10月18日，约翰王病死，其9岁的儿子继位为亨利三世（King Henry III，1216～1272年），战争才停止。亨利三世在位的56年间，英格兰仍然充满着国王和封建贵族的斗争。亨利三世力图恢复因《大宪章》的签订而使安茹王朝丧失的权力，封建贵族却要迫使亨利三世听从他们的劝告。结果，在亨利三世统治时期，君主与贵族的斗争连绵不断。

到了13世纪末爱德华一世（King Edward I，1272～1307年）时期，议会终于定型，“非赞同毋纳税”的原则也得到了明确接受。爱德华一世在位期间，议会召开明显经常化、制度化。除特殊情况外，通常每年召开两次，爱德华一世在位35年中，共召开52次议会，会址多在威斯敏斯特（Westminster），以后英国议会的会址就固定于此。1295年“模范议会”将当时社会上的三个重要阶层：教士、贵族和包括骑士在内的平民都包含在内，成为“第一个代议性议会”。① 1325年后，无平民代表即可召开议会的时代最终结束。英国议会经过一百余年的漫长岁月，终于走完萌芽、产生和形成的历程。这时，议会的作用领域已包括政治、司法、立法和财政等多个方面。

需要特别指出的是，正是议会所具有的财政职责，才使过去的具有贵族议政性质的“大咨政会”转变为一个具有代议性质的机构。在12世纪，英格兰诸王收入的1/2来自司法、大领主的捐助和封建赋税以及在教会职位空缺时国王代征的收入，只有13%来自以丹麦金②为主的对一般公民的征税。这种收入来源保证了国王在政治上和经济上的独立性，因为这类征收无须举行重大会议以请求批准。因此，当时

① King, H. *Parliament and Freedom.* Butler & Tanner ltd, 1962.

② 9世纪时，英国处于盎格鲁—撒克逊诸侯国分裂时期，受到外族的不断入侵，其中主要是丹麦人。英国国王课征“丹麦金”，用以筹集抵御丹麦人侵的军费，这是西欧最早的国税。“丹麦金”后来作为土地税延续下来，一般为120英亩土地征收2先令。

大资政会对国王的约束和限制是非常有限的。然而，到13世纪末，情况发生了很大的变化。在国家政治的发展过程中，王室税收的变化，战争规模的扩大，行政和军费开支的增加，于是，英国各个君主，如亨利三世和爱德华一世不得不向其臣民加征“非常税”。到了13世纪末14世纪初，爱德华一世进行国务活动和维持王室活动的绝大多数收入都来自于税收。这类税收必须由英王召集议会，充分陈述征收缘由才能开征。因此，从这个角度来看，议会是伴随着税收的增加而逐步形成的。

三、英法百年战争和玫瑰战争时期预算制度的进展

1337~1453年间的英法百年战争成为英格兰宪政发展、社会变化和民族意识成长催化剂，为增强议会的权力创造了客观条件。虽然战争有助于国王威望的提高，从而使王权产生了专制倾向，但另一方面，因为君主们急剧膨胀的军费需求，迫使他们频繁地要求议会予以财政授权。比如，爱德华三世（King Edward III，1327~1377年）时，总计召开议会48次，征收世俗补助税27次。百年战争带来的额外开支使英国君主不得不在政治上和经济上更加依赖议会的支持，这就导致了议会权力的上升及其构成的变化。

议会权力的上升具体体现在以下三个方面：（1）议会对税收的控制范围进一步扩大。爱德华三世在位期间曾对《大宪章》作了15次确认，每当他需要财政补助时，就要对《大宪章》作再次确认。1348年议会重申：从此之后，没有议会的授予和同意，国王陛下的宫廷会议不得课征任何税收，也不得借款。爱德华三世在其统治末期，就试图采用商人赞同而无须议会同意的方式，来扩大君主征收关税特权的范围，使之适用于范围广泛的进口产品。对此，议会于1371年重申了其在这一领域的权力，仅授予爱德华三世以有限期间的吨税和镑税。第二年议会拒绝重新批准这些税收。从1373年开始，吨税和镑税如同关税一样，其增加也必须获得议会的授权。到14~15世纪时，关税已成为政府财政的重要基础。如1374~1375年，爱德华三世的岁入为11.2万英镑，而其中他自己的世袭岁入只有2.2万英镑，直接税和间接税（关税）则高达8.2万英镑，其余的差额来自借款。理查德二世（King Richard II，1377~1399年）的议会授予他以终身拨款，但规定不能视为惯例。作为理查德二世的对手和王位夺取者，兰开斯特王朝的创立者亨利四世（King Henry IV，1399~1413年）却没能获得终身授权。但他以后其他所有的兰开斯特王朝的君主，都获得了议会的终身拨款授权。其中如亨利六世（King Henry VI，1422~1461年）就获得了很高税率的终身关税授权。（2）议会获得立法权。到爱德华三世时期，根据上、下两院的请愿书制定法规已成为一种正常的立法方式。（3）议会还取得了弹劾权。弹劾权是一种由下院充当原告对大臣提起公诉，然后由上院贵族担任法官进行审判的特殊司法方法。14~15世纪，英国议会制度的组成和权力构架已经基本成型。

在议会的构成方面，议会逐渐分成了上、下两院。英法百年战争期间平民力量上升，因为那时议会所讨论的问题，诸如批准赋税和支持战争等已是涉及全民利益

的问题，从而促进了议会下院的形成。在政府预算制度的形成过程中，下院的形成具有重大意义。下院的召开使纳税人与君主的税收关系进一步变化，意味着议会是纳税人选出的代表，而不是由国王指定的人选所组成的机构。在此之前，各阶层纳税人只能借助于贵族对君主的反对来保护自己的利益，而贵族主要关心的只是如何保护贵族和主教们的利益。下院在自己产生的早期，还必须依靠上院的支持才能行使权力。1373 年议会在君主争夺掌握进口关税的权力上获得胜利，下院获得了财政授权的动议权。此后，财政授权的决定由下院做出，而上院仅是对它们表示赞同而已。1407 年，君主与贵族们试图否定下院的动议权，结果未能成功。从此，下院的动议权牢固地确立了，而该年也就成为议会控制财政史的最重要的里程碑之一。

英法百年战争对英国的影响不仅限于国际方面，也影响到国内的政治局势。在百年战争中一些英国贵族趁机扩大私人武装，为贵族间的局部冲突发展成内战准备了条件。在百年战争后期，英格兰出现了软弱的国王面对派别纷争的强大贵族的局面。

英法百年战争刚刚结束，两大贵族集团——约克家族和兰开斯特家族便展开了历时 30 年（1455～1485 年）的内战，历史学家根据约克家族的白玫瑰徽章和兰开斯特家族的红玫瑰徽章，而把这场战争称之为“红白玫瑰战争”。① 在“玫瑰战争”时期，议会的地位曾一度受到冲击。由于局势动荡，政权不稳，国王唯恐触犯国民，尽量减少税收；同时，没收敌对贵族的地产也使国库得到了充实，征税的动力减弱，因此，议会召开的次数明显减少。

约克王朝的首任君主爱德华四世（King Edward Ⅳ，1461～1483 年），逐步改变了以前王室财政空虚而不得不受制于议会的状况。一方面，爱德华四世尽量减少对外征战；另一方面，还通过各种措施增加王室收入：首先，爱德华四世没收了敌对贵族的地产，使王室领地占到了全国耕地面积的 1/5 左右，超过了英国以往时期任何国王的地产。其次，在他即位 4 年后就说服议会授予君主终身享用关税的权力。后来，由于羊毛出口逐渐减少，其出口关税开始失去往日的重要性，爱德华四世于 1473 年创造了一种新的预算收入形式，即所谓的“自愿捐款”。即国王个人通过向教俗贵族、伦敦市长和富有的市民游说，获得的临时性的捐款。但其强制性，使得“自愿”捐款实质上成为一种税收。同时，爱德华四世还通过经商增加自己的收入。由于他能够开源节流，并善于理财，很快成为极其富有和财政独立的君主，基本上可以仅依靠自己的收入生活，从而很少依赖议会。爱德华四世在位的 22 年间，只召开过 6 次议会。

但在约克王朝时期，下院的地位大大提升。这是因为，许多在战争中反对国王的大贵族被剥夺爵位，因而失去上院议员的资格，上院议员人数减少。而国王为了巩固自己的统治地位，特别注意向世人表明，他得到了全民的拥护。在这种背景下，下院受到国王的重视。一些重要议案，在国王的授意下都是首先交给下院，由下院正式提出，经上院同意，最后成为法律。与此同时，下院议员的人数也逐渐增加，

① 钱乘旦、许洁明：《英国通史》，上海社会科学出版社 2002 年版。

到1487年已超过100人。

四、都铎王朝时期预算制度的进展

西方学者传统上把1485年都铎王朝的建立作为近代英国的开端。都铎王朝既是近代英国的开端，也是英国历史上一个分水岭。都铎王朝为了加强专制统治，一方面削弱旧贵族的势力，发动宗教改革；另一方面，都铎王朝鼓励工商业、航海业的发展，注重扩大海外贸易，并积极推行殖民扩张，争夺海上霸权。

都铎王朝历时118年，历经三代五位国王，其中亨利七世（King Henry VII，1485～1509年）、亨利八世（King Henry VIII，1509～1547年）和伊丽莎白一世（Queen Elizabeth I，1558～1603年）都是王权显赫、在位较久而又颇有作为的君主。他们承前启后，一再扩充王权，形成了颇具特色的专制君主体制。

作为都铎王朝的开国者，亨利七世通过各种措施来增加自己的收入，从而保持王室财政的独立性。亨利七世在位时，1485～1490年间，总收入平均每年为5.2万英镑，入不敷出；1504～1509年间，总收入年平均14.2万英镑，而总支出仅为13.8万英镑，出现较多的盈余。① 这种比较强大的经济条件，使亨利七世得以创建专制王权。亨利七世在位的24年中只召开过7次议会。

亨利八世是都铎王朝的第二任国王。在他统治期间，英国发生了一系列的重大变化，其中，宗教改革②是最为重要的。在此过程中，议会与王权相互合作，使宗教改革得以顺利进行。在议会的积极支持下，亨利八世的宗教改革取得了初步成功，王权从世俗界延伸到教会，进一步加强了专制君主制。

伊丽莎白一世的统治长达45年。伊丽莎白女王在位时，英国王权进入鼎盛时期。当时，英国社会稳定，经济发展，宗教改革的成果获得巩固，英国国力迅速增强，英国还击败了西班牙的"无敌舰队"，海外扩张的势头开始起步。

但是，需要指出的是，英国都铎王权虽然有着明显的专制主义特点，但又受到议会以及法律，尤其是议会法和普通法的限制，具有相当突出的"有限性"，这使

① 以上数字引自蒋孟引主编：《英国史》，中国社会科学出版社1998年版，第234～236页、第241～242页。

② 亨利八世所进行的宗教改革，只是英国16世纪宗教改革全过程的第一阶段。爱德华六世（King Edward VI，1547～1553年）时期的改革，是宗教改革的第二阶段。在这一时期，英国国教开始接受卡尔文教的影响，逐步脱离罗马天主教。然而，宗教改革进程之中也有曲折。1553年，玛丽女王（Queen Mary I，1553～1558年）即位，重新恢复天主教，承认了罗马教皇的宗教权威，并且大肆迫害新教徒。1558年11月，玛丽女王在一片怨愤声中病逝，伊丽莎白女王（Queen Elizabeth I，1558～1603年）即位，英国宗教改革进入了第三阶段，也是最后的阶段。伊丽莎白是坚定的国教徒。1559年，女王召开了即位后的第一届议会，废除了玛丽女王时期通过的反宗教改革法令，重新肯定了亨利八世和爱德华六世的宗教改革成果。在1563年的教士会议上，通过了"三十九条教规"，规定英国国教以《圣经》为信仰的唯一准则，否定了罗马教皇在教会至高无上的地位。1571年，"三十九条教规"在议会中得以通过。英国宗教改革几经反复，到伊丽莎白女王统治的前期宣告结束。16世纪英国的宗教改革，虽然也经过了一些反复，但是，安定的国内政治环境，保证了宗教改革的顺利进行，与欧洲大陆德意志、法国等国家的宗教改革相比较，基本上还是平稳的，没有出现全国范围的大动荡。

得其区别于欧洲大陆和东方社会的绝对主义王权。因此，许多学者在承认都铎王朝是专制君主政体（autocratic monarchy）的前提下，还有“新君主制”（new monarchy）、“有限君主制”（limited monarchy）和“混合君主制”（mixed monarchy）等不同提法。①

都铎王权的有限性主要表现在：

——在军事方面，与欧洲大陆一些君主国相比较，都铎政府在军事方面继续保持着独特的临时募兵制传统，始终没有建立一支强大的常备正规军。

——从政府管理机构的设置来看，其官僚管理机构也不像欧洲大陆国家那样庞大完备。

——在财政方面，都铎王朝的各个君主还必须遵循“非赞同毋纳税”的传统，依靠议会来获得预算收入。除了亨利七世善于开源节流，维持了王室财政的独立性外，都铎王朝其他历代君主都入不敷出，亨利八世给后继者留下约 100 000 弗兰德镑（约 75 000 英镑）外债；② 伊丽莎白一世时期，预算支出激增，特别是与西班牙战争耗费巨大，到她统治的最后一年，国债总额达 400 000 镑。③ 因此，国王总会或多或少地要依赖议会的支持，才能获得所需要的财政援助，并需要做出妥协以回报议会的拨款举动。议会与国王的关系是互相制约的：一方面，国王的权力得到加强，因为大贵族失去了限制王权的力量；另一方面，议会的权威也得到加强，因为国王并不是抛开议会来加强自己的统治，而是利用议会来实现自己的意志。

因此，在这一时期逐步形成“王在议会”④ 的宪政原则，并出现了“议会至上”⑤ 的萌芽，议会尤其是下院的政治地位得到提高，议会下院进一步加强了对政府财政权的控制。1489 年，上院法官们就一致认为：某项根据国王旨意提出的剥夺财产权议案在上院通过后，还必须经过下院认可后方能成为法案。亨利七世时期，授权供应的程序由提出申请的方式，改为提出法案的方式，并且形成了财政拨款议案只能先由下院提出和决定的惯例。亨利八世在位时，借助着宗教改革的有利形势，促使议会开创了政府议案必须首先提交下院审议的先例，致使上院失去了立法优势地位。从此政府议案大多是由下院创议，尤其是有关社会经济立法和财政拨款的议案则必须先由下院提出和决定。16 世纪末，议会下院还与国王和上院在政府财政问题上发生了一次激烈的冲突。当时伊丽莎白政府因战费开支过高，财政极度窘迫，

① 阎照祥：《英国政治制度史》，人民出版社 1999 年版。

② 参见 Mackie, J. D.. *The Earlier Tudors* (1485 - 1558), Oxford university Press, 1962, p. 413.

③ 肯尼思·O·摩根著：《牛津英国通史》，商务印书馆 1993 年版，第 293 页。

④ “王在议会”，即君主是议会的组成部分。较早明确表述国王和上下两院三位一体共同组成议会的，是 1534 年的《限制任教职者支付首年年俸法案》（又称“豁免法”），其宣布此法案“由现届议会中的最高统治者国王、教俗两届贵族和平民共同行使权力制定。”到了现代，“王在议会”的宪法概念依然存在，名义上君主还是议会的组成部分，但其功能主要是形式上的，君主在国家政权中的作用微乎其微。

⑤ 都铎时期“议会至上”原则起码包含两层含义：第一，由于国王和两院三位一体地共同组成议会，所以国家最高权力应由三者共享。无论是作为一国之主的国王，还是人数众多的上下两院都不能单独构成议会。第二，在议会中，三者地位高低不同，权力大小不等。其中国王始终居于主导地位，拥有最多的权力和特权。

亟须议会批准加征重税和追加拨款。议会两院就政府财政拨款问题各持己见。上院贵族大多表示首肯，而下院则毫不妥协，就下院财政特权问题与上院贵族展开论争。最后，这次在16世纪议会史上最激烈的两院冲突还是以下院的胜利宣告结束。①

五、17世纪时预算制度初步形成

17世纪是英国历史上非常重要的一个时期，经历了斯图亚特王朝、共和国政府时期、斯图亚特王朝复辟时期、17世纪40年代的英国革命和1688年的“光荣革命”，英国的政治和社会发生了根本的变化。英国的预算制度也在“光荣革命”后初步形成，进入一个新的阶段。

（一）斯图亚特王朝时期

詹姆斯一世（King James I，1603～1625年）是斯图亚特王朝的第一任君主。詹姆斯一世即位不久便面临着财政拮据的状况。为了解决财政窘境，詹姆斯一世未经议会同意，就于1606年，对葡萄，并在1608年对所有的进口商品都开征了进口税，同时还很快就镇压了反抗行为。议会容忍了他的这些违宪行为。不仅如此，詹姆斯一世还采取了强制借款和捐款等行为，其实质仍然是税收的课征。下院提出商人不应违背自己的意愿而借钱给君主。商人们受到议会的支持，拒绝借款给国王。詹姆斯一世解散了议会并强行借款。后来，下院对国王强行征集捐款的行为表示抗议。詹姆斯一世则禁止议会讨论这一问题。下院对此提出严重抗议，强调议会自古以来就有自由讨论任何公众利益事项的权利。为了限制君主的敛财行为，议会于1620年成立“供应（supply）委员会”，用以处理所有涉及君主的收入、支出和捐款的事宜。

查理一世（King Charles I，1625～1649年）上台伊始，立即在税收问题上与议会发生冲突。1625年，查理一世召开他的第一届议会。上院拒绝给予国王所需的拨款，而下院则除了原先已授权的14万英镑之外，拒绝给予国王进一步的财政补助。为此，查理一世解散了议会，在没有议会授权的背景下征收了吨税和镑税，而且又连续进行一连串强制课税，并强制举债。

1628年，财政枯竭，查理一世被迫召开了新一届议会。这届下院提出了限制王权的《权利请愿书》。该请愿书对预算问题做了如下规定：“从今往后，非经议会法令的认可和赞同，人们不应再被强制课征或提供礼品、借款、捐款、税收和协助税等”。查理一世为了获得议会对他的金钱补助，勉强批准了《权利请愿书》。但查理一世随后又曲解权利请愿书的条文，并继续不经议会同意而征收赋税。当议会号召人民拒绝向国王纳税时，查理一世于1629年将议会解散。

1629年起，查理一世开始实行11年无议会的个人专制统治。在此时期，查理一世实施了多种敛财措施。1635年，为了筹措海军军饷，查理一世向全英格兰征收

① 埃尔顿：《都铎王朝统治下的英国》，牛津出版社1983年版。

“船税”。伊丽莎白和詹姆斯一世也曾征收过船税，向沿海港口城市征收，用以代替以前由这些地方的居民装备船只到皇家海军服役的义务，这种税是间断性的。而查理一世于1635年这项税务扩展到内地城市，且连年征收，变成了固定税收。因拒缴“船税”而引发了群众运动。

1640年，查理一世为了筹措与苏格兰进行战争的军事经费，不得不于该年11月3日再次召开议会。这届议会断断续续，存在了近20年，一直维持到1660年，历史上称为“长期议会”。作为妥协，查理一世建议废除自己的征收船税的权利，用以换取议会的12项财政补助。而下院则坚持，查理一世必须承认“非赞同毋纳税”原则，议会还为此而通过了一项法案，查理一世于1641年批准了该法案，最终承认了只有议会才能合法地开征税收。1641年春夏之间，议会依靠赞同课税权取得了一系列的胜利，其中包括宣布以前国王在无议会的个人统治时期所征收的船税是非法的，宣布以后不经议会同意，无论是对英国臣民还是侨民，都不得征收吨税和镑税。这就明确了关税的征税权属于议会，从而彻底解决了历时数世纪的，关于关税的征收是否属于以及在多大程度上属于君主的特权的争议。议会还成立了“方式与方法（Ways and Means）委员会”，用以处理所有涉及君主的收入、支出和捐款的事宜。

（二）共和政府时期

1642年，议会内部出现分歧，查理一世趁机引发内战。① 以克伦威尔为首的议会军最终打败王党军，国王查理一世于1649年1月30日被处死。议会宣布成立“共和国”，废除王位，取消上院，下院行使国家主权，并由人民选举产生，当实际上当时统治国家的是克伦威尔领导的军队。接着，克伦威尔又废除了共和国，建立起护国政府，由克伦威尔担任护国主，实施军事独裁统治。他把全国分成11个区，每个区派一名将军做行政长官，实行军管。

然而，17世纪40年代以议会战胜国王为特征的英国革命，却没有增大议会相对于政府的权力优势。在共和国和护国时期，议会被迫给予克伦威尔一项长期性的年收入授权，即每年支付给军队和海军40万英镑，支付给政府20万英镑，而到1659年则每年再附加70万英镑。至于采用何种税收去征集这些钱款，其具体方式则由护国公及其咨政会决定。未经护国公同意，议会无权削减其数额。所有的战争费用将由议会进行另外的投票来满足。当议会休会时，护国公及其咨政会有权征收任何数额的钱款以应付紧急事件的需要。这样，议会授予克伦威尔的税收权力远远

① 需要指出的是，英国内战的直接原因，一方面是因为查理一世在税收上的横征暴敛，另一方面的重要原因还在于查理一世在其统治时期推行宗教专制，残酷迫害那些主张取消国教中天主教旧习的“清教徒”。由于以上两个方面的矛盾，造成斯图亚特王朝时期政治上的紧张局面，并导致17世纪40年代英国革命的爆发。在17世纪的英国革命中，宗教信仰成为划分双方阵营的一条最为明显的界线。几乎可以说，凡是支持国教的都支持国王，凡是支持“清教”的都支持议会，因此有一种说法，把英国革命说成是“清教革命”。清教徒主张对国教进行改革，“清除”其中的天主教成分，也主张对政治制度进行改革，限制国王个人的权力。英国革命一个重要的特点就是宗教的政治化以及政治的宗教化，因为政治理念都是用宗教语言来表达的。

超过任何最专制的英国君主。克伦威尔开征了种类繁多的不得人心的税收，有的经过，而有的则未经过议会的批准。例如，每人都有义务每周节省一餐，并将节省下的钱款缴纳给政府。又如对许多基本必需品征收了货物税。共和国时期甚至还征收了封建捐，等等。

（三）斯图亚特王朝复辟时期

1660年斯图亚特王朝复辟，查理二世（King Chales II，1660～1685年）成为新的国王。他在位时，尽量使王权与议会的权力之间达成某种妥协。这一时期，国王与议会处于平衡状态，国王不可立法，却可以否决议会的法案。议会控制着财权，国王则负责行政，指导政府的日常运作。议会虽可弹劾大臣，国王则有权任命官员，并统帅军队和民兵。议会可通过拨款节制国王的权力，却无法强迫国王按议会的旨意办事。国王可自行指定或解散政府，议会则对此无能为力。然而另一方面，国王又不可以随随便便解散议会，更不可以不要议会而实行个人统治。

查理二世即位之初，下院就要求其承认《大宪章》、《权利请愿书》和议会批准的有关税收权的法令，国王同意了。作为回报，下院投票给予他每年120万英镑的收入，开征货物税以取代吨税和镑税，并给予国王以终身的税收授权。1661年，议会通过《为陛下自由自愿捐款法》。该法令作了重要保留：“由此而授权的财政供应，以后不应援引作为范例使用。”为了确保政府将来不能援用它作为先例，在用词上，下院将捐款说成是“供应”，从而将捐款与税收等同起来。在此之前，“供应”（supply）为一词都是用来指直接税的。议会还同查理二世他终身征收关税，但授权条件则是，查理二世重申在关税领域如同在其他税收领域一样，议会也拥有最高权威。1673年，他被授予从每个家庭收取2先令世袭收入的授权。1662年3月1日，查理二世在白厅会见议员们，再次提出自己的财政困难问题。为此，下院在保持拨款补助权的情况下，于1666年任命了一个委员会去调查海军部、军械部和储备部的账户，并制定法案授予委员们调查公共账户。

在斯图亚特王朝复辟时期，议会下院也最终确定了其优于上院的优势。1677年，上院致信君主，宣称具有改变税收立法的权力。次年下院通过了其历史性决议，确立了相对于上院的优势。该决议宣称：“议会的所有拨款、补助和对陛下的援助，都是下院单独的贡献。所有的授予此类拨款和补助的条款都应由下院提出，并在条款中指示、限制和明确财政授权的终极目的。财政议案的考虑、提交、限制和资格的确认，是下院无可置疑的和单独的权力。它们不应由上院改变或更动。”① 这样，下院牢固地确立了其相对于上院的预算权力优势。

1685年，詹姆斯二世（King James II，1685～1688年）继位不久，便有步骤地实行专制主义政策，企图建立一支常备军，并任命天主教徒担任重要的文武官员。对天主教复辟和对专制制度的恐惧，最终导致了1688年的“光荣革命”。七位贵族

① 参见Einzig，P. *The Control of the Purse*：*Progress and Decline of Parliament's Financial Contral*. London：Secker & Warburg，1959，pp. 113－114.

领袖经过策划，邀请荷兰执政威廉前来干预。

1689 年 2 月，议会召开全体会议，宣布荷兰执政威廉和其妻玛丽共同登上王位，成为威廉三世和玛丽二世（King William III and Queen Mary II，1688～1702 年）。在此之前，议会发布了一项《权利法案》，作为新国王登基的条件。明确议会是英国最高的立法机关以及议会权力高于王权的原则，并再次否定国王的征税权和进口权，规定必须定期召开议会会议。议会的最高权力终于以成文法的形式固定下来。《权利法案》因此成为"英国宪政"中最重要的奠基性文件之一，并为现代英国政治制度的形成打下基础。

《权利法案》还与《大宪章》和《宪章追认书》一起，共同构成了"非赞同毋纳税"的宪法原则的完整基础。经过四百多年的议会与国王的斗争，"非赞同毋征税"的原则得以最终确立，议会也初步完成了对财政权的控制，这使得英国政府预算的演进过程进入了第二个阶段——中期发展阶段。

第二节　中期发展阶段

1688 年的"光荣革命"是英国历史的重要转折点。"光荣革命"之后，英国逐步建立起君主立宪制政体，并树立起议会高于王权的政治原则，最终结束了国王与议会长期以来对国家权力的争夺，议会终于实现了对政权的完全控制。从政府预算制度的构建来看，"光荣革命"使得议会在控制财权方面迈上了一个新的台阶，英国政府预算制度进入了第二个阶段——中期发展阶段。在这一阶段，议会下院进一步扩大了相对于上院的财政控制优势，议会对政府财政的控制范围也进一步扩大，逐步囊括对国王个人支出的监管，将王室年俸中的君主私人支出与国家支出相分离，同时将大部分的世袭王室收入转为由议会征收和拨付。这些都使得议会在对财权的控制方面迈上了一个新的台阶，英国政府预算的发展也进入了一个新的时期，在这一时期基本上完成了政府预算制度的构建任务。

一、政治经济背景

英国政府预算的中期发展阶段是从"光荣革命"到 19 世纪中叶。工业革命的发生使得英国由传统农业社会发展为第一个工业化、近代化的国家。随着封建势力的衰落和民族国家的形成，近代国家的政治结构和行政管理体系也逐渐发育成长。同时，伴随着内阁制度、政党制度和选举制度的形成和发展以及下院民主化的不断进展，政府预算制度也随之发展成熟起来。

（一）王权逐步衰落（17 世纪末～18 世纪中叶）

"光荣革命"后到 18 世纪初，除了《权力法案》外，议会又通过了《叛乱法案》(1689年)、《三年法》(1694年)、《嗣位法》(1701年)等一系列法案来对国王权力进行进一步地限制，使得实权逐渐转移到了议会手中，形成了国王“统而不治”的君主立宪政治体制。到了18世纪中叶，国王基本上失去对政府的控制权，大权落到大臣和议会手中。

在王权被进一步削弱的过程中，行政权力逐渐从枢密院①转到内阁②手中。从18世纪起，内阁逐渐成为英国的最高行政机关。通常认为，乔治一世（King George I，1714~1727年）时，成立于1721年的内阁是第一个正式内阁，而罗伯特·沃尔波爵士（Robert Walpole，1721~1742年，辉格党）为英国历史上第一任首相。沃尔波在担任首相时，实行了一系列财政经济改革，使英国经济出现了繁荣局面，工业、远洋运输、对外贸易都发展到一个新的高度。

随着议会内阁制的形成，议会与政府的关系发生了重大的变化，实现了行政部门（原为枢密院，后来为内阁）由向国王负责到向议会负责的转变。原先政府是外在于议会的，由国王任命，并对国王负责。但内阁制形成后，政府就由议会产生，是内在于议会并对议会多数派负责。这样，议会便将行政权置于自己的控制之下。任何政府想要存在，就必须取得议会多数的支持。为取得议会多数支持，政府不惜采用贿赂、收买等手段，收买选票和收买议员是公开进行的，从而造成18世纪腐败的政治局面。辉格党就靠这种手段维持了近50年的统治。

议会内阁制的形成也对政府预算的运作方式和制约机制等产生了极为重大的影响。议会内阁制形成后，内阁既是最高行政机关，同时又是下院的一个委员会，对政府预算高度负责。内阁对支出的责任和对收入的责任不同。下院可以削减内阁提出的预算支出，拒绝内阁的收入建议，或者要求内阁再提供另一预算选择方案等，但这些行为并不表明对内阁信任的丧失。而如果下院提议增加支出，则意味着对内阁信任的丧失和将组建新的政府。因此，决定政府支出的上限，被认为是内阁最关键的预算责任。

（二）工业革命时期的政治和经济政策（18世纪末~19世纪上半叶）

“光荣革命”后，稳定的政治制度使英国具有宽松、平和的社会环境，保障了其经济的快速发展。18世纪下半叶，英国开始了工业革命，顺利完成工业化，成为世界上第一个工业化国家。

工业革命时期，英国在政治上却进入一个保守时期。这个现象在许多国家后来

① 枢密院可追溯到诺曼王朝时期的国王法庭（the King's Court），它帮助国王管理国家，实际上是国王的私人顾问委员会。后来发展成御前会议或咨政院。主要职能是给国王提供咨询，并协助处理一切立法、司法和行政事务。这是英国最早的中央政府机构。到15世纪中叶，由于御前会议人员过多，不便经常集会，就在其中成立了一个较小的机关，称之为“枢密院”。

② 复辟王朝时期，查理二世感到传统的枢密院人数太多，不利于保密，于是决定由一个小型的顾问团来协助国王制定重大的政策。这个顾问团曾用过“外交委员会”、“秘密政治集团”、“理事会”、“内阁”等名字，后来逐渐固定下来用“内阁”这个名字。不过，直到1900年，在议会的布告中才第一次正式出现“内阁”一词。1937年通过的《国王的大臣法》使内阁这一名称有了法律依据。

都出现过，即经济激变与政治保守同时并存。1784 年，托利党领导人小威廉·皮特（William Pitt the Younger，1784～1801 年，1804～1806 年，托利党）在议会选举中获胜，开始了托利党持续执政时期，一直维持到 19 世纪 30 年代。托利党统治的这一时期成为英国近代史中政治上最保守的一个时期。托利党政府压制民众的改革，限制人民的权利，并对很多人进行政治迫害。

但是，在经济政策上，托利党政府则逐步接受自由经济理论，他们放手让经济自行发展，政府不予干涉。小威廉·皮特上任后便着手解决财政问题，把辉格党在任时倡导的"经济改革"执行到底，并为自由贸易的实现不断努力。他于 1786 年同法国签订了《英法通商条约》，为英国工业品打开了法国市场。另外，他认为高筑的关税壁垒不利于经济发展，并认为对付英吉利海峡走私贸易的有效办法，是大大降低关税，使走私者无利可图，这个貌似奇怪的做法却取得了意想不到的成功。仅仅 1790 年，英国海关收取的葡萄酒关税就增加了 29%，烈性酒关税增加 63%，烟草关税则增加 89%，因而，到 1792 年，小皮特骄傲地宣称，海关给英国带来了 100 万英镑的关税收入。

（三）1832 年第一次议会改革

"光荣革命"以后 100 多年时间里，英国形成了典型的贵族政治制度，少数贵族把持政权，民众还没有参政的权力。当时的议会选举制度存在很多弊端：（1）大量"衰败选邑"占据议员名额。而像伦敦、米德尔塞克斯等这些人口众多的新兴城市，议员名额却很少。（2）选举权极为狭小。当时对选举权资格有着极为严格的规定，这使得英国选民比例极低，1715 年选民占人口总数的 4.7%，到 1813 年，选民占人口总数的 2.5%。（3）选举中营私舞弊，贿赂成风。各选区都被土地贵族控制，他们经常把手中控制的议席当做世袭财产，随心所欲地送给亲朋故友，或在市场上公开拍卖。18 世纪末，一个议席平均售价是 2 000 镑。① 这样，贵族通过收买选票控制选举，政府通过收买议员控制议会，使得政权被牢牢地掌握在贵族手中，保证了大土地财产拥有者在国家政权中的优势地位。

然而，18 世纪末到 19 世纪上半叶发生在英国的工业革命给英国社会造成极大影响。工业革命后，土地的重要性逐渐减小，工业成为财富的主要来源。1688 年，农业还是经济的主要部门，而到 1831 年，英国已基本上成为工业国（见图 2－1）。经济的变化导致社会结构的变化，土地利益的优势已经失去。

各种新兴力量对贵族利用选举权控制议会极为不满，在社会公众的压力下，1832 年 6 月，英国进行了第一次议会改革。这次改革修改了选举资格，使选举权从身份资格转向财产资格，从而增加了选民人数，将英国的选民数从 48.8 万人增加到 80.8 万人，从占人口总数的大约 2% 增加到 3.3%；取消 56 个衰败选邑，另外 30 个"衰败选区"的议员名额由 2 名减少为 1 名，将空出的议席分配给一些新兴的大工业城市。从内容上看，第一次议会改革只是一次小小的变动，并没有造成重大的体

① 塔塔里诺娃：《英国史纲》，三联书店 1962 年版，第 408 页。

制改革，贵族仍然掌握政权，土地的利益仍然占优势。然而，这次改革揭开了英国“改革时代”的序幕，成为英国政治制度发展史上的一个重大转折点。

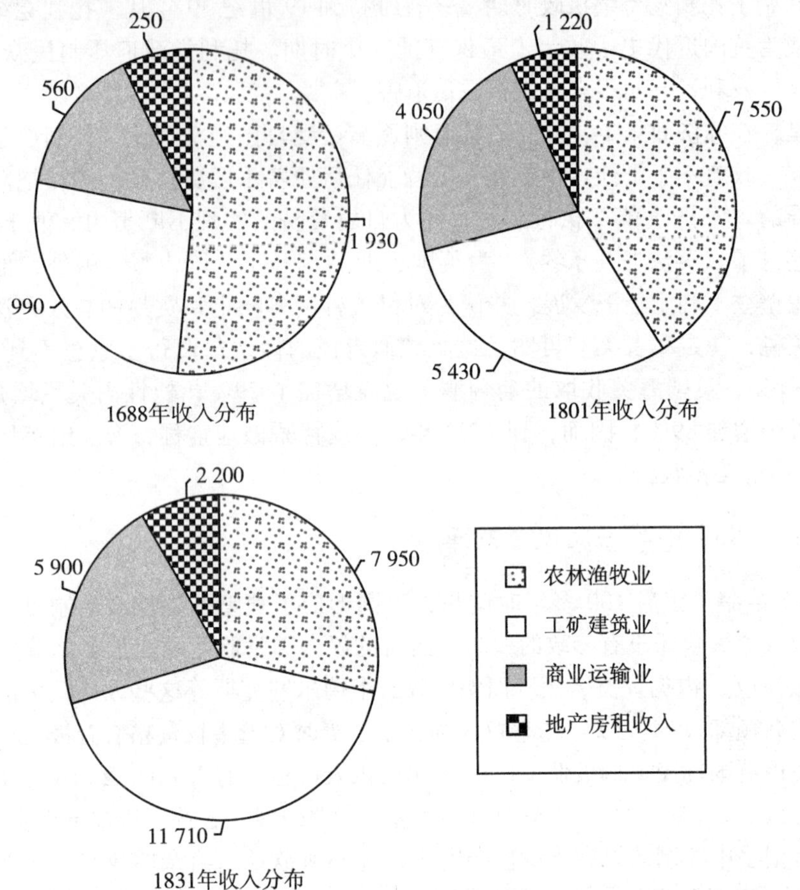

图 2-1　工业革命时期英国经济各部门收入分布变化图（单位：万英镑）

资料来源：根据钱乘旦、许洁明：《英国通史》，上海社会科学院出版社 2002 年版，第 234～235 页数据整理。

随着现代议会制度的发展，到 19 世纪 30 年代，英国的政党制度也逐步成熟。托利党左翼重建托利党，并成为一个主张缓进、渐变的党，其党名也渐渐变成“保守党”，以区别于抵制变革的“托利党”。辉格党也逐渐改称“自由党”，它与保守党在纲领、思想、社会组成方面的差异日趋缩小。19 世纪 60 年代以后，两党轮流执政，两党的区别已经很小。

两党制的迅速发展导致责任内阁制的完善。责任内阁制是指国家的内阁（政府）由议会产生并对议会负责的一种政权组织形式。这时的内阁制不仅保留了过去形成的某些原则和宪法惯例，如首相取代国王主持内阁工作，政府失去下院信任后必须辞职或重新进行选举等，还形成了若干新的原则：其一，首相和内阁需从下院多数党中挑选，并依靠其多数优势以保证执政党政策和法令的顺利实施；其二，所有内阁成员对政府集体负责，并与首相共进共退；其三，政府在大选失败后必须立即辞职。

这样，到了19世纪30年代，英国现代议会制度已经成熟，议会不仅拥有了最高权力，而且与之相配套的责任内阁制、政党制度、选举制度也都形成。在此后的三十多年间，即1832～1876年，是英国议会制度的“黄金时代”，“议会主权”达到鼎盛时期。正如本杰明·迪斯累里（Benjamin Disraeli，1852年，1858～1859年，1866～1868年，1874～1880年四次出任首相，保守党）所言：“全部国家权力都集中于下院”。据称，这期间有10届内阁因下院的不信任而倒台。①

（四）19世纪中期自由资本主义鼎盛时期

19世纪30年代第一次议会改革后，自由贸易的问题日益突出。随着工业革命完成，英国成为世界上第一个工业国，工商业资产者越来越希望得到完全彻底的自由贸易，国家完全不干预，实行彻底的“自由放任”。很多经济学家为此已做了大量的舆论准备工作，其中包括亚当·斯密（Adam Smith）、大卫·李嘉图（David Ricardo）、托马斯·马尔萨斯（Thomas Malthus）等。但当时的政权却掌握在大地主手里，他们用政权的力量来保护土地利益，因此反对完全的贸易自由，主张保留国家对经济的随意干预，其典型表现就是“谷物法”。②

在工业资产阶级所组成的“反谷物法同盟”的强大压力下，1846年，谷物法被废除，英国在自由贸易的道路上迈出了重要的一步。1849年，英国为打击海上贸易对手，发展自己的航海力量而颁布的贸易限制法案——《航海法》被废除，这是自由贸易的原则被彻底认可的另一个标志。1852年，议会发表声明将自由贸易作为英国的国策。1860年英法自由贸易协定签署。英国由此进入自由资本主义的鼎盛时期。

二、税收控制权的加强

18世纪到19世纪中叶，是英国由传统农业社会发展为第一个工业化、近代化国家的社会转型期。英国的税制经历了从自然经济税制属性的土地税单一税制到基本适应近现代市场经济需要的税收体系的复杂过程。在短短的一个世纪，其税制结构从简单直接税到间接税，再到现代直接税——所得税，英国的现代税制结构基本定型，形成了一个适应并能促进近现代市场经济发展的税收体系。

18世纪初，土地税在预算收入中居于基础地位。然而，由于经济的发展，尤其

① 施雪华：《当代各国政治体制——英国》，兰州大学出版社1998年版，第129页。

② 拿破仑战争（1800～1815年）时，英国国内物价上涨，谷物价格直线上升。这使农业经营具有很大利润。于是，土地所有者大量开发贫瘠土地，投入大批资金进行粮食生产赚取极大的利润。随着战争接近尾声，粮食价格开始回落，不仅贫瘠土地的投资收不回来，就连一般的农业利润都维持不住了，这对土地所有者造成巨大的威胁。于是在1815年，就在战争结束之时，议会通过一项谷物法，规定在小麦价格未达到每夸特80先令时，不准进口外国粮食。这是在人为地抬高粮食价格，社会各阶层都会因此受到损害，只有土地贵族从中获利。因而深受时人的痛恨，将其称作是“阶级的立法”。

是18世纪下半叶开始的工业革命，使英国的社会财富不断增长，因而税额固定的土地税就相应地减少了，到1793年时，土地税收入只占全国预算收入的1/5左右。①土地税的相对减少，使政府开始寻找新的税收来源。

间接税逐步成为政府预算收入的主要来源。其中最重要的是货物税、关税和印花税。1723年，沃尔波下令对茶叶、咖啡、可可征收货物税。由于饮茶和咖啡在英国日益普及，因而此税数量颇为可观。在货物税中，给英国政府带来最大收益的是酒类消费税。据统计，在18世纪30年代的450万英镑年税收中，有1/3来源于酒类消费税，而到1760～1765年间，在480万英镑年税中，300万英镑来源于啤酒与麦芽酒的消费税。在高筑起的关税壁垒中，对进口酒类也是征收重税的。如1800年，酒类进口税占总关税收入的60%以上。此外，英国大众还对砖头、淀粉、玻璃、盐、纸张、肥皂、蜡烛、皮革、煤、糖、烟草、木材、丝绸、铁条乃至于粮食等生活资料和生产资料纳税。1840～1841财政年，英国预算收入的5.16亿英镑中，关税和货物税便占了约75%，达3.83亿英镑。②

从18世纪末期开始，直接税迅速发展起来。1798～1799年，当政的小皮特引进了现代重要税收——所得税。皮特提出的税收方案是：凡年收入在200英镑以上者纳10%的税，年收入60～200英镑间则相应递减，低于60英镑免税。所得税开始实施之时，效果并不理想。1799年预计可征收1 000万英镑的所得税，结果只征收到了一半左右。1802年，英法两国签订亚眠条约暂时休战后，该项税收被废除。小皮特的后继者亨利·阿丁顿（Henry Addington，1801～1804年，托利党）首相在英法战火再起之际被迫恢复征收所得税，并根据新的情况作了调整，重视对财产的正确估价，相应地降低税率，收入在60～150英镑间纳3便士，150英镑以上者纳1先令。这样温和的税率很容易为大众所接受，因而实现的税收与预算计划十分接近，如1803年预算收入为450万英镑，结果却征到了476万英镑。③但是，随着战争的深入，税率不断上升。近20年的拿破仑战争刺激着英国税收的增长。拿破仑战争结束后，1816年，议会废除了战时开征的所得税、麦芽糖税等税收。到1818年，英国基本上实现了财政正常化，收支大体平衡，国债开始回落。但19世纪中叶政府管理职能的扩大和公共开支的增加，使英国的财政开支日益增长。在这种情况下，所得税也从战时的"临时税收"变为和平时期的一项重要税收。罗伯特·皮尔（Robert Peel，1841～1846年，保守党）在1842年恢复了原先作为战时临时税收的所得税，为时3年。在征收所得税的同时，英国还扩大了遗产税（即死手税）的征收范围，对动产与不动产都征收遗产税。所得税与遗产税在英国预算收入中占有越来越重要的地位。1841～1842财年，英国的直接税只占财政总收入的27%，1861～1862

① Rule，J. *The Vital Century*，*England's Developing Economy*，1714－1815. Longman：London and New York，1992，pp. 289－290.

② 参见Rule，J. *The Vital Century*，*England's Developing Economy*，1714－1815. Longman：London and New York，1992，pp. 290－291.

③ Emsley，A. *British Society and the French Wars* 1793－1815. Macmillan，1978，p. 106.

财政年增长到38%，1895～1896财年则高达48%。①

在此期间，随着现代税收体系的逐渐形成与完善，议会的税收控制权也进一步加强。在“光荣革命”之前，议会就已牢固地确立起对于税收的主导地位，但这并不等于议会已经绝对控制了税收权。在汉诺威（Hanoverian）时期，18世纪的大部分年份如同过去所有时期一样，君主对于税收仍然有着很强的影响。通常来说，每届议会都应该更新关税制度，所批准的直接税的期限一般只有一年。然而，在复辟时期的1660年，议会却授予查理二世和詹姆斯三世终身关税和货物税收入，而实际上削弱了自己的权力。“光荣革命”后，议会反而增加了对于政府的永久性税收授权。

1767年6月2日，议会在控制税收方面获得显著进展。当时下院通过了《格伦维尔（Grenville）修正案》，将政府建议的4先令的土地税削减至3先令。其后在1816年、1833年、1841年、1848年、1850年等年份，政府的税收提议或是被击败，或是被修正。不过，这类事件多数是在1832年的第一次议会改革之后，下院对政府的依赖减少了之后发生的。1832年之前，议会对于政府税收议案的否决并不多，因为议会通常是不愿或不敢拒绝大臣们所需要的税收。

1787年，议会通过了《统一基金法》，建立了“统一基金”，而使得预算收入正规化了。所谓的“统一基金”，是政府在英格兰银行的公共账户名称。自该年开始，政府所有的收入均应纳入统一基金，所有的支出均应由统一基金支付。这样，议会对政府在公共服务上的费用授权，就以法律形式加以控制了，从而确保了对税收权的完全控制。从此以后，以往采用的极为复杂的确定专项收入用于专项支出的制度宣告终结，统一基金的建立极大地增强了下院的税收控制权。

三、强化王室收入控制

“光荣革命”以后，议会认为，以往给予国王大笔拨款授权的做法，为国王滥用权力和侵吞财政钱款提供了极大的便利。为了防止这些问题的发生，也为了防止君主独立于议会，议会加强了对君主收入的控制，使得议会对于政府收入的控制，开始从“公共收入”拓展到“君主收入”领域。

（一）确立王室年俸制度

所谓“王室年俸”一词的现代含义，是指用于君主和王室需求的财政款项。“光荣革命”后不久，议会很快就给予威廉三世和玛丽二世一笔60万英镑的固定年收入终身授权。作为回报，君主取消了自己大部分的世袭收入，将其列入“王室年俸”，由专门指定的政府收入来支付。当时议会对“王室年俸”的拨款授权，除了包括王室费用外，还包括整个中央行政部门的管理支出，即所谓的“民用项目”（civil list）。

① Mallet, B. *British Budgets* 1887－88 *to* 1912－13. London, 1913, p. 73.

在王室年俸制度确立后，国王自己继承下来的世袭收入转由国家征收，这部分收入是“王室年俸”的主要来源。这笔钱每年只有70万英镑，远不够维持宫廷支出和中央部门的行政管理支出。如果国王需要更多的款项补助，则必须经过议会的特别手续批准之后才能拨付。这样，议会就初步加强了对君主收入的控制。但由于中央行政部门的大部分行政管理支出是在“王室年俸”的名义下安排的，这就使得这部分支出逃避了议会的控制和年度详细审查。为了进一步加强对政府支出的控制，议会又逐步将君主的个人支出和政府一般性行政支出区分开来。王室年俸中的中央行政管理支出，先是逐渐转到“供应服务”项目中，最后又转到“统一基金”当中。到1831年，君主私人支出与民用行政支出已经完全区分开了。同时，议会建议废除旧的王室年俸制度。然而，新政府的新王室年俸条款，并没有完全执行将王室年俸限制在王室家庭支出内的原则，而仍然在王室年俸中保留了一笔7.5万英镑的养老金。直至维多利亚女王（Queen Victoria，1837～1901年）时期的1837年，议会才将王室年俸中的养老金授权数额削减至每年1.2万英镑，而实质上废除了旧的王室年俸制度；这笔小数额的项目最后于1911年被删除，议会终于完全控制了所有的公共收支。

（二）对“非议会收入”进行控制

1688年“光荣革命”之前，对于君主来说，除了通过议会从社会公众取得收入之外，还有许多自己的私人收益，这就是君主的“非议会收入”。其主要形式包括：变卖王室地产的收入、没收财产的收入、买官鬻爵的收入、专卖权和垄断权的售卖收入、王室的食物与重要产品征发权的收入、战俘赎金、外国政府的贡纳、海外领地的售卖收入、强制捐款等。君主为了摆脱议会的财政控制，总是千方百计扩大自己的非议会收入。而这部分支出又具有很强的君主私人收入性质，因此，议会对“非议会收入”的控制，比对议会授权的收入和支出的控制要困难得多。

不过，“光荣革命”后，经过议会的不断努力，对君主“非议会收入”的控制也逐步取得进展。1715年叛乱期间没收的谋反者的财产，也被归入议会的拨款之列。在此之前，议会还强迫威廉三世同意恢复被没收的爱尔兰土地的授权。对于被抓获的走私物品以及海军部的珍宝收藏、肥沃的土地和违禁物品的收入，也都逐渐被置于议会的控制之下。北美独立战争和法国大革命时期，英国君主征集“自愿”捐款的做法，在议会引起了强烈反对，议会采取措施将捐款置于议会的控制之下。1787年设立的“统一基金”强化了议会对收入的控制，因为此后所有预算收入都必须缴入统一基金，而所有预算支出都应由统一基金支付。这样，在将所有的资金包括进来之后，政府的中央现金账户（其通俗称呼是“国库”）就变成了统一基金。

四、预算支出控制的进展

议会对于政府支出的控制，可追溯到议会形成的早期阶段。但如同对税收的控制一样，议会对于君主们的支出的控制随着议会和国王之间力量对比的变化而不断反复。在兰开斯特王朝，议会对税收和政府支出的控制程度都是很高的。然而，在接下来的都铎王朝，议会对税收和政府支出的控制都被大大削弱了。在亨利七世、亨利八世和伊丽莎白一世统治下，几乎不存在议会控制支出的现象。

1688年"光荣革命"后的一百年中，议会采用了一系列的措施以改善和加强对政府支出的控制，逐步在资金使用方面获得了真正的控制权和决定权。具体而言，"光荣革命"之后，议会在政府支出控制方面取得的进展主要有：

（一）逐步形成系统的拨款制度

"拨款"实际上是议会为了特殊目的而建立起来的某一专项基金，议会可通过收入授权和规定支出的用途，直接限制和约束君主的行为。

虽然作为英国财政体系构成内容的，系统的拨款制度，仅始于1688年"光荣革命"之后，但在英国政府预算形成的早期阶段，也有着大量的拨款例子。不过那时的拨款通常仅限于战争支出。因为，很长一个时期以来，英国一直有着在和平时期禁止拥有常备陆军的传统。战时费用是导致君主需要课税的最主要原因，议会批准课征的税收主要是作为每次具体战争的费用。但"拨款"制度的有效性是随着议会与君主之间财政权力格局的变化和消长状态而变化，强有力的君主往往否定拨款制度。

"光荣革命"后，议会逐步加强了对政府支出的控制。但议会对军事支出和民用支出的控制存在着很大差异。

1. 议会始终保持着对军事支出的严格控制。光荣革命后很长时期内，议会的对政府支出的年度投票方式主要局限于军事支出上。这时尽管常备军已合法化，但其存在及经费供给却必须由议会每年批准和授权，从而仍然保持了议会对于军事支出的严格控制。军事支出预算必须送呈下院，当支出数额超过授权数额时，政府则必须提交详细的数据，而超支仅仅被视为是一种"破例"。但由于超支频繁发生，因而议会对其进行了更为严格的控制。在此之前的复辟时期，议会授予查理二世数额为每年120万英镑的终身补助。而威廉三世和玛丽二世依靠议会的支持上台后不久，120万英镑的年度供应被重新授权，其中60万英镑为王室年俸，那是终身授权，而余下的60万英镑用于军事支出，则要不断地重新授权。到了1694年，公共防务的三个组成部分即海军、陆军和军械，分别成立了三个部，由下院直接控制。下院接受它们提出的支出预算数，并相应做出供应授权。从1711年开始，在陆军预算中列出了主要子项目的各单项数据，议会将它们分成7个部分进行投票。海军支出则直至1798年都是作为一个项目进行拨款的，详细的海军支出预算直到1810年才出现。

2. 对民用支出的控制则有着一个宽松到严格的发展过程。在18世纪的大部分时间中，议会对民用支出的控制相对宽松。在王室年俸制度建立之初，中央行政当局的支出是包括在王室年俸支出之内的，这部分支出处于财政部的控制之下。而当时国王是政府行政部门的首脑，财政部遵循的是君主的指示，而不是议会的指示。只有当君主被迫要求议会增加财政供应，以弥补王室年俸支出的累积欠款时，议会才能要求君主提供预算数。此时君主的财政困难就成为议会加强对民用支出控制的机会。议会通过逐步删除王室年俸中的行政支出项目，从而逐步加强对民用支出的控制。议会将从王室年俸中删除的民用支出项目，都集中到“零星供应服务”项目之下。议会又通过一系列措施实现对民用支出的完全控制（如表2-2所示）。

表2-2　　18世纪末至19世纪中期英国民用支出控制进程

时间	控制措施
1782年	通过《民用基本法案》。该法案将王室年俸划分为8大类，要求对每类支出进行详细预算，由议会授权后拨付支出，使得大量的民用支出改为按照军事支出的方式由拨款来满足。
1796年	议会通过严格禁止大臣们违反拨款规定用途的决议。
1802年	议会将王室年俸之外，列于“零星供应服务”项目下的民用预算支出，划分为5个项目。
1830年	议会将君主私人支出与民用行政支出完全区分开来，王室年俸被限制在王室支出上，并将民用行政支出逐渐转移到“供应服务”项目，再转移到“统一基金”中去。
1831年	所有的民用支出预算都从王室年俸中剔除，并进行了再分类。
1847年	议会中管理零星供应支出的专门委员会制定若干建议，使得民用支出预算最终具备了现代形式。

资料来源：张馨、袁星侯、王玮：《部门预算改革研究——中国政府预算制度改革剖析》，经济科学出版社2001年版，第41~43页。

（二）逐步取消“非拨款支出”

对“非拨款支出”的控制是此时议会加强政府支出控制的又一重要内容。当时，政府的各个收入部门和支出部门，都有权动用其收入去抵补其支出，而无须议会批准。这就形成了“非拨款支出”。政府的收入部门仅需要报告其收支相抵之后的净收入，而支出部门则仅是其净支出才由议会授权拨款来抵补。这样的话，收入部门就可以不经议会的授权从自己取得的收入中，扣除工资、佣金和其他费用等。例如，土地税的征收者，每英镑可拿3便士的佣金，他们的雇员可拿1.5便士的佣金，而该税的管理者则可以再拿2便士，等等。从总收入中扣除的征集和管理费用，1802年的数额高达239万英镑之巨。此外，还存在着名为“国家其他目的支出”的项目，其数额也高达194万英镑之巨。① 这就意味着很大比例的财政收支完全逃避了议会的控制，甚至也逃避了财政部的控制。直至19世纪初，议会还没有收到关于总收入和净收入差额的报告，而财政部本身也没能获得这方面的材料。一直持续至19世纪中期，这类支出都是议会控制预算支出的一个主要漏洞。

① 张馨、袁星侯、王玮：《部门预算改革研究——中国政府预算制度改革剖析》，经济科学出版社2001年版，第44页。

虽然下院多次提出要求政府部门报告总收入和净收入的要求，但下院关于收入征集费用也应置于议会控制之下的决议，直至19世纪中期才得到执行。1848年5月30日，通过了博林提案，要求所有的政府部门都必须不折不扣地向议会呈送年度的全部收支预算。1854年，通过《公共收入统一基金支用法》，该法案规定，国内收入各部、关税部和邮局的所有年度支出预算都应提交给议会，其中包含了征集收入的费用，这就相应增加了政府预算账面上的收入和支出数额。与此同时，支出各部也必须上缴所有的收入给国库，并只有经过议会的批准才能使用。

（三）政府和议会之间形成制约关系

在这一时期，政府与议会之间在支出控制方面也形成了一定的相互制约关系，确立了增加预算支出的动议权仅属于君主及其政府的原则。1706年12月11日，议会对政府预算的具体规则作了重大改变，下院做出决议："除了君主的建议，本院不接受任何增加公共服务费用的提议。"① 这一规则由下院的《66号议事规则》（Standing Order 66）正式规定下来。到了1713年6月11日，该规则成为永久立法。这一原则的内容成为英国财政制度的基础，并成为最重要的永久性的法令和宪法的基本原则之一。下院放弃支出动议权，第一个目的，是要求行政当局为财政状况承担责任。政府预算是在行政当局建议的基础上形成的执行文件，行政当局必须协调收入和支出建议，议会则具有批准、削减或不批准建议支出的权力。第二个目的，是希望通过采用该原则以确保公共支出不致由于受到各议员之间的不同意见而分散。该规则使得议会对支出的控制，只能通过压缩支出建议数的方式来实现，而增加支出的动议权则归属于政府。这就形成了一种相互制约的关系。随着议会内阁制的发展，政府由议会多数党组成，政府可以通过实施政党纪律来控制议会下院，使得这种制约关系进一步加强。

五、实施支出责任制度

与"拨款"制度同时产生的是"支出责任"制度。"支出责任"（accountability）一词，狭义的是指行政当局向议会，或针对议会的调查提交关于预算支出的说明与解释，广义的则是指行政当局就预算支出对议会负责。广义的支出责任不仅要提交关于支出情况的说明以便于调查，而且还应包括议会对于预算支出的批评，对于非授权支出或超额支出的制裁等。"支出责任"制度对于政府预算制度的发展来说是非常重要的。如果没有"支出责任"制度加以监督，拨款很可能是低效的。因为一旦钱款到了行政部门手中，缺乏支出审查手段的议会就无权控制钱款的使用了。

最初的"支出责任"仅仅是议会要求国王对授权征收的收入和按照规定用途使用的支出说明其使用情况。"支出责任"制度使得议会下院获得批评君主政府支出

① Einzig, P. *The Control of the Purse: Progress and Decline of Parliament's Financial Contral.* London: Secker & Warburg, 1959, p. 130.

的权力，但在“光荣革命”之前，这一制度在相当长的时期里遭到国王的抵制。“光荣革命”使议会拥有了强大地位，为实施“支出责任”制度创造了关键性的条件。

支出责任制度的发展分为以下几个时期：（1）1689～1780年。1689年后，议会不断地重申其具有要求政府向议会承担预算支出责任的权利。1690年，议会成立了第一个现代意义的公共账户委员会（The Public Accounts Committee）。这是一个非议会委员会，其向议会提交若干报告。安妮女王（Queen Ann，1702～1714年）时期，议会通过了一个检查公共账户的议案以及授予女王终身享有与威廉三世和玛丽二世相同收入的议案。但从此以后，直至1780年，议会没有任命公共账户委员会，政府也没有系统地向议会提交任何财政账簿。（2）1780年～19世纪上半叶。这一时期，议会做出了很大的努力去重新确立和运用预算支出责任原则，并持续地对政府施加压力，要求其系统地提供更多的支出和公债的数据与情况，并要求财政大臣更为及时地提供公共账户的资料。1780年4月6日通过的《丹宁议案》（Dunning's Motion），是英国宪法史上重要的转折点之一。该法案规定，议会具有检查王室年俸支出的权利，除了君主私人金库和秘密服务基金外，所有的公共账户包括王室年俸的支出账户，都要提交给公共账户委员会审查。从此，在宪法上确立了“预算支出必须向议会提交陈述”这一原则。1787年统一基金的建立为政府财政活动全面支出责任制度奠定了基础。这一法案的重要意义，还在于其奠定了建立公共基金账户的基础，并很快地在此基础上形成了完整的财政支出责任制度。1802年，议会对“支出责任”制度进行了实质性改进。从该年开始，年度财政账户被正式出版。但即使这样，“支出责任”制度仍远不是完善的。因为出版的财政账册尽管包括了财政部的收入和支出数据，但并不包括每一项目的支出数据。此外，虽然财政部拥有审计后的实际支出账本，但议会必须等60年后才可以使用这些数据。（3）19世纪前期。在这一时期，议会开始要求政府详细全面地说明公共账户内的各种数据。1822年，财政大臣开始提交关于政府财政的指导方针和财政计划的支出责任给议会，支出责任中已经包含财政计划收入、计划支出以及预期的盈余或赤字等内容，这标志着英国政府预算制度发展已较为成熟。

六、严格控制政府借款

长期以来，作为封建君主个人收不抵支而出现的借款，一直被认为是君主个人的私事。因此，议会在控制税收，并进而控制政府支出的过程中，很长时期都没有对君主的“借款”进行控制。君主无须议会的赞同就借款以筹集资金成为预算管理中一个主要漏洞，使得君主在很大程度上能够逃避议会对其财政收支的控制。为了堵塞这一漏洞，在“光荣革命”之前，议会就已开始逐步控制政府借款。但这一过程是非常缓慢与艰难的。这种状况一直延续到1680年。该年议会通过决议，规定“从今以后，无论君主以关税、货物税的收入，还是以取自家庭钱财的收入为担保，而进行借款，都被认为是在妨碍议会的活动，而必须对这些行为负责。"[①] 这一法令的有效执行，才确保了议会对于君主借款的完全控制。

"光荣革命"后，议会一方面加强了对政府借款的严格控制，另一方面，也为大量政府借款进行担保，使得政府借款达到史无前例的规模。

政府从三大公司，即英格兰银行、东印度公司和南海公司的借款，构成了英国政府举债的早期形式之一。这种借款从一开始就受到议会的严格控制，每次新借款的授权都必须以议会的法令为依据。1694 年，英格兰银行一成立，就借了一笔款给政府。为此议会规定，该银行此后的任何借款都必须有议会的批准。拿破仑战争期间，当英格兰银行券兑付黄金被暂停时，该银行也被禁止在此期间借款给政府。

议会授权专项收入为某一借款担保的做法使得政府借款规模迅速增长。如议会于 1693 年通过法案，授权财政机构发售一批终身年金公债券，并以某一征收期限为 99 年的税收作担保。这是一种政府只付息不还本，年息为 14%，一直支付到持券人去世为止的终身年金。这一法案是英国永久性公债的开端。1694 年英格兰银行的创立，大大加强了政府发行永久性公债的能力。该年议会通过法案，规定设立这一银行，由该银行借款 120 万英镑给政府。而政府每年付给银行 8% 的利息，并准许银行出售股票、吸收存款、发放贷款、发行钞票。由于英格兰银行创立后非常成功，使得政府把英格兰银行视为一个不可或缺的筹款捷径。[②]

1716 年，沃波尔政府首次建立了偿债基金以削减现存的债务。偿债基金以"南海基金"、"汇总基金"和"一般基金"为来源，将它们的结余全都纳入偿债基金。18 世纪后期和 19 世纪，尽管偿债基金开始发挥作用，但并没能减少公债的规模，甚至在和平时期公债也在持续增长。在整个 18 世纪中，公债的利息支出在财政总支出中，都占了非常高的比重。安妮女王在位时期，平常年份的公债利息支付的数额，等于整个正常收入的数额。由于利息支付成了税收收入的第一用途，因而整个王室年俸和"供应服务"（the supply services）的需求只能以新借款来满足。1776 年，诺斯（North）勋爵被召来处理新的公共债务。此时公债的规模已经超过了 60 万英镑。1786 年，皮特提出了他著名的偿债基金计划。该计划由普莱斯（Price）博士设计，即每年储备 200 万英镑，通过复利的积累用于国债的支付。但是，偿债基金却因时常被转用于经常支出而流于形式。

不过，从某种意义上讲，1688 年后，英国政府能够在议会担保下大规模举债，是英国之所以能成为第一流强国的直接原因之一。尽管英国与法国或德国相比，人口较少，但由于建立在大规模借款之上的国家财政制度，英国在"光荣革命"后的整个 18 世纪中，才能够拥有足够的财政能力去支持昂贵的战争和资助其在欧洲大陆上的盟友。此外，议会控制政府财政所给予英国的另一个好处，就是避免了以通货膨胀这一方式去弥补预算赤字。直至第一次世界大战，英国都成功地避免了政府通

① Einzig, P. *The Control of the Purse*: *Progress and Decline of Parliament's Financial Contral*. London: Secker & Warburg, 1959, p. 98.

② 戴维·罗伯特：《英国史：1688 年至今》，中山大学出版社 1990 年版，第 5 ~ 6 页。

过发行纸币来借款这一弥补财政赤字的方式。而这是18世纪和19世纪许多国家经常采用的借款方式。这确保了英国两个世纪物价水平的相对稳定，为英国经济的迅速发展提供了最重要的条件之一。

第三节　近期成熟阶段

在英国政府预算制度建立的早期和中期阶段，议会对于预算权的控制，虽然不时出现倒退现象，但其基本趋势是逐步加强的。到了19世纪中期，议会的预算控制权，经历了一个渐进，然而是决定性的变化。英国政府预算制度的发展也进入近期成熟阶段，这是以威廉·尤沃特·格莱斯顿（William Ewart Gladstone）① 于1852年首次担任财政大臣为标志。

格莱斯顿于1852～1866年期间担任了多次财政大臣。在此期间，他进行了一系列的政府预算制度改革。经过改革，所有的政府收支都纳入了政府预算当中，确立起现代的预算和簿记方式，形成了政府向议会递交各政府部门的收支预算和审计后的公共账户制度。格莱斯顿的改革奠定了英国现代预算制度框架的主要轮廓，在此后的百余年中，尽管财政发生了无数重要细节的变化，但财政实践中运行的预算制度框架，却基本上仍是格莱斯顿时代的。

一、预算收入控制的变化

英国政府预算制度的第三阶段，是伴随着将所有的公共收入都纳入财政预算这一重要改革而开始的。19世纪中期格莱斯顿改革的第一个主要成就，是将所有的公共收入都纳入政府预算，从而堵塞住长期以来各部门仅仅上缴净收入这一严重的财政漏洞。依据1854年的《公共收入统一基金支用法》，国内收入各部、关税部和邮局的所有年度支出预算，都被强制性地提交给议会。此时提交给下院的经常项目预算，首次包含了征集收入的费用。同时支出各部也首次向国库上缴所有的收入，而不是未经议会批准就使用这些收入。此外，君主的封建收入也逐步被取消或被控制。如王室领地收入被压缩到极小的规模内，取消了王室征收权及其价格税，终止了君主的铸币权，而王国的罚没财物收入也都逐渐被置于议会的控制之下。此后，英国政府预算收入的主要来源就是税收和公债。而这些活动必须取得议会下院的批准。

① 自19世纪中期起，自由党和保守党开始轮流执政。在自由主义价值观的指导下，自由党和保守党两党已没有实质性差别。自由党的党首威廉·格莱斯顿和保守党的党首本杰明·迪斯雷利交替上台。迪斯雷利四次掌权（1852年、1858～1859年、1866～1868年、1874～1880年，虽然仅最后一次由他自己出任首相），格莱斯顿则四次出任首相（1868～1874年、1880～1885年、1886年、1892～1894年）。这两个人都出生于富商家庭，这两人掌权表明中等阶级已真正登上了政治舞台。格莱斯顿和迪斯雷利任首相期间，都分别实施了一系列的政治改革和经济改革。

到此时，在英国的宪政理论中已经完全确定：在决定向人民征收什么和多少税款的问题上，只有经过选举产生的下院享有发言权。

（一）对税收的控制

在19世纪中后期，议会对于税收的控制是非常严格的。这一时期，下院一直都对增加税收持反对态度。保守党领袖迪斯累里遭受的首次预算失败，发生在1852年12月16日，当时下院多数议员不赞成增加房屋税的建议，而拒绝了他的预算议案。在议会的压力下，这时期进行了若干的税收削减。诸如1861年的政府预算削减了2便士的所得税，废除了纸张关税。1863年，格莱斯顿削减茶关税到每磅1先令，所得税则为2便士。1880年，当格莱斯顿再次掌权时，废除了麦芽税，而代之以啤酒税，等等。虽然，议会对税收的增长持反对态度，政府也实施过若干减税措施，但税收实际上呈现出较快的加速增长态势（见图2－2）。

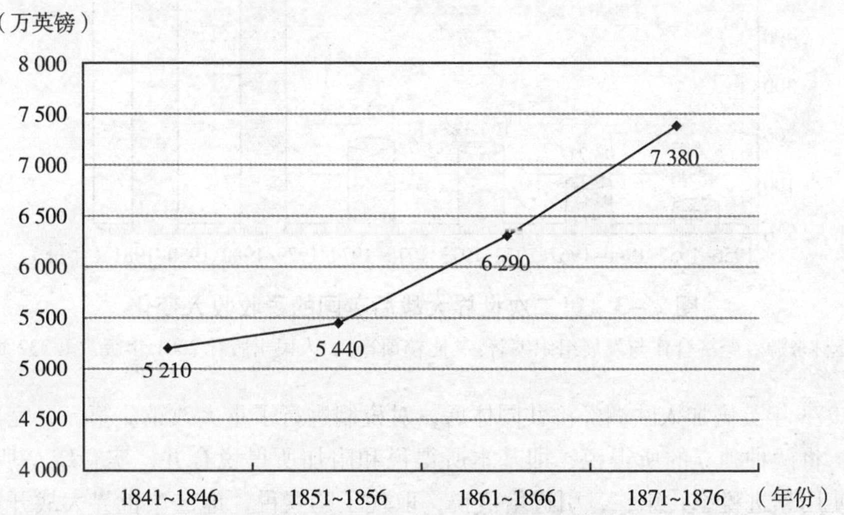

图2－2　19世纪40年代～80年代英国税收收入变化

资料来源：克拉潘：《现代英国经济史（中卷）》，商务印书馆1986年版，第504页。

1909年，埃德·乔治（Lloyd George）提出的所谓“人民预算”意味着英国议会对税收控制的历史转折。1905年，自由党在10年之后重新上台。为了争取工人阶级选民的支持，自由党内阁于1906～1914年间，先后实施了一系列法令，进行比较系统的社会改革，从而奠立了20世纪英国福利国家的基础。自由党政府实施社会福利计划需要巨额开支，这就要求不断调整财政政策和增加预算支出。1909年，自由党的社会福利政策和军事改革政策同时实施。但这些改革的实施不仅会使政府以往的财政盈余耗费殆尽，而且会带来巨额赤字。为了解决这一问题，1909年，新任财政大臣劳埃德·乔治实行了大胆的财政改革。他决定选择增税来弥补新增的社会服务费用。在其所提出的计划中包括大幅度增收遗产税、所得税，征收土地税等，这些都沉重打击了贵族利益。因此，被称之为“人民预算”，这意味着英国议会对税收控制的态度开始发生变化。在此之前，尽管预算支出呈现出不断上升的长期趋势，但无论是哪一党执政，政府都不敢提高税收以满足支出的需要。1909 年的政府预算表明，议会的多数对于税收上升趋势的反对态度已趋于缓和。

两次世界大战中，议会和政府在税收控制问题上，曾一度互换了角色。此时反而是议会要求提高税收，而负责筹措战费的财政大臣则不愿意将税收提高到史无前例的水平，财政大臣往往在最后的让步之前一直抵制议会提高税收的压力。其后，由于议会失去了详细审查预算的兴趣，多数议员强烈支持减少议会花费在财政条款上的时间，从而逐步减弱了议会对于税收的控制力度。第二次世界大战之后，英国的税收收入不断上升（见图 2－3）。

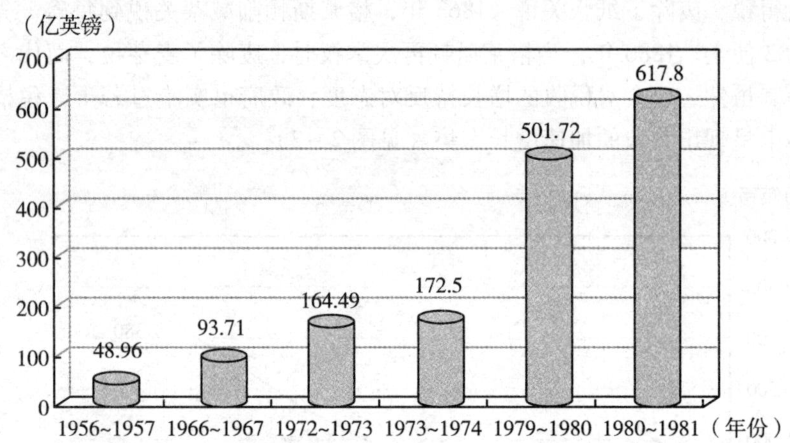

图 2－3　第二次世界大战后英国的税收收入变化

资料来源：经济合作与发展组织编著：《比较预算》，人民出版社 2001 年版，第 332 页。

1973 年英国加入欧洲经济共同体后，对税制进行了重大改革。第一，完善所得税制，将两种独立的所得税，即基本所得税和附加所得税合并，实行统一所得税，统一使用累进税率；第二，引进增值税，取代了购买税，即二次世界大战开始时实行的包罗万象的消费税和选择职业税；第三，降低关税税率，在欧洲经济共同体国家贸易中，关税税率降低 20%，这对经济的发展起了十分积极的作用。进入 20 世纪 80 年代，英国经济进入“滞胀”时期，英国为鼓励投资，刺激经济增长，平衡财政预算，控制通货膨胀，在税收政策上作了如下调整：降低所得税税率，提高起征点；调整公司税税率，鼓励投资；积极推行增值税，改革流转税制度；英国还对个人或公司在征税年度内转让或出卖资产所得的收益课征资本利得税；英国的遗产税在 1975 年 3 月 12 日以后改为资本转移税，它不仅对立有遗嘱者死亡时的资产课征，而且对死者生前的馈赠也征税。

（二）对公债的控制

18 世纪，对政府借款进行投票（votes of credit）通常被认为是一种应急措施，以支付全球性战争或完全无法预料的费用。而到 19 世纪后半期，许多小型战争的发生，使得议会放松了对无法预计的支出的控制，政府借款不断增加。19 世纪末的布尔战争①期间，政府不断地提出增加政府借款要求，并将政府借款作为预算附加向议会提出，由议会下院进行投票，由此形成了将政府借款作为附加预算提交议会的习惯做法。

两次世界大战后，预算附加的数量明显增加了。第一次世界大战之前的政府借款主要是为了支付纯粹的战争费用，而第一次世界大战时政府借款的目的则广泛得多。第一次世界大战和第二次世界大战之前，议会对政府借款的控制都有明显的放松。依据 1914 年的《战时借款法》(The War Loan Act)，财政部有权在本财政年度的供应授权额度内，以它认为是适当的方式和条件举债。1939 年的《国民借款法》(The National Loans Act) 恢复了政府的这一权力，并给予财政部其借款可超过议会授权数 2.5 亿英镑的授权。在战争期间，议会每年都重新通过该法令，但这通常只是一种纯粹的形式，无须任何的解释和辩论。

1946 年，议会几乎未提出任何批评就通过了一项议案，使得政府仍然保留了在授权额度内借款的权力，从而能够自由地借款去支付“新城镇计划”(New Town Scheme)② 的支出和偿付到期债务。这表明，此时的议会已失去对政府借款进行控制的兴趣。

由于议会积极支持公共债务的偿还，使得 1860 ~ 1900 年间的公债总数削减了约 2 亿英镑。议员们常常对偿债基金安排的不足以及财政大臣挪用该基金等提出批评。如 1911 年，议会就因此强烈地批评了当时的财政大臣劳埃德·乔治。但是，财政大臣仍然时常动用偿债基金以避免增加税收，有时也偶然为减税提供所需的财力。在理论上，旧的偿债基金一直存在到 1947 年，但其实际上早已不存在，因为大多数年份都缺少财政盈余去补充它。1947 年的《财政法》(The Finance Act) 正式终止了偿债基金的存在。

二、预算支出控制的变化

这一阶段，议会在预算支出控制上的变化主要有：

(一) 支出规模由压缩变为膨胀

由于格莱斯顿改革在预算支出控制上取得的进展以及下院控制权在 19 世纪最后 25 年的增进，下院终于拥有实际控制财政的宪法特权。然而，数百年追求的目标一

① 布尔战争 (Boer War) 是英国在南部非洲与布尔共和国于 1899 ~ 1902 年之间发生的战争。虽然，从表面上看，英国打赢了这场战争。然而，布尔战争标志着一个时代的结束，英帝国的扩张至此已基本停止了。英国动用大量人力物力，结果花了 3 年时间才征服布尔人这样一个小民族，表明英帝国的实力是有限的，也使得英国的地位在其他欧洲列强眼中的地位无形中降低。布尔战争是英国发展史上的一道分水岭，此前，英帝国处于上升阶段，此后，英帝国在 19 世纪末登上了顶峰之后，开始走向了没落。

② 1945 ~ 1975 年的 30 年间，英国政府实施了战后“新城镇计划”，这主要包括两项国家城市开发政策：第一项政策是为改造中心城区居住条件而实施的贫民窟拆除政策。第二项政策，是为了调整产业结构和为疏散中心城区人口压力而实施的新镇开发政策，包括三类不同的新镇：由于产业结构的调整而形成的新镇；战后英国南部地区加速开发所形成的新镇；为疏散大城市人口而建的以居住为主要功能的新镇。

旦实现，下院却逐步放松了压缩预算支出的努力。自从1688年议会逐步控制了预算支出之后，到19世纪末，议会给予政府的年授权支出数额增长了4 000倍。① 当然，预算支出膨胀到如此巨大的规模，是自然的，甚至是必须的和有利的。这主要是因为英国经济总量的增长、社会财富的扩大、价格水平的上升以及政府在国民经济中角色的变化等因素影响的自然结果。但下院失去控制和压缩预算支出规模的兴趣，也是重要的原因之一。

在19世纪中后期，虽然议会已经改变了严格压缩政府经费的态度，但对预算支出必须予以压缩和控制仍是主流观点。当时，对于预算支出不断膨胀趋势的抵制，不仅来自下院，也来自政府和公众。格莱斯顿的《维多利亚法令》(The Victorian Stature of Gladstone) 代表着压缩预算支出的巅峰，这一法令暂时成功地阻止了预算支出的膨胀势头。“压缩预算支出”一时成为下院和整个国家的流行口号。但是，事实上，压缩支出规模的阻力是巨大的，格莱斯顿曾两次因为抵制增加支出而下台。1886年，伦道夫·丘吉尔勋爵（Lord Randolph Churchill,）由于内阁拒绝削减支出而辞职，则提供了另一个抵制预算支出上升趋势的典型例子。到了19世纪末的布尔战争时期，预算支出已经有了实质性的增长。

直至20世纪20年代，压缩支出的气氛仍然很流行，甚至在经济大危机期间，英国的预算支出也曾被削减过。

第二次世界大战后不久，政府预算开始区分“线上”支出和“线下”支出。1966年，“线下预算”改为贷款预算。1968年，贷款预算又改为“国民公债基金”。大部分财源经过经常预算分配，经常性是预算资金的日常收入和支出账目。其收入超过支出，则列入“国民公债基金”的收入部分，如支出超过收入而出现赤字，则由国民公债基金的贷款弥补，政府则增加同等数额的国债。“国民公债基金”的收入部分由对国有企业及地方政府长期贷款的利息、英格兰银行发行局利润以及常规预算中的盈余等组成，支出部分主要是向国有企业和地方政府提供资本投资的长期信贷。“线上预算”，即“经常预算”收入主要是税收，约占总收入的96%，其他还有社会保障、捐款、利息和股息收入。而支出分为由议会批准的日常支出和不经议会审查批准的统一基金的永久性支出。日常支出项目主要是军费、管理机构经费、补助地方组织与国有公司、援助发展中国家的拨款等；永久性支出主要是用于偿还国债、向欧洲经济共同体付款和王室的维持费等。国债本息由该支出中转入国家借款基金并从中支付。

这一技术手段削弱了议会抵制预算支出上升趋势的能力。因为这使得议会接受了这么一个观念，即如果政府预算由于未能弥补资本支出而出现大量赤字，但却平衡了经常收支，就没有违反“健全预算”的原则。在这种观念的指导下，1957年的预算支出比70年前增长了100倍。尤其是在第二次世界大战后，其预算支出的增长速度超过国内生产总值的增长。例如，1955～1975年，国内生产总值增长了5.3

① 资料来源：Organisation for Economic Cooperation and Development: Historical Statistics. Paris: OECD, 1999.

倍，而预算支出却扩大了8.3倍；1976～1977年财政年支出总额达651亿英镑，或者说相当于国内生产总值的53.5%；1987～1988财政年支出总额为1 784亿英镑，占国民生产总值的41.75%；1997～1998年财政年预算支出增加到3 430亿英镑，占国民生产总值的43.75%。①

（二）预算支出控制机构的演变

1861年4月2日，议会通过了格莱斯顿议案，重新组建具有超党派性质的“公共账户委员会”。虽然早在1690年，议会就成立了第一个现代意义的公共账户委员会，1780年的《丹宁议案》也明确规定所有的公共账户都要提交给公共账户委员会，但公共账户委员会在手段上、技术上都难以胜任详细审查政府预算和各部门的支出情况的职责，因而一直未能充分发挥其应有的作用。1861年重新成立的公共账户委员会收集和出版了与财政相关的详细信息资料，为议会控制财政提供了重要的服务，从而堵塞了许多议会财政控制中的漏洞，也加强了财政部对于政府各部门终身公务员的控制。

1866年，在格莱斯顿的努力下，议会又通过《国库与审计部法》，建立审计长制度，“将议会名义的控制变成了真正的控制”。② 审计长制度以专职的专家，即议员、审计长（The Comptroller and Auditor General）及其职业审计员组成的审计机构，来取代议会的专门委员会，对政府的收支进行审计。审计长是完全独立于政府，而只服务于议会的官员。审计长和公共账户委员会互相配合和支持，共同开展工作。审计长制度的建立，构成了议会控制财政最重要的一步。此外，该法案规定，议会对政府预算实施强制性的独立审计，要求所有的部门都向议会提交审计后的账户，以说明财政部拨付的钱款是否真正依据议会的拨款规定使用，从而以法令形式形成了议会对预算权的完全控制。至此，将政府账户现代化并置于议会控制之下的长期努力终于实现。

1912年，“预算专门委员会”（The Select Committee on Estimates）成立。19世纪中后期，政府每年都向议会提供较为全面的政府预算。此时“供应日”③ 的天数是没有限制的，因而议会有着大量的时间和机会去检查审核预算数据。但是，到了19世纪的最后10年，政府预算日益复杂，其审核要耗费越来越多的时间，这使得议员们对政府预算草案的审批愈益失去兴趣，人们也越来越不满议会花费太多的时间去辩论供应授权问题。1896年，议会修正了供应授权的程序，新程序对供应授权日的天数作了23天的最大限制，但可外加详细审查附加预算所需的天数。预算草案必须在每年8月5日前通过，如果此时还没通过，则给予另一个供应日，以便进行非辩论的投票表决。程序的改变明显不利于议会对政府预算草案的详细审查。此时，

---

① 资料来源：经济合作与发展组织编著：《比较预算》，人民出版社2001年版，第332页。

② Einzig, P. *The Control of the Purse: Progress and Decline of Parliament's Financial Contral*. London: Secker & Warburg, 1959, p. 236.

③ Supply Day，即议会审查支出供应预算的时间。

议会逐渐意识到，成立某种预算专门委员会是必须的，因为供应授权委员会难以妥善处理规模日增的预算。1902 年，议会提出一个议案，建议设立“预算委员会”，去进行政府预算草案的事前检查。但直到 1912 年，“预算专门委员会”（The Select Committee on Estimates）才得以成立，使供应授权委员会完全解脱了详细审查政府预算草案的责任。预算专门委员会存在到 1914 年第一次世界大战爆发。

第一次世界大战期间，议会放松了对政府的财政控制。此时紧急支出的规模大幅度增加，从“战争压倒一切”来说这是必然的结果。但是，议会并没有对预算支出放任不管。在第一次世界大战的早期阶段，政府被迫同意议会设立“国民支出委员会”去控制战时支出。不过，由于种种原因，在战争爆发三年后，所设立的国民支出委员会才开始运转。而在战争结束两年之后，该委员会仍然存在，并表达了公众日益增大的压缩支出的呼声，批评政府没有能够或不愿有效地从战时高水平上往下压缩支出。总的来看，国民支出委员会非常有效地执行了自己的任务。

1921 年 6 月，又成立了新的预算专门委员会。但这两届预算专门委员会的工作条件都不好，缺乏公共账户委员会所具有的那些配合条件，诸如没有终身任职的审计长及其工作班子的支持，也缺乏经验和专门的权力，更没有财政部真正的、积极的支持。

第二次世界大战期间，英国议会停止了预算专门委员会的工作，又重新任命“国民支出委员会”负责此项工作。第一次世界大战时期，公共账户委员会几乎完全被国民支出委员会所取代。但在第二次世界大战时期，公共账户委员会却保持了自己的独立，并在一定程度上起了比国民支出委员会更大的作用。公共账户委员会利用公共账户的审计报告和审计长的报告，进行了卓有成效的工作。国民支出委员会和公共账户委员会都公布了某些令人震惊的丑闻，因而政府各部都害怕两委员会的批评，这使得两委员会的活动对财政部控制支出的努力提供了极大的帮助。

1946 年，又设立了新的预算专门委员会。新的预算专门委员会决定不再恢复战前由财政部官员提供帮助的做法。此外，该委员会决定恢复其各下属委员会，下属委员会被授予了与总委员会相同的功能，能够召唤证人，要求有关方面提供文件和进行实地调查。在许多方面，该委员会的活动大大超越了战前的预算专门委员会，在某些报告中已不再局限于预算的支出细节，而是对政府的主要政策进行严厉地批评。但即使这样，预算专门委员会仍然不具有公共账户委员会那样的权威，因为它无法系统详细地审查预算，其权力也小于供应授权委员会，因为后者有权对支出进行实质性的削减而改变政策。

三、预算控制权的转移

英国政府预算制度建立的早期和中期阶段，总体趋势是议会逐步加强对预算的控制。在近期成熟阶段的预算控制中，政治上，下院也比以往处于更强有力的地位，技术方法上，下院也拥有较为完备的制度和办法去实施财政控制。到 19 世纪末期，议会对预算的控制达到了顶峰，但随后，从 19 世纪最后 10 年开始，预算控制权开始逐步从议会手中转向政府。

（一）议会制度的完善

维多利亚时代（The Victorian Times，1837～1901 年）① 中期，英国达到了强盛的顶峰。在经济方面，其工业生产能力比全世界的总和还要大，号称“世界工厂”，对外贸易额居于世界首位。在政治方面，与欧洲大陆和东方诸国比较起来，维多利亚时代，英国政治的显著特点是当政者所实施的自由放任政策。在这一政策之下，保存了较多的民主、自由色彩。以议会改革为序幕，行政、司法制度和地方政府管理体制改革接踵而至。19 世纪中后期的英国出现了一个“改革时代”。

1867 年 8 月，迪斯雷利内阁通过第二次议会改革方案。经过改革，工业资产阶级在议会中的代表数额也有所增加，进一步巩固其在政治上的地位，工人阶级的主体都得到了选举权。1884～1885 年，格莱斯顿第二次组阁时进行了第三次议会改革。这次议会改革，不仅把选举权再次扩大，而且选区重新划分，彻底削弱了腐败选区，消除了大贵族操纵选民和议员的机会，基本上清除了大贵族把持议会的局面。经过 19 世纪的三次议会改革，英国政治制度方面许多积弊和腐败现象得以消除，也改变了贵族寡头垄断政权的局面，英国的政治体制逐步趋于完善。下院的优势开始从贵族转到资产阶级手中，王权逐渐失去其在下院的基础，王权进一步削弱，英国国王成为“统而不治”的虚君，从而真正确立了“议会至上”的原则。

迄止 20 世纪初，英国的议会改革都是针对议会下院，而议会上院始终是世袭贵族院。这一状态在 20 世纪初被打破。1909 年，财政大臣埃德·乔治所提出的“人民预算”沉重打击了贵族利益。同年秋末，当该预算案送到上院时，遭到上院的激烈反对。上下两院于是尖锐对立，政治非常气氛紧张。在自由党的努力下，议会终于在 1911 年 9 月份以 131：114 的票数批准一项《议会法》。《1911 年议会法》大大削弱了上院的权力，并降低了许多贵族参与立法活动的兴趣。此后，他们常常缺席，甚至成年累月地不进上院大厅。② 1949 年，英国又制定了第二个《议会法》，继续削弱上院的残余权力。法案规定：财政法案只能由下院提出，上院不得随意修改。至此，上院对财政议案失去所有重要的权力，上院在立法方面的权力几乎被剥夺殆尽。这样，在英国政治体制中，权力的重心更倾向于下院，上院的实权已经被基本剥夺。

此外，议会的民主化也进一步完成。1918 年 2 月，英国议会通过法案，在授予所有成年男子普选权的同时，授予年满 30 岁的妇女以普选权。选民在成年人中的比例由 1884 年的 28.5% 上升至 1918 年的 74%。1928 年，又将妇女选举权的年龄限制

① 维多利亚女王于 1837～1901 年在位。在此期间，英国的君主立宪制完全巩固，国王完全变成“虚君”，国王在国事中发挥的作用仅仅是“接受咨询，给予支持，提出警告。”维多利亚女王在其一生中模范地履行了其作为立宪君主的职责，而且她作为贤妻良母，也成为那个时代道德风尚的典范，深受国民的爱戴。她漫长的在位时期是英国繁荣昌盛的顶峰，在许多英国人眼里，维多利亚女王就是这一时代的缩影，因此，维多利亚女王在位时期被称作“维多利亚时代”（the Victorian Times）。

② 《英国历史文件》第 12 卷第 2 分册，伦敦出版社 1977 年版，第 157～159 页。

降低到21岁。1948年制定的《选举权法》实行了彻底的一人一票制，把过去残存的一人多票现象完全消除了。历经100多年的岁月，“一人一票”的议会民主制终于在英国形成。1969年将选民的年龄限制从21岁降为18岁。

（二）预算控制权从议会转到政府

19世纪30~80年代是议会的“黄金时期”，这一时期议会掌握着真正的实权，政府和内阁只是贯彻议会意志的一个办事机构，政府和内阁的工作受到议会的严格监督。如果议会对政府不满，它可以使政府垮台，而不必经过新的大选。从议会对财政的控制来看，19世纪下半叶，格莱斯顿的改革也使议会对财政的控制达到其最高点。格莱斯顿的预算制度改革最终形成了这样一种财政权力格局，即在政府预算的执行过程中，议会以社会公众的名义拥有最高权威，政府只负责有效足额地征集和使用钱款，议会借助强制执行的独立审计机构控制财政权，所有的财政资料都须定期呈送议会，并由公共账户委员会在专家指导下进行详细审查。

然而，以1867年的第二次议会改革为分界线，包括预算控制权在内的政治权力就开始由议会向政府行政部门转移。随着1867年和1984~1985年的议会改革，选举权逐步扩大，选民的人数也大大增加。选民的增加促进了政党组织的发展。随着选民的增多和政党政治的成熟，任何人要想成为议员必须首先得到政党的支持，而议员进入议会后就必须服从于自己所在党的领袖的命令，遵守本党的纪律，很少能按个人的意志来行动。这样一来，议会实际上就控制在政党手中。由于内阁成员主要是由执政党的核心人物构成，所以议会逐步由内阁和政府所控制。在通常情况下，执政党在议会下院中都拥有多数席位，所以内阁和政府的提案基本上都能通过。这样，逐渐地，形成了政府提议案，议会投票加以通过的格局。议会在政策制定过程中已经变成一个“边缘角色”。

到了20世纪60年代，政府完全控制了议会，议会已经由政府的“主人”完全变成政府的“仆人”。随着政府权力的加强，预算控制权也逐步从议会转移到政府手中。在预算程序中，政府和议会形成了这样一种权力格局：预算的编制、执行完全由政府负责，议会拥有批准的预算权力。但19世纪末以来，下院往往原封不动地通过政府的预算草案。这是因为，一个在议会中拥有明显多数的政府，是完全能够确保其预算草案按照提交时的形式原封不动地通过。

目前，在英国的预算程序中，财政部和内阁发挥着主导作用。其中，财政部是英国中央政府中具体管理预算事务的部门。财政部是中央政府部门中最为重要的部门，财政部部长常常由首相兼任。在整个预算程序中，财政部负责编制年预算草案，指导和监督预算的执行，协调和管理对预算的内部控制。财政部除了负责管理全国税收和支出、公债发行、制定有关公共开支的长期计划外，英国中央政府的其他经济事务和经济政策也都由财政部管理，包括货币政策和金融管理政策也由财政部负责。近些年，随着政府经济管理的复杂化，财政部传统的权力地位受到一定程度的削弱，其他部门的相对独立性在逐渐增强，但财政部在预算管理中仍发挥着重大的作用。内阁作为最高行政机构，负责对政府预算的指导方针和目标进行审查。内阁审查的重点在于支出的效益和有效性，审查各部门对所规定各项任务的完成情况以及各政府部门管理者是如何进行活动和履行职责的，同时，内阁也对预算支出是否超过限额、社会保障资金的运用、地区政策和就业措施的有效性进行全面审查。

最后，需要指出的是，尽管预算控制权逐渐从议会转到政府手中，但毕竟议会拥有法律上的至尊地位，其在政府预算制度中仍然起着非常重要的作用：其一，使政府的预算议案合法化。虽然预算案都是由政府提出的，但不经议会通过和批准，议案绝对不能成为法律，预算案也不能被执行。作为专职立法机构，任何预算议案必须经议会下院批准才能转化为立法，具有法律效力。如果政府提出的预算案被议会否决，政府的威信和执政能力就会受到影响。其二，对政府的预算行为进行监控。财政预算由财政部编制，经内阁审查，提交议会批准。议会通过这一预算环节实施对政府财政事务的监控。对政府预算行为的调查和监督既可以由全院大会来发挥作用，也可以由具体的委员会，如议会的各个委员会、各政党的委员会，也可以由议员个人发挥作用。其中，具体委员会中起作用最大的是公共账户委员会。其专门负责审计政府各部门的开支金额，检查经费的使用效果和效益。

第四节　英国预算制度变迁的若干特征

英国政府预算制度的发展演变是和其政治制度的发展密切相关的。在大多数国家，议会是以争取自由为目的的政治运动高潮的产物。而在英国，议会产生和发展的直接原因则是由于13世纪初贵族和国王之间对经济利益的争夺。正如爱因齐格所指出的，在英国，“雄辩的事实表明，下院的起源和早期发展，完全应归功于其‘卑贱’（sordid）的财政功能。”① 随着议会与国王之间政治权力格局的变化，在英国议会对于君主财政权的逐步剥夺和控制的过程当中，英国政府预算制度逐步形成。议会下院最终完全控制了包括财政权在内的政治权力。而后，随着责任内阁制和政党制的逐步完善，英国下院在18世纪和19世纪上半期逐步达到权力巅峰后，政治权力和预算控制权又逐步转移到政府手中。各阶段英国预算制度变迁的主要成效如表2－3所示。

表2－3　　英国预算制度发展阶段及其成效

阶段	早期形成阶段	中期发展阶段	近期成熟阶段
时间	1215年《大宪章》之后约400年	1688年光荣革命之后约100年	1852年格莱斯顿担任财政大臣至今

① Einzig, P. *The Control of the Purse: Progress and Decline of Parliament's Financial Contral.* London: Secker & Warburg, 1959, p. 17.

续表

阶段	早期形成阶段	中期发展阶段	近期成熟阶段
成效	现代意义的议会制度和预算制度形成	君主立宪制、下议院取得财政控制权、君主支出与国家支出分离、世袭王室收入由议会拨付	财政部和内阁发挥主导作用、议会的法律地位至高

总之，英国预算制度的发展呈现出和其议会制度、政治制度发展相关的若干特征。归纳起来，其制度变迁具有如下特点：

一、预算制度和政治制度都具有原创性

英国人在建设本国政治、经济制度时，有许多地方都表现出一种原创精神。当欧洲宗教机构和封建割据势力肆虐之际，他们已经建立了独具特色的司法陪审制和地方管理体制；当欧洲封建专政主义普遍加强时，他们又发动革命，摧毁封建主义根基，创立了君主立宪制；当欧洲诸国仍处于农业经济社会时，英国率先开始了工业革命，并迅速成为“世界工厂”；当欧洲诸国开展资产阶级革命时，他们又在政治领域实行广泛改革，创立了责任内阁制、两党制和文官制。诸多事实表明，英国人是近代资本主义政治、经济制度的开拓者，英国政治、经济制度的发展呈现出鲜明的原创性。同样，政府预算制度的发展也具有这样的“原创性”。

二、预算制度和政治制度的演进体现出渐进性

英国的政治制度的发展具有“渐进性”。英国的政治制度是在近数百年的时间内逐步形成和发展起来的，尽管也有英国17世纪革命等剧烈变革，但是，这一过程总体是一个平和渐进的发展过程。许多相关制度以及机构的产生和发展大多采取渐变的方式，慢慢地、一点一滴地积累，经历很长的发展过程。例如，英国的君主制是目前西方各国最古老的，17世纪的革命虽曾使之一度中断，但随即而来的斯图亚特王朝复辟又续上了这条长链，1688年的光荣革命又使君主立宪制首先得以在英国确立，而英国的君主真正成为“虚君”则是到了维多利亚女王（1837～1901年）时期。又如，贵族制向民主制的转变也是如此。19世纪开始，在民众抗争的冲击下，少数人垄断政权的局面逐步改变，权力的范围一点点扩大。1830～1832年实行第一次议会改革，废除一些小选区，设立了若干新选区，选民人数由40万人增加到60万人，但仍不足全体成年居民的5%。1867年、1883年继续进行议会改革，选民人数增加200多万人，仍不过全体成年居民的8%，占人口半数的妇女依然不是选民。直到1918年和1928年两次颁布新选举法，才最终实现了不分性别和财产资格的成年公民选举制，才真正完成向民主制的转变。这个过程是漫长的，但从来没有停止过，也没有倒退。民主化过程充分显示了英国历史发展的特点，即和平、渐进

的改革方式。

同样，英国的政府预算制度变迁也表现出这种渐进性。首先，预算控制权由国王向议会的转移过程是一个缓和渐进的过程。这个过程不是通过诸如流血革命等突发性事件，而是在连续的变化中渐进完成的。1215 年《大宪章》签订后，议会对预算的控制是缓慢进行的，而且时有反复。1688 年的“光荣革命”引起了政治权力格局的根本变化，但直到 18 世纪后半期的大选使小威廉·皮特（1783～1801 年，1804～1806 年两次出任首相）的地位得以巩固，议会的权力才进一步加强。1832 年的《改革法案》通过后，议会终于在稳固的市场经济基础之上，获得了决定性的权力。到 19 世纪中叶，议会拥有了完全的财政控制权，完成了 1688 年“光荣革命”以来政府预算制度自然持续演变进程。其次，议会对财政权的控制也经历了一个由点及面，逐步扩展的过程。政府预算制度的形成史，也就是议会为控制君主的“钱包”，即财政权而斗争的历史。这一过程具体来看是从控制部分税收权开始，经历了：部分税收—军费支出—全部税收—拨款—支出责任制度—王室年俸—王室收入—年度收支计划报告—审计……逐步推进并最终完成。不过应强调指出的是，上述顺序的列出并不等于是议会完全控制一项财政权，然后再开始对另一项财政权进行控制，而是大体依据上述顺序先后开始，然后各自程度不同地共同推进，在相互影响和促进中，最后整体完成。

从现代化发展角度，英国留给世界的遗产不仅是工业化、民主化、世界化、城市化——这些现代化有形的标志，而且还创造了一种发展模式——适时而变、和平渐进的制度变迁过程。从某种意义上说，渐进改革是社会变革一种较佳选择，这要求社会每一个成员承担义务，对国家的命运负起责任，也要求社会各方达成和积极妥协，每一方都不是完全胜利，每一方也不是完全失败，各方都要放弃自己立场的一部分，最终达成整个社会的利益平衡。

三、预算制度和政治制度的发展呈现出灵活性

“灵活性”是英国政治制度和预算制度发展的又一特征。主要表现为：(1）有宪制而无单一的成文宪法。英国的宪法不同于绝大多数国家的宪法，并不是一个独立的文件，而是由成文法、习惯法、惯例组成。主要包括《大宪章》(1215 年)、《人身保护法》(1679 年)、《权利法案》(1689 年)、《议会法》(1911 年、1949 年）以及历次修改的选举法、市自治法、郡议会法等。其中的《大宪章》与《权力法案》等法案共同构成“非赞同毋纳税”宪法原则的完整基础。(2）分权和权力混合现象兼蓄并存。政治权力与预算权力的分割不够清晰，不受单一固定的成文法的限制；行政、立法和司法之间，立法结构的上院和下院之间，不过于强调政治权力和预算控制权力的平等均衡，财政控制权完全由下院掌握，而国家高层行政权和立法权可以由同一批人掌握，包括首相在内的内阁成员又同时是议会成员。(3）形式主义和名实不符，表现为有名无实和有实无名，一个官员的名称往往不能表明他的真正职权。例如，作为名义国家元首和政府首脑的国王，渐渐蜕变成为政治偶像；而

实际上领导内阁制政府、控制立法权力的首相，却在很长时间里只拥有“财政部首席大臣”的名义，直到1937年才得到首相称号。又如，名为政府高级机构的“枢密院”多年以来已形同虚设，尽管其名号常常在政府的预算文件中出现；而名义上不是国家机构、其名号通常不见于官方文件的政党实际上却执掌着英国的政治权力和预算权力。

英国政治制度和预算制度的发展之所以呈现出“原创性”、“渐进性”和“灵活性”特征，这是和英国的地理位置和历史发展密切相关的。其一，从地理环境来看，不列颠是个岛国，偏离欧洲大陆，主要居民区地势较平缓，气候温和湿润，宜于发展农牧业。相对独立舒适的自然条件有助于该国居民形成稳健、审慎的“岛国心态”：一方面，他们在政治上容易安于现状，重视传统经验，不易受极端观念、理想主义和个人感情的支配，乐于遵循、服从某些古板陈旧的、约定俗成的习惯法和规定；另一方面，相对独立安定的社会人文环境还促使他们在政治上注重保持自身特色，善辟蹊径，自成体系，在政治制度的建设中造就自己的风格特点。其二，从历史发展上看，英国自诺曼征服以来从无外来入侵者扭转其社会发展进程，17世纪内战以来再无革命，这都有助于他们在政治制度方面恋旧守成。英国上层阶级一向奉保守主义为圭臬，善于用某些似显古板而又颇有道理的原则实现强有力的统治，但又不失主动灵活——为维护阶级统治和等级制度，他们宁肯保留君主和贵族，遵循君臣礼仪；在权力争夺的关键时刻，他们宁肯诉诸宫廷政变，邀请外国君主驾临不列颠；面对动荡的社会形势，他们缓进慢退，兼攻兼守，勉强而又不失时机地实行有限改革，以避免革命冲击；社会安定时，英国政府注意兼顾国内各阶层的利益，循序渐进地建立新的政治机构和制度。

第三章

英国预算管理组织及其职能

■ 本章导读

英国的行政和立法系统都有各自的预算管理组织，并且分工明确。在行政系统中，财政部门在财政收支管理方面发挥着关键的作用，而隶属于财政部却又独立于财政部的预算责任办公室负责收支预测工作，各预算部门则通过设立会计长对部门预算进行管理，内阁对预算总体制订具有一定影响力。在立法系统中，公共账目委员会和审计署是非常突出的预算监督组织。在实践中，这两个系统的组织经常就预算权力进行博弈。

第一节 财政部门

一、财政部

（一）历史

女王陛下财政部（Her Majesty's Treasury），简称 HM 财政部（HM Treasury），通称财政部（The Treasury），是负责开展和执行英国政府的公共财政政策和经济政策的英国政府部门。英格兰财政部在亨利一世在位时的 1126 年左右开始存在。财政部由宫廷中产生，作为国王保持其财富的场所而服务。财政部的首长被叫做财务大臣（Lord Treasurer）。在都铎时代开始时，财务大臣变为主要国务官之一，并与大法官竞争首要地位。1667 年查理二世任命乔治·唐宁（唐宁街的建造者）从根本上改革财政部和税收。在 17 世纪初期，财政部由委员会管理，而不是部长个人，委员们被称为财政官（Lords of the Treasury）。后来，第一财政大臣作为政府的首脑出现了，并且从罗伯特·沃波尔开始被非正式地称为首相。在 1827 年前，当第一财政大臣是一位平民时，他也担任财政大臣的职位，而当第一大臣是一位贵族时，第二大臣通常将担任财政大臣。自 1827 年以来，财政大臣总是第二财政大臣。

（二）内部设置

财政部是预算编制、执行、监督的管理机构，英国财政部由七个部门组成，详见图 3－1。财政部大约有 400 多人，其中包括专家及行政职员，共同处理公共支出的计划和控制，且约有 200 多人负责部门财务管理。在实际工作中，财政部的秘书长经常代理财政部长管理预算工作，其背后是由 40 个工作人员组成的支出政策集团。经过这些人员的共同努力，一份详细的预算报告将提交给议会审批。最后的综合性预算报告会在每年 3 月份提交，其中每一个项目都会配备一名会计主管人员。①英国财政部组织结构及职能见图 3－1。

（三）职能

财政部负责国家财政预算的收入、支出管理以及国家经济和财政政策的制定。其管理的主要特点是：一是实行预算支出全口径管理。财政部不仅负责核定中央政府各部门的各项预算支出，包括人员支出、公用支出和项目支出，而且负责核定中央对地方的转移支付支出，并可直接对郡、市、项目或项目单位进行垂直预算管理和财政拨款。二是实行各部门会计长（Accounting Officer）委派制。由财政

① 财政部网站，https：//www.gov.uk/government/organisations#hm-treasury。

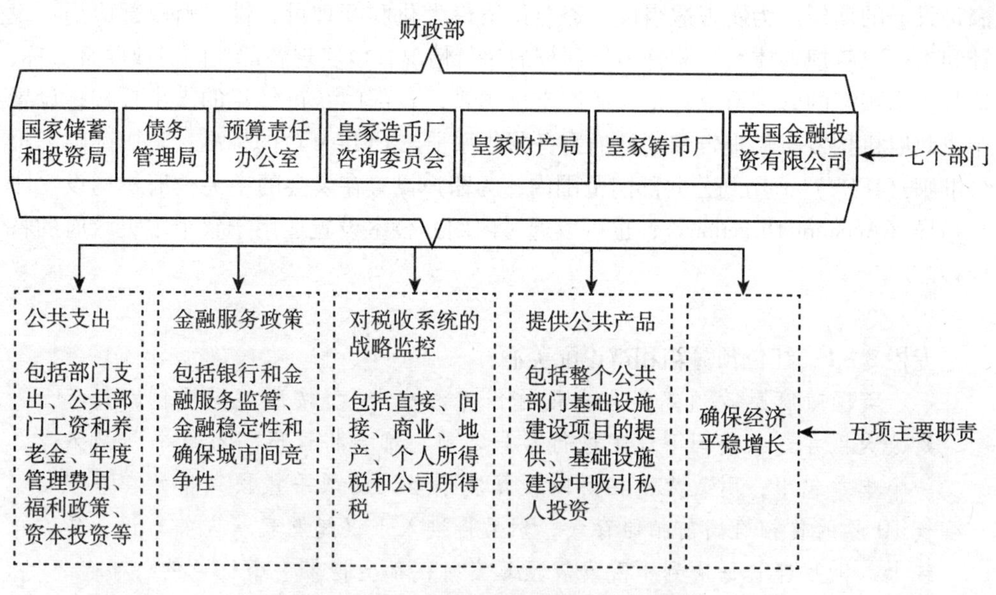

图3－1　财政部的组织结构及职能

资料来源：根据英国财政部网站相关资料整理而成。

部指定各部门的财务主官，全面负责所在部门的财务管理、会计核算和内部审计监督。各部门会计长的工资列入所在部门预算，但财政部发布人事任命，有权解聘违反规定的会计长。各部门会计长与财政部签署服务协议，负责向财政部报告财务和预算情况，并保持与国家审计署（NAO）的联系。各部门会计长可以自行指定下属财务会计和内部审计人员。三是财政部与各部门签订公共服务协议（Public Service Agreement），明确各部门预算资金支出后应达到的公共服务目标。公共服务协议是财政部对部门进行综合性预算支出评估审查和绩效考核的重要依据，也是社会舆论监督的直接依据，规定了部门使用预算资金后应达到公共服务水平和实现的绩效任务目标，对保证和提高预算资金的使用绩效具有重要的激励和约束作用。公共服务协议期限3年，一经签订即通过互联网、出版物等形式向社会公布。

各部门配合财政部进行本部门预算管理，具有一定的预算管理权限。各部门的收入主要来源于财政部的预算拨款，并有很少部分的有偿服务收入，如有关信息、政府资产对外有偿转让收入。各部门的预算支出由部门预算支出权限和年管理性支出两部分组成：部门预算支出权限是财政部代表中央政府核定给各部门的，由部门内部自行控制，期限为3年，3年内部门可自行调控预算资金的使用，3年末的结余资金延续至后3年继续使用，如不再使用，政府将收回，从而对结余资金实行有效控制；年度管理性支出是由议会授权财政部根据各部门的实际情况分配的支出，财政部直接汇报议会，各部门无权自行管理，如国家养老金、失业保障金及其他社会保障性支出。

财政部的职责包括：设定公共资金管理的基本规则，并向议会进行说明，设法满足议会的期望。为实现适当性、资金价值最大化和管理可行性。财政部应当：设计和运行财政规划体系，监督多年预算的执行情况，以实现各部长的财政政策目标；监督支出预算的管理情况，正式通过支出预算，各部门获得每年的支出授权；设置中央政府机构发布年报告和《政府财务报告手册》（FReM）的标准，将国际财务报告准则（IFRS）适用到公共部门范围内；为账户设置在议会的中央政府机构设立账户指导（Account Directions）；也可以通过内阁办公室设置适用于整个中央政府的特定标准。

专栏3-1 红色预算箱和辩论配美酒

英国政府财政预算报告也被称作“红皮书”。按照英国惯例，每年财政大臣在进入英国下议院进行报告之前，都会将这份“红皮书”放入一个皮革包中，财政大臣在财政预算发布当天必须手执预算箱站在唐宁街10号的首相府门前拍照存底，然后再进入下议院发表演说并辩论。传统上，财政部长每次到下院发表预算案时，都会携带一个红色的公事包，这个公事包通称为“红箱”，是政府官员传送官方文件时所使用的。其实不少官员都有自己的“红箱”，只不过因为财相每年在宣读预算案前，都会在早上向传媒展示载有预算案的“红箱”，从而使他的公事包更惹人注意，最初的“红箱”由威廉·格莱斯顿于1860年引入，而且一直使用至1965年，才被詹姆士·卡拉汉以一个新的“红箱”代替。卡拉汉的“红箱”使用至1997年，才被白高敦再次替换。据了解，在威廉·格莱斯顿以前，“红箱”的设计五花八门，而使用场合也与今日有不少差异，而“红箱”的使用，可远溯至16世纪晚期——伊莉莎白一世在位的年代。

在预算案辩论中，财政大臣可以饮酒。因为财政大臣在作报告时，承受巨大压力，一句话说错，就会被反对党揪住不放。为了缓解压力，财政大臣可以饮酒壮胆，但只有他拥有这项特权。现任财政大臣奥斯本在报告中则不喝酒，只喝纯净水。

资料来源：《英全国激辩预算案　媒体称将致英滑向“深渊”》，中国新闻网，http://www.chinanews.com/gj/2012/03-07/3724449_2.shtml，2012年3月7日。

二、财政部长——财政大臣

英国财政大臣单独负责设置税率，他不主持税收委员会，而是把他所有的税收决定纳入一个交给议会的年度报表中，也被称为年度预算书。本质上财政大臣是一个一人筹款委员会。他所提交的预算书不仅概括了税率，也概括了将用于所有政府活动（包括强制的和选择性的活动）支出的金钱总额。我们可以把他的年度预算书大概看做是年度议会预算决议。

财政大臣还有权并有责任设定政府的支出限额和财政约束。前保守党大臣诺曼·拉蒙特在20世纪90年代初期在英国第一次引进了可自由支配的开支限额。后来在1997年，财政大臣戈登·布朗自创了一套财政规定来获取英国金融市场和商业领袖的信任。① 其中第一条规则被说成是黄金准则：在一个长度由财政大臣决定的经济周期中，政府借钱只会用于财政公共投资而不会用于公共消费。本质上，政府可能为了修建学校、医院和其他会增加政府资产的基本工程项目而借款，但不会为给工会和公务员加薪或支付社会保障金而借款。布朗的第二条财政规则是可持续的投资规则，他要求在经济周期中净公债占GDP的比重不能超过40%。和许多美国的经济学家和政治家不同，布朗为英国设定了一个“最合理”赤字目标。

在1997年以前，英国财政大臣也有权设定利率，然而当1997年布朗首次掌权时，他赋予英格兰银行设定利率的独立性。尽管其他许多人可能在许多经济和财政决策中辅助大臣，但他必须代表英国政府做决策，官方上他不对任何人负责——除了任命他的首相。

三、主计长

主计长（HM Paymaster General）是英国的一个政府职位。主计长掌管陛下主计长办公室，他持有在英格兰银行以政府部门和经选择的其他公共机构的名义被设立的账户。陛下主计长办公室账户可从统一基金中得到款项而后被相应的机构使用。陛下主计长办公室通过一个电子存款系统为他的客户经营一整套账户和存款合约服务，包括支票和存款、银行家自动结算服务和结算所自动支付系统服务。该职位由财政部的一位大臣担任，在财政部排第三位，在财政大臣和财政部首席秘书之后。此职位在1836年由军队主计长、海军司库、切尔西医院主计长和司库和军械总局司库四职位合并创设。从1848年至1868年，此职位由贸易委员会副主席兼任。担任此职位时间最长的是唐·普里马罗罗。

第二节　预算责任办公室

预算责任办公室（OBR）成立于2010年5月大选之后的过渡时期。保守党党魁卡梅伦在大选中胜出，由保守党和自民党组成的联合政府迫切希望在6月紧急预算（Emergency Budget）通过前组建一个独立的公共财政评估机构，以加速从即将下台的布朗政府接手财政。因此联合政府指定了一个过渡期的三人“预算责任委员会”（BRC，Budget Responsibility Committee），由原财政部首席

① 戈登布朗于1997年5月至2007年6月26日任财政大臣，2007年6月至2010年5月任英国首相。

经济顾问艾伦·巴德主持，财政部下的一个小型秘书处协助开展工作。BRC 在六月“紧急预算”前发布了“公共财政预测报告”，在之后发布了体现新的政策影响的“预算预测报告”。

一、OBR 的架构

OBR 的官方权力和职责由三个文件确定，即《预算责任和国家审计法案》（the Budget Responsibility and National Audit Act），《预算责任宪章》（Charter for Budget Responsibility）和《谅解备忘录》（A Memorandum of Understanding）。

预算责任办公室由预算责任委员会、监督委员会和承担基础工作的公务员（现为 18 名）组成。目前“预算责任委员会”（BRC）由独立经济学家罗伯特·乔特（Robert Chote），独立经济学家、原英格兰货币基金委员会成员史蒂夫·尼克（Steve Nickell），原财政部财税预测经济学家帕克（GrahamParker）组成；监督委员会（OB，Oversight Board）由上述三人和另外两名外部成员组成。预算责任办公室由财政部提供预算，2014～2015 年之前为 177.5 万英镑每年，预算包括委员会和 18 名公务员的工资以及办公室的租金及增值税。①

二、OBR 的主要职责

预算责任办公室主要有四项职责：

第一，负责编制五年周期的《政府经济和公共财政预测报告》。该报告由 1975 年《工业法案》确定，要求财政部长每年发布两次，一次是每年 5 月发布预算报告时，另一次是 11 月下旬发布秋季预算报告时。预算责任办公室和财政部分别独立发布各自的预算报告。

第二，在上述预测报告的基础上，评价政府是否能够有超过 50% 的机会通过现行政策实现其设定的财政目标。② 目标主要两个方面：“财政授权”（fiscal mandate）要求未来五年结构性经常预算保持基本平衡或者盈余；补充目标要求政府债务占 GDP 的比重在 2015～2016 年前有效下降。

第三，审核财政部长发布的预算案（包括春季和秋季），与各部门（通常是财政部、税务总署、海关总署和养老与社会保障部）官员进行讨论并提出修正案，并对财政部正式发布的支出预测发表公开意见。公开意见固定为三种：同意、不同意、

① Robert chote，Britain's fiscal watchdog，2013－05．http：//budgetresponsibility. org. uk/.

② “We use these five-year forecasts to assess whether the Government has a better than 50 per cent chance of achieving the fiscal targets that it has set itself on its existing policies.”，Robert Chote，2013－05，Britain's fiscal watchdog，p 05.

因时间或信息不足无法做出判断。① 表示"不同意"时，预算责任办公室和财政部各自发布其支出预测，表示"因时间或信息不足无法做出判断"时，预算责任办公室可以选择发布自己或财政部的支出预测作为建议性预测意见，并且在后续预测时加以核实。

第四，分析公共部门资产负债表的健康程度和公共财政的长期可持续性。长期可持续性分析基于对收入、支出和金融交易50年跨度的预测，因此可以更好地衡量人口等影响因素的作用。

除了上述基于整个英国范围的分析预测外，预算责任办公室从2012年3月开始还负责编制苏格兰政府的收入预算。② 因为英国政府计划从2015年4月起将苏格兰地区四种税收收入（所得税、印花税、垃圾填埋税和聚合物征税）下放给当地政府。

三、OBR发挥作用的方式

OBR的创立对向议会提交的预算和秋季报告（Autumn Statements）的准备、提出和对预算发表意见的方式产生了重大的影响。通过在整个程序中引入OBR，财政部长牺牲了以往的机动性，并且将他自己置于较大的不确定性中（指财政预测不在财政部的控制下，财政部长想宣布的每一项税收和支出措施都要接受OBR的审查）。OBR希望能使预算过程更加严格，希望能够增加民众对于发布的数字和分析可信度的信心，无论他们是否赞同这些精确的预测及其成本。

这个过程是这样运作的：

1. 预算责任宪章（The Charter for Budget Responsibility）要求通常情况下财政部长至少要在预算或者秋季报告前十周通知OBR。一旦这个日期确定下来，OBR和财政部门确定一个时间表，双方根据这个时间表交换必要信息。必要信息指的是OBR编制经济和财政预测报告所需要的信息，以及财政部编制其政策措施成本记分卡所需信息。

2. OBR首先要利用上一次预测报告后发布的经济数据和对于经济前景的一些初步判断准备它的"第一轮经济预测"（a first－round economic forecast）。使用这次预测得到的一些决定因子（例如工资、利润、消费支出、失业率和通胀率的前景），OBR为每个英国税务海关总署、劳动和社会保障部及其他部的收入和支出制作预测报告。这些预测报告经过整理后将被用来预测总体支出和收入，以及预测公共部门各种各样的借款和债务措施。

3."第一轮经济和财政预测"（the first－round economic and fiscal forecasts）的结

① "The Treasury publishes its own final estimate of the costing and we say publicly：'yes，we agree'，'no，we don't' or 'we were not given sufficient time or information to reach a judgement'"，Robert Chote，2013－05，Britain's fiscal watchdog，p 06－07.

② Robert Chote，Britain's fiscal watchdog，2013－05. http：//budgetresponsibility. org. uk/.

果连同OBR对于政府在新政策措施没有出台情况下可能达到或者错过其财政目标界限的初步评估一同被呈送财政部长。在2013年3月预算编制过程中，财政部长大致在其议会演讲六周前收到了这份“政策前预测”。

4. 这份经济和财政预测紧接着会经历两轮反复，每一次都会将新的数据以及对于经济和税收收入预测的进一步判断合并进去。OBR之后将呈送财政部长一份最终版经济和财政预测，附送一份对于财政目标的绩效预测。当财政部长知道他需要做什么才能实现或者错过财政目标或其他目标时，才能为他做出最终的政策决定提供坚定的基础。在2013年3月预算编制过程中，财政部长在议会演讲两周前拿到了这份预测报告。

5. 准备预测报告的同时，OBR也开始审查财政部长在议会演讲中将要涉及的税收和福利支出政策。首先财政部向OBR提交一份“记分卡草案”（一份可能采取的措施的初步清单），然后OBR根据每一条措施相比以前措施的负责程度和同质性，与财政部和相关负责部门（通常是税务海关总署和劳动与社会保障部）讨论每一项措施需要进行哪些审查。随后各部门向OBR提交一份成本核算报告（costing note），详细叙述政策细节并测算该项政策在预测报告所涵盖的每一年中能够筹集的收入或者需要的支出。OBR和财政部及相关部门展开讨论、提出建议，这个过程一直反复直到OBR同意为该项预测背书“合理且集中”（reasonable and central），或者财政部和OBR一致不同意该项预测（至今未曾发生）。在讨论税收政策时，讨论的焦点集中在如何根据以往经验或者相关弹性的测算来确认税基，以及判断该政策潜在的影响。

6. 在预测开始之初，OBR和财政部门就一项被提议的政策措施及其截止日期达成一致：首先，要在最终的“措施后经济预测”（the final post - measures economic forecast）中体现它的影响；其次，对它的“记分卡成本”（Scorecard costing）做出判断。在2013年，对经济预测的截止日期是议会演讲前九天。

7. OBR不会审查每一个政府部门的公共服务和管理支出（例如学校和医院）。OBR只是对所有部门超过或者低于财政部为其设立的“部门支出上限”（DELs，Departmental Expenditure Limits）进行审查。在设立“部门支出上限”之前那些年，政府通常宣布一个总体公共支出增长的目标，包括福利、债务利息、本地资金（locally financed）和其他支出，这些被称为“年度管理支出”（AME，Annually Managed Expenditure），这一目标是一个隐含的“部门支出上限”。

8. 在议会演说的前一周，OBR要准备它最终要出版的经济和财政预测，主要是通过修正最终的“政策前预测”（pre-measure forecast）以反映“记分卡包”（Scorecard package）的经济和财政影响。最终的记分卡会和最初的草稿差异很大，随着议会演说临近，政府会删掉一些措施，也会增加一些措施。

9. 即便是始终在记分卡上的措施，一些细节（例如免税额和税率的精确的变化）可能在审查过程期间和之后被完善。随着OBR在议会演说前的周五结束最终的“措施后预测”（post-measure forscast），细小的变化可能会在上文所指的截止日期之前合并到预测报告中去。

10. 在议会演说当天，OBR 会在经济和财政前景（the Economic and fiscal outlook）中公布其最终版的措施后预测报告（the final post-measures forecasts），一并公布的还有政策措施对于本次预测报告和政府为实现其财政目标所履行职责的影响的解释。财政部公布其最终的“记分卡成本”和其他经济、政策文件。财政部长向议会进行演说的时候对 OBR 的预测报告给出总结，以及预测对他的政策制定方面的影响。随后 OBR 召开新闻发布会，为公众详细解读其预测报告，并且回答公众提出的任何问题。

由于有固定的时间表和来自 OBR 的外部审查，现在财政部长很难在文件即将印发的时候为这个一揽子政策做任何增减，而以前有时候就可能发生这样的事情。联合执政党也使得改变政策变得更加困难，因为关键的决策必须由联合执政党双方达成一致。过去财政部长必须在一个特定的截止日期之前告知 OBR 他最终的政治决定，这种传输控制（TSC，TranSmission Control）可能会影响后期决策，但是在极端情况下，财政部长总是可以在不经过 OBR 审查的情况下发布措施，而是让 OBR 在后续的预测中评估这些政策的影响。

为了强调独立性，OBR 努力在预测和成本核算过程中与政府保持透明，所有与财政部长、他的特别顾问以及部长办公室的实质性会谈都会在 OBR 的网站上公布。OBR 会设定好向财政部长提交预测报告草案和财政部相关官员收到最终出版物的时间，以便财政部长提前准备他的议会演说。OBR 会公布收到政策措施通知的截止时间，并且在截止期过后，OBR 会将收到的政策措施清单及其处理的情况在网站上列出。

四、OBR 在预算过程中发挥作用的实例

OBR 在预算过程中的显著作用可以从以下两方面看出。

1. OBR 的预测报告对财政部长形成了有效约束。至今 OBR 已经发布了六次预算和秋季财务说明的预测报告，其中三次财政部长都接受了 OBR 的意见。

第一次是 2011 年秋季，OBR 提示财政部长将要打破“财政授权”原则，因此财政部长将公共支出限制的时间整体向后延迟了一年。另外两次分别是 2012 年 12 月和 2013 年 3 月的“政策前预测”，OBR 提示财政部长将要打破补充目标原则（在 2015 ~ 2016 年降低公共部门债务数额），财政部长也接受了 OBR 的预测。尽管三次他都表示打破预算原则将比短期的紧缩政策对经济发展有利。

2. OBR 的预测极为精准，为预算提供了有效地参考意见。以 2014 年预算指标的误差为例，如表 3 - 1、表 3 - 2 所示。

表 3－1　英国预算责任办公室的财政预测误差——公共部门借款净额

公共部门借款净额（PSNB）

——皇家邮政（12－13）和范围（00－01）除外

	误差（占 GDP 百分比）					
		未来财政年				
	年度内	一	二	三	四	五
2010 年 6 月预算	0.2	－0.6	0.4	1.9		
2010 年 11 月 EFO	－0.5	0.3	1.8			
2011 年 3 月 EFO	－0.4	0.0	1.2			
2011 年 11 月 EFO	－0.5	－0.2				
2012 年 3 月 EFO	－0.4	－0.2				
2012 年 12 月 EFO	0.5					
过去 20 年的平均绝对误差						
春季/夏季	0.2	1.0	2.1	3.1	3.4	3.9
秋季	0.6	1.4	2.0	2.4	3.1	3.5

为了与其他预测的可比性，假设“年内”为 2009－10

关键：

小于平均绝对误差

平均大小误差

大于平均绝对误差

当前数据

	误差（占 GDP 百分比）					
		未来财政年				
	年度内	一	二	三	四	五
2010 年 6 月预算	－0.4	0.0	－0.5	－0.4		
2010 年 11 月 EFO	0.1	－0.3	－0.1			
2011 年 3 月 EFO	0.0	－0.6	－0.1			
2011 年 11 月 EFO	－0.3	0.3				
2012 年 3 月 EFO	0.0	0.5				
2012 年 12 月 EFO	0.0					
过去 20 年的平均绝对误差						
春季/夏季	0.9	1.2	1.6	2.0	2.2	3.9
秋季	0.9	1.1	1.4	1.6	1.7	3.5

为了与其他预测的可比性，假设“年内”为 2009－10

关键：

小于平均绝对误差

平均大小误差

大于平均绝对误差

资料来源：Robert Chote，Britain's fiscal watchdog，2013－05. http：//budgetresponsibility. org. uk/。

表 3-2　　英国预算责任办公室的财政预测误差——总可控费用

总可控费用

——皇家邮政（12-13）和范围（00-01）除外

	误差（占 GDP 百分比）					
	未来财政年					
	年度内	一	二	三	四	五
2010 年 6 月预算	-0.1	-0.6	0.0	1.5		
2010 年 11 月 EFO	-0.4	0.1	1.7			
2011 年 3 月 EFO	-0.4	-0.5	1.1			
2011 年 11 月 EFO	-0.7	0.1				
2012 年 3 月 EFO	-0.3	0.2				
2012 年 12 月 EFO	0.5					
过去 20 年的平均绝对误差						
春季/夏季	0.9	1.3	1.8	2.0	2.3	2.4
秋季	1.1	1.4	1.6	1.9	2.3	2.6

为了与其他预测的可比性，假设“年内”为 2009-10

关键：

小于平均绝对误差

平均大小误差

大于平均绝对误差

资料来源：Robert Chote，Britain's fiscal watchdog，2013-05. http：//budgetresponsibility. org. uk/.

第三节　部门会计长

一、历史

自 1866 年以来，英国把政府机构的常任秘书（相当于副部长）任命为会计长。会计长对组织、管理、部门的人员编制和整个部门的运营负有个人责任。他们的财务管理水平必须很高，将看到有关财政合法性和恰当性的所有事宜，广泛地说是所有审慎考虑和经济管理、效率、效益和物有所值有关的内容提交给部长。会计长按照各部门对议会的职责就政策、措施及其行为等事项回答公共账目委员会的有关问题。

部门会计长是经过漫长的议会争夺钱包控制权的斗争后诞生的。在 19 世纪 80

年代，议会问责政府财政的第一个重大步骤实施，当时的威廉·格莱斯顿财政大臣（任职于1859~1866年），带动了这次改革。1866年出台的《国库和审计部门法》确立了公共资金的“资金控制圈”：下议院批准财政支出，预算由各部门编制，并由审计长审计，审计结果由公共账目委员会（PAC）审议。从19世纪70年代开始，高级官员通常是常任部门秘书，要在公共账目委员会就有关问题进行解释和说明。1920年，公共账目委员会采纳了财政部提出的指定常任秘书为会计长的程序。

二、会计长的目标

会计长的目标是：向议会和广大公众（提供）保证，确保公共资金的使用以诚信为本，以效益为先。财政部关于政府财政的手册《公共资金管理2013》（Managing Public Money）中写到，会计长作为公共部门组织的单一个体，应按照议会要求，负责公共资源的管理。会计长有义务解释通过议会拨给该部门的钱何去何从。①

表3-3　　会计长的职责

职责	作为首席会计长，英国常任秘书对整体的组织、管理，部门的人员编制和整个部门的运营负有个人责任。他们必须确保财务管理水平很高，财政系统促进业务的高效和经济行为，维护财政合法性和恰当性，并在政策建议中充分考虑到财政因素。 他们需要将看到有关财政合法性和恰当性的所有事宜，广泛地说所有审慎、考虑和经济管理、效率、效益和物有所值有关的内容提交给部长。
与部长的关系	如果部长设想的行动方针侵犯［上述］事宜，会计人员必须以书面形式提出异议，并表示通知财政部和审计长不得无故拖延应该被否决的建议是他的职责。 如果部长们继续执行，会计人员必须取得采取行动的书面指示，然后通知财政部和审计长。 当问题涉及会计长经济性、效率性和效果性的更广泛的责任时，应当采取类似的行动。
会计长的个人责任	如果会计长始终遵循上面的步骤，公共账目委员会认为，会计长不承担任何个人责任。
与公共账目委员会的关系	会计长按照各部门对议会的职责就政策、措施及其行为等事项回答公共账目委员会的有关问题。

资料来源：HM Treasury，Managing public money，July 2013. https：//www.gov.uk/government/uploads/system/uploads/attachment_data/file/212123/Managing_Public_Money_AA_v2_－_chapters_annex_web.pdf.

① Josh Harris，Following the pound-accounting officers in central government，http：//www.instituteforgovernment.org.uk/sites/default/files/publications/Following%20the%20pound%20－%20accounting%20officers%20in%20central%20government.pdf，2013.

然而，会计长必须做的不仅仅是解释。尽管名为如此，但他不是单纯扮演会计审计师的角色，他们必须确保资金使用在最需要的地方。因此，他们需要管理这些使用资金的流程，并保证这些公众事业对于纳税人而言物有所值。会计长必须确保所有支出符合四个标准：规律性，适用性，价值性和可行性。当会计长认为，以上4个标准其中的一个或多个条件不能满足，他们必须向州内行政负责人索要明确的书面指令，否则他们要为这些可能不符合议会的公共资金的用途和标准的决定负责。

因此，会计长会不可避免地与议会和财政部就控制公共资金用途发生联系。会计长有影响公共资金用途的权力，这有助于确保政府通过固定问责制直接监督个人工作，使政府更有效率。当出现问题时，这些负责人就不能说自己是无辜的。这形成了很强的激励作用，使他们不得不关注应该如何谨慎、恰当并保值地使用资金。

三、会计长的任命

会计长所需要的技能并不是作为专业会计师所需的技巧。对于他们来说，至关重要的是资历，而非专业知识，所以按照惯例，他们是组织中永远的领袖。对于英国政府部门就意味着会计长必然是常任秘书长。正如1872年财政部门会议记录中对其所做的正式解释：会计长不仅能直接监控具体执行账户和薄记的详细业务，也可以用调节部门收支的方法影响各个方面。

最初构建这个系统时，财政部是希望选出部门会计官员的常任领袖，而不是政治性领袖。这是出于实际考虑：除了严格的行政职责，他们（部长们）任期的短暂性，和他们议会的负担，都不方便他们依照上议院或财政部的意见管理临时性质与拨款账户。部长不仅太正式化，更为重要的是，他们任职太短暂而且太忙碌。然而今天，行政工作人员的政治中立被看做是会计长这个角色的重要的一部分。

从形式上看，财政部任命中央各政府部门的常任领导为“首席会计长”。财政部还任命专门负责各营运基金（如为英国气象局和英国外交及联邦事务部（FCO）服务）的负责人作为首席会计长。反过来，每个首席会计长可以指定更多的会计长，如“一臂之距”机构负责人（ALBs，arm lenth bodies，承担公共服务的政府非部门机构），或参与特定责任的个人，这里需要解释的是“一臂之距”机构是能提供公共服务的非政府部门机构，其运转也或多或少与政府部门保持着关系，比如公共企业、公共卫生机构等。①

直到最近，公共卫生局的首席执行官还曾是公共卫生局常任秘书长的附加会计长，但他现在作为公共卫生局的首席执行官，已经是可以行使自身权力的首席会计

① House of Commons Public Administration Select Committee，Who's accountable? Relationships between Government and arm's-length bodies，10 November 2014，http：//www.publications.parliament.uk/pa/cm201415/cmselect/cmpubadm/110/110.pdf.

长。首席会计长可以以正式信函的形式向其他会计长分派财务权力。

英国政府权力下放使局面变得略微复杂了一些。威尔士政府的常任秘书被指定为整个政府的首席会计长，然后可以委任附加会计长负责开支的特定方面。苏格兰政府的常任秘书为首席会计长，并须根据《公共财政和问责制（苏格兰）法案2000》向苏格兰议会问责，而不是向威斯敏斯特问责。

首席会计长始终对议会负责，责任下放给附加会计长时也是如此。因此，他们需要维持“一臂之距”机构（ALB）的“有意义的监督”。这可能意味着会计长要干预，并在极端情况下，撤销额外指定的会计长。2013 年 7 月出版的《公共资金管理》（Managing Public Money）一书指出，就会计长的规定而言，“一臂之距”机构并非无限制的独立于他们的主办单位，例如，当预算失控或系统有故障的时候。书中表示，“如果一个‘一臂之距’机构显著偏离了轨道，主办单位的会计长可能需要进行干预……这可能包括更换部分或全部‘一臂之距’机构的领导人，甚至可能是其会计长”。

首席会计长一直具有撤销“一臂之距”机构首席执行官的会计长职位的权利，就像 1995 年时任国家文物局常任秘书长对全国遗产纪念基金（Department for National Heritage，非政府部门的公共机构）的会计长所做的一样。托管人对基金主席别无选择，只能终止委任其为会计长。这表明，会计长在执行更广泛的行政职责时是不可或缺的，主办单位对首席执行官的免职是主办单位对首席执行官的一个重要监督机制。

也有一些会计长严格说来是财政部认可而并非任命的，包括英国议会的职员和国家审计署（NAO）的领导，这是为了保持议会和议会监管机构的独立性。表 3－4 至表 3－10 为财政部于 2013 年公布的会计长名单。

表 3－4　　部长级部门会计长的任命

部长级部门	会计主管人	部门名称	会计人员委派	委任日期
内阁办公室	Richard Heaton	常务秘书	首席会计官	2012. 8. 6
商务、创新与技术部	Martin Donnelly	常务秘书	首席会计官	2010. 10，21
社区和地方政府部	Sir Bob Kerslake	常务秘书	首席会计官	2010. 11. 1
文化、传媒与体育部	Sue Owen	常务秘书	首席会计官	2013. 10. 1
教育部	Chris Wormald	常务秘书	首席会计官	2012. 3. 26
能源与应对气候变化部	Stephen Lovegrove	常务秘书	首席会计官	2013. 2. 4
环境，食品和乡村事务部	Bronwyn Hill	常务秘书	首席会计官	2011. 3. 28
健康部	Una O' Brien	常务秘书	首席会计官	2010. 11. 1
国际发展部	Mark Lowcock	常务秘书	首席会计官	2011. 6. 9
运输部	Philip Rutnam	常务秘书	首席会计官	2012. 4. 11

续表

部长级部门	会计主管人	部门名称	会计人员委派	委任日期
就业与养老金部门	Robert Devereux	常务秘书	首席会计官	2011. 1. 1
外交和联邦事务部	Simon Fraser	常务秘书	首席会计官	2010. 8. 27
财政部	Sir Nicholas Macpherson	常务秘书	首席会计官	2005. 8. 2
内政部	Mark Sedwell	常务秘书	首席会计官	2013. 2. 1
国防部	Jon Thompson	常务秘书	首席会计官	2012. 9. 3
司法部	Ursula Brennan	常务秘书	首席会计官	2012. 7. 2
英国出口信贷、出口信用保障部	David Godfrey	行政长官	首席会计官	2013. 9. 9

表 3-5　　非部长级部门会计长的任命

非部长级部门	会计主管人	部门名称	会计人员委派	委任日期
英格兰和威尔士慈善委员会	Sam Younger	行政长官	会计主任	2012. 8. 6
竞争和市场管理局	Keith Bristow	总干事	会计主任	2013. 10. 7
公有财产	Alison Nimmo	第二专员兼行政总裁	会计主任	2012. 1. 1
皇家检察署	Alison Saunders	皇家检察署署长	首席会计官	2013. 11. 1
食品标准局	Catherine Brown	行政长官	会计主任	2012. 10. 16
政府精算部	Trevor Llanwarne	政府精算师	会计主任	2008. 5. 1
女皇陛下税务海关总署	Lin Homer	行政长官及常任秘书长	首席会计官	2012. 1. 23
国家犯罪局	Keith Bristow	总干事	会计主任	2013. 10. 7
国家储蓄和投资署	Jane Platt	行政长官	会计主任	2006. 9. 4
公平交易办公室	Clive Maxwell	行政长官	会计主任	2012. 7. 1
铁路监管办公室	Richard Price	行政长官	会计主任	2005. 9. 19
天然气和电力市场办公室	Andrew Wright	署理行政首长	临时的会计人员	2013. 7. 1
资格考试管理办公室	Glenys Stacey	行政长官	会计主任	2011. 6. 17
教育、儿童服务与技能标准办公室	Sir Michael Wilshaw	女王陛下在英格兰的总督察学校	会计主任	2012. 1. 1
反严重欺诈办公室	David Green QC	署长	会计主任	2012. 4. 21

续表

非部长级部门	会计主管人	部门名称	会计人员委派	委任日期
联合王国最高法院	Jenny Rowe	行政长官	会计主任	2009.10.1
英国统计局	Jil Matheson	行政长官和国家统计学家	会计主任	2008.4.1
英国贸易投资总署	Nick Baird	行政长官	会计主任	2011.9.1
水务监管局	Cathryn Ross	行政长官	会计主任	2013.10.14

表3-6　　其他公共机构会计长的任命

办事处/其他公共机构	会计主管人	部门名称	会计人员委派	委任日期
国家档案馆	Oliver Morley	行政长官	会计主任	2011.2.24
国家安全委员会（内阁办公室）	Sir Kim Darroch	国家安全顾问	会计主任	2012.1.16
财政部代表律师处	Paul Jenkins QC	女王陛下的检察长和财政部律师	会计主任	2006.7.20

表3-7　　各地区会计长的任命

英国地区	会计主管人	部门名称	会计人员委派	委任日期
威尔士议会	Claire Clancy	行政长官	首席会计官	2007.5.3
北爱尔兰政府机关	Julian King	总干事	首席会计官	2012.1.1
苏格兰事务部	Alun Evans	苏格兰事务部的主任	首席会计官	2012.7.9
威尔士事务部	Glynne Jones	威尔士事务部的主任	首席会计官	2012.12.31
威尔士议会政府	Derek Jones	常务秘书	首席会计官	2012.10.8

表3-8　　贸易基金会计长的任命

贸易基金	会计主管人	部门名称	会计人员委派	委任日期
公司注册处	Tim Moss	行政长官	会计主任	2013.3.5
国防科技实验室	Jonathan Lyle	行政长官	会计主任	2012.3.5
国防支持组	Archie Hughes	行政长官	会计主任	2007.7.16
驾驶标准局及车辆和运营商服务机构	Alastair Peoples	行政长官	会计主任	2013.7.1
司机和车辆牌照局	Simon Tse	行政长官	会计主任	2010.6.26
外交联邦部服务处	Chris Moxey	行政长官	会计主任	2008.4.1

续表

贸易基金	会计主管人	部门名称	会计人员委派	委任日期
政府采购服务	Sally Collier	代理总经理	临时的会计人员	2013. 5. 21
知识产权办公室	John Alty	行政长官	会计主任	2013. 2. 18
地政局	Ed Lester	行政长官	会计主任	2012. 5. 13
医药和保健品管理局	Dr Ian Hudson	行政长官	会计主任	2013. 9. 21
气象局	John Hirst	行政长官	会计主任	2007. 9. 10
全国地形测量局	Vanessa Lawrence	行政长官	会计主任	2000. 9. 4
伊丽莎白二世会议中心	Mark Taylor	行政长官	会计主任	2013. 4. 4
英国水文局	Ian Moncrief	行政长官和国家水文工作者	会计主任	2006. 10. 18

表 3－9　　财政部承认的会计人员

财政部承认的会计人员	会计主管人	部门名称	会计人员委派	委任日期
选举委员会	Peter Wardle	行政长官	会计主任	2004. 12. 4
下议院	Robert Rogers	众议院秘书	会计主任	2011. 10. 1
上议院	David Beamish	议会执行秘书	会计主任	2011. 4. 16
独立议会标准局	Andrew McDonald	行政长官	会计主任	2011. 6. 13
英格兰地方政府边界委员会	Alan Cogbill	行政长官	会计主任	2010. 4. 1
国家审计署	Amyas Morse	审计总长	会计主任	2009. 6. 1
议会和医疗服务申诉专员公署	Dame Julie Mellor	专员	会计主任	2012. 1. 3

表 3－10　　财政部其他会计长

财政部其他会计长	会计主管人	部门名称	会计人员委派	委任日期
资产保护局	Bill Dickinson	行政长官	会计主任	2011. 10. 7
或有基金/政府整体账目	Sharon White	公共服务总监	会计主任	2012. 1. 1
国债管理办公室	Robert Stheeman	行政长官	会计主任	2002. 12. 19
外汇平准账户	Dave Ramsden	总干事兼首席经济顾问	会计主任	2007. 6. 27
预算责任办公室	Robert Chote	议长	会计主任	2011. 4. 4
简化税收办公室	Indra Morris	商务与国际税务主管	会计主任	2012. 11. 1

续表

财政部其他会计长	会计主管人	部门名称	会计人员委派	委任日期
英国皇家造币厂营运基金	Jeremy Pocklington	企业与经济增长主管	会计主任	2012. 4. 24
主权授予	Sir Alan Reid KCVO	枢密院钱包的守护者/女王的财政主管	会计主任	2012. 4. 1
英国资产解决署	Richard Banks	行政长官	会计主任	2013. 4. 1
英国金融投资公司	James Leigh-Pemberton	行政长官	会计主任	2013. 10. 28

资料来源：HM Treasury，Managing public money，July 2013，https://www.gov.uk/government/uploads/system/uploads/attachment_data/file/212123/Managing_Public_Money_AA_v2_ - _chapters_annex_web.pdf.

四、会计长的职责

会计长有几个特定职责必须独立执行：签署部门年资源账户，年报告和关于内部控制的声明。他们还必须亲自批准通过表决的预算限制总量并且“评估备忘录”，这为下议院专责委员会关于如何使用议会下拨的资源和资金给出了一个解释。事实上，会计长的唯一的法定职责是将账目准备和提交给审计长，一个负责发钱和审计其使用的议会官员。这些事项属于会计长财务职能，通常由一个机构的财务总管或者他/她的团队负责管理，尽管会计长仍然需要亲自确保它的执行。

除了这些特定的会计职责，会计长有责任向财政部和公共账目委员会保证，确保该部门的活动特别是其政策影响的开支满足标准。他们必须充分评估出与财政部的绿皮书准则不符的政策，以确保他们有能力并可以持续发展，实现纳税人缴纳的钱的增值。

会计长们还必须确保部门的正常运转以及业务的正常运营，遵循以有效的管治、决策及财务管理为重点的《公共资金管理》（Managing Public Money）中的准则。因此，正如确保部门保持稳健的财务状况，并准确核算其交易一样，会计长需要管理机会和风险，这也是他们的责任。

尽管会计长的个人责任仅仅是确保上述事情发生，但在实践中这种责任还意味着确保该组织的政策及流程符合财政部的标准。一名高级官员表示这意味着财政部门要有一个强大的财务单位，从而使其能监督与会计长职责相关的一切行为。正如《公共资金管理》所说，一个会计长的职责很大一部分以“确保会计长财务方面的职能深度渗透到组织机构及其‘一臂之距’机构之中”为主要部分。

会计长也应得到适当的支持。在中央政府部门，这通常意味着由国务卿，以及其他的部长，高级官员和非执行成员来管理一个委员会（board）。

五、会计长在场的公共账目委员会听证会

公共账目委员会听证会每周举行2或3次，每次听证会由审计长、其他相关的国家审计署审计师、财政部门会计长、委员及听证人出席。听证会通常在国家审计署某个需要进一步检查的政策或计划报告公布之后。国家审计署审计师通常提前准备好这些报告，并且其准确性在公共账目委员会听证会之前要经过有关部门和组织认定，这样听证会就可以顺利进行了，并且通常有预先议定证词基础。一个典型的听证会邀请一个常任秘书，作为会计长，以及任何其他有关官员，按照国家审计署报告来共同讨论某个程序或项目的实施。例如，2013年5月20日公共账目委员会收到的国防部常任副秘书长、国防物资首席和国防部副行政长官（军事实力）的有关改变了航母采购规格的证词。听证会展现了公共账目委员会专注于过程和决策质量的特色。公共账目委员会形式上是不检查政策决定的，因为这是部长的任务，但是这在实践中很难做到。事实上，公共账目委员会最近举行了多次私营公司的听证会，用来作为影响政府处理避税政策的一种手段。

第四节 内 阁

内阁在整个英国预算事项中起的作用很小。宽泛或一般的经济管理问题可能会在内阁中讨论，但内阁大臣从来无须进行核心决策。当然在开支谈判中他们会对财政部进行游说或在其他内阁讨论会中为自己的部门谋利。最近一些内阁成员可能被选作内阁小组委员会的成员讨论涉及开支审查的问题。然而掌管政府部门的内阁大臣们有权发起新的政府项目，这使得每个内阁大臣实际上都是一个一人授权委员会，但是任何需要新资金的项目和倡议都必须从财政部得到拨款。

唯一真正能制约财政大臣权力的是英国首相，他既是议会多数党的领导人，也是英国政府首脑。首相有权任命和解雇财政大臣以及所有的内阁和政府成员。通常首相在经济和预算政策中起到显著作用。事实上首相的官方头衔之一是第一财政大臣，这强调了英国政坛中财政部的历史重要性。

首相对经济政策的影响主要取决于政治环境的多样性。迈克尔·波提罗是前财政部秘书长玛格丽特·撒切尔的前任顾问，他说感觉在政治上更强的首相可以要求在经济政策上发挥更大影响力。撒切尔在任职期间有三位大臣辅佐，约翰·梅杰（1990～1997年任英国首相）有两位，而托尼·布莱尔（1997～2007年任英国首相）只有一位。据透露，撒切尔以前常对财政大臣的预算报表中她不满意的部分做出修改。然而布莱尔没有对他的财政大臣行使此权威。他开玩笑说，在当前的劳工党政府下，布莱尔常在年预算报表出炉的前夜到处询问那些顾问，是否布朗会允许他看预算演讲的备份录像。无论这个玩笑真实与否，都反映了财政大臣和首相之间

争夺政治权力的事实，这与美国总统和国会之间相似，且随着时代的发展，政治趋势可能增强也可能削弱两者的影响力。

第五节　公共账目委员会

公共账目委员会（Public Accounts Committee）是下议院中对预算监督最重要的机构之一，他会检查财务账目，审查资金价值最大化，保证政府及其公职人员为他们的管理负责。

一、职能及人员配置

该委员会在1861年设立，是目前存在时间最长的委员会。按长期的惯例，账目委员会由反对党议员担任主席，自2010年以来一直是玛格丽特·霍奇主席。这个主席和其他专责委员会主席都是由她的议会议员的同事选出的，旨在提高委员会主席的权力。而实事上公共账目委员会主席一直享有很高的知名度，一些受访者认为霍奇显著增加了委员会的工作权威和知名度。该委员会成员多来自政府（14个里面的9个，其中包括一个自由民主党）。其中还有财政部经济部长，这象征着会计长的审议工作是议会和财政部的共同努力。

公共账目委员会有少数行政人员：一名全职职员，最近还有一名兼职助理职员。更重要的是，公共账目委员会是国家审计署审计师支持的，他汇编大多数听证会作为基础的资金使用报告。因此公共账目委员会及国家审计署的关系，特别是与其首领——审计长的关系是其成功的关键。正如一位受访者接近的过程中所反映的，在以前政府账目委员会似乎是国家审计署的报告“香肠制造机”的末尾，国家审计署正在向霍奇和其委员会的风格转变。①

公共账目委员会主要检查现行政策下经费的使用，以查实政府各部门的各笔经费是否用于法律规定的用途，并讨论政府各部门使用经费是否经济、有效率、有效果。但是公共账目委员会在进行检查时，并不会考虑到该政策的优点或简洁性，而仅仅是基于经济性、效率性和有效性注重资金价值。总体来讲，其主要工作包括：监督政府各部门明确各笔经费的用途；监督政府各部门在对各个项目启动初期建立监控措施，并在最后比较预期目标与成果；审议审计局的审计报告；就审计报告举行听证会，传唤各部审计官作证；向全院大会提交报告，供其辩论；公布审计报告和听证报告。

---

① 英国议会网站，公共账目委员会，http：//www. parliament. uk/business/committees/committees - a - z/commons - select/public - accounts - committee/role/。

二、听证

公共账目委员会可以就中央政府组织的账目举行听证会。实践中，公共账目委员会的多数听证会集中于国家审计署的资金价值最大化或者绩效性（value for money）审查。国家审计署力图与相关部门会计长（accounting officer）就报告内容达成共识，以便公共账目委员会在审查时有清楚、无异议的证据。

准备举行听证会时，公共账目委员会会邀请相关机构的会计长作为听证会的听证陈述人。会计长可以与相关官员一同参加听证会，也可以在公共账目委员会允许的情况下派其他人代替自己参加。公共账目委员会也可邀请其他非公务员作为听证陈述人，以便对背景进行深入了解。在回答问题时，会计长应对其组织的业务负责，即使该业务被委托给其他机构进行，或发生在他的任期之前。应公共账目委员会或特别委员会的要求，之前就任的主计长也可能参加相关的公共账目委员会听证会。是否采用这种召回要根据不同的情况而定。这种情况下可能发生召回：听证事项发生在最近，且前任会计长在公共账目委员会调查的国家审计署报告发表前有机会对其发表意见。公共账目委员会希望听证陈述人提供清晰、准确、完整的证据。如果证据具有机密性，听证陈述人可以要求私下提供。如果听证陈述人不在听证会上提交证据，可以提供补充说明。如果公共账目委员会不特别延期，该说明应在一周内进行提交，不能拖延。

第六节　审计署

一、历史

国家审计署（NAO）是完全独立于政府之外的外部审计机构，对议会负责并向议会报告工作。英国国家审计署成立于1983年。① 在此之前，英国的国家审计就拥有悠久的历史。1314年，英国国库的审计员最早对英国政府支出进行审计的记录。1559年，伊丽莎白一世时期，正式对政府支出负有法定职责的国库审计官制度建立。1785年根据《更好地检查和审计公共账目的法案》，取消了国库审计官，组建了五人审计委员会。该委员会拥有审查各部门公共账目的最大权限。1834年，颁布了修订审计制度的法案，改设国库审计长。根据这一法案，财政部不事先征得国库审计长的同意，不得从国库支付公款。审计长系终身职务，非经两院决议不得辞退，而且严格限制其不得兼任议员，不介入任何政治纠纷，能以超然地位行使监督职权。

① 英国国家审计署网站，http://www.nao.org.uk/about-us/role-2/what-we-do/history-of-the-nao/。

几个世纪以来，英国议会负责筹资财政收入，授权财政支出，但是议会对公共支出控制和监督很弱。1866 年，由时任财政部长（1859～1966 年）的威廉姆·格雷斯顿发起，议会制定了《国库和审计部法案》。该法案规定，政府的一切收支应由代表议会、独立于政府之外的审计长实施审查。该法案的通过，不仅标志着现代英国国家审计制度的建立，而且宣告了世界上第一个现代立法模式的国家审计制度的诞生。这次具有历史意义的改革，对于英国乃至整个世界国家审计的现代化，做出了开拓性的贡献。1867 年，根据《国库和审计部法案》，成立了国库审计部，统一实施国库监督和经费账目检查。审计检查的结果由一个代表议会的委员会——1861 年由格雷斯顿发起建立的公共资金委员会负责处理。一开始，审计长及其国库审计部要审计每一笔公共支出。

随着政府行为的扩张，这一要求已很不现实。因此，一项新的立法——《1921 年财政部和审计署法案》，允许审计长部分依赖各部门的内部控制体系，并抽取样本进行审计。这项法案同时要求审计长向议会报告资金是否按照议会意向开支。20 世纪 60 年代以来，随着议员和学者们要求公共审计现代化，以反映新时期政府角色变化的呼声日益增多，对公共审计制度进行改革的压力越来越大。特别是有人呼吁要赋予审计长具体职权，使他能够根据自己的判断，就政府各部门资金使用情况向议会单独报告。改革者同时呼吁要采取更积极的措施以确保审计独立于政府之外。1983 年的《国家审计法案》反映了这些变化。最初这一法案只是一个下议院议员的个人提案，后来得到了议会各党派的一致支持。根据这一法案，审计长正式成为下议院议员，并有权根据自己的判断，就政府各部门使用公共资金的真实性、合法性和有效性直接向议会报告。为支持审计长的工作，这一法案还规定建立国家审计署（NAO）来取代国库审计部。为适应形势的发展，英国在苏格兰和威尔士相继设立了审计长和政府审计机构，具体负责当地的政府审计工作。1921 年北爱尔兰建州以后，也设立了一个单独的审计长，具体负责北爱审计署的工作，并向北爱议会报告。进入世纪之交之后，立法需要进一步反映政府结构的变化。2000 年《政府资源会计法案》将政府会计的基础由收付实现制变更为权责发生制，该法案还规定整个公共部门综合账目的编制和审计由审计长进行审计。2007 年公共账目委员会委托在国家审计署检讨企业管治。作为审查的结果，该委员会提出了若干现已纳入《预算责任和国家审计法》的建议。该法确立了审计署作为一个法人，以由四名执行委员及五名非执行成员（包括主席）的董事会为首。董事会负责为国家审计署制订战略方向，审计长保留了其在法定职能和审计判断方面的独立性。审计长也将保留下议院的独立官员地位，任期为十年。①

① 栾桂峰：《感悟英国国家审计》，中国审计署网站，http：//www.audit.gov.cn/n1992130/n1992150/n1992561/2886450.html，2011 年 12 月。

二、职责

国家审计署共有工作人员约900人，其中一半以上是会计人员，其他人大都接受过会计培训。审计署设审计长、副审计长以及六位助理审计长，共有30多个司局。审计署总部设在伦敦，分别在卡迪夫、纽卡斯尔和布莱克蒲设有地方办事机构。英国地方审计机构一般不受国家审计署的领导和指导，各自为政，这也保证了地方审计机构的独立性。英国国家审计署隶属于议会，独立于政府，其工作由众议院下设的“决算审查委员会”负责检查和指导、实际经费由议会拨付并接受议会的审查，但议会并不干涉具体的审计工作，审计保持高度的独立性。根据《国家审计法》的规定，国家审计署有权对政府部门及所属机构和单位，以及接受政府资助的公共组织的财政、财务收支情况和这些部门、机构、组织使用公共资金的经济性、效率性、效果性进行审查。

审计署的主要工作目标：一是向议会提供报告，审计政府部门使用的公共资金支出，是否符合议会规定，是否达到保障和服务的目标；二是促进政府部门和国有机构加强和改善财务管理；三是增加政府行政资源的使用效益；四是提高对政府审计的技术含量与工作质量。英国国家审计署每年审计政府部门及相关单位的财务报表多达650份，审计结果除报告议会外，还向社会公布。审计范围涵盖了所有使用财政资金向社会提供公共服务的部门及机构。另外，审计署还可以接受议会、政府、司法和其他行业监管部门的委托，对非法定单位或组织进行有偿审计，其审计收入按规定比例上缴国库。

国家审计署执行财政审计，这种审计会对中央政府部门和机构的财政报告形成独立的意见。审计署在每次审计中都计划获得充分适当的证据，并就此提出审计意见。在财政报告形成的基础上才能形成意见。审计署会对在权责发生额基础上指定的财政报告给予真实公平的意见。审计长的所有意见也会明确陈述资金的申请是否用于议会的目的以及财政处理是否符合管理他们的官方机构。按照法律规定，无论是从国库统一基金拨付的费用，还是议会每年议定的拨款费用，在政府拨付资金前，要将账户送审计长登记，签署意见，检查政府拨款同议会授予的权力是否一致等。只有经过审签后，银行才支付现金。使用财政资金的有关单位和部门应根据有关规定编制拨款年账，说明拨付资金的使用及其结余情况。拨款年账及所附该年账的资产负债表应在规定的日期一并报送给审计长，审计长对拨款年账及其相关账目进行审查，以判定财政资金的使用人、使用方式、用途是否合法，资金数额是否准确等。同时，审计署会对这些财政资金的经济性、效率性、效果性进行绩效审计，这些审计在政府预算审计中占有相当大的比重。审计长完成检查后，应向决算审查委员会递交审计而且按照《国家审计法》的规定，审计署不能检查被审计单位的政策目标，即不能过问属于国家政策方面的问题。根据法律，审计署不仅负责对政府所有部门和机构进行审计，还负责审计一半以上的非政府公共服务机构，如法律服务机构和区域性发展机构等。此外，对国家性贷款资金的审计也是国家审计署的职责之一。通过和其他审计组织的公开竞争，它还赢得了国际劳工组织等一些国际性的客户。①

英国的政府信息公开透明度高，任何人可从互联网网站查阅政府各部门的政策规划、业务细则、预算决算、财务数据；明文规定地方议会每笔超过 5 000 英镑的开支都要在网上公布，并且由地方议会指定审计公司对公共领域开支进行审计，并定期更换审计单位。政府审计信息的公开程度也极高，英国审计署将历年审计报告予以公告，审计公告的内容不仅包括审计结果信息，还包括审计方法、技术应用、对被审计单位的任务目标跟踪、完成情况评价等，甚至包括审计报告的参考文献、涉及的专业词汇或研究方法等，便于读者了解审计或研究事项的相关背景情况等。

三、审计署与公共账目委员会

为了保证审计质量、提高审计工作权威，英国议会设置了公共账目委员会，其主要职责是审查审计长提交的审计报告。审查程序是：针对审计报告的内容，充分听取政府及其他相关单位的意见，随后由审计长进行解释和答复，最后再由下院的常设委员会——公共账目委员会撰写审查报告（类似于我国的“审计决定”），提交给政府和有关单位，指出政府工作中存在的问题，并针对提高工作绩效等方面提出各种建议。规定政府必须在两个月内，就议会审查报告指出的问题做出整改和书面答复。

议会公共账目委员会是国家审计署的业务主管与监管机构。国家审计署与议会公共账目委员会密切合作，完成对政府部门及其他公共部门的财务审计和绩效审计。1983 年，英国《国家审计法》明确了审计长有权对政府部门和公共机构进行绩效审计，有力地维护了审计人员的独立性。同时，国家审计署要求审计人员在工作中严格遵守审计标准和职业道德准则。二者之间既相互独立又相互协作。根据下议院议事规则，所有经国家审计署审计的公共账目和审计长的报告应一并送交公共账目委员会审查。通常，在讨论过程中，公共账目委员会要求政府主管部门的会计长到场答辩，审计长提供背景资料。但是，依据法律，审计长有权自行决定审计项目、调查课题和内容，不受议会干预。审计长只是在制定工作计划过程中，根据条件许可，考虑公共账目委员会的意见。

议会在例会期间要专门讨论国家审计署的审计报告。在讨论之前，审计长要简要汇报审计报告中反映的问题。在讨论过程中，政府有关部门的官员需对审计报告中反映的问题做出解释。如有必要，公共账目委员会可以对性质严重的问题进行专门调查。公共账目委员会根据报告审查结果，向议会提交审计报告。每年议会要专门安排时间进行讨论。政府将以财政纪要的形式对公共账目委员会的审查结论和建议做出答复，并提出改进措施。国家审计署将在今后的审计工作中，对改进措施的落实情况进行后续审计，并将调查结果向公共账目委员会报告。国家审计署所需的

① 徐冰：《英国国家审计署简介》，载于《审计月刊》2003 年第 11 期。

运转资金由议会拨款，公共账目委员会负责审查审计署的预算情况并上报议会批准。该委员会还负责指定独立的外部审计人员对审计署的账目开展审计，对审计署业务活动的绩效情况进行检查和评估，并指定一名专门财务官员，负责对国家审计署的拨款事项。

四、审计人员

国家审计署约有900名员工。审计署员工的人员专业素质要求很高，申请者首先要符合严格的学术要求才有资格申请进入国家审计署审计员训练计划。审计署的训练计划包括，40个月的审计课程学习并且要求学生在课程结束及之后的一段时间内通过英格兰与威尔士会计学会（ICAEW）所举办的考试，成功取得证书。一旦该训练计划中的学员成功获得该证书，英国审计署就会根据该学员的历次考试成绩与审计署自身职位空缺情况为该学员提供一个终身的职位。该训练计划有两个办公室，根据学员选择参加训练计划的地点给学员分配工作。

值得注意的是，英国审计署在向其未来员工设置极高的入职门槛的同时，也向其准备了极其丰厚的回报。在进入训练计划伊始，学员就能获得不菲的年薪（伦敦办公室学员年薪为27 000英镑，纽卡斯尔办公室学员年薪为22 000英镑），随着课程进度的深入，学员可能获得的年薪也随之增长（伦敦办公室学员年薪可达到35 000英镑，纽卡斯尔办公司学员年薪可达到29 000英镑）。若能通过ICAEW考试获得学会颁发的证书，正式成为学会的一员，工资又会进一步上升（伦敦办公室起薪为48 000英镑，纽卡斯尔办公室起薪为39 000英镑），在这之后，薪水将随该名员工工作表现而调整。同时，英国审计署也为其员工准备了优厚的养老金计划，在旅游，出行，生活，健身一些方面为其员工也提供了优厚的折扣与帮助。

五、审计长

审计署由审计长（The Comptroller and Auditor General，C&AG）负责，终身制。审计长由议会议员提名，经首相和议会公共账目委员会同意，由国王（女王）任命。只有经议会两院共同提议，国王（女王）才能罢免其职务。审计长个人的工资直接从统一基金中拨付。其薪金由国家统一基金支付。审计长是下议院的官员，并独立与行政和司法机构；他与调查机构没有任何关系。来自行政机构外部审计的独立性是英国议会问责的一个关键准则。国家审计署拥有财政独立性。国家审计署的预算由立法机构在审计长推荐的基础上决定。公共账目委员会成立于1983年，其成员是议会成员，由委员会考虑NAO的计划和预算。然后委员会建议下议院接受此预算。问责则是通过议会——公共账目委员会和委员会任命的独立审计员进行。

审计长独立于政府之外，协助议会监督公共资金在实际中的使用情况。审计长向议会提供两类审计：一是对部门和政府延伸机构账目的财政审计（financial audit），包括：保证账目已妥为编制和不存在重大错报；及确认相关交易有适当的议会授权；二是资金价值最大化报告（value for money reports），评估投入于特定公共事业领域的公共资金使用的经济性、效率性和效益性。其中的计划（programme）涵盖一段时间内的多个项目（subjects），同时考虑了 VFM 的风险和议会的利益。

审计长有权检查各种公共机构的账簿，以进行更深入的调查。国家审计署调查任何公共机构时，都应在获取文件和其他监督方面得到该机构的充分配合。在这个过程中，国家审计署应注意获取的敏感文件的机密性，由审计长根据公众利益决定材料是否应该公开。此外，审计长向议会提交其他独立报告。公共账目委员会可以就其中的任何报告和相关事项举行听证会。

审计长没有明确的独立使用预算资源的权力，这种支出由会计办公室的备忘录和政府会计中的一般行政规定管理。审计长在制定他的工作计划上有完全的独立性，工作计划属于与公共账目委员会讨论的结果，这在 1983 年国家审计法中的第一部分有规定。法案规定审计长有权招募和任命审计署员工，且在某些指导方针范围内可以决定他们的工资和服务条件。公共账目委员会受权任命一名审计员去实施财政和现金价值审查。虽然没有明确的要求，但是审计长会就财政审计工作制定一个年总报告，然后提交给议会。

审计长负责控制统一基金和国家贷款基金。统一基金最初建立于 1787 年，当时是作为“使公共收入的细流全部流入且提供每项服务的来源的基金”。要求审计长为财政部的要求授予官方权力，这些要求是关于来源于此和来源于包含政府借贷的国家贷款基金的问题。在授权问题时，为了拥有适当的法定授权且在议会授权的范围内，审计长（实际上 NAO 员工代表他工作）必须确保符合信用的要求。

国家审计署的独立性源于审计官兼审计长的独特地位。所有统领中央政府财政审计的法定权力属于审计长个人；国家审计署没有独立法人地位——国家审计署是审计长的员工，而审计长本身也是国家审计署的一部分。审计官兼审计长由国家元首也就是英国女王在一场演说中任命，这场演说是在与公共账目委员会的主席达成一致后从首相推动的下议院里进行的。只有英国女王能在一场由议会两院参加的演讲中开除审计长的办公室职务。对审计长的任命“没有时限”；官员不能是议会议员、贵族或有任何官方职务。审计长的工资直接由综合基金支付，而不是来源于部门投票。国家审计署的员工不是公务员，且审计长在一定准则范围内决定他们的薪水和服务条件。审计长对于他的工作程序和执行模式拥有最终决定权。审计长提出的各种用保证独立性的服务条件有：任命的特殊程序、免职的特殊程序、终身任期、对资源或预算的控制、在他履行职责时保护或免除他人行动的影响、制定工作计划的独立性。

在审计工作中，审计署会基于审计人员的判断和账目的本质执行各种各样的程序。所有的报告由审计长做出然后提交议会，由公共账目委员会进行考量。1983 年的《国家审计法》中第 3(2) 部分规定了审计长的一些特殊权利，他拥有任命员工的自由裁定权，以辅助他履行职能。

审计长可以在涉及审计的事务上与其他国家的最高审计机关和国际组织进行合作，参与联邦审计长会议、联合国审计座谈和技术小组、全球事务工作小组。审计长不要求审计人员向他报告任何欺诈和挪用行为，但他可能会向议会报告欺诈、严重损失和浪费的案子。审计长有权把他的审计报告公布给公众和媒体。

第七节　各预算组织间的制衡与博弈

一、预算权力的相互制衡

从英国政府预算制度的历史变迁过程来看，英国预算权力从早期由国王控制逐渐转变为议会控制，现阶段又由议会转到内阁控制。预算权力在议会、内阁、审计署等部门之间分配，并相互制衡。

目前，在英国的预算程序中，财政部和内阁发挥着主导作用。其中，财政部是英国中央政府中具体管理预算事务的部门。财政部是中央政府部门中最为重要的部门，在整个预算程序中，财政部负责编制预算草案，指导和监督预算的执行，协调和管理对预算的内部控制。财政部除了负责管理全国税收和支出、公债发行、制定有关公共开支的长期计划外，英国中央政府的其他经济事务和经济政策也都由财政部管理，包括货币政策和金融管理政策也由财政部负责。近些年，随着政府经济管理的复杂化，财政部传统的权力地位受到一定程度的削弱，其他部门的相对独立性在逐渐增强，但财政部在预算管理中仍发挥着重大的作用。

内阁作为最高行政机构，负责制定政府预算的指导方针和目标并对预算草案进行审查。内阁审查的重点在于支出的效益和有效性，审查各部门对所规定各项任务的完成情况，也检查具体的政府部门管理者是如何进行活动和履行职责的，同时，内阁也对预算支出是否超过限额、社会保障资金的运用、地区政策和就业措施的有效进行全面审查。内阁是最高行政机关，同时又是下议院的一个委员会，对政府预算高度负责。内阁对支出和收入的责任不同。下议院可以削减内阁提出的预算支出，拒绝内阁的收入建议，或者要求内阁再提供另一预算选择方案等，但这些行为并不表明对内阁信任的丧失。而如果下议院提议增加支出，则意味着对内阁信任的丧失和将组建新的政府。因此，决定政府支出上限，被认为是内阁最关键的预算责任。

英国只有下议院才具有批准预算议案的权力。一般情况下，先是公共账户委员会和审计长相互配合和支持，对预算草案进行审批前审核。然后，在批准过程中，对每一项拨款都会任命一个会计官员，这个会计官员一般都是常任秘书，对下议院的公共账户委员会负责。在政府预算的执行过程中，议会以社会公众的名义拥有最高权威，政府只负责有效足额地征集和使用钱款，议会借助强制执行的独立审计机构控制财政权，所有的财政资料都须定期呈送议会，并由公共账户委员会在专家指导下进行详细审查。公共账户委员会是议会的一个下设机构，主要收集和出版与财政相关的详细信息资料，为议会控制财政提供服务。

国家审计署（NAO）直接向下议院负责。国家审计署中的审计长由首相提名，在征得议会下议院公共账户委员会主席的同意后，由英国女王任命，从而在一定程度上保证了该机构的独立性。国家审计署既对大部分的政府部门和依靠财政拨款的准政府部门的会计账目进行审计，也要关注各部门使用资源的有效性和经济性。审计署通过公共账户委员会与议会联系，并要定期在下议院公共账户委员会的听证会上报告其审计结果。财政年终结后，由各政府部门负责编制决算报告，然后，由财政部负责汇编成政府决算，经国家审计署审核，将审计报告提交下议院，由下议院表决通过。

二、政府和部门之间的博弈

预算制度的形成的艰难过程，表现为议会与国王及他所领导的政府长期斗争的结果，在制度上的表现就是最终形成了预算制度。预算决策是一个复杂的博弈过程。财政部门和预算部门之间的博弈就是其中重要的部分。财政部作为政府预算部门负责管理经济，而部门管理它们自己的事务。自第二次世界大战以来，这种理论区分日益被双方接受，而且有助于财政部和开支部门的合作精神。然而，两者的关系也构成了一种混合动机的博弈游戏。双方都能无限帮助和伤害对方。他们彼此需要但又想互相避开。他们的矛盾植根于制度差异。一方的成功标准取决于更多的开支，另一方却要在可控范围内将限制开支作为首要任务。合作需要通过共同环境中的全体成员来实现，一方负责执行具体的操作，另一方则授权必要的资金。

开支部门对财政部的看法充满矛盾，他们互相尊敬又互相害怕。部门人员希望总体上受到保护但在个案上享有自由。他们希望财政部足够强大但在意见相左的地方除外，希望财政部质疑别的部门的预算案，但不要质疑自己的。

在历史上，英国一直是财政大臣及其财政部支持维持或降低征税，以制衡那些希望加税而有所获的部长们。财政部长会因增加税收而遭到批评，其他内阁成员则会因开支超过前任而受到表扬。这种角色分割作为现实被接受。

不要指望财政部的行为会得到所有人的肯定。财政部和部门之间真正的和谐共处不可能是本性。但是，他们也不是一开始就不能和谐共处的，二者从根本上的利益是一致的，二者需要相互依赖才能生存。

部门参与者将开支过程称为“不断的讨价还价”（Constant Haggling and Argy Bargy）。讨价还价是不断持续的，财政部也愿意如此。一位财政部高级官员提到：“有个必要的仪式，他会故意注水，让你有余地进行削减。而你则和他砍价，表明你有能力进行削减。”财政部和部门间来回辩论的精确度差额有时候还不如一个小企业的运营数额。尽管有着各种复杂的开支技巧，有经验的还价者知道最重要的不在于问题，而在于讨价还价本身，即争论中数字其实并不重要，实质在于保持纪律和控制的理念。

部门计划中的“虚假”膨胀几乎没有。部门代表知道，如果要维持他们的信誉，他们必须有合理的差额用以协商，而不是不负责任随便填个数字。如果连续 3 年你都要去财政部提交一系列成本计划书，而这 3 年他们都会将你建议书中的成本削减 1/3，他们就会觉得你的差额是不可信的，然而，如果到最后只是被缩减了 2% ~10%，你就不会破坏自己的声誉。部门增加或维持满意度的努力称为战略。

第四章

英国政府预算编制管理

■ 本章导读

预算编制是政府预算管理的初始环节，对后续的预算管理具有重要的影响。英国在第二次世界大战后逐渐确定了现代的预算原则，在之后的相关法律中又进一步明确。这些管理原则和法律规定规范着英国的预算编制。目前，英国预算编制采用了复式预算的编制方法，将预算分为资源预算和资本预算。随着英国老龄化趋势的加剧，英国开始编制中期预算。英国的预算编制总体上要依据宏观经济预测、政策调整和限额等进行。

第一节　政府预算原则

一、“普洛登委员会报告”预算原则

第二次世界大战后，英国在1961年根据“普洛登委员会报告”对公共预算进行了重大改革，确立了以下原则：[①]（1）统一原则。年度预算必须包括全部公共收支，以便考虑国家的资源供给能力和占用水平。（2）重要原则。年度预算支出必须考虑各种支出的相对重要性。（3）多年度原则，公共预算是政府的收支规划，应该是多年度的，但只有预算年度的计划具有法定效力。（4）分类原则。公共预算收支应按功能和经济性质（经常性支出与资本性支出）分类。

二、《财政稳定法典》确定的预算原则

1998年英国修订了《财政法》并通过了《财政稳定法典》，其中明确提出了财政预算管理的基本原则。[②] 这些重要的原则在1998年的综合性支出审查（Comprehensive Spending Review（CSR））和之后的支出审查程序中都有体现。

（一）透明原则

制定和实施财政政策的整个过程都要保证公开透明，并且要及时公开政府财政账户。政府应公布充分的信息，使公众对财政政策的实施和公共财政的状态有详细了解。除以下信息之外，不得隐瞒：

1. 实质性伤害（substantially harm）：有关国家安全、国防或国际关系的；有关调查、起诉或预防犯罪，以及民事诉讼程序的；涉及隐私权的；有关其他党派与政府进行保密通信的；有关政府从事商业活动能力的。

2. 公开可能损害政府政策建议过程和决策过程的完整性的。

（二）稳定原则

财政政策的制定和实施过程要连续、稳定，预算必须考虑对宏观经济稳定运行的影响，要将经济增长率和就业率稳定在较高水平。

① 王德祥：《外国财政制度》，武汉大学出版社2005年版。

② 英国1998年《财政稳定法典》（The Code for Fiscal Stability），section 3－4。

（三）责任原则

在财政预算管理过程中，要体现政府对财政管理和社会负责任的态度。政府在财政政策的制定和实施过程中要采取审慎的态度，在管理公共资产、公共负债和公共风险时，要保证政府财政状况长期的可持续性。

（四）公平原则

预算不仅对当代人的分配产生影响，而且关系到后代的发展和福利。财政政策的安排不仅要保证当前各方利益的公平，还要保证代际公平。

（五）效率原则

财政政策的制定与实施要保证其效率，应从收入和支出两个方面保证能达到预期政策目标。政府应对资源进行有效配置，保证预算的高绩效。在制定税收政策时，政府也应考虑税收的经济效率和遵从成本。

英国政府代表王权（the Crown），议会代表公众，二者之间的关系是公共资源管理的核心。各部部长执行政府政策，提供公共服务，但必须通过议会的授权，取得对资源进行筹集、调拨和使用的权利。在这个过程中，财政部负责尊重和保证政府和议会双方的权利。

三、两项法则

为确保上述原则的实现，英国政府制定了两项法则，即黄金法则和可持续投资法则。黄金法则：在经济周期内，政府借债只是为了进行投资，而非用以担负经常支出。可持续投资是指公共部门净债务占 GDP 的比例将保持在一个稳定、谨慎的水平上。一般情况下，净债务余额占 GDP 比例不得高于40%。政府制定支出上限，包含部门和年度管理支出，以确保这些法则的实现。这两项法则有一些关键性的要点：

- 将经济周期考虑在内
- 适用于英国各公共部门
- 区分经常开支和资本支出
- 强调可持续性
- 体现出一种谨慎的方法

图4－1、图4－2表示的是财政预算前报告中的2007年预测情况。

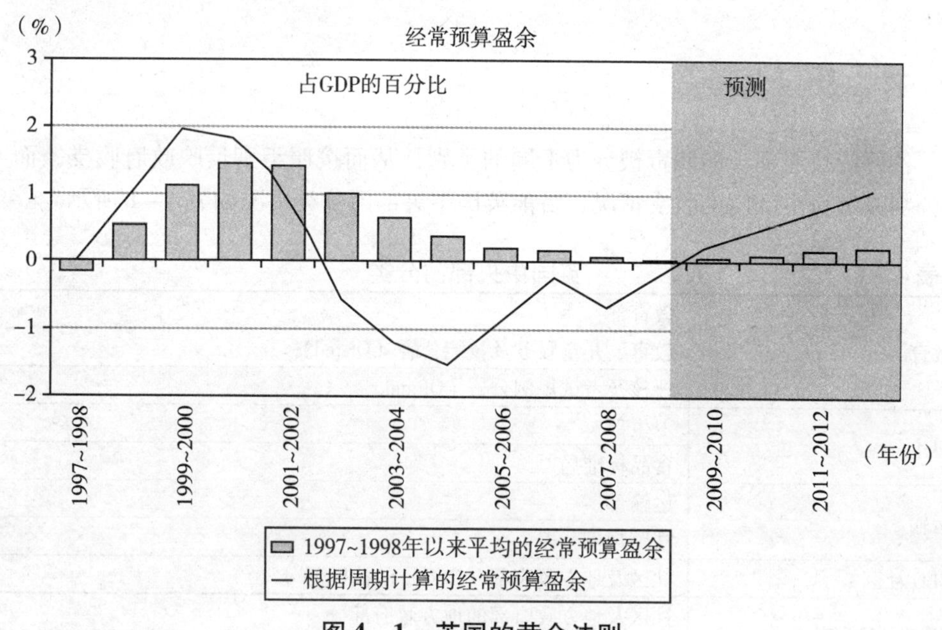

图4-1　英国的黄金法则

资料来源：英国财政部。

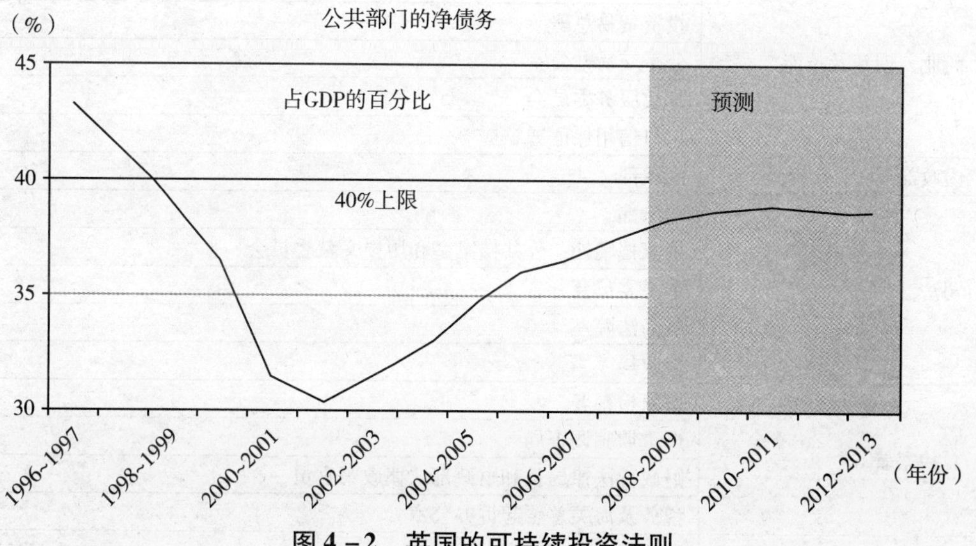

图4-2　英国的可持续投资法则

资料来源：英国统计局及英国财政部。

第二节　政府收支分类

政府收支分类是编制预算的基础，目前英国主要按照部门、功能、经济和地区四种方法进行分类。

一、部门分类

各部门按照部长的职责被分为不同的类别，从而按照类别反映政府收支，而不是分别显示每个部门的收支情况，目前英国中央部门分类情况如表4-1所示。

表4-1　英国中央部门分类

教育	教育部
	教育、儿童服务及技能公署（Ofsted）
	评核及考试规例公署（Ofqual）
卫生	卫生部
	食品标准局
运输	运输部
	铁路规例公署
CLG社区	社区及地方政府部（CLG）的社区部分
CLG地方政府	社区及地方政府部的地方政府部分
	（主要授权给英国地方当局，大伦敦市政府和地方经济发展署）
商业、创新及技能	商业、创新及技能部
	投资贸易总署
	公平交易办公室
	邮政服务委员会
	出口信用保证署
内政部	内政部
司法	司法部
	国家档案处：公共档案室和历史文献委员会
	选举委员会
	最高法院
	地政局
总检察署	皇家检察署
	严重欺骗调查局
	财政部法律局长和财政部法律政策官员
	税务及海关总署起诉办公室
国防	国防部
外交及联邦事务部	外交及联邦事务部
国际开发	国际开发署
能源及气候变化	能源及气候变化部
	天然气和电力市场办公室
环境、食物及乡郊事务	环境、食物及乡郊事务部
	林业委员会
	水务规章管理局
文化、传媒及体育	文化、传媒及体育部
就业及退休金	就业及退休金事务部

续表

苏格兰	苏格兰政府
	苏格兰事务部
威尔士	威尔士议会政府
	威尔士事务部
北爱尔兰	北爱尔兰的部门
	北爱尔兰事务部
财政部	财政部
	国家储蓄和投资银行
	政府精算部
	税收海关总署
	皇家财产局
内阁办公室	内阁办公室
	中央情报局
	慈善委员会
	政府商务办公室
	国家政府学院
	安全和情报机构
独立机构	下议院
	上议院
	国家审计署
	统计委员会
	议会行政监察专员办公室和英格兰卫生保健服务专员办公室
	议会独立标准委员会
	英格兰地方间政府委员会

注：CLG，community and local government，是指社区和当地政府。

资料来源：《公共支出统计分析 2014》，英国财政部官方网站，https：//www.gov.uk/government/collections/public-expenditure-statistical-analyses-pesa。

在上述部门分类的基础上，各部门的支出被进一步划分成两大类：一类为运行经费（Running Costs），另一类为专项支出。如国防部的支出，除了运行经费之外，将其他支出分为 20 个专项支出。

这种分类的基本特点是：第一，为预算管理现代化奠定了基础。预算管理现代化的一个重要趋势是给支出部门更大的灵活性和自主权，提高支出部门合理使用资金的积极性。OECD 国家越来越多地实行“运行经费制度”，即预算中明确列出各部门运行经费的上限（Running Costs limit）。如 1999 年英国贸易与工业部的运行经费上限为 3.60275 亿英镑，教育与就业部的运行经费上限为 10.38942 亿英镑，皇家国库部的运行经费上限为 0.64966 亿英镑，国内收入署的运行经费上限为 18.14073 亿英镑等。各部门的运行经费不能超过这个上限。在这个限额之内，各部门如何使用有一定的自主权，但要经得住审计，不能挪作与机构运行无关的开支。第二，有利于对预算资金实行专项管理。各部门的预算支出，除了运行经费之外，全部支出都按专项在预算中列明。这样做的好处：一是专项资金的使用公开透明；二是资金的使用方向和使用目的清楚明确；三是便于对资金的使用效果进行评价。

二、功能分类

目前英国财政部与联合国政府功能分类基本相一致，除了公共卫生职能（health function）是按照英国财政部自己的子功能分类的。更多关于政府功能分类详见联合国网站以及“怎样使用PESA”一章。[①] 英国财政部功能分类如表4－2所示。

表4－2　英国财政部功能分类

英国财政部功能分类
1. 一般公共服务 公共事务 国际事务
2. 国防
3. 公共秩序和安全
4. 经济事务 企业和经济发展 科学和技术 就业政策 农林渔业 交通
5. 环境保护
6. 住房
7. 健康
8. 娱乐文化和宗教
9. 教育
10. 社会保护

资料来源：《公共支出统计分析2014》，英国财政部官方网站，https：//www.gov.uk/government/collections/public- expenditure-statistical-analyses-pesa。

如果功能分类调整了，那么历史结算数据也会相应调整吗？一般来讲，历史结算数据不可调整，因为重新分类会影响某些长期支出，如国家数据办公室关于国民收入和生产核算账户的决策以及财政部联合有关部门做出的改善支出职能分配的决策。因此通常只有较大程度的分类变化会反映在历史年份上。关于对历史年份是否

① 《公共支出统计分析2014》，英国财政部网站，https：//www.gov.uk/government/collections/public－expenditure－statistical－analyses－pesa。

重新分类由财政部办公室与相关政府部门讨论后决定。应当注意的是，按照历史年份对支出进行功能性分类不如现行年份精确。在某些情况下，由于四舍五入，功能分类可能在10亿的范围内夸大了数据的准确性。

功能分类与部门预算可以统一，在财政部报告中有表格反映不同财政年度按功能划分的政府公共部门服务支出。部门开支可能涉及多个领域，尤其是在权力下放的情况下。地方政府的支出由与特定支出联系最紧密的部门小组进行管理。例如，苏格兰地方政府对学校的支出由苏格兰进行管理，而同样的支出在英格兰由教育部进行管理。

三、经济分类

公共支出对经济的影响取决于其性质。例如一项支出属于经常性支出还是资本性支出，属于转移支付还是商品劳务购买，对经济的影响都有所不同。英国经济分类与国家统计局国民账户所使用的经济分类大体相同，主要包括支出类别、商品和劳务销售收入以及资本性项目。

（一）支出类别

1. 薪酬包括工资和薪金，雇主养老金缴款（employers' social contributions），英国员工及当地聘用的海外员工产生的养老金费用，以及雇员对养老金计划的缴款（and amounts that finance employee contributions to pension schemes）。薪酬还包括借调员工成本回收所产生的收入（income from the recovery of secondee costs），但不包括采购的商品劳务耗费的合同和工作人员费用。

2. 总经常性采购支出包括商品和服务购买支出，其中包括私人融资租赁（PFI）和非PFI经营租赁下的租赁服务，机构人员工资和合同费用，咨询和审计费用。和国民账户的处理方式相同，它还包括单一用途的军事装备。在预算报告中单一用途的军事装备是资本采购的一部分。

（二）商品和劳务销售的收入

1. 对个人和非营利机构的经常性拨款，它不参与资本形成。主要是社会保障金，同时也包括对高等教育机构和其他非营利私人部门的拨款。税收抵免中的“负税”不包括在其中，是部门预算的一部分。

2. 海外经常性拨款主要指对其他国家的援助，例如减少贫困的项目。欧盟事务（EU transactions）也包括在其中，而非部门预算的一部分。

3. 补贴指政府向私人部门和公营公司的经常性花费提供的财政支持，包括欧盟共同农业政策中对农民的补贴，对铁路和巴士运营商的补贴。政府可以通过财政补贴，影响这些行业的产量水平、价格和其他因素。

4. 净公共服务退休金（net public service pensions）是国民账户中养老金的花费，即向退休人员支付的费用减去雇主和雇员缴纳的国民保险税。

5. 学生贷款中等价于拨款的成分（grant equivalent element of student lending）是学生贷款中的隐形补贴，因为学生贷款按通货膨胀率收取利息，而非市场利率。

6. 公共部门债务利息反映的是支付给私人部门的债务利息，因此不包括公共部门之间的利息支付。公共部门债务利息不是部门预算的一部分。

（三）资本性项目

1. 总资本采购包括固定资产（如土地，建筑物，机器设备）的购置和资产存量的增加，反映了折旧总量。

2. 资本资产的销售收入是处置资产的销售价值，如土地，建筑物，机器设备。

四、地区与中央分类

为了提供国家和地区的支出分配信息，财政部要求政府部门和下放行政部门承担年统计工作。① 该统计范围部门支出和下放行政部门支出中只使个别地区受益的部分。各部门和下放行政部门按照财政部的指南将这种支出在国家和地区之间进行分摊。然后财政部进行整理，并结合已知的地方政府支出得出国家与地区的公共支出分析，并发布于部门报告中。苏格兰、威尔士和北爱尔兰的支出数额涵盖范围更广，包含但不仅限于苏格兰、威尔士和北爱尔兰。

国家和区域分析是在服务支出的总框架下进行的，它更广泛地代表了公共部门的总现金和资本支出。对于国家和区域分析，服务支出分为可辨认和不可辨认支出：总服务支出的大约86%是可以辨认的，这些支出是为了个人、企业或特定区域内的社区的利益而发生的。最主要的例子是健康，教育和社会保障支出；大约占总服务支出的剩余14%是不可辨认的支出服务，它被认为是为了代表英国整体而发生的。例子包括大部分国防、海外代表和税收征管支出。由欧盟资助的支出，根据其本身的特性列为可辨认或者不可辨认支出。来自欧盟的支出在总服务支出内部被视为不可辨认支出。因此，区域支出包括由欧盟资助的支出。向欧盟的支付款都归于“英国以外”，因为这些都是将用于欧盟花费的转移支付。

如何识别归属于国家和地区的支出？通常将可辨认支出划定给一个特定国家或地区时，使用“属人原则”，即将支出划定给从支出中受益的地区或者为其而发生支出的地区，而不是简单地按照支出发生的位置（即属地原则）进行划分。当不能按照“属人”原则划分支出时，使用“属地原则”。对于大多数支出，属人和属地原则的结果是相同的。但也有一系列问题限制了提供完整受益方信息的可能：（1）操作困难，例如学校并不仅仅由在其所在地区的居民使用。考虑到较小的地理单元，定义和边界问题日益显著。（2）概念问题，例如农业支持被视为使获得补贴的农民，而不是最终的食品的消费者受益。（3）数据收集问题，部门被鼓励而不是强制要求以“受益方”为基础划定所有的支出的归属。如果支出金额不大（每年少

① 此处下放行政部门为devolved administration，意指承担公共服务职能的类似公共机构的机构。

于2 000万英镑的资本或现金）和/或分配到这个区域的支出相关数据不可用，各部门可能会使用一些统计代理来代替。这可能包括采用直接人口或使用与其他相关支出相同的区域分配比例。这种情况下，在“受益方”的基础上收集当地政府的支出数据并不实际或节约成本，所以，作为替代，地方政府支出被认为使支出发生地受益。

虽然同属于英国地区，苏格兰、威尔士及北爱尔兰的消费支出数字具有可比性，但对比时仍需谨慎，因为在不同的国家公共部门活动范围不同。例如，在苏格兰和北爱尔兰供水是公共部门的职能，但在英格兰和威尔士却属于私营部门。

当地政府支出信息由社区和地方政府部门、教育部门、工作和养老金部门以及下放机构提供。各部门需要将相当多的资源投入到工作中，包括统计人员要参与呈给财政部的汇报的准备过程。当按照地区分析指南（CRA）的指导制作汇报资料时，要求由统计员，财务总监，或部门高级会计师签字，并在尽可能地附上关于数据质量的说明。对于很多部门，在他们的部门报告中，一份来自CRA的摘要会使得他们所提供的数据更有说服力。在他们关于数据质量的附属声明中，一些部门指出，他们汇报中某些部分所使用的方法是暂时性的或不完全符合CRA要求。

以下是三个部门提出的具体意见：

交通运输部：没有一个完善的方法去按照“属人原则”（‘who benefits’basis）来分配所有的支出，特别是对于花费在高速公路和干线公路（由高速公路局负责）和铁路网络的支出来讲。然而，这部分支出构成了交通运输部支出的主要部分。因此，这种支出只能按照“属地原则”（‘in’basis）分配。

文化、媒体和体育部：尽管文化、媒体和体育部多年来已经做出各种尝试来提高他们所汇报的数据质量、就他们的分配方法从非政府部门公共机构获取更多的细节信息，但该部门的方法仍然存在一些缺陷。首先，有几个要求的汇报从来没有提供。其次，它使用的分配方法跟与它共用相似潜在信息的公共机构所使用的分配方法并不一致，特别是对资本支出。一些公共机构按支出发生地区分配支出，而其他机构使用游客调查数据来估计区域分配。不一致之处还在于对来自“英国以外”游客的调查数据的处理。这主要影响娱乐，文化和宗教功能。

工作和养老金部：自2008年以来，工作和养老金部已将所有的行政支出分配给最终受益人的居住地。

表4－3是2006～2011年国家和地区可辨认总服务支出实际数。

表4－3　　2006～2011年国家和地区可辨认总服务支出实际数 单位：百万英镑

	2006～2007年结算数	2007～2008年结算数	2008～2009年结算数	2009～2010年结算数	2010～2011年结算数
东北	22 501	23 149	24 422	25 737	25 355
西北	58 878	60 990	63 412	67 308	66 654
约克郡和亨伯河	40 729	41 713	43 865	46 846	46 198

续表

	2006～2007年结算数	2007～2008年结算数	2008～2009年结算数	2009～2010年结算数	2010～2011年结算数
东米德兰	32 042	33 190	34 961	37 260	37 158
西米德兰	42 826	44 301	46 331	49 255	48 476
东部	39 278	40 525	43 185	46 691	46 776
伦敦	70 922	73 500	76 667	82 827	81 701
东南	57 456	59 418	63 423	66 731	65 700
西南	37 654	39 205	41 658	43 940	43 711
英格兰	402 286	415 990	437 923	466 595	461 727
苏格兰	49 450	51 085	52 057	54 387	54 350
威尔士	27 530	28 132	29 221	30 714	30 832
北爱尔兰	17 565	18 425	19 054	19 871	19 654
英国可辨认支出	496 832	513 632	538 256	571 567	566 564
英国外部	13 753	15 083	12 931	17 149	19 834
总可辨认支出	510 585	528 715	551 187	588 717	586 398
不可辨认支出	78 070	80 937	93 725	88 467	94 959
总可辨认服务支出	588 655	609 652	644 912	677 184	681 357
会计调整	30 298	30 361	28 123	28 423	24 714
总支出管理	618 953	640 013	673 035	705 607	706 071

资料来源：英国财政部：《公共支出统计分析2012》，英国财政部官方网站，https：//www.gov.uk/government/collections/public－expenditure－statistical－analyses－pesa。

第三节　预算编制依据

作为整个预算管理的初始环节，预算编制的重要性不言而喻。那么如何保证预算编制尽量科学和符合实际情况呢？在英国，对宏观经济与财政形势的预测、政策调整和限额等内容构成了编制预算的重要依据。

一、宏观经济与财政形势的预测

目前在英国，对宏观经济与财政形势预测的主要负责机构是预算责任办公室（OBR），可以说，财政部和首相向议会提交的预算是以 OBR 的宏观经济与财政预测为基础的。下面以 2014 年预测为例进行说明。

（一）OBR 预测宏观经济与财政形势的流程

1. 一月财政部要求提供政策前（premeasure）预算的预测给首相做出最终政策提供依据。

2. OBR 在更新的经济数据基础上开始预测，采用在 2013 年 12 月以来所公布的经济数据和对经济的最新预测。

3. 使用这些最新的数据进行预测，比如对国民收入或者支出、通胀、失业等有何影响，然后再测算对财政的影响，这个过程中会与各部门进行细致沟通。

4. OBR 在一月底给首相发出第一次经济和财政预测报告。OBR 继续预测，并决定那些影响整个经济预测的关键性判断（key judgements）。

5. OBR 会从财政部委任相关专家并进行外部咨询来帮助预测。当确定这些关键性判断时，OBR 的职员会对整个经济进行第二轮预测。

6. 在以上基础上进行更深入的财政预测。在与收入和海关总署（HMRC，HM Revenue and Customs）和退休金事务部（DWP，the Department of Work and Pensions）和其他部门沟通后，预测方法可能会变化而且会提出先前所没有的一些关键性判断。在二月底左右会给首相提供第二轮的经济和财政预测。

7. 同时，OBR 开始检测预算中提出的税收成本和支出政策。OBR 要求 HMRC，DWP 和其他部门准备这些政策变化。

8. OBR 提出第三轮的经济和财政预测报告，这个报告采用了最新数据而且将遗忘的财政预测包含在其中。三月初这个报告会提交给首相，首相和财政部官员也会与 OBR 沟通。在正式出版前 24 小时，该报告才能最终确定。①

（二）预测内容

1. 宏观经济形势。毫无疑问，宏观经济形势是编制预算的重要依据。在英国，主要采用的宏观经济指标包括英国经济、GDP 支出结构、通胀、劳动力市场、居民、世界经济等。表 4－4 列示了宏观经济的具体指标以及依据 2012 年和 2013 年数据对 2014～2018 年经济的预测，这些数据对于编制 2014～2018 年预算，尤其是 2014 年预算具有重要的参考作用。2014～2018 年宏观经济指标预测值见表 4－4。

① OBR，Economic and fiscal outlook 2014，http：//cdn. budgetresponsibility. org. uk/37839 – OBR – Cm – 8820 – accessible – web – v2. pdf.

表 4-4　　2014~2018 年宏观经济指标预测值

	产出		预测				
	2012 年	2013 年	2014 年	2015 年	2016 年	2017 年	2018 年
按照市场价格的总产出							
GDP	0.3	1.8	2.7	2.3	2.6	2.6	2.5
GDP 水平（2012 = 100）	100.0	101.8	104.5	107.0	109.7	112.6	115.4
产出差	-2.8	-2.2	-1.4	-1.1	-0.7	-0.3	0.0
GDP 支出结构							
居民消费	1.5	2.3	2.1	1.8	2.5	2.7	2.4
政府消费	1.6	0.9	1.2	-0.5	-1.2	-1.8	-0.9
企业投资	3.9	-1.2	8.0	9.2	8.1	8.7	7.7
政府投资	0.6	-6.4	10.7	1.0	2.2	0.8	-0.5
净贸易	-0.7	0.1	-0.2	0.1	0.0	0.0	-0.1
通胀							
CPI	2.8	2.6	1.9	2.0	2.0	2.0	2.0
劳动力市场							
就业（百万）	29.5	29.9	30.4	30.6	30.9	31.2	31.4
平均收入	2.0	1.5	2.5	3.2	3.6	3.7	3.8
失业（%）	7.9	7.6	6.8	6.5	6.1	5.7	5.4
登记失业（百万）	1.59	1.42	1.20	1.13	1.06	0.98	0.94

资料来源：根据 OBR2014 年宏观经济与财政预测报告整理而成。

2. 财政形势预测。除参考宏观经济形势外，财政部门编制预算还要依据财政形势预测。在上述宏观经济预测中，有一些指标对于财政预测非常关键，如真实 GDP，名义 GDP，工资等，表 4-5 以 2013 年为例列示了影响财政预测的关键性经济指标及其影响程度。

表 4-5　　与财政预测密切相关的经济预测指标

	产出	预测					
	2012~2013 年	2013~2014 年	2014~2015 年	2015~2016 年	2016~2017 年	2017~2018 年	2018~2019 年
GDP							
真实 GDP	0.3	2.3	2.6	2.4	2.6	2.6	2.4
名义 GDP	1.4	4.7	4.6	3.9	4.6	4.5	4.4
名义 GDP（£ 十亿）	1 571	1 644	1 721	1 788	1 871	1 956	2 042

续表

	产出	预测					
	2012～2013年	2013～2014年	2014～2015年	2015～2016年	2016～2017年	2017～2018年	2018～2019年
工资	2.4	3.9	3.5	4.2	4.7	4.6	4.4
消费者支出	4.1	4.5	4.5	4.1	4.8	5.0	4.7
物价和收入							
GDP通缩	1.6	1.8	2.2	1.6	1.9	1.9	2.0
CPI（9月）	2.2	2.7	1.8	2.0	2.0	2.0	2.0
平均收入	1.0	2.6	2.4	3.3	3.7	3.7	3.8
影响财政关键因素							
登记失业（百万）	1.57	1.35	1.18	1.11	1.04	0.97	0.94
就业（百万）	29.6	30.0	30.4	30.7	31.0	31.2	31.4
VAT（%）	10.9	10.3	9.9	9.9	9.9	9.9	9.9
金融部门							
股指	3 066	3 498	3 747	3 897	4 074	4 260	4 449
居民财产价格	2.1	4.9	8.6	7.4	4.3	3.7	3.7
居民财产交易	930	1146	1357	1407	1450	1493	1526
企业财产价格	2.3	11.9	2.1	2.0	3.7	3.0	2.0
企业财产交易	1.5	9.3	3.9	3.1	3.9	4.1	3.0
印花的股票交易	-18.1	10.5	3.9	-2.6	-2.6	-2.6	-2.6
石油和燃气							
石油价格（$每桶）	112.0	108.8	107.5	102.0	99.3	99.3	99.3
石油价格（£每桶）	70.6	69.6	64.7	61.1	59.2	59.0	59.1
燃气价格	59.1	66.9	60.2	63.2	63.2	63.2	63.2
利率							
市场短期利率（%）	0.7	0.5	0.6	1.3	2.0	2.6	3.1
国库券利率（%）	1.6	2.6	2.9	3.3	3.6	3.9	4.0
与欧元交易汇率（/£）	1.23	1.19	1.22	1.22	1.23	1.25	1.26

资料来源：根据OBR 2014年宏观经济与财政预测报告整理而成。

根据上述影响财政的关键经济指标，OBR能够进一步预测出宏观财政形势，表4-6列示了2013年宏观财政指标及其预测值。

表 4 -6　财政形势指标及其预测

除皇家邮政和APF交易	2012 ~ 2013年	2013 ~ 2014年	2014 ~ 2015年	2015 ~ 2016年	2016 ~ 2017年	2017 ~ 2018年	2018 ~ 2019年
公共部门净借入	7.3	6.6	5.5	4.2	2.4	0.8	-0.2
资源预算结余	-5.9	-5.1	-3.9	-2.7	-0.9	0.5	1.5
财政总规模							
公共各部门净借入	5.1	5.8	4.9	3.8	2.2	0.9	-0.1
周期调整净借入	3.1	4.3	3.8	3.0	1.7	0.7	-0.1
资源预算结余	-5.4	-4.4	-3.3	-2.3	-0.7	0.5	1.5
财政调控目标							
周期调整资源预算结余	-3.5	-2.8	-2.2	-1.5	-0.2	0.7	1.5
公共部门净债务	74.2	74.5	77.3	78.7	78.3	76.5	74.2

注：APF（the Asset Purchase Facility）指资产购买基金。
资料来源：根据OBR2014年宏观经济与财政预测报告整理而成。

二、政策调整

政府预算收支并不是简单地由财政和经济形势决定，在很大程度上，预算收支的编制和预测还要考虑到财政政策。这些政策可分为影响预算收入的政策，如所得税和国民保险税的政策调整，影响预算支出的政策，主要是各种福利支出或者改革涉及的支出等。表4-7列示了政策调整对预算收支的影响预测。

表 4 -7　政策调整对预算收支的影响预测

	预测（十亿英镑）					
	2013 ~ 2014年	2014 ~ 2015年	2015 ~ 2016年	2016 ~ 2017年	2017 ~ 2018年	2018 ~ 2019年
收入政策调整	0.0	0.0	-0.6	-1.8	-1.4	-1.7
所得税和国民保险税	0.0	0.3	0.1	-0.4	-0.5	-0.7
企业税	0.0	0.0	-0.3	-0.7	0.1	0.3
酒精税	0.0	-0.3	-0.3	-0.3	-0.3	-0.3
印花税	0.0	0.1	0.1	0.2	0.1	0.1
航空乘客税	0.0	0.0	-0.2	-0.2	-0.2	-0.2
气候变化税	0.0	0.0	-0.1	-0.4	-0.7	-1.0
烟草税	0.0	0.0	0.0	0.1	0.1	0.1

续表

	预测（十亿英镑）					
	2013～2014年	2014～2015年	2015～2016年	2016～2017年	2017～2018年	2018～2019年
其他	0.0	0.0	0.0	0.1	0.0	0.0
支出政策调整	0.0	-0.5	0.1	2.0	2.1	2.1
资源 DEL	0.0	-0.3	-0.3	1.2	1.2	1.2
资源 AME	0.0	0.0	0.4	0.8	0.8	0.9
社会保障福利	0.0	0.0	-0.1	0.0	0.0	0.0
税收优惠	0.0	0.0	0.0	-0.1	-0.1	-0.1
养老金	0.0	0.0	0.7	1.0	1.0	1.0
利息	0.0	0.0	-0.2	-0.1	-0.1	0.0
资本 DEL	0.0	-0.3	-0.1	0.0	0.0	0.0
资本 AME	0.0	0.0	0.0	0.0	0.0	0.0
政策调整的总体影响	0.0	-0.3	-0.5	0.2	0.6	0.4
财政文易	0.0	-0.3	-0.5	-2.6	-2.3	-2.5

注：DEL 是部门支出限额，AME 是年度管理支出。

资料来源：根据 OBR2014 年宏观经济与财政预测报告整理而成。

三、限额

为控制预算总规模，英国制定限额为编制预算提供依据，主要分为部门支出限额和年度管理支出两种。

（一）部门支出限额（DEL）

部门支出上限（Departmental Expenditure Limits）在两年一次的支出审查中确定，以三年为基础。DEL 使部门预算更加稳定，帮助部门在一定期间管理其支出项目。三年期预算促使部门提高其资源使用效率，而不是对支出采取“使用或丢弃”（use it or lose it）的策略。现在部门在中期的预算资源分配已经确定，这些多年期的 DEL 计划就能够严格执行。部门要优先完成竞争性项目，并为其全年的支出筹集资金，这在支出审查中已经确定了。因为资源已经确定限额，中央控制的 DEL 储备（centrally held DEL Reserve）只有在部门不能在 DEL 限额内完成，并发生了不可预见重大的偶然事件时才能使用。按照 DEL 提供的长期计划，部门可以避免不必要的低水平的支出，在一个综合性的支出限额和绩效目标之下进行操作，而不是根据详细具体的审批进行微观管理。

DEL 限额下的某些基金由中央控制，比如资本现代化基金（Capital Modernisation Fund），并根据具体项目分配给部门。这些资金的分配是为了支持重大的创新。医疗项目预算可能长达五年，交通项目预算长达十年，这是因为这些领域需要更长期来制定计划和稳定增长。

在支出审查中，严格的 DEL 计划是按照三年期制定的。为鼓励部门按照中期执行计划避免年底突击，部门可将 DEL 余额执行到下一年。三年期预算以及年底的灵活性使得部门可以在一个可控的时间范围更稳定地安排其管理行为，而不必担心在下一年资源会被收回。部门也不用每年再去财政部门争取资金。中期计划在中央和部门的层面都能得到实现，部门支出限额让部门有更强的动力去控制其成本。年底的灵活性也让部门不会在年底突击花钱，而浪费资金。

DEL 通过支出审查（Spending Review），对每三年或四年的财政支出进行计划和管理。此类支出比较稳定，可以根据情况合理确定其限额。各部门可以将上年开支限额内的结余资金转下一年使用。DEL 是某些收入的净值，主要包括商品和劳务的销售收入、资产出售收入、股息、利息、租金和来自欧盟的收入。它也是某些税收、收费和罚款的净收入，这些是财政部秘书长在具体协议中赋予部门 DEL 的。DEL 中包括以备不时之需的储备金，由财政部管理的部门开支限额储备可作部门应对不可预见情况之用。调用储备金时，个别部门的 DEL 增加，同时储备金减少相同的金额。总 DEL 表示 DEL 经常性支出和资本性支出的总量，而不是一个控制总数。总 DEL 等于资源预算 DEL 加上资本预算 DEL 减去折旧。这里的折旧包括减值（包括学生贷款减值准备），资产捐赠和政府补助储备的使用。

值得指出的是，公营公司——关于公营公司的多数交易在 DEL 中，但是自筹资金公营公司的交易属于 AME（自筹资金公营公司接收的资助和补贴除外，属于 DEL）。

（二）年度管理支出（AME）

年度管理支出是不能按照 DEL 方式管理的中期限额。在预算和前预算报告中都会审查 AME，所以一年会审查两次。税收和福利的紧密结合使得在年预算程序中安排 AME 显得很有必要。部门 AME 的主要财政支出项目计划包括：社会保障福利，个人税收抵免，对学生的贷款净额，英国广播电视公司（BBC）国内服务，公共服务养老金净额，依靠国家彩票融资的支出，给欧盟机构的净支出。这些内容可归为两类：一类是高度不稳定性和根据当时需求决定的大型项目。最主要的就是社保支出，以及相关的住房补贴。其他的还有按照普通农业政策管理的支出、负所得税、抵押利息救济和工人家庭税收贷款。另一类是地方自筹支出，由非国内税收和高额所得税资助的苏格兰议会支出，彩票支出等。具体如下所示：

1. 社会保障福利。包括就业及退休金事务部（DWP）和 DSS（北爱尔兰）支付的社会保障和国民保险福利。它包括了中央政府对地方政府的某些社会保障福利的财政支持，例如住房津贴（Housing Benefit），地方议会税福利（Council Tax Benefit）和租金回扣（Rent Rebates）。还包括 DWP 向英国广播公司电视台（BBC）支付的电视牌照费。

2. 税收抵免。2012 年之前，英国税务海关总署（HMRC）的 AME 中的税收抵免中没有包括负税（negative tax）。2012 年公共支出数据分析报告（PESA）中所有的税收抵免都被包含在部门 AME 中，使部门 AME 每年增加了 50 亿～60 亿英镑。这与税收抵免在资源账户中的形式相同。

3. 学生贷款。资本部门 AME 管理贷款本金的交易，资源部门的 AME 管理应收利息和某些非现金交易。资源 DEL 记录相关部门认可的其资源账户中减值准备的变化。

4. 英国广播电视公司国内服务。英国广播电视公司在国内广播电视的支出由部门 AME 管理。而英国广播电视公司的全球服务由外交和联邦事务部 DEL 进行管理。在 AME 中，英国广播公司的某些交易业务作为自负盈亏的公营公司进行处理。

5. 净公共服务养老金。包括主要的现收现付的公共服务养老金计划的大部分经营成本和净收入。运营成本根据国际会计准则第 19 号（IAS 19）测定。主要的计划为那些 NHS 人员、公务员、教师和军队设立。包括目前雇员的相关债务减去相关收入的估值。折现率不包括在其中，而是作为 AME 非现金项目的一部分。

表 4－8 为 2012～2015 年的 DEL 和 AME 限额，由于英国实行复式预算，因此限额也分别按照资源和资本来制定。表 4－8 列示了 2012～2015 年 DEL 和 AME 限额。

表 4－8　　2012～2015 年 DEL 和 AME 限额

年　份	2012～2013	2013～2014	2014～2015
	计划数	计划数	计划数
资源 DEL（除折旧外）	327 200	330 200	327 000
资源 DEL 中的折旧部分	18 100	18 100	19 200
总资源 DEL	345 300	348 300	346 300
社会保障福利	183 192	183 259	186 305
税收抵免	26 141	26 229	26 656
净公共服务养老金	4 998	865	1 049
国家彩票	1 141	932	932
英国广播公司国内服务	3 868	3 828	3 826
学生贷款	－686	－1 042	－1 657
非现金项目	51 021	41 686	43 428
金融部门干预（Financial sector interventions）	—	—	—
其他部门支出	4 848	6 176	6 663
对欧盟的净支出	7 477	8 670	9 562

续表

年　份	2012～2013	2013～2014	2014～2015
	计划数	计划数	计划数
地方融资支出	27 330	28 742	30 051
中央政府总债务利息	44 788	46 123	53 224
会计调整	-34 760	-20 305	-20 005
总资源 AME	319 357	325 162	340 033
总资本 DEL	43 800	40 900	41 300
国家彩票	712	497	568
英国广播公司国内服务	54	177	145
学生贷款	6 603	8 592	10 440
其他部门支出	2 829	2 834	2 735
地方融资支出	5 268	4 921	4 815
公营公司自身融资资本支出（Public corporations' own - financed capital expenditure）	6 244	5 734	5 339
会计调整	-46 780	-17 187	-18 411
总资本 AME	-25 071	5 568	5 632

资料来源：根据英国2013年预算报告整理而成。

第四节　预算编制格式和流程

预算编制格式关系到预算信息以何种形式呈现。为提高预算信息的全面性、科学性，经过多年的实践和改革，目前英国编制预算格式综合了复式预算、部门预算、中期预算等概念。以2015年预算为例，具体预算编制格式见表4-9。

表4-9　　预算编制格式

部门＼年度	2015～2016	2016～2017	2017～2018
资源预算			
教育			
健康			
交通			
CLG 社区[①]			

续表

部门＼年度	2015～2016	2016～2017	2017～2018
CLG 当地政府			
商业、创新及技术			
内政部			
司法			
法律办公部门			
国防			
外交和联邦事务部			
国际发展			
能源和气候变化			
环境，食品和农村事务部			
文化、媒体和体育			
工作和养老金			
苏格兰			
威尔士			
北爱尔兰			
总理部门			
内阁办公室			
独立机构			
储备金			
特别储备金			
绿色投资银行			
资本预算			
教育			
健康			
交通			
CLG 社区			
CLG 当地政府			
商业、创新及技术			
内政部			
司法			
法律办公部门			

续表

部门 \ 年度	2015～2016	2016～2017	2017～2018
国防			
外交和联邦事务部			
国际发展			
能源和气候变化			
环境，食品和农村事务部			
文化、媒体和体育			
工作和养老金			
苏格兰			
威尔士			
北爱尔兰			
总理部门			
内阁办公室			
独立机构			
储备金			
特别储备金			
绿色投资银行			
部门总预算			

注：CLG，community and local government，是指社区和当地政府。

资料来源：根据2014年预算报告整理而成，https：//www.gov.uk/government/topical－events/budget－2014。

一、复式预算

19世纪末20世纪初开始，世界主要资本主义国家包括英国接连发生经济危机，仅在20世纪前30年，资本主义国家就发生了五次经济危机。其中1929～1933年的大危机是资本主义发展史上最深刻、最持久的一次经济危机。从美国开始，迅速席卷了整个资本主义世界。在这次危机中，资本主义经济受到了严重打击，面对失业、通货膨胀和周期性的经济危机，西方资本主义国家普遍认为，原来自由竞争、政府不干预经济的政策已经不适用了，需要加强政府对经济生活的干预和调控作用，扩大政府在国民经济中的活动范围。在新的经济政策的指导下，政府财政收支的规模有很大增长，收支内容发生较大变化，用于生产性项目投资支出不断增加，国有经济的比重日益上升。在这种背景之下，传统的单式预算已不能反映政府日益丰富的全部财政收支活动，不利于国家宏观经济分析，不能作为政府干预经济的有效工具，于是复式预算应运而生。1927 年，丹麦首先将国家预算分成经常预算和资本（投资）预算。

英国的复式预算制度是 1996 年建立的，当时英国预算管理体制开始重大改革，探索以管理企业的方式来管理政府部门，从而提高政府部门的运行效率，优化公共资源配置。因此，政府公共支出区分经常性支出和资本性支出，相应地，财政分别建立资源预算和资本预算。资源预算的收入是税收，支出主要是公共服务。资本预算的收入是资源预算结余和公共债务，支出主要是投资性开支。目前英国的复式预算包括资源预算和资本预算两部分。①

（一）资源预算（resource budget）

2003~2004 年，英国政府完成了它的阶段性举措，将资源作为其财政报告和财政控制的基础。因此，目前英国预算以资源为基础进行编制和监控，供给估算（Supply Estimates）中不仅包括现金支出需求，而且包括对资源的需求。

资源预算控制部门的经常性支出，基本上遵循资源账户的内容。资源账户按照政府财务报告手册（Government Financial Reporting Manual）进行编制，政府财务报告手册遵循国际财务报告准则（IFRS）。

资源预算以权责发生制为核算基础进行编报。资源预算不包括当年没有消费的商品服务的预付款，但包括当年消费了但是在将来支付或已经提前支付了的资源。资源预算包括库存资源的消费，但不包括增加库存所花费的资金。资源预算包括非现金费用，例如供给的变动和坏账费用（movements in provisions andcharges for bad debts）。资源预算记录了以低利率向学生发放贷款所产生的费用和相应的坏账准备。部门每年提供公共服务产生的资源花费也以资本耗费（折旧）的形式体现在资源预算中。

资源预算（部门支出限额）包括中央各部门的管理费用，如工资，雇主养老金缴款，向现收现付的公共服务养老计划支付的养老金费用（employer pension contributions or superannuation chargespaid to unfunded public service pensions schemes）。部门其他服务的购买大多也包括在其中。资源预算还包括支付给私人部门的补助和补贴。

以下特别事项的划分值得注意：（1）国际发展部（DFID）和英国外交及联邦事务部（FCO）的资源预算包括欧盟海外援助和欧盟共同外交与安全政策（Common Foreign and Security Policy，简称 CFSP）中英国承担的支出份额。（2）公营公司的预算在外部融资的基础上进行编制（Public Corporations are budgeted for on an external finance basis）。资源预算包括发放给公营公司的补贴以及从公营公司获取的股息和利息。资本性拨款（capital grants），发放给公营公司的贷款，以及私人部门从公营公司借贷的资金则包括在资本预算中。（3）中央政府对地方政府的支持：资源预算

① HM Treasury，Guidance How to understand public sector spending，https：//www. gov. uk/government/publications/how - to - understand - public - sector - spending/how - to - understand - public - sector - spending,2013.

包括对地方政府的经常性拨款（current grants）。

（二）资本预算

资本预算分为部门支出限额（DEL）和部门年度管理支出（AME）。政府分配给部门的预算支出就是部门支出限额，其数额在支出审查（Spending review）时就已经由政府分配给了各部门。通过部门支出限额政府就能决定和控制每个部门的资源。年度管理支出是用于根据需求决定的一些项目比如福利、税收优惠和公共部门养老金等。这些项目通常不容易预测或者不容易由部门来控制。

1. 资本预算的内容。

（1）资本的形成，资本形成是指固定资产（如建筑物，车辆和机器设备）和净存量建筑的支出与净销售收入，通过总折旧或净折旧来衡量。固定资产指一年以上的，能够被重复使用以生产商品和服务的资产。有时也将资产的价值（比如 1 000 英镑以上）作为判定固定资产的标准。

（2）资产购置（包括融资租赁），例如土地、建筑物、机器和车辆的购置。在资本预算和国民账户中，购置资产按照净销售价格记录，其中销售价格指账面价值和资产处置损益之和。

（3）单一用途的军事装备在资源账户中属于资本，而在国民账户中属于经常性支出。

（4）由于政策目的产生的净贷款。

（5）偿还债务本金之后的净财产（net means）；内部开发的资产，例如计算机软件和数据库。在特定条件满足的情况下，这些资产可以在政府账目中被资本化。这有时被称为“自营性资本形成（own account capital formation）”。

（6）超过 12 个月的大额（多于 2 000 万英镑）预付账款及应收账款。在资本预算中，这与净贷款一样，按照增量减去减量的方式进行记录。

（7）资本性拨款，资本性拨款（也称为投资拨款）是政府对资本形成（例如建造学校、工厂，购买机器设备）拨付的资金。资本性拨款在国民账户中也被用于销账和其他积累财富的转移。在销账时，分为两笔业务并分别记录，即政府对债务人资本性拨款，债务人对债务的偿还。资本性拨款在资源账户和国家支出预算（Estimates）中属于资源支出。

2. 资本性支出的理解。

（1）在国民账户中，资本性支出一般指资本形成，土地的净获得，资本性拨款的支出。某些重要的计算机软件开发也被视为资本性支出。在资本形成过程中产生的公务员的工资也被视为资本支出而非工资。公共部门的净投资（net investment）是上述定义的资本性支出（也被称为总投资）减去折旧。

（2）在资源账户中，资本性支出还包括取得的贷款。换而言之，资源账户中包括由于政策性原因获得的金融资产净额，但不包括管理政府资金取得的金融资产。这种政策性贷款属于资本预算中 DEL 的内容，但在会计调整中被删除，不属于 TME。

（3）一些中央政府资本性支出包括分配给英格兰和威尔士地方当局的资本支出

（Supported Capital Expenditure（Revenue），即借款），苏格兰有这种支持借款，北爱尔兰则没有。

3. 特别的事项。

（1）长期的、无平民使用的防御战斗装备（单一用途的军事装备，Single Use Military Equipment，SUME）在预算和部门资源账户中也被视为资本支出，但在国民账户中为经常性支出。例如在国民账户中，单一用途的军事装备属于经常性资产，但是军民两用的军事装备则计入资本。在资源账户中，仅限军用以及军民两用的军事装备都属于资本。

（2）在资源账户中，出售资产所取得的收入被划分为账面价值（book value）和资产处理损益（profit/loss on disposal）。其中，与账面价值相关的收益计入资本预算，资产处理损益计入资源预算。

（3）在中央政府对地方政府的财政支持中，经常性拨款属于资源预算，资本性拨款（在英格兰和威尔士也叫做支持资本支出 Supported Capital Expenditure）属于资本预算。资本预算还包括在地方政府借款中中央政府同意为其支付的相关借款费用，这种借贷支持在英格兰和威尔士被称为资本支出（Supported Capital Expenditure（Revenue）），在苏格兰被称为支持借款（supported borrowing）。

表 4－10　　资源预算和资本预算的主要内容

	资源预算	资本预算
部门的交易	薪金，经常性购买，对个人的拨款，补贴	新固定资产支出
	部门资产的折旧和减值	固定资产账面价值销售收入减少
	供给的占用，供给价值和供给使用的变动（Take-up of provisions, movement in value of provisions and utilisation of provisions）	对私人部门的净贷款
	坏账	对私人部门的投资拨款
	出售固定资产损失	
	商品和服务销售收入的减少	
	供给的释放（release of provisions）的减少	
	出售固定资产利润的减少	
非政府部门公共机构的交易	同部门	同部门
地方政府	对地方政府的经常性拨款	对地方政府的资本性拨款信贷支持（Credit approvals）

续表

	资源预算	资本预算
外部融资基础上的公营公司（Public corporations on an external finance basis）	对公营公司的补贴	对公营公司的投资拨款
	来自公营公司的利息和股息的减少	对公营公司的净贷款（including equity withdrawals from public corporations）
		公营公司市场借款和海外借款

资料来源：英国财政部，Consolidated budgeting guidance 2014to2015，https：//www.gov.uk/government/publications/consolidated－budgeting－guidance－2014－to－2015/。

二、部门预算

（一）部门具有较大的预算分配权

英国政府建立了一系列财政管理机制，包括公开招标、院校地方化管理、社区服务等。越来越多的经营决策权和预算权由财政部门移交到具体业务部门，权力下放首先始自于中央政府，如财政部将权利下放到行业主管部，然后再依次下放到各基层实施单位。与中央政府相比，地方政府预算灵活性更大，经议会同意，政府部门可以根据需要调整预算。如某业务部门采取了新的激励机制，其业务收入有所增加，其预算也可以相应增加；又如地方政府部门也可以与为其提供服务的中央有关部门，通过签订服务协议的形式协商其应支付的服务费；再如地方政府部门也可以根据实际情况选择收费较低又便捷的中央政府部门以外的私营企业为其提供服务。预算权下放的优点之一是业务部门对其预算管理更具责任感，但是随着越来越多的权下放，风险与优势并存，这主要取决于部门财务人员是否受过良好的财务培训，能否胜任财务管理工作。因此，为确保良性财务管理，地方财政部门的责任将会更大，包括指导部门的预算编制，预算监控以及对部门财务人员的培训等。为了确保地方政府部门高效运转，地方政府议员负责确定权力下放的程度和范围，业务部门领导和财务管理人员并非能决定一切，不同级别的管理层有不同的决策权，他们只能在其允许的资金管理权限内做出相应的财务决策。

在英国，各个部门负责在财政部制定的限额内决定其项目优先性，这种做法在其他英联邦国家也很普遍。在预算形成过程中，部门具有相当广泛的分配预算资源的权力，如给较高优先级的项目提供资金，减少或完全取消低等级优先性的项目。这种做法使部门必须遵循支出总量控制，有利于限制部门的运转成本如工资总额。近年来，财政部已经限制了部门的行政和工资支出水平，以在政府单位中引入“成本节约”活动，提高公共部门效率。

既然部门在议会和财政的监督下，在组织和管理其财政资源方面具有很大的支配权力，那么如何保证每一个部门的预算编制和管理很有效率呢？这主要依靠部门会计长制度。除负责预算编制工作外，部门会计长还负责制定审计标准和程序，以及组织各部门内的审计监督工作。各部门会计长对议会的审计委员会负责，会计长的主要任务是调查、审计部门的资产和公共支出的执行状况与效率。相应地，英国财政部内设财政账户长，负责财政账户和会计事务，包括任命各部门的会计长。会计长既对各部部长负责，又对议会负责，他有义务回答议会提出的有关部门支出的各种询问。

（二）部门预算支出的控制

在英国，对各部门经费控制主要通过制定预算支出的标准，以支出上限标准、效率标准、减少标准来限制各部门经费的增长。其中支出上限标准是财政部每年给各部门确定的支出最高限额，是各部门必须严格遵守的硬指标，部门在执行中一般都不能突破这个标准，只有在特殊情况下，才能在1.5%的预备费中开支。效率标准是财政部对各部门每年支出增长部分的使用效率提出具体的要求。因为随着经济的发展，公共行政开支每年或多或少都会增长，在此情况下，财政部要求各部门需要提出增加开支的具体理由，并作详细测算，而且对各部门的工作提出具体的要求，若经过考核没有实现这一要求，该预算部门今后继续增加开支的要求则受到影响。减少标准是对部门某一年度增加开支的因素，极有可能成为下一年度减少支出的程度，并可以通过具体测算加以量化，这个量化指标一经确定，将从该部门下一年度开支中扣除。

（三）部门与财政的沟通

英国实行部门预算，但是它的预算政策决议报告都不是从部门的角度分析，而是集中在预算对经济、社会、环境等方面的影响上。当中期财政政策目标确定之后，根据新的总额控制办法，以支出增长速度必须低于国内生产总值的增长速度为基本准则，就可进行年度预算决策。

部门在编制支出预算之前，先由财政部进行公共支出调查，然后提出公共支出调查报告，为次年2月提出今后3年政府支出安排概算确定原则。根据财政部提出的概算原则，各部门在上年度4月提交本部门估算，6月内阁确定控制总额上限，此后在内阁委员会确定支出分配框架下，由财政部秘书长与各部长进行双边多次协商，最后由内阁确定政府部门的支出总额。各部门支出一经确定须在12月向财政部提交有关下一个财政年度需要的议会授权的支出细节。第二年1月和2月由财政部对部门提出的支出进行详细审查，于3月完成编制工作，提出年度预算，向议会报告。议会下议院的审议讨论延续到新预算年度以后，一般在7月底必须完成税收（财政法令）和支出（拨款法令）的立法程序。

在财政部公布的《公共支出统计分析2012》中，比较了按照部门分类的支出变化的原因。2011~2014年部门预算变化，有以下几种类型：政府机构变化；由于重新分类或部门间财政职责的转换导致的改变，如公共支出衡量方法的变化；反映政策决策的改变或由于结算或预测的更新而产生的改变。这也考虑到了在新的预算汇率系统下从2011~2012年到2012~2013年任何部门结转的支出。

2011 年开始部门预算政策改变主要包括：在 2011 年秋季声明和 2012 年财政预算案宣布的措施；储备金声明；在新财政预算案下，从 2011 ~ 2012 年到 2012 ~ 2013 年预计资源和部门资本支出限额的支出不足结转（在财政部的认可的前提下）。2012 ~ 2013 年到 2014 ~ 2015 年的政策改变包括：

1. 在 2012 ~ 2013 年，主要的 DEL 储备金声明有：国防部关于军事活动费用的净增加值：29 亿英镑部门资源支出限额（其中有 24 亿英镑不计折旧的部门资源支出限额）和 8 亿英镑的部门资本支出限额；外交和联邦事务部（Foreign and Commonwealth Office）关于维和活动的经费：4 亿英镑的部门资源支出限额。

2. 影响 2012 ~ 2013 年到 2014 ~ 2015 年 DEL 预算案的主要政策决策有：

（1）在 2011 年秋季声明里宣告的公共部门限薪计划，这使得在部门资源支出限额分别在 2013 ~ 2014 年和 2014 ~ 2015 年减少了 7 亿英镑、13 亿英镑。

（2）在 2012 的预算案中宣布的对于在阿富汗的军事活动费用净增加值的缩减，这使得特别储备金分别在 2013 ~ 2014 年和 2014 ~ 2015 年减少了 8 亿英镑和 15 亿英镑。

（3）为达到占国民总收入 0.7% 的目标，英国国际发展署（UK department for international development）分别在 2012 ~ 2013 年、2013 ~ 2014 年和 2014 ~ 2015 年对部门资源支出限额进行 4 亿、3 亿和 5 亿英镑的调整。

（4）工作和养老金部（department for work and pensions）就《年轻合约》方面的部门资源支出限额分别增加了 3 亿、2 亿和 2 亿英镑。

（5）为了为早期育儿计划的拓展筹措资金，教育部分别在 2012 ~ 2013 年、2013 ~ 2014 年和 2014 ~ 2015 年增加了 1 亿、2 亿和 3 亿英镑的部门资源支出限额；而为了为额外学校用地和免费学校筹措资金，教育部分别在 2012 ~ 2013 年、2013 ~ 2014 年和 2014 ~ 2015 年增加了 3 亿、5 亿和 4 亿英镑的部门资本支出限额。

（6）由于为铁路、公路及当地交通投资筹措资金，交通部的部门资本支出限额分别在 2012 ~ 2013 年、2013 ~ 2014 年和 2014 ~ 2015 年增加了 1 亿、4 亿和 7 亿英镑。

（7）在 Get Britain Building 和区域增长基金方面，大伦敦市议会的部门资本支出限额在 2012 ~ 2013 年、2013 ~ 2014 年和 2014 ~ 2015 年分别增加 3 亿、4 亿和 3 亿英镑；在区域增长基金和科学基金方面，国际清算银行的部门资本支出限额在 2012 ~ 2013 年、2013 ~ 2014 年和 2014 ~ 2015 年分别增加 3 亿、2 亿和 3 亿英镑；在 2012 ~ 2013 年，绿色投资银行 8 亿英镑的部门资本支出限额被计入国际清算银行的资本预算，而在过去，这是作为一个单独的方面而记录的。

部门具体变化及预算数额见表 4 - 11、表 4 - 12，分为资源支出和资本支出。

表4-11　2012~2013年和2013~2014年部门资源支出限额　　单位：百万英镑

部门资源支出限额

	2012~2013年					2013~2014年			
	国防部调整计划	部门职能转换和分类变化	预算汇率	其他变化	新计划	国防部调整计划	部门职能转换和分类变化	其他变化	新计划
教育	52 555	-41	4	128	52 645	53 085	-37	232	53 279
健康	105 275	59	251	0	105 584	108 257	1	0	108 258
交通	6 010	-1	—	81	6 091	5 903	-181	76	5 798
CLG社区	1 750	-17	20	45	1 798	1 619	255	112	1 986
CLG当地政府	23 974	0	45	0	24 019	24 199	—	-260	23 939
商业、创新及技术	18 241	57	42	67	18 406	17 837	-8	99	17 929
内政部	8 829	-11	92	-14	8 896	8 365	-12	-68	8 285
司法	8 354	-39	0	2	8 318	8 011	26	-43	7 991
法律办公部门	635	—	3	0	638	606	—	-4	602
国防	33 863	4	—	2 892	36 759	33 859	-27	-98	33 734
外交和联邦事务部	1 573	188	—	374	2 136	1 547	30	-3	1 574
国际发展	7 216	-221	—	-377	6 618	9 415	—	-264	9 151
能源和气候变化	1 406	-4	7	37	1 445	1 350	-1	42	1 390
环境，食品和农村事务部	2 252	-23	16	-10	2 234	2 103	-19	-22	2 062
文化、媒体和体育	2 637	-3	5	-1	2 638	1 521	-14	-8	1 499
工作和养老金	7 612	14	78	343	8 047	7 562	4	232	7 797
苏格兰	25 839	18	—	44	25 901	26 045	18	11	26 074
威尔士	13 840	-1	0	12	13 851	13 992	-1	2	13 993
北爱尔兰	9 893	27	1	25	9 945	9 955	28	9	9 992
总理部门	4 057	-27	46	-1	4 075	4 013	-30	-25	3 958
内阁办公室	2 489	69	25	-2	2 580	2 444	24	2	2 471
独立机构	808	—	7	-5	810	791	—	7	798

续表

部门资源支出限额								
	2012~2013年					2013~2014年			
	国防部调整计划	部门职能转换和分类变化	预算汇率	其他变化	新计划	国防部调整计划	部门职能转换和分类变化	其他变化	新计划
储备金	2 500	—	—	-600	1 900	2 600	—	-300	2 300
特别储备金	3 100	—	—	-2 500	600	3 000	—	-500	2 500
绿色投资银行	—	—	—	—	—	1 000	—	—	1 000
预算汇率调整	—	—	-640	—	—	—	—	—	—
总部门支出限额	344 700	46	0	540	345 300	349 100	54	-770	348 300

资料来源：英国财政部，《公共支出统计分析2012》，英国财政部官方网站。

表4-12　部门资本支出限额　　单位：百万英镑

	2012~2013年					2013~2014年			
	国防部调整计划	部门职能转换和分类变化	预算汇率	其他变化	新计划	国防部调整计划	部门职能转换和分类变化	其他变化	新计划
教育	4 213	60	—	291	4 564	3 266	-60	475	3 681
健康	4 429	—	66	0	4 496	4 437	—	0	4 437
交通	8 083	-125	—	74	8 032	7 481	—	431	7 912
当地政府社区	2 279	170	69	477	2 995	1 803	-14	424	2 213
商业、创新及技术	995	71	0	1 036	2 101	773	16	237	1 026
内政部	501	—	—	—	501	366	—	—	366
司法	312	—	—	3	315	280	—	0	280
法律办公部门	6	—	—	0	6	6	—	-1	6
国防	9 131	-30	—	816	9 917	9 179	—	100	9 279
外交和联邦事务部	102	—	—	—	102	102	—	—	102
国际发展	1 635	—	—	—	1 635	1 924	—	—	1 924

续表

	2012～2013 年					2013～2014 年			
	国防部调整计划	部门职能转换和分类变化	预算汇率	其他变化	新计划	国防部调整计划	部门职能转换和分类变化	其他变化	新计划
能源和气候变化	2 013	2	6	-69	1 952	2 208	-1	170	2 377
环境，食品和农村事务部	382	-5	5	-1	381	380	-1	-1	379
文化、媒体和体育	565	-161	64	71	538	175	60	170	405
工作和养老金	324	—	5	0	329	385	—	—	385
威尔士	2 475	—	—	78	2 553	2 237	—	125	2 362
北爱尔兰	1 189	—	—	44	1 233	1 065	—	84	1 149
总理部门	859	2	—	27	888	781	3	54	838
内阁办公室	170	—	6	0	176	137	—	0	137
独立机构	379	19	7	0	405	387	—	0	387
储备金	68	—	0	-3	65	69	—	-6	63
特别储备金	1 000	—	—	-100	900	1 000	—	-300	700
绿色投资银行	800	—	—	-800	—	800	—	-300	500
预算汇率调整	775	—	—	-775	—	—	—	—	—
总部门支出限额	42 685	3	228	1 169	-44 084	-39 241	-3	1 662	40 908

资料来源：英国财政部，《公共支出统计分析 2012》，英国财政部官方网站。

三、中期预算

（一）概述

在 1997 年执政后不久，为了增加英国财政政策的透明性、稳定性、可计量性和提高工作效率，工党政府推出了《财政稳健法》。该法规的中心内容是要求政府详细、具体地提出自己的目标，并且每年两次报告执行情况。为方便决策者制定长期稳定的目标，中期预算框架被提到议事日程。目前英国的支出计划按照三年期制定，预算年从每年 4 月 1 日开始到次年的 3 月 31 日止，但三年期预算并不是一个独立的文件。相反，它完全与年预算相结合，作为“财政声明和预算报告”（FSBR）专栏的一个组成部分被提交给议会。除年度预算案外，FSBR 还包括政府的“中期财政战略”、短期经济预测、预算案中的税收举措分析和包括在“公共部门借款需求”（PSBR）中的公共财务分析。中期预算不单是政府开支的计划，还是经济发展总方向的建议、收入分配的规划和刺激或遏制经济的依据。

中期预算框架的实施可以带来诸多益处。它有助于提高国家中期预算目标的透明，使人更好地了解政府财政未来的发展趋势。中期预算框架还可以在决策的过程中更好地考虑预算对未来造成的影响。综上，这些都有助于优化财政政策，更好的解决财政决策中出现的赤字。中期预算框架可以为财政政策的实施提供更长的时间区间。已有文献表明，政府更加关注财政决策的短期影响。[①] 中期预算框架有助于从两个方面来解决上述问题。第一，中期预算框架，使政府要想隐藏或低估新政策措施多年预算影响变得更加困难。第二，中期预算框架迫使财政部门在中期之内按照预先设定的路径来行进。这使得要推迟加强财政管理措施的影响变得更加困难。中期预算框架还有助于解决公共资源（common pool resource）问题；[②] 根据现有文献，这是造成政府支出扩张和债务、赤字旷日持久累积的主要原因。当某一从政府支出或减税中收益的群体未能充分将这种举措的成本内部化的时候，就会产生上述问题，这是因为融资通常是面向广大群体的，他们的感觉并不是十分明显。通过将预算决策的未来影响更好的考虑进来，中期预算框架可以减少“公共资源问题”，将人们关注的重点从政府支出的总规模转向将资源在不同项目之间进行重新配置的可能性。中期预算框架的另一个益处在于，这种预算框架可以为财政当局实施其政策提供一个更好的规划工具。如果没有中期预算框架，根据孤立的基础、忽视过去和当前决策对未来可能造成的影响，将会导致在财政资源的分配过程中存在风险。中期预算框架可以在过去、现在、未来之间架设起一座桥梁，提高财政决策的质量和稳定性。很多学者都指出，中期预算框架更有利于结构性改革目标的实现，促进财政资源在各个政府部门、各个政府项目之间的有效配置，推进税制结构的调整。这种财税改革通常要在几年之后才能完成，而通过实施中期预算框架，可以使经济主体认识到这种改革会在中期为其带来的收益。这有助于减少这些改革的阻力，提高其可行性。

（二）综合支出审查

英国预算程序中的综合支出审查，是其公共支出框架的核心，也是中期基础预算的直接表现形式，它于 1998 年首次推行。

---

① 这种观点认为，现任政府并不确定自己是否能够成功连任，因为为了提高自己连任的概率，现任政府倾向于实施慷慨的财政政策，而忽视这些预算决策的中长期影响。这可能是因为，选民更加看重他们能够从减税和增加政府支出中所能获得的短期收益，而不会充分意识到这些政策的可能会导致的长期成本。

② 这里的“公共资源问题”指，对于草原、渔场等这些排他性不强、但具有竞争性的准公共产品，人们的不计社会成本的过度使用，会导致公共资源的枯竭，导致在公共产品的消费过程中出现所谓的“公地悲剧”。

综合支出审查主要有两个方面：一是审查长期的政府支出情况；二是审查未来三年的部门预算资源分配情况。审查的具体内容有四个：（1）评估自第一个综合支出计划实施以来的支出增长以及公共服务改革，在设定未来十年目标时将参考这个评估结果；（2）考察未来十年的关键变化趋势，包括人口、社会经济变化、全球化、气候和环境变化和技术变革等，以及评估公共服务如何对此做出反映；（3）安排应对上述变化的预算资源，并继续谋求全面支出审查期间（三年）的公共支出的最大效率，以及通过对部门支出基线进行零基审查，来评估其实现政府长期政策目标的有效性；（4）继续发展效率规划，并使这种效率规划带来的节约融入部门支出计划。

为达到中期目标，原来已经使用了三十年的年公共支出报告的管理方式被三年期的、滚动的综合支出调查（the Comprehensive Spending Review）所取代，见表4－13。

表4－13　　2007～2011年综合支出审查（CSR）的支出　　单位：百万英镑

	2007～2008年	2008～2009年	2009～2010年	2010～2011年	CSR期间内的年均增长（实际变量）
总管理支出范围内的资本支出	48 000	51 000	54 000	57 000	3.1
总管理支出范围内的经常性支出概算	539 000	564 000	590 000	618 000	1.9
总管理支出（TME）	587 000	615 000	644 000	675 000	2

资料来源：财政部，2007 Pre-Budget Report and Comprehensive Spending Review，https：//www. gov. uk/government/uploads/system/uploads/attachment_data/file/243167/7227. pdf。

1998年夏季首次进行综合支出调查，并形成了一个详细的三年期的支出调查报告。该调查报告在制定过程中由各有关支出部门（有时吸取了一些独立专家的意见）和财政部进行了协调。各支出部门在执行前三个月向财政部提交详细的三年支出调查报告。

支出调查的制定不完全是“自下向上”的。支出调查把支出分成当期支出和资本支出两大类。支出金额的最高和最低限度在支出调查制定年份的5月份已经由先前的预算加以“自上向下”限制。这是为了确保中期支出计划和政府的中期财政法规相符合。

这些三年期的部门支出上限报告不需要通过议会投票，不具备法律地位。法定的支出拨款程序仍然是年度性的，通过一个被称为议会供给评估的程序。但是，各个支出部门会在向议会提交各自的年度预算（在提交议会前应该先得到财政部的批准）时参考三年期部门支出上限报告。

从1998年第一份综合支出调查开始，这些三年部门支出上限报告一直伴随着一系列跨年的“效果导向性”的绩效目标。这些目标由一系列的公共服务协议（与政府的三年支出计划同时公布）加以规定。

（三）养老改革对中期预算影响较大

英国对其公共养老金机制推出了改革，旨在确保未来有足够的养老金。与此同时，尽最大可能维护财政的可持续性。所有的欧盟国家都关注人口老龄化的预算影响。但是各个国家面临的风险程度和促成因素有很大差别，总体上可分为高风险，中等风险，低风险三类国家。中等风险的国家根据不同的特点又可以分为两类。第二类中等风险国家是指那些尽管在不同程度上需要巩固，但中期公共预算对老龄化费用关注较少，这种情况通常是由于颁布了养老金制度的改革方案。英国属于这类国家。应该指出的是，养老金改革在英国估计会造成养老金支出比率的增加，这意味着老龄化的长期影响会更大。

英国属于中度风险的国家，其主要的问题在于：老龄化对于英国长期预算的影响已接近欧盟平均水平，英国退休金支出水平相对于欧盟平均水平增加有限，部分原因是由于相对于其他欧盟国家来说英国在历史上比较依赖于私人养老金提供。拟议中的养老金改革方案通过鼓励私人储蓄，增加公共养老金，以解决将来可能存在的养老金不足问题，并涉及一个小幅增加公共养老金支出以及一个逐步增加国家的法定退休年龄的计划。如果在中期前财政赤字没有出现显著的递减，即使在长期预算中考虑人口老龄化的问题，仍然会存在公共财政资金可持续性风险。

（四）公共支出管理信息系统（PES）

英国公共支出管理信息系统是现行财政管理的主要系统，实现财政部和预算单位的预算、支付和账务管理，并为中央政府提供宏观经济统计与预测数据，中期预算框架也是在这一系统的支持下完成的。系统以财政部内部局域网和外部 Internet 为网络基础，运行在 MicroSoft Windows 2000 或 XP 操作系统上。在财政部安装完整功能版，提供服务器端的各项功能；在预算单位安装客户端应用程序，并通过 Internet 或专网与财政部和银行连接起来，实现财政部、预算单位、银行三方统一运行。英国 PES 的核心模块是财政信息系统，安装在财政部，供财政部有关部门进行预算审核、分析、国库支付、账务处理以及宏观经济分析与预测。

预算单位在编制三年预算框架时，先登录系统，从中央数据库中提取历史预算数据与执行情况，进行统计、分析，综合考虑未来几年国家经济影响因素，对未来三年财政资金支出情况做出预测并提交给数据库，同时通知财政部相关部门；财政部预算管理部门确认收到所有预算单位的支出预测后，按照政府经济政策要求和国家发展计划，按照地区均衡发展原则，对预算单位的预算预测作必要调整，并在调查、访问与征求公众意见的基础上，整理、编制政府三年预算。议会批准后由财政部通知各预算单位提取本部门的预算数，开始编制下一财政年明细预算（实际上就是对上一个三年滚动预算中某一年预算进行细化）。预算单位财政资金的支出情况每天在固定时间由中央银行系统进行清算时记录在数据库中，同时也在银行内部业务管理系统中生成相应数据，到月末以文本格式（. txt）、Excel 格式（. xls）或系统格式（. pes）通过网络将预算单位支出情况返回给财政部。

英国 PES 的数据存储量包括历史五年、当前年和未来三年共九年的预算、支出数据，以及以不同统计口径表现的数据副本和每一个数据的更改记录。

英国除了 PES 以外，还有几个相对较小、简单的系统配合运行，如政府在线数据管理系统（GOLD，也称为“黄金”系统）和政府统一账户管理系统（WGA），其主要功能是为公共支出管理系统提供中央政府和预算单位的资源账户信息。

四、预算编制流程

英国预算的编制主要由财政部负责，预算编制程序具体包括以下几步：

第一阶段（4～10 月）：财政部门发出详细的指导性文件，向各部门解释预算编制的基本原则，据此，各部门搜集基础数据和资料，并要求在规定的日期内，将这些数据反馈到财政部门。目的在于使得需要优先保障的服务能够得到合理的资源配置。财政部门主要任务是为财政支出使用部门提供建议和帮助；汇总各部门提出的预算申请数；按照预算编制的基本原则，测算出实际应采用的支出标准。财政部门提出的预算编制原则是整个预算过程非常重要的一环。指导原则既要考虑议会的服务意向，又要考虑普遍的有影响力的经济条件的影响。

第二阶段（10～11 月）：财政部门搜集并仔细审核各部门上报的预算申请后，各部门的预算将分别递交到相关的委员会去审议，财政部门也要同时向财政委员会上报一份预算报告，提出基本的趋势和相对于支出水平可能对服务质量和地方税收负担的影响。

第三阶段（12 月至次年 1 月）：这一阶段各委员会审议并最后投票通过预算，一般在 12 月底至次年 1 月初，各部门将收到有关自己的支出标准的估计数及下年度补助金的使用权限，如果这一数字与当初申请数有较大出入，也许会要求进一步调整预算。

第四阶段（次年 2～3 月）：预算编制的最后一个阶段。财政部门收集汇总各委员会关于财政预算的最后调整数，并向议会作陈述报告，经议会投票通过后，财政部门向公众公布政府服务及税收水平。

第五章

英国政府预算的审批

■ 本章导读

自议会成立以来英国审批预算的相关法律逐步丰富，其审批方式和流程也逐渐完善。与其他国家相比，英国预算审批有一个显著特点，就是政府支出和收入预算不是同时决定。目前在英国重要的收入审查主要针对预算书，而开支审查则在各种政府部门之间明确分配部门支出范围(DEL)。因此，议会审批预算主要包括两个事件：一是审批年度预算书，其中包含次年所有的收入立法以及一些反映政府工作重点和成为新闻热点的支出计划；二是支出审查，即在各政府部门间分配可支配开支。近几年的开支审查是每两年举行一次，而以前的复核有三年一次和两年一次的，但大多数是一年一次。

第一节 审批依据和方式

一、审批依据

英国预算制度历史悠久，相应地，针对预算制度的法律也较为完备，包括宪法层级和专项法，其中具有代表性的法律见表5－1。

表5－1 英国预算审批法律

层级	年份	法案名称	内容
宪法层级	1689	《权利法案》	保证了议会的核心地位，以成文法的形式使议会初步完成了对财政权的控制
	1949	《议会法》	经下议院“三读”程序审批通过的预算案即成为法律，上议院不能表示反对，使得预算审批权完全由下议院控制
	1972	《地方政府法》	明确英国地方政府体制，中央议会对于地方财政的管理主要通过立法来进行，地方议会对于地方财政的管理主要通过财政委员会进行，主要包括筹集财政资金、审批政府收支
专项法层级	1866	《国库与审计法案》	要求议会对预算实施强制性的单独审计，并要求所有部门都将预算账户置于议会控制之下以保证预算实质性，充分发挥预算审批的作用
	2000	《信息自由法》	一方面规定民众享有知情权，另一方面明确规定政府各部门要制定和实施本部门的“信息披露方案”，依据方案将本部门的信息向社会公开，使政府工作“阳光化”，提高预算的科学性
	2011	《预算责任和国家审计法案》	明确了预算责任办公室的主要职责，规范了国家审计署在预算审批中的职责，进一步保障了公众的知情权
	2014	《地方审计与责任法案》	废除了1998年的《审计委员会法》，对地方政府审计行为的一般规定、指导守则、审计人员的权责、审计报告的要求等内容做了详细的阐述

注：本表主要列示一些具有代表性的对于预算审批制度有影响的法案，事实上英国预算法律制度远比本表反映的复杂。

资料来源：依据http：//www. legislation. gov. uk 相关内容整理而成。

此外，英国每年定期都会颁布相关的法律法规来规范、当年的预算行为。如《统一基金法》、《预算案修正案》、《公共支出调查报告》、《预算法案》（春季发布)、《秋季声明》(秋季发布)等。以《统一基金法》为例，规定了下两个财政年度(本年4月1日至次年3月31日)经过审批通过的统一基金额度，明确该基金用于短期和长期发展战略的金额等。

这些法律法规将预算流程纳入规范化的轨道，以法律形式的预算案保证了预算的权威性。完备的法律制度一方面全方位地完善了英国的预算审批制度，另一方面使得政府各部门在预算工作过程中有法可依。

二、审批流程和方式

英国预算审批主要通过三读程序、听证阶段、质询阶段和辩论阶段，由相关委员会参与，确保整个过程公开透明。

(一) 三读制度

英国上下两院对预算审查的程序是相似的，包括：一读(first reading)、二读(second reading)、委员会阶段(committee stage)、报告阶段(report stage)、三读(third reading)、送上议院审议(passage through the other House)。皇室签署同意(Royal Assent)。公共法案一读是形式上的，一旦正式被提出，要将法案印出来并且进行二读，在委员会和随后的阶段中可以修正。每年的预算案约在三四月间提出，最迟于八月五日完成审议，英国议会预算审议程序详述如下：

1. 内阁提出预算案。英国议会预算提案权属于内阁，除了1993年到1996年以外，内阁通常在每年的春天(三月或四月)的“预算日”(Budget Day)将预算提出于下议院，传统上，预算是在星期二提出，但近年来都是在星期三提出，并进行预算演说，1997年布朗第一次将预算在星期三提出，结束了历史长久的预算在星期二提出的惯例。

2. 预算演说(budget speech)一读(first reading)。下院收到提案后先进行一读，由议会秘书宣读提案的题目和原由，随后列入议事日程，并把其发给全体议员。

内阁提出预算当日，即由财政部长发表演说，详细报告经济现况以及年度预算的内容，包括岁入租税建议案以及岁出法案，说明未来三年公共支出、经济预测发展与财政政策、开闭税源增减税等，历时约为1小时到1个半小时左右。财政部长所提出的岁入法案以及预算案，两者便形成了该年度的财政法案(Finance Bill)，而议会下议院开始对此财政法案进行审查。

3. 质询与辩论。当财政部长完成财政报告，发布新的租税案后，下议院随机展开质询与内阁的答辩，此时质询是由在野党主导，质询重点在于财政政策与支出原则，不涉及金额调整，此项质询由反对党议员优先，执政党议员是排在反对党后面，以表示礼让。

4. 第一次决议。下议院在十个预算日之内，必须对于是否赞成政府预算案进行表决，包括岁入财政法案与岁出法案，此项决议案通过之后，才能使政府下年度预算成为一个完整财政法案，作为正式审查的法案。

5. 财政法案二读（second reading）。在一读通过 1 ~ 2 个星期后，下院进行二读，即对该税法提案进行一般原则性的讨论，这个阶段常被称为“总讨论”，是执政党和反对党进行的大决战，若经辩论后进行表决时被否决，该议案就成为废案；若通过，该议案原则上就算通过了。财政法案是由二读阶段开始审议，因为一读程序仅对于财政预算政策作大体的辩论及确认原则，并未就预算细项加以审查，因此下议院完成第一次决议后，财政法案才正式成立。法案一读后，依照议事程序继续进行审查，仅为一天，通常在二周之内进行二读。

6. 委员会阶段（committee stage）。二读以后，由下院通过决议，宣布把提案交付相关的委员会（筹款委员会和供应委员会）讨论。这时，议长离开议长席，下院召开全院委员会，由筹款委员会主席主持会议。这一阶段是考虑议案细节的阶段，每一条文依次讨论，可以提出修正案并将全案回报下院。下院收到议案后，则对全院委员会的修正案进行复审并提出报告，若下院反对党再次提起辩论，议案还可退回全院委员会重新审议。

二读后的财政（预算）法案，通常一天内即交付委员会，在将法案送交委员会讨论后，才真正进入法案的实质审查。1968 年以后，为了节省审查时间，通常将具有争议性、重要性及无先例性的条文交由下议院的全院委员会审查，全体委员都可以参与审查，其余的条文则交由常设委员会（Standing Committee）进行细节的讨论及逐条的审查。常设委员会由议员 30 ~ 40 名组成，依照各政党在下议院的席次比例来分配，审查项目则由在野党与内阁协商决定，此阶段最重要为对财政法案的修正案。

7. 委员会审查结果向院会报告（report stage）。报告阶段通常进行二天，在常设委员会审查完成预算案二周后，将委员会的审查结果向下议院院会报告。在报告阶段，非常设委员会的委员可以有机会进一步提出对法案的修正意见或是新的条款。所有的委员都可以发言。投票表决，同时也可以为较长的或是复杂的法案展开为期数天的辩论。如果在委员会阶段所有的议员都参与了法案的讨论，那么在这个向院会的报告阶段就不再安排辩论。在下议院报告阶段后，通常紧接着进行法案的三读辩论。

8. 三读（third reading）。议案进入三读程序只能进行文字上的修改，如反对者不超过 6 人即行通过，最后通过投票表决，议案正式通过。三读程序通常在单独的一天处理，但现在也常与向院会报告阶段相结合，即通常在报告阶段的第二天就进行三读。财政法案三读时辩论时间通常很短，上议院无法对法案进行实质的修正，而下议院则可以对之前阶段尚未表决的议题提出修正。

9. 送上议院审议（passage through the other House）。下议院三读通过的财政法案送到上议院审议，基本上，对于大部分财政法案上议院很少有否决，而财政法案又必须在一个月内同意，上议院已经成为橡皮图章的角色。法案内容经两个议会同意后，就可以送请皇室签署同意。

10. 皇室签署同意（Royal Assent）。该法案送交上院批准并经女王签署后正式颁布。当预算案经议会审议完成，送请皇室签署同意后，成为正式法案预算。皇室的同意现今是由两院的议长来宣布，并列在英国议会议事录（Hansard）之中。皇室签署同意日之最后一天为每年八月五日。

（二）听证制度

英国属于自上而下的立法听证结构，听证会由议会或其事务委员会主动召开，参加听证的民众通常由议会指定邀请，且多为技术性专家。① 听证会参与的证人均由专责委员会审议通过，听证会参与人员包括议会议员、专家顾问、法律顾问、委员会助理等。听证期间，在听证会主席宣布会议召开后，参与人员开始陈词，若有需要进行质询，听证会结束前多由各方代表结语，再由主席宣布休会，之后开始票决程序，整个听证过程在议会网站上进行直播。听证会结束后，听证过程中的相关内容和代表陈词引用到的相关资料等书面依据均要整理成听证报告的形式发布在议会网站（www. parliamentlive. tv），之后听证委员会就听证报告及听证会上搜集到的意见进一步讨论。②

（三）质询制度

英国是世界上最早建立质询制度的国家，分为口头质询和书面质询，一般来说质询只是为了掌握相关资料，全面了解事实真相。对于预算质询大多集中于口头质询，参与质询程序的成员来自保守党、劳工党、自由民主党等多个党派，在质询期间，由主持人和出席委员对于听证过程中存在的预算问题向参与质询的人员（Witness）（通常为三位）提问，之后由其回答，整个过程的相关视频将会上传到网上。在质询结束后，由下议院将相关问题质询的口头证据（Oral Evidence）和需要补充的书面证据（Written Evidence）进行整理成 HTML 和 PDF 两个版本放在 www. parliamentlive. tv 网站上供民众参阅。

英国下议院从周一至周四，每天下午全院大会的头一小时为下议院议员对政府的口头质问时间，其中，每周二、周四下午 3：15 至 3：30 专供下议院议员口头质问首相。20 世纪 60 年代以来，下议院的口头质问数持续上升。1979 ~ 1980 年，共提问 12 453 个，1985 ~ 1986 年上升为 18 139 个，会期中断的 1986 ~ 1987 年仍达 12 766 个。直接要首相回答的口头质问数增加得也很惊人。1978 年 44 个，1980 年 58 个，1986 年 152 个。口头质问使下议院议员能够了解政府的情况和态度，催促政府改进工作，每天一次让政府向下议院报告工作，在政府员心中强化议会的监督权威。

在英国议会监督体系中，议员个人的监督作用是贯穿始终的。议员尽管不能从“政党忠诚”中摆脱出来，但是他们的言行和认识同时也受到其他各种压力因素的制约。其中首要因素就是议员所代表的选区及其选民的利益，这种考虑使得议员逐步地具备独立精神。这种独立精神的存在意味着即使是执政党议员也不尽然会对政府的决策持支持态度。这种趋势表明议员在英国议会监督政府预算的工作中将发挥更加主动的作用。议员监督政府主要表现在两个方面：一是在议会整体及政党议会

① 彭宗超：《国外立法听证制度的比较分析》，载于《政治学研究》2010 年第 1 期。

② 依据www. parliament. uk/相关资料整理而成。

党团履行监督职能时发挥作用；二是发挥作为选区代表的个人独立作用。议会可以在审议财政预算问题等重大活动中质询政府，也可以通过辩论和口头质询的方式在下议院例行质询和辩论时间里对政府工作提出质疑和要求。

（四）辩论

作为“议会之母”的英国在辩论制度方面强调程序正义优于实质正义。一般来说预算辩论过程出现于“二读”程序中，辩论程序主要包括动议——正反双方首席议员先后发言（正方就预算案有关事项做出介绍，反方阐述反对理由）——正反双方其他议员轮流发言——正反双方代表总结——表决。在辩论过程中，一般来说同一场辩论同一个议员只能发言一次，时间为10分钟以内，但是如有特殊情况，经大会准许，已经发言的议员也能再次发言；议员发言必须围绕议题密切展开，且不得重复之前出现过的言论。一般来说预算审议辩论会持续多天。在辩论过程中，下院的联络委员会可以决定哪些专门委员会的报告可以在全院会议中辩论。同听证、质询一样，辩论允许公众旁听，允许新闻媒体报道并且进行电视转播，辩论结束后，根据相关辩论的视频、音频资料、辩论过程等整理出的下议院议事录（Commons Hansard）将上传于 www. parliament. uk 供公众查阅。①

第二节 预算支出审批

英国税收和支出决定在不同时间和不同文件中提出。在预算日提出的报告中，不是包含支出和税收两个方面内容的预算，而基本上是税收预算。英国政府之所以把税收和支出计划分开来编审执行，主要是因为政府认为这有利于实现理想的支出和税收目标。第二次世界大战以后，这种分开进行预算管理的制度被用来作为影响短期需求、提高产量和实现就业的工具。因为在收入方面，税收被看做是短期经济管理的主要工具，而公共支出一般提前数年就计划好，这有利于提高决策的稳定性，并可促进所有公共部门的节约和效率。

一、支出审批的主体

由于1911年的《议会法》实际上已经剥夺了上院的财政否决权，它对下院通过的任何财政法案只有1个月的搁延权。因此下院的财政法案就具有最终的效力，经英王签署后即可实施。所以，英国议会内部不存在两院之间的协调系统。②

1979年起，议会建立了专业化的部门委员会，比如教育委员会等，它们的出现

① 依据www. parliament. uk/相关资料整理而成。

② 徐红：《财权掌控与财政民主》，复旦大学博士论文，2006年。

缓和了支出委员会对包括政府开支在内的所有政策和管理活动的监督。这些部门委员会能够控制它们的议题，通常倾向于对相关部门的支出建议只给予有限的关注。部门委员会的建立主要由于三个方面的原因：首先，从 1991 年开始，所有政府部门被要求向议会提交年度报告，内容包括对部门计划、工作目标和从预算中推导出的支出情况等更加容易被理解的细节部分。其次，根据 1993 年提出的一项规程，自 2002 年起，所有政府部门（包括其他公共实体）被要求采用资源会计[①]和预算方案，其内容不仅包括特定年度所收入和支出的款项，而且包括本部门所获得的所有资源和财产的情况，它们被用来对部门计划进行监督并判断部门绩效。部门报告中关于财政方面的内容基于资源会计和预算方案制定，从 2002 年起，每个部门必须提交两份报告，春季提交的一份涵盖下一财政年度的情况，秋季提交的一份则涵盖上一财政年度的情况。最后，根据“现代化委员会”的建议，议会下院在 2002 年通过一份决议案，为部门委员会制定了中心任务，其中之一是“对各部门的主要预算、年度支出计划和年度资源会计账户进行审查并提出报告”。

二、支出审批程序及内容

（一）审批内容

英国的预算种类很复杂，正规的年度预算常常分为四大类：

1. 账目拨款。这是议会整个会期中最主要的财政事务。由于财政年度每年四月份正式开始，而“预算法案”在七月底以前一般不能通过，因此议会必须在预算通过以前保证政府各部门的款项供应。政府文职部门必须起草一份要求在这 4 个月中得到款项支持的临时预算，称为“政务费用账目拨款”呈送下院并要求尽快通过；国防费用的账目拨款与此相似。账目拨款必须在每年 4 月 1 日以前生效，因为到每年的 3 月底，当上一个财政年度结束时，所有政府部门获得的议会拨款必须被花完，否则将退回财政部。如果没有账目拨款，政府会突然发现无钱支付给外交官，政府职员也会发现他们在周末领不到薪水。

2. 补充预算。当政府部门在财政年度结束以前，发现他们过低地估计了本年度的支出时，会向议会下院提出提供更多款项的要求，以避免在财政年度结束前出现赤字。补充预算每年有三批，它们分别是：冬季补充预算、春季补充预算和夏季补充预算。

3. 追加拨款。当财政年度结束以后，当政府部门的预算拨款额和实际支出额之间出现赤字时，由于发现的时间太晚，根本来不及提出补充预算，就只好在下届议会会期中提出上一年度追加拨款的要求来抵充赤字的漏洞。

4. 信用拨款（VoteofCredit）它是指在紧急情况下为了实现不确定的目的而一次性拨给的大笔款项，以前主要在战争期间采用，和平时期运用很少。目前，在政府

---

① 资源会计与预算是指以政府各部门占有、使用资源为中心，按权责发生制基础编报预算并进行会计核算。自 2001 年起，英国中央政府会计和预算编制同时采用权责发生制，见第七章。

面临紧急情况时，可以动用突发事件基金。每次动用额度根据法律规定限于上一财政年度授权支出供应总额的2%，所有从该基金支出的款项必须在以后拨款归还。

（二）审批程序

对政府预算的审查先由政府内阁进行，审查的内容是财政的指导方针和目标，其重点是支出的效益和有效性。包括对部门实行“效益检查”，检查所规定的各项任务以及具体领导者是如何进行和履行职责的；对公共支出的限额进行审查；对社会保障资金进行全面检查；对地区政策和就业措施的有效性审查等。

英国议会下院每届会期讨论和通过授权和拨款法案的基本程序如下：第一，每年11月份，议会开幕，女王到议会致辞；第二，每年12月份，讨论当年的冬季补充预算和下一年度的政务费用账目拨款；第三，每年3月份，讨论本财政年度的春季补充预算、上一财政年度的追加拨款以及下一财政年度的国防费用账目拨款；第四，每年4月1日，新财政年度开始，讨论本年度的税收和主要政务预算和国防预算；第五，每年7月份，讨论本年度的夏季补充预算；第六，每年10月份，会期结束。

概括起来看，每年3月底以前，下院必须通过即将结束年度的补充预算、上年度的追加拨款和下年度的账目拨款，并将通过这些拨款的决议案呈送下院；在审议这些拨款案时，各部大臣须到有关专门委员会解释原因，议员们可以通讨口头或书面质询，要求对开支的具体情况做出解释以决定是否同意拨款；接着，筹款委员会通过一项决议案，规定为执行已票决的拨款，所需款项由统一基金支付，这项决议案又须报告下院批准；然后，下院提出统一基金法案（第一号），对每项拨款给予授权，使拨款的决议案发生法律效力，该法案须在4月1日以前得到女王批准：在以后的供应日中，又相继提出统一基金法案（第二号）及其他相关法案，到本年度所有的拨款经表决同意后，便提出一项总的“年度拨款法案”（APproPriationBill），它总结和列举本年度各项经费的拨款额，以另列的附表确定其用途，并授权批准它们从统一基金中支付（见表5-2）。

表5-2　　　　支出审查时间表

支出预算	目的	提交	授权
冬季补充预算	补充本财政年度的额外支出	11/12月	不迟于2月6日
账目拨款	在财政年度结束后至主要支出预算批准前提供预算	11月	不迟于2月6日
追加拨款	补充上一年度没有预计到的开支	2月	不迟于3月18日
春季补充预算	本财政年度的额外开支	2/3月	不迟于3月18日
国防预算A	下一财政年度的军事开支	2月	不迟于3月18日
主要支出预算	下一财政年度的开支	3/4月	不迟于8月5日
夏季补充预算	下一财政年度的额外开支	4/5月	不迟于8月5日

三、开支审查（Spending Reviews）

近年来支出审批的重点开支审查是由财政部通过公共服务协议的形式对支出设定严格限额的行为。通常对部门进行支出审查采用零基预算，即假定预算前部门的预算支出需求为零。

部长们代表其部门向财政部提交随后三年的详细开支需求标书，财政部官员总结报告后提交给财政部秘书长，然后秘书长与部长们进行面对面双边协商，接着协商结果要送到内阁取得同意，然后送到下议院获得批准。然而在过去的十几年里，两项主要的变革已使开支审查程序更高效：1992 年可自由支配开支上限的设置，以及 1998 年从一年制审查到两年制或三年制的改变。

（一）可自由支配开支限额（Discretionary Spending Caps）和 EDX 委员会（部门支出委员会，Departmental Expenditure Committee）

可自由支配开支限额是指财政部门为部门的总体开支设定最高限额或目标，以避免开支审查单独为每个部门设定开支上限从而可能导致总体开支失控的情况。

1992 年，英国财政大臣拉蒙特应用了可自由支配开支限额。他认识到政府开支太高了，于是找到一种自上而下（top - down）的方法。他估计接下来三年的经济增长率大概平均为每年 2% ~2.25%，然而他想把政府部门的开支增长率限制到 1.5%。①

以前由于没有限额或目标，部长们有动机一起合作以从财政部中获得尽可能多的钱——一种“如果你支持我增加开支，我也会支持你”的姿态流行。但在 1992 年协商程序开始前，拉蒙特和他的秘书长波提罗就部门开支上限为增幅 1.5% 的提议取得了内阁的同意，并向英国媒体公开宣布了上限。政治上放缓开支增速会比直接减少开支更顺耳，并能减少财政支出占 GDP 的比例。

为了缓解秘书长单独负责调节所有要求的负担，拉蒙特建立了一个内阁小组委员会——部门开支委员会（EDX）来听取和决策各部门寻求资助的要求。委员会由英国财政大臣，财政秘书长，内政大臣，贸易与工业部大臣，下议院领袖和上议院领袖组成，其中后两者没有政府部门需要掌管。秘书长波提罗要求各部长根据可自由支配开支上限制作标书。然后部长们必须在整个部门开支委员会面前捍卫自己的要求，最终由委员会做出最后的开支决议。

有人可能认为，这一机制会使秘书长屈服于委员会而削弱他的权力。然而波提罗传记的作者提到“波提罗为委员会服务就像首相为女王服务一样，他用比他自己更有权威性的名声来推动他自己的项目进程”。部长们现在急切地希望，在他们正式向委员会提交预算之前能遇到波提罗并获得他的批准。尽管新体制也有自己的问题（部门开支委员会的成员企图僭越其位，左右拉蒙特的税收和经济立法，而且许

---

① Stuart Young, The British Budget Process: A Case Study, http://www.law.harvard.edu/faculty/hjackson/BritishBudget_32.pdf, 2006。

多部长对开支的低增长率表示不满——一位部长曾在和波提罗的一次会议中突然大哭），但是波提罗和拉蒙特达到了他们的目标，这是英国的首次可自由支配开支限额的成功。事实上，劳工党大臣布朗已把开支上限和内阁小组委员会都沿袭了下来。

（二）多年期开支

另一个开支审查程序上显著的改革，是布朗做出的向多年期开支审查上的转变。多年期开支是指开支审查包括多年的开支限额，而不是每年审查下一年开支，其真正实施于 2002 年。在以前的保守党政府下，各部门每年提交他们随后三年的计划支出需求。但据时任财政部常任秘书——塔姆布尔勋爵说，每个人都只将精力集中在第一年，因为他们知道随后的两年可以再商议。结果，各部长都对第二、第三年编造不切实际的数字。然而布朗掌权后，陷入了之前保守党政府最后两年大的开支审查所造成的困境。事实上布朗的前任肯克拉克（任职期为 1993 ~ 1997 年）承认，保守党就不会被自己第二、第三年的数字难住。

塔姆布尔也提到，这个系统效率低，因为"当墨水刚干的时候"，整个程序就又要重新开始一遍。而且和美国预算程序一样，一年内分配的资金不能转移到下一年。塔姆布尔认为这会导致部长们的不良表现。他觉得部长们需要以现实和长远的眼光对待开支计划。布朗的传记作者罗伯特·帕斯顿写道：长年期开支的重点在于，允许公共服务更自信地计划开支，而不只是处于每年开支审查的传统体制压制下，这种旧体制不稳定性之一是在重要的项目完成前，预算会被大量削减或倍增。而新体制也允许财政部以更具战略性的方式分配各部门间的资源。

帕斯顿也提及财政部储备了 75 亿英镑以防万一。1998 年的新"综合性开支审查"仍包括随后三年，且未用完的资金可以转存到下一年。之后开支审查将会是两年一次。这意味着每次新的开支审查，都可以从之前的开支审查中选择确认或重新协商第三年的支出分配。实际上，这使这个制度变成两年制，其中每次开支审查确定第一、第二年，而不固定第三年。然而在 2004 年 7 月的开支审查中，政府决定不对 2005 年这个财政年——也就是 2002 年开支审查的第三年——进行重新协商，2005 年也是 2004 年开支审查的第一年，因此这使 2002 年的开支审查成为三年期。

围绕此次改革只有很少的争论。对新的两年或三年期体制的批判很少。事实上，一位保守党议会议员承认，两年制审查机制比之前的年体制运行效果好很多。可以设想，在缺少政治拨款项目和财政拨款委员会的情况下，很少有人有兴趣保持年开支审查体制。

第三节　预算收入审批

一、审批收入的主体

英国议会的收入保障系统主要由全院委员会承担。全院委员会（Committee of

the Whole）是英国下院最重要的委员会，它纯粹是在特种程序下进行工作的下议院本身。泰勒曾描述说：众所周知，平民院具有双重人格。当议长高坐于宝座之上时，权杖被尊贵地摆放在桌面上，这时是庄严的议会在开会。但是，平民院也能变成一个委员会开会，这时，从议长父亲般的监视下解脱出来，权杖也被隐藏到桌子底下。担任筹款委员会主席的议员根据惯例坐在议会秘书的座位上主持委员会会议。

按照传统，全院委员会成员包括全部议员，议长通常作不必要的缺席。全院委员会会议和议会全体会议的区别主要在于：全院委员会不由议长主持而由全院委员会主席主持，表示议员们在讨论财政问题时不受王权的监督；全院委员会只讨论某些事关重大和特别规定的事项，如英国下院讨论政府财政收支问题时，为显示其重要性和表示慎重起见，便规定必须以全院委员会的形式出现；全院委员会开会时，可以根据需要称为筹款委员会（the Whole Committee of Ways and Means）和供应委员会（the Whole Committee of supply）两种不同的名称，前者负责财政收入法案的审议和辩论，后者负责财政支出法案的审议与批准；全院委员会开会时的议事规则也和议会全体会议开会时有所不同，它可以不必采用严格的议会辩论规则，议员讨论问题时比较轻松，谈论的议题范围也比较广泛。全院委员会的组织形式是英国议会委员会制度中最具有特色的内容，它可以充分地保证每一位议员不受任何限制地直接参与预算与拨款问题的讨论。通过新闻媒体对全院委员会活动的公开报道，全国每一个选区的选民——也就是全国所有的纳税人，都能在第一时间直接了解政府财政收支问题的具体情况，都能通过本选区选出的议员直接对预算和拨款法案提出意见和建议。这种做法，最完备地体现了“不经代表同意不得纳税”的传统宪政原则，并在政治民主和经济民主不断发展的今天，大大扩展了财政民主的沟通渠道，通过赋予纳税人客观而全面地了解税收信息的权利，保障他们对国家税收事务的知情权和监督权。

二、审批收入的内容及时间

在英国，虽然政府的绝大多数收入都来源于税收，所有的税收都必须经过下院的同意，但是大部分税收（3/4 左右）是根据永久性的立法，规定全体纳税人必须承担的，不需要每年由议会予以考虑。但是，有一项非常重要的税种保持着暂时性的特征，使下院可以每年对税收进行一些控制——这就是所得税、公司税，加上茶税和酒税等，它们每年必须根据筹款委员会决议案的授权予以确定。

因此，英国议会对政府收入的控制立法可以分为两类：一类是永久性的税收立法；另一类是每届会期必须通过的年度“财政法案”（Finance Bill），主要对所得税率进行调整。

永久性税法草案一般由英国财政部制定，通过每年议会开幕时女王亲临议会讲话的形式提交下院。下院收到提案后先进行一读，即由议会秘书宣读提案的题目和原由，随后列入议事日程，并把提案打印分发给全体议员；在一读通过 1 ~ 2 个星期后，下院进行二读，即对该税法提案进行一般原则性的讨论，这个阶段常被称为

“总讨论”，是执政党和反对党进行的大决战，若经辩论后进行表决时被否决，议案就成为废案；若通过，议案原则上就算通过了。二读以后，由下院通过决议，宣布把税法提案交付筹款委员会讨论。这时，议长离开议长席，下院召开全院委员会，由筹款委员会主席主持会议。这一阶段是考虑议案细节的阶段，每一条文依次讨论，可以提出修正案并将全案回报下院。下院收到议案后，则对全院委员会的修正案进行复审并提出报告，若下院反对党再次提起辩论，议案还可退回全院委员会重新审议。随后，该议案进入三读程序，只能进行文字上的修改，如反对者不超过 6 人即行通过，最后通过投票表决，税法议案正式通过。最后，该法案送交上院批准并经女王签署后正式颁布。

“财政法案”在每年议会审议预算案时表决通过，是年度财政立法的重要形式之一。每年 3 月底前的某个下午，财政大臣在下院全体会议上发表“预算讲演”（Budget Speech），主要对新财政年度的所得税税率及一些每年进行调整的税收方案提出决议草案。由于这是第一次公开提出新财政年度所得税税率，因此格外得到全体议员、新闻界乃至公众的热切关注。财政大臣的税收建议通常由 20～30 份具体的决议草案组成，它们和相关文件一起，被提交下院讨论。演讲结束后，下院立即组成筹款委员会对这些决议草案进行辩论和投票，形成一份总的决议案，赋予这些决议案以临时性的法律效力。总决议案经讨论同意后报告下院。随后，下院将举行为期 4～5 天的辩论，辩论的主题除了针对财政大臣提出的决议案以外，还可以针对现存的整个税收结构、预算开支的充足性以及规范经济活动的措施等问题展开。在辩论的最后提出一项总的动议，所有的决议案被付诸表决，这向所有的议员提供了第一次对预算决议案中特别的税收项目表示反对的机会。由于该份决议案只具有临时性的授权，按规定必须在 4 个月中通过一项“财政法案”赋予其法律效力。通常情况下，在决议案表决通过后，下院会立即正式提出一份“财政法案”，授权政府为提供公共服务所需要的款项征税（见表 5－3）。

表 5－3　收入审批时间表

时　间	内　容	机　构
11 月	财政大臣的预算前报告	下院全体会议
3 月底	财政大臣提交预算并印行财政演说和预算报告（红皮书）	下院全体会议
预算后日	对预算案进行 4 天的辩论	下院全体会议
4 月	为执行预算案而提出的财政法案	下院全体会议在二读中进行一天辩论
4 月到 7 月	财政法案在下院持续审议	下院全体会议和全院委员会阶段
7 月	财政法案在上院审议	经济事务委员会的一个小组委员会审议法案并通过全体会议一天的辩论后提出报告

三、收入审批的重要内容——年度预算书（Budget Statement）

议会传统的程序之一是在议会开始前由英国财政大臣提交年度预算书。[①] 此预算用来作为政府当天的财政报告，并将概括未来一年所有的收入立法，估计将筹集的收入总额，并突出一些政府开支方面的重中之重。财政大臣也可能用预算来设定全部政府支出的上限，即总管理支出（total managed expenditure 或 TME），和可自由支配的开支，即部门预算限额（departmental expenditure limits 或 DEL），和/或强制性支出，即年度管理支出（annually managed expenditure 或 AME）。

（一）年度预算书很少有大的变动

尽管财政大臣可以由下级部长、公务员（甚至是首相）辅佐，但他单独制定预算书，并最终对所有收入和开支决策负责。预算演说和收入立法的变化是保密的，直到预算书在一个春天的星期二被提交到英国下议院。秘密演说在一个小红箱子里运送。从 1860 年起，所有的财政大臣都用那个同样的箱子，直到 1997 年财政大臣布朗决定制造一个新箱子。预算演讲后，财政部门发布对财政大臣的决策更为长而详尽的分析。预算报告的印刷版通常被称为“红皮书”。预算书会持续成为本年的政治热点之一。英国广播公司会开设预算专题，报刊会提前推测日期，经济学家也会详细梳理预算案。有影响力的政治阶层也会密切关注，是否财政大臣会征收额外的烟酒税？或是否会扩大对老年人和穷人的特殊税收抵免？预算案也涵盖对来年将筹集到的总收入的财政估计，对经济增长的估计以及对每年可控费用的估计。

专栏 5-1　英国 2013 年预算报告（Budget 2013）

英国 2013 年预算报告长达近一百页，报告主体分为两部分：第一部分是预算报告，第二部分是预算责任办公室对预算的预测。报告从经济整体到微观个体都做了详细的描述，涉及政府、个人、企业等各个方面：

英国整体情况：

● 经济总体：英国财政部下调 2013 年经济增长预期为 0.6%，而这一数值几乎仅为 2012 年秋季财政预测 1.2% 的一半。2014 年经济增长预计为 1.8%。

● 政府财政：英国政府净借款 2012～2013 年为 1 210 亿英镑，2013～2014 年将为 1 198 亿英镑，占 GDP 总额的 7.4%。预计政府净债务将在 2016～2017 年达到高峰，占 GDP 的 85.6%。政府部门预算在未来两年内平均下降 1%，这可以节省出 11 亿英镑，这笔钱不会用于填补赤字，而是用于住房、学校以及健康方面的投资。截止到 2015～2016 年，政府人员工

① Stuart Youn . The British Budget Process：A Case Study Harvard Law School Federal Budget Policy Seminar，2006.

资上涨限制在1%以内，军队除外。

● 工作：私立企业雇佣人数预计从2011年到2018年将增长240万人，公共事业部门人员数将减少100万人。

● 基础建设：截止到2020年将投入150亿英镑用于新的道路、铁路以及建筑，2015~2016年首拨30亿英镑。

个人影响：

● 个人所得税：2013~2014年个人所得税起征点为9 440英镑，年收入在15万英镑以上的税率从50%降至45%，年收入在9 440英镑至15万英镑的纳税人的税率保持不变。

● 住房：政府提出为期三年的"Help-to-buy"计划。这其中包括：政府将投入35亿英镑用于"Shared equity schemes"。购买价值不超过60万英镑的新建房产，政府将为购房者提供房产价值20%的贷款，前五年免息。这20%的贷款只需在卖出房产时返还。预计将有总额约1 300亿英镑的购房贷款。

● 日常消费品：啤酒税方面，原计划每品脱增加3p，如今降至1p。酒精度数低的啤酒税率下降6%，而烈酒税率则上涨0.75%。烟草税自3月20日起将上涨，高于零售物价指数（RPI）2%。驾车出行的人可免于燃油税增长。原计划于今年9月上涨燃油税被取消。

● 儿童福利：政府资助工作家庭20%的childcare支出，每名儿童每年最高可补助1 200英镑。父母双方必须保证正在工作，并且任意一方年薪不能超过15万英镑。

● 社保福利：2016~2017年起实行统一的国家退休金发放额——每周144英镑。个人需要承担的养老费用自2016年起限制为最高额不超过7.2万英镑。

企业影响：

● 企业所得税：将从2014年的21%降至20%。

● 小型企业：每年可免缴2 000英镑的员工国家保险，从事保姆行业的公司除外。

● 员工股份分红：在新出的"Right-for-share"计划下，员工所得的企业分红股份中的2 000英镑可免缴个人所得税和NI。分红股份收益不超过5万英镑的将免缴资本收益税（CGT）。这项计划自9月1日起实行。

● 企业避税行为：打击避税行为的规则General Anti-Abuse Rule（GAAR）正式生效。

2013~2014年，总管理支出预计为7 200亿英镑，其中社会保障、医疗、教育位于资金安排的前三位，分别为2 200亿英镑、1 370亿英镑、970亿英镑，总额超过预算支出的50%。2013~2014年，预计公共部门的经常性收入大约是6 120亿英镑。

然而前财政部公务员领导塔姆布尔勋爵说，尽管大肆宣传，但很多兴奋感是没必要的。财政大臣们很少在他们的预算中对收入做出主要改动，而他们确实做过部分改动。如2006年“红皮书”文件详细地解释预算，并估计在下一个财政年度，财政部将收入5 160亿英镑（折合9千亿美元），但是财政大臣在2006年的预算决策将影响下一个财政年度收入减少3.8亿英镑（折合6.62亿美元）。

预算的巨大变革很罕见。政府的四大收入来源是所得税、国民保险税（national insurance contributions）、增值税和公司所得税，这四者在2006年的预算中无任何改变。在过去的9年中，布朗从未改变所得税和增值税的税率。他曾降低公司所得税一次，也曾提高国民保险税一次。而布朗的前任即保守党领袖肯·克拉克在他最后任职的两年把所得税降低了2个百分点。然而为了暗中稍微减税或增税，财政大臣们会微调税率的临界值。尽管对收入总额的改变相对较小，但预算会对国家的心理和政治上产生巨大影响。

1997年以来，布朗只明确直接地增加过一次所得税。在2002年预算中，布朗把国民保险税（为国民医疗保健制度和其他相似的社会项目强制征收的税）提高了1个百分点。这种税实际上把雇员和雇主的所得税提高了1个百分点。额外的1个百分点使税收收入在2003年增长了61亿英镑，在2004年增长了76亿英镑，在2005年增长了83亿英镑。这些用于了资助部门卫生支出的艰难发展，目标是在接下来的五年中扣除物价因素后能使卫生保健项目的支出增加7.4%。政治上，这一巨大的增长也向整个国家和左倾的劳工党显示卫生保健支出是布朗高度关注的重点。

事实上，布朗将2002年预算视为他从政生涯中最重要的预算案，因为舆论认为，税收的直接增长会损害他作为英国经济的精明管理者的名誉。布朗的传记作者帕斯顿提醒说，布朗打破了自撒切尔1979年掌权以来英国经济的正统观念之一：没有财政大臣能直接增加税收而同时保持名誉完全不受损。财政大臣有时能侥幸增加隐性税，但不可能增加直接税而不受谴责。然而尽管布朗在2002年增税，但是劳工党在选举中仍支持他的领导，这显示国家对这个财政大臣有效利用收入的能力很有信心。

资料来源：2013 Budget，英国财政部官方网站。

（二）预算书可用来在政治上超越对手

财政大臣提出预算书后，反对党的领袖会对报告作出回应。然而由于反对党领袖提前无法看到预算书，他们必须预测可能被提交的内容，并对其预测准备相应的回答。

1992年3月，在以前保守党执政时，当时的财政大臣拉蒙特利用他在离普选只剩两个月时提交的预算书，使劳工党失去了警惕。劳工党和许多保守党成员以为拉蒙特会把中层阶级的所得税降低2%。他们已经准备好要对他进行民粹主义抨击，宣称富人和中层阶级的受益会以穷人为代价。然而拉蒙特知道每个人的预想并选择了一条不同的路线。拉蒙特没有降低最高税率或最低税率，那时只存在两个税级：所有收入达到23 700英镑的，税率为25%；收入超过23 700英镑的，税率为40%。他增加了一个新的低税率，通过此税率，人们收入中2 000英镑的部分只需缴20%的税。此举降低了每个人的税负，至今这仍是帮助降低低收入者所得税的显著方法。

这将劳工党置于两难的境地：要么他们在选举前同意保守党的大部分政策，要么他们投票反对降低税率，但降低税率会帮助低收入者，所以如果他们投票反对就会很虚伪。劳工党因缺乏警惕而陷入困境。媒体注意到此事，赞扬了拉蒙特的政治技巧和狡猾。于是保守党继续赢得了1992年选举。这件事证明，虽然就经济和财政政策而言，预算书可能被高估了，但是他的政治和心理影响可以成就或毁掉一个财政大臣的声誉，也可以影响随后的选举。

（三）在预算书中进行开支审查决定

戈登·布朗在英国预算程序中增加了一项更重要的改革。作为惯例，为了登上新闻头条和厘清政府开支的优先序，财政大臣们在演说当天会对预算开支稍作讨论。然而，布朗不仅在预算书中宣布了政府支出总额，而且他还在开支审查之前，公布了受到优待的部门——例如卫生部和教育技术部——的开支数量。在2002年和2004年的开支审查中，卫生和社会服务开支在政府收入中收到超过40%的增长，同时教育开支收到了超过20%的增长。预算安排了这些部门会得到多少增加的开支，而开支审查则对总开支在功能和服务上进行分配。

既然预算中已经为一些优先部门和项目设定了可自由支配的开支限额和资金，所以其他的部长被迫只能竞争余下的可支配资金。这进一步减少了各部长串通一气要求每人获得更多钱的机会。显然这帮助财政部整顿了财政纪律。

最近财政大臣也缩短了开支审查中的协商时间，目的是限制开支的操纵空间。以前各部长会在一月提交标书，而谈判将持续到七月。但2004年的开支审查中，直到财政大臣在三月宣布那年政府开支预算的上限后，部长们才能提交最终标书。这把可以讨价还价的时间砍掉了一半。这一制度设计是为了迫使部长们想出更现实的投标计划，并引导他们显著减少开支增长。

当然，不能说对此不满的部长们就没有别的反应。政治家们经常为了影响他人而向媒体透露一些事情。曾经在一次开支审查前，媒体爆出消息称，由于缺少资金，旧战舰都被虫蛀了，或者医院在考虑裁减护士和其他员工，然而这种透露消息的行为很少发挥作用。

随着许多开支重点被列在预算中，有些人会有疑问：为什么要把预算和支出审查分离？1993年拉蒙特探索将收入立法和政府开支合并成一项“统一预算”。拉蒙特相信，独立的预算对财政大臣产生压力，使他只能做出小的税收改动，而每年大量的税收小变革导致英国税收体制非常复杂。然而评论家反驳说，统一的预算将给财政大臣和财政部官员带来巨大的压力，并且为部长们提供另一条可以努力影响收入立法的渠道。尽管拉蒙特没有能力实施统一预算，但是他的后继者肯·克拉克（1993～1997年任财政大臣）事实上实现了统一预算，并继续使用这一制度，直到

1997 年保守党下台才停止。然而为了实施多年期开支审查，布朗在 1998 年再次将它分开。由于英国经济在克拉克和布朗的引领下都持续增长，所以无从知晓是否统一的预算优于独立的预算，而且人们可能怀疑财政大臣总会因诱惑而运用每年的预算书成为新闻热点，以此获得政治好处。

四、英国政府预算审批的特点

（一）审批过程耗时长

英国的审批过程历时 4 个月，从预算的颁布到预算法案的生效耗时较长。三读制度中，有很多步骤都只是走流程，真正通过与否基本取决于委员会的讨论，中间甚至有很长时间的间隔期。为了适应这样的制度，出现了临时预算的制度设计，使得财务运作更顺畅。财政年度在 4 月 1 日即开始，议会在 4 月份收到来自财政部的预算书以后，会有 26 个工作日的时间进行预算的审议。但是因为不连续，而且审议的时间会长达 4 个月的时间。因此，拨款法案的通过生效往往会拖到七八月。

（二）部门具有一定的权力

在英国，部长们行使极大的权力，对开支立法的争论和操纵，仅存在于同一政府和党派中的部长之间。英国部长为他们的部门谋利益，以此保持他们的地位。在拉蒙特当政前，各部长禁止一起向财政部施加压力以使每人都获得更多开支。然而现在，在可自由支配开支上限实施后，部长们为了成为政府的重点扶持对象而互相竞争。但这不是说部长从来都得不到开支增长。保守党批判财政大臣的增税，然而事实证明，可支配的上限使财政部部长获得了对预算程序的更大控制权。此外，两年一次和三年一次进行开支审查的预算体制运行平稳，至少缓解了财政部部长和官员们的负担。

（三）问责明确

英国预算程序中只有少数制度上的执行者。这些少量的执行者对媒体和公众负担了更详细的审查和问责责任。如果经济运行不当，就是财政大臣的错。如果政府开支混乱无纪律，就是财政部秘书长的错。他们的名誉和政治未来冒着更大的风险，因为显然实行党派政治和把责任推卸给其他党派的机会空间更小了。就行使财权的人而言，一个精简的程序和决策者数量的缩减，可以形成更有效的问责机制和之后更严格的纪律性。

一个对过去十三年里英国经济的分析证明，财政大臣确实做了一些正确的事。从 1993 年起，英国经济持续增长而没有出现萧条，并且显然在这十三年中，英国的经济和财政政策由一个懂得社会学的财政大臣布朗掌握，他坚持实行自愿接受的财政规则（既限制政府债务也约束公债）。反对党评价，布朗成功制定了标准，这给了他太大的操纵空间，但他在经济和公共财政上坚实的战绩很难被打败，尤其是当与美国在过去六年中遇到的关于经济和联邦预算程序的困难相比，布朗的成绩确实显著。英国拥有两个备受瞩目的内阁成员，一个负责简化预算程序，另一个负责从不必要的专项拨款和政府项目方面监督财政部的资金动向，这或许不能完全解释过去的十几年间英国经济的成功，但是其帮助落实财政纪律的制度结构无疑是一个伟大的贡献。

第六章

英国政府预算的执行

■ 本章导读

英国预算执行管理非常严格。预算由财政部指导、监督各政府部门执行，财政部主计长负责按法律规定的项目和数额拨付款项。[①]预算执行有以下特点：首先是保证不得突破一年支出计划的总额，其次是对现金限额范围的管理，再次是财政年内允许拨转，一个部门可以在一个决议拨款中的两个款项之间进行拨转，但不能将一个决议拨款转到另一个决议拨款。这种转拨须经议会批准。经常性支出的拨款必须在该决议拨款年使用。追加预算需要先报财政部审核后，再报议会审批。在议会没有批准之前，包括首相在内，任何人都无权同意追加支出。

① 财政部《财政制度国际比较》课题组：《英国财政制度》，中国财政经济出版社1999年版。

第一节　预算执行组织体系

国库（Treasury）是各国预算执行最核心的组织，英国也是如此。国库本意为储存和保管黄金等贵重财物场所。在过去，国库被视为政府财政收支的出纳机关，而在现代，随着政府职能与公共财政规模的扩大，国库的职能已经逐步扩展至公共部门现金与债务管理。因此，现代国库的基本职能为管理职能，国库这一名词代表的是一系列的公共财政管理，由财政部门代表政府控制预算执行，并管理政府资产、负债和现金，以提高政府财政效能。

一、英国国库

（一）国库的历史

国库是从英工内务府中分离出来的。早年，由于英王时常巡游，不便随身携带所征的全部财物，于是11世纪初便在温切斯特修建国库。随着英王财政收入急剧增加，王室政务日益复杂，王室规模不断扩大，加上国王巡游，财政支出也相应增加。于是英王便在继承盎格鲁·撒克逊王室财政机构的基础上进行改革，国库收入由地方各郡郡守征收，他们每人每年都有定额的收入。“虔信者”爱德华将国库定于温切斯特，管理支出的盈余部分。盎格鲁·撒克逊后期，温切斯特的国库成为王室财政的中心。

威廉政府英格兰初（包括威廉一世和威廉二世，约从1028～1100年），王室财政管理体制十分简单，英王的内务府成为其财政管理体制的核心。威廉一世对以前英王巡游时所设的温切斯特国库进行了扩建，派出自己的亲信前往管理，温切斯特国库的地位日渐重要。威廉二世在位期间，开始设立国库长一职负责温切斯特事务，如钱物收支、账目核算、文件归档、财务纠纷等。国库起初只起报关、收藏各郡首上缴的金银宝物的作用，后来渐渐独立。威廉二世时期，国库有了自己的官吏和固定的办公地点温切斯特，后来，国库逐渐取代了内务府接管了王室财政管理职能。由于财政管理工作对人员素质提出了较高的要求，故其长官和职员由有文化的教士出任。国库工作地点也是坐落在温切斯特，其职能涵盖了先前盎格鲁时期国王内务府的财政功能。具体而言，国库的工作范围包括接受英王的大部分收入、支出、保管账簿、将大部分现金送交内务府。

在亨利一世时期，温切斯特国库实际上已取代内务府而成为王国的财政中心。作为一个独立国家财政机关的雏形，国库在许多重大事务上仍听命于内务府，而且内务府也往往绕过国库直接提取钱物。亨利一世时期，国库职能扩大了，建立账簿，由专职任命的男爵进行审计，保管有关重要的财政文献和国王的珍宝，整个王国的收入大部分缴纳于此。国库向内务府提供必要的金钱，实际上已经取代了内务府的地位，成为英王的主要财政管理机构。此后，在国库的基础上又诞生出财政署。

由于政府职能随着时代变迁而日益增加，政府财政收支也日趋浩繁巨大，所以现代国家对于财政收支管理日益重视，因为财政是否健全，攸关国家整体经济发展，不仅影响社会进步，且对国计民生影响巨大。国库管理制度为政府执行财务收支基石，由国库收支及现金管理，不但可协助政府预算收支执行，也可实现有效管理及运用政府资金的目的。英国国库管理制度比较成熟，近年来还不断进行重大改革，原由英格兰银行所负责债务管理与现金管理，分别于 1998 年及 2004 年将管理职能划予财政部（HM Treasury）；又因英格兰银行于 2009 年年底停止办理零售银行业务（retail banking services），财政部另于 2008 年 4 月设立政府银行服务部门（Government Banking Service，GBS），通过与苏格兰皇家银行及花旗银行签订合约，为政府部门与机构提供国库收付服务，以提高国库业务服务品质。

（二）国库部的职能

皇家国库部（以下简称国库部）是国库管理的主要机构。国库部是英国负责公共收支预算及管理的部门。它管理政府预算和政府借款；向各部门分配预算、监督各部门财政资金的分配和使用，并负责制定有关经济政策。每年由政府内阁首先提出为期三年的滚动计划，制定税收和其他政府收入计划和政府借款计划，以满足政府公共支出的需求。

国库部根据三年滚动计划编制政府三年滚动预算，提交政府内阁审核。政府内阁对预算进行审核后提交给议会审议，由议会批准政府当年预算及以后的调整计划。

议会批准预算后，国库部将预算资金拨付到皇家总支付办公室（Office of H. M. Paymaster General—OPG，以下简称支付办公室）为各部门开设的账户上，再由支付办公室集中为各部门进行支付。

英国的皇家国库是一个独立的、负责英国公共支出计划与管理的主要部门，同时还承担控制政府债务、管理中央财政账户的职责。英国实行委托国库制，由英格兰银行委托银行代理国库业务，负责财政收支的出纳、保管和划拨等工作。英国国库管理制度的基本原则是：通过国库单一账户制度对预算资金进行严格管理，但是不限制预算支出部门管理支出的权力。财政部编制部门预算，议会按部门审批支出预算。每个部门的行政长官要对本部门的财务负责。

英格兰银行为国库资金的开户行。各部门在支付办公室开设的账户统一设在英格兰银行。英格兰银行为国库办理日常的收支业务。

国家审计署负责对设在英格兰银行的财政账户上支取的款项进行审计，对政府各部门和其他公共机构的账户进行稽核，并对预算资金的使用效果进行财务分析。审计署每年将审计情况向下议院公共账户委员会报告。

二、债务管理办公室

根据1866年国库审计法案（Exchequer and Audit Department Act 1866）及1968年国家贷款法案（National Loans Act 1968），国库最高监督机关为英国议会（Parliament），在议会下设置审计机关——国家审计署（National Audit Office，NAO），以协助行使监督并审核各机关是否遵守议会通过预算。除皇家国库部外，英国相关的预算执行机构还包括政府内阁（Cabinet of the United Kingdom）、议会、国家审计署、政府银行服务部门及债务管理办公室等。

英国债务管理办公室（Debt Management Office，DMO）成立于1998年4月1日，为英国财政部执行机关，负责债务管理业务；2000年4月起，原本由英格兰银行负责办理的国库现金管理业务，转由债务管理办公室全权负责。而由债务管理办公室所管理的债务管理账户（DMA），依据1998年财务法案（Finance Act 1998）设立，开立于英格兰银行，为政府现金与债务管理总账户。

1998年英国对国库管理制度中债务与现金管理职能进行重大调整。因考虑英格兰银行在“债务与现金管理”及“货币政策”两方面可能产生利益冲突，并为了避免金融市场对于政策目标间利益冲突，特将原由英格兰银行所负责的债务与现金管理职能划予财政部，由其负责管理政府借贷和国库账户现金流量，控管各政府部门与机构财政资金分配。财政部为此设立了一个相对独立的机构——债务管理办公室（Debt Management Office，DMO）专门负责政府债务与现金管理，以降低市场的不确定性。债务管理办公室为英国财政部执行机关，自1998年4月成立起承担债务管理职责，2000年4月承担现金管理职责；其政策目标为在降低长期融资成本及风险衡量下，执行政府债务管理政策，并以最具成本效益的方式管理国库现金总和需求，降低冲销政府净现金流量成本。

从财政部与债务管理办公室职责分工而言，财政部除了管理中央政府的财政收支账户等国库业务外，也负责编制预算，根据预算制定当年债务发行计划，确定国库现金管理的经营原则，并负责对国库现金流量进行预测；而债务管理办公室则是执行财政部所拟定政策与计划，并依据其债务管理与现金管理职责，办理政府债券标售和国库资金调度市场操作等业务。

债务管理办公室主要职责有：（1）政府债务管理，包括国库券和中长期政府公债（Gilts）发行与公债市场管理；（2）政府现金管理，包括政府每日现金流入与流出、国库券发行及市场操作；（3）中央政府对地方政府资金放贷，以及指定公共部门基金（Public Sector Funds）投资等。

三、政府银行服务部门

由于英格兰银行于2004年宣布将于2009年年底停止办理零售银行业务，以专注于执行其货币政策与金融稳定等主要目标，因此2008年4月财政部设立政府服务部门。政府银行服务部门隶属于英国税务及海关总署，并整合原由集中支付办公室（Office of HM Paymaster General，OPG）所负责办理国库支出业务，将国库收入与国库支出两大业务由该部门办理。政府银行服务部门于英格兰银行开立政府银行服务账户，各政府部门与机构所分配到的预算拨款由国库账户直接转入该账户，再通过苏格兰皇家银行与花旗银等商业银行电子清算系统办理转账支付作业；国库收入款项也通过商业银行电子清算系统直接转入该账户。每日日终，政府银行服务账户资金余额将自动地结转至国库账户，以减少政府借贷成本。①

专栏6-1　集中支付办公室（Office of HM Paymaster General，OPG）

政府银行服务部门成立前，国库集中支付作业系由集中支付办公室负责办理。集中支付办公室隶属于财政部，代表政府部门与机构在英格兰银行开立账户，办理集中支付业务。政府部门所分配到的预算拨款是由国库账户直接转入集中支付办公室账户分账户，所有公共支出均通过集中支付办公室内部转账或通过商业银行电子清算系统办理转账支付作业。集中支付办公室负责监督控制所有政府部门与机构于分账户中资金流入与流出；每日日终，集中支付办公室账户资金余额将通过清算系统，自动地划转至国库账户，以减少政府借贷成本。相关国库账户体系，如图1所示。

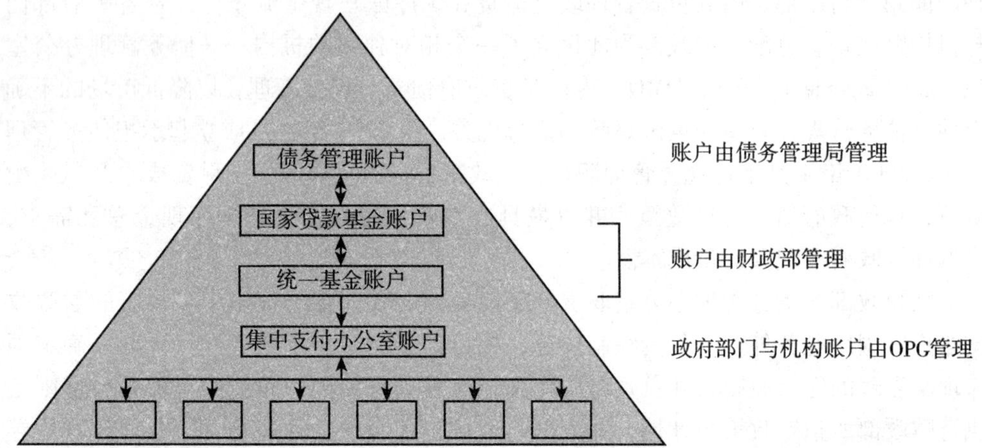

图1　政府银行服务部门成立前国库账户体系图

注：图中账户开立于英格兰银行。

集中支付办公室自1836年开始对政府部门与机构提供金融服务。近年来并通过电子银行系统提供高品质且全方位账户及银行交易服务，建置"Masterline"电子银行服务系统，提供线上查询账户资讯与交易状况等服务。集中支付办公室内设置客户通讯中心（Customer Communications Cen-

① 林惠敏：《英国国库管理制度及公共债务审计》，赴英国考察报告http：//report. nat. gov. tw/ReportFront/report_detail. jspx? sysId = C10103439，2002年1月3日。

tre)，处理协助各单位与机构一般性日常查询，而专业账户顾问（Account Advisers）将协助各单位与机构处理与其账户相关所有事项。使用集中支付办公室银行服务单位包括：国民健康服务机构、政府部门、行政机关、营运基金及法院等。根据该办公室统计，其一年处理约2 000个账户，金额超过1兆英镑，总计超过3 500万笔交易。集中支付办公室对其客户所提供银行收付交易与账户处理服务包括：(1) 电子银行（Electronic Banking）：通过"Masterline"电子银行系统，提供客户账户及余额等相关资讯查询，并可约定采用电子支付范围。(2) 付款凭单（Payable Orders）：类似支票具有到期支付性质，但更具安全性。付款凭单系由各部门与单位所独立签发，此将有助于集中支付办公室得以主动察觉任何具有诈欺意图交易变更，为额外的一种安全机制。(3) 英国本地支票兑付服务：无论是从柜台或通过安全媒介等方式，在遍布英国各地的庞大网络下，支票可直接存入集中支付办公室账户，于第三天达账后提取现金。(4) 大宗转账清算系统（Bankers Automated Clearing System，BACS）收付款服务：集中支付办公室通过英格兰银行，提供便宜且安全收付转账服务，达账时间为三天；资金款项将自动自各部门及机构集中支付办公室账户转入或转出。(5) 长期付款委托（Standing Orders）：利用大宗转账清算系统办理集中支付办公室账户系统外定期定额支付，可确保定期付款安全可靠。(6) 内部转账服务：提供简单、即时且完全安全方式，移转资金于集中支付办公室银行系统（OPG banking system）内受款人。(7) 英格兰银行转账服务：提供即时、符合成本效益且具安全性方式，自集中支付办公室账户移转资金至受款人英格兰银行账户中（集中支付办公室系统以外账户）。(8) 自动转账清算系统（Clearing House Automated Payment System，CHAPS）收付款服务：一个供紧急且需当天清算资金，即时转账至集中支付办公室系统外商业银行账户。(9) 收款服务（Merchant Acquiring）：协助收取以金融卡或信用卡支付收入款项（不论是通过电话或是临柜方式），自动将该资金转入集中支付办公室账户。(10) 投资工具（Investment Facilities）：集中支付办公室提供与市场利率连动计息账户予符合资格的客户，另符合条件的客户也可参加国家贷款基金临时存款计划，其提供一周或一周以上高利率定期存款（最低存款额为100万英镑）。(11) 欧元服务：直接通过英镑账户，提供全方位的欧元收支交易服务。另外，如有持有欧元账户需要者，集中支付办公室也提供以欧元计价账户（开立于英格兰银行）。(12) 外汇服务：可通过英格兰银行提供外币汇款或外币电子支付服务。

注：林惠敏：《英国国库管理制度及公共债务审计》，赴英国考察报告 http://report.nat.gov.tw/ReportFront/report_detail.jspx? sysId = C10103439，2002年1月3日。

政府银行服务部门的目标是为政府部门与机构提供集中且具价格优惠国库收付服务，并管理每日现金流量，减少在国库账户以外存放现金，进而减少政府整体的借贷需求。政府银行服务部门接掌集中支付办公室职能，负责管控（holding）政府部门与机构账户中营运资金余额，提供银行既有系统协助各账户于每个营业日中及营业结束时，将剩余现金结清至开立于英格兰银行政府银行服务账户；再通过国库账户清算，将政府银行服务账户余额结转至统一基金账户，再由统一基金账户将余额结转至国家贷款基金账户，以减少政府的借贷成本。

政府银行服务部门每年约处理1 000 万笔付款凭单、1 万笔 CHAPS 交易及4 000 万笔 BACS 交易。目前约有 700 个政府部门及机构参与，包括政府部门（Government Departments）、行政机关（Executive Agencies）、营运基金（trading funds）、非政府部门公共机构（Non-Departmental Public Bodies，NDPBs）及国民保健服务（National Health Service，NHS）机构等。

目前政府银行服务部门银行业务合作伙伴为苏格兰皇家银行及花旗银行，通过与该二家银行签订合约，为政府部门与机构提供银行交易服务；各政府部门与机构可使用其开立于苏格兰皇家银行及花旗银行账户，直接通过其分行、服务柜台及网络银行等，办理所有收入及支付交易；而相关交易服务手续费用由政府银行服务部门支付。

四、英格兰银行

虽然自 1998 年起英格兰银行不再负有债务管理与现金管理责，但在整个国库制度中，仍扮演着重要的角色。英格兰银行与财政部二者间关系，可从以下两个方面说明：

（一）英格兰银行提供财政部国库账户相关服务

英格兰银行依法收存国库资金，经管国库账户体系，并为各政府支出部门和机构开立分账户。英格兰银行通过对上述账户经管，记录政府资金变动情形与各政府支出部门和机构的资金运用状况，并向财政部提供相关信息。但因英格兰银行于 2009 年年底停止办理零售银行业务，各政府支出部门与机构开立于英格兰银行的账户已逐渐移出。

（二）英格兰银行独立执行货币政策

英格兰银行的独立性表现在禁止对财政部（国库）直接融通，且将财政部视为客户，对其提供各种金融服务，并收取费用；相对地英格兰银行也依市场利率，对国库账户存款余额支付利息，利率以银行利率为基准，此利率每月由英格兰银行货币政策委员会（Monetary Policy Committee）决定。

五、商业银行

为充分发挥资金价值目标，政府部门与机构所收缴资金，以及尚未支付的资金余额，都应尽早集中于国库账户体系，进而降低政府借贷成本或增加政府资金的利息收入。

政府部门与机构对于与非政府单位间交易，除可以通过政府银行服务部门办理外，也可通过一般商业银行办理。政府部门与机构除受法令限制，或因与统一基金或国家贷款基金有关，必须将款项存放于英格兰银行账户者外，① 其余可依自身资金收缴与支付管理规划等业务需要，自行选定往来银行，② 只须兼顾库款安全性与资金效益性。财政部为了规范政府部门与机构资金或现金管理，制定了如何选择商业银行开立账户的准则：③（1）选择可提供政府银行服务部门所无法办理业务项目，或可对整体国库提供更物超所值服务银行。（2）为了符合库款运用最大效益性，该银行须保证清算资金尽早达账。（3）该银行须具体提供款项移转和其他服务收费标准，使成本透明化以供比较。（4）该银行应支付存款利息，且利率应尽可能地接近或优于英格兰银行同业拆款利率。（5）政府部门与机构于该银行开立账户时，不可为降低费用而同意于账户内维持最低余额约定，这将导致国库借款与国库成本的增加。

当商业银行能够充分考虑上述因素时，政府部门与机构选择一般商业银行为其提供银行服务才是适当且正确的，但它在商业银行存款余额应保持在最低水位，且不允许透支。而政府部门与机构考虑其日常性支出需求，常常在其商业银行账户持有短期的小额存款，并要求商业银行支付利息，利息收入必须上缴国库，不可用于各部门支出；同时，政府部门与机构对于银行所提供服务应支付相关费用，支付银行服务费用与收到存款利息收入必须分开，收支不可互抵，因此各政府部门与机构并没有在商业银行账户内保留不必要资金余额的动机。实际上，自2000年以来各政府部门与机构存放于商业银行资金总余额规模一直保持相对稳定的状态，大约2亿~3亿英镑左右，这一存款规模与政府大约6 000亿英镑年收支规模相较，显得非常小。

第二节　国库账户体系

英国实行国库集中支付制度，其开设的单一账户体系形成金字塔式国库账户体系，由统一基金账户（Consolidated Fund Account，CFA）、国家贷款基金账户（National Loans Fund Account，NLFA）及债务管理账户（Debt Management Account，DMA）等三个主要账户所构成，见图6-1。英国国库集中管理制度及政府单一银行

① 如过去集中支付办公室账户及2008年改制后政府银行服务账户。

② 根据英国银行业务要求，政府部门与机构仅限于与“支付清算服务协会（Association for Payment Clearing Services，AFPCS）”成员往来；该组织下包含自动转账清算系统、大宗转账清算系统及票据清算系统。

③ HM Treasury，Managing public money，July 2013，https：//www.gov.uk/government/publications/managing-public-money.

账户（single government bank account）概念最初建立于1787年，英国国库财务行政主管机关为财政部，政府国库存款存放在财政部开立于英格兰银行国库账户中，大部分政府部门与机构收支通过此国库账户处理，并由英格兰银行负责政府债务与现金管理，在政府决定经济政策方向后，由该行执行筹措政府长短期所需任务。各账户资金款项都分别列账公布，权利义务关系划分明确，账户间资金结转与拨存，都须计付利息。以债务管理账户为例，如日终拨付款项至国家贷款基金账户，应对国家贷款基金账户收取利息；相对地，如日终由国家贷款基金账户转存资金，则须对国家贷款基金账户计付利息。①

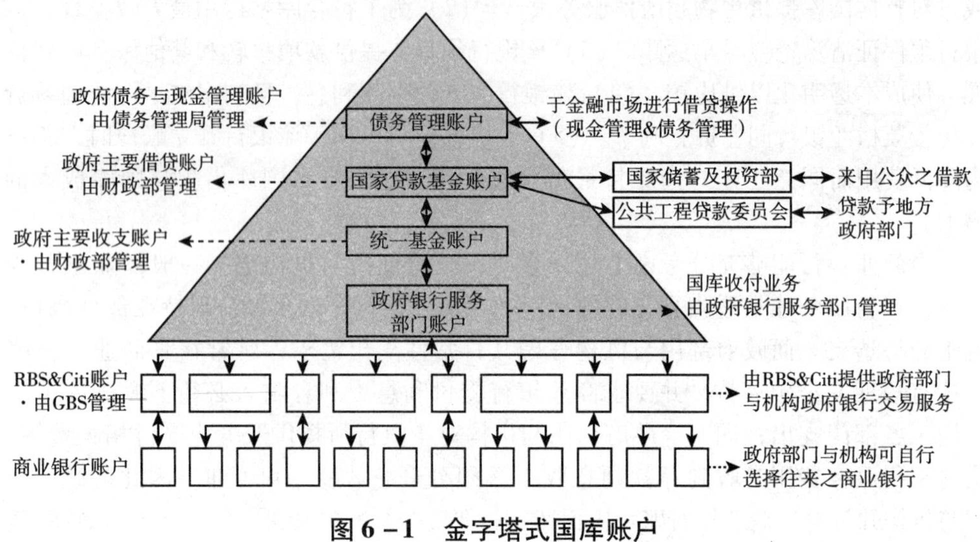

图6-1　金字塔式国库账户

一、统一基金账户（Consolidated Fund Account，CFA）

统一基金账户为中央政府经常账户，用以收存政府收入资金并支付政府支出款项。根据1866年《国库审计法案》（Exchequer and Audit Departments Act 1866），一般性税收收入及其他国库收入应缴存至统一基金账户，而经议会审议批准的政府部门支出款项也由统一基金账户拨付至政府银行服务账户（2008年以前为集中支付办公室账户），再通过商业银行电子清算系统，为各政府部门与机构办理支付作业。

统一基金设置于1787年，用以收存政府收入资金并支付政府支出款项。在1787年以前，国库收入资金主要存于以下三个基金：总合基金（Aggregate Fund）、一般基金（General Fund），以及南海基金（South Sea Fund）；此基金所以命名为统一基金，也是因为将当时现有基金综合起来。根据1866年国库审计法案（Exchequer and Audit Departments Act 1866），大部分的税收收入及其他国库收入都须纳入统

① 林惠敏：《英国国库管理制度及公共债务审计》，赴英国考察报告http：//report. nat. gov. tw/ReportFront/report_detail. jspx? sysId = C10103439，2002年1月3日。

一基金。

统一基金由财政部管理，账户开立于英格兰银行，称为统一基金账户，该账户可视为中央政府经常账户。每日日终，统一基金账户余额须结清为零；如有余额，须全数转存至国家贷款基金账户，若有不足，则由国家贷款基金拨存。

统一基金所涵盖范围包括收存税款收入及其他政府收入，提供供应服务（Supply Services）资金款项，满足常设服务（Standing Services，统一基金有部分的支出款项是依据法律所授权，而不须经议会每年预算审核；以此方式资助服务，被称为统一基金常设服务，其中包括法官及审计长等高阶官员的薪资，对欧盟支出款项，以及举办选举费用等）直接支付规定，并偿还国家贷款基金净利息费用等，分述如下：

（一）主要收入项目

1. 英国税务及海关总署（HMRC）所征收税款收入，除议会有特别法律规定者外，所有税收收入都应存入统一基金账户。

2. 其他政府收入，即所谓的统一基金额外收入（Consolidated Fund Extra Receipts，CFERs），所有政府所收到非税收收入款项及非由收取部门所保留收入款项（如罚款），都被归类为统一基金额外收入（CFERs）；此款项于收到时须即时存入统一基金。

3. 紧急应变基金（Contingencies Fund）还款，紧急应变基金（Contingencies Fund）由财政部管理，用以资助预期议会将批准紧急性支出，或未包含于当年预算小额支出；当议会投票通过该紧急性支出后，款项必须偿还紧急应变基金。紧急应变基金资金于年初由统一基金拨入，至年终再拨还给统一基金。

4. 当统一基金当日支出超过其收入时，自国家贷款基金所拨存款项。

（二）主要支出项目

1. 供应服务（Supply Services），指提供政府部门与机构支用的经费款项。此款项每年由政府提交支出预算送议会审核通过，各部门仅可于议会批准用途项目范围内来使用资金。

2. 常设服务（Standing Services）中，依据法令规定永久授权，不须每年经议会投票表决核准支出款项，包含司法人员薪资，举办选举费用，英国捐助予欧洲共同体（European Communities）预算（英国为欧洲金融稳定机制（European Financial Stabilization Mechanism，EFSM）成员，为欧盟国家提供相关资助，而统一基金为英国支持 EFSM 资金来源）以及财务援助（financial assistance）款项（Banking Act 2009 立法赋予财政部在迫切情况下，直接从统一基金对银行或其他金融机构提供财务援助款项，但须于发生后立即通知议会，2010～2011 年及 2011～2012 年无该款项拨付）等。

3. 常设服务（Standing Services）中，政治与行政人员薪资及退休金款项，包括议长（Speakers）、反对党领导人（Opposition Leaders）、党鞭（Whips）以及高阶官员（如审计长、议会政务监察官及英国资讯委员）等。

4. 紧急应变基金（Contingencies Fund）拨提。

5. 当统一基金当日收入超过其支出时，拨转入国家贷款基金款项。统一基金相关财务营运机制，受1866年《国库审计法案》（Exchequer and Audit Departments Act）约束。

二、国家贷款基金账户（National Loans Fund Account，NLFA）

国家贷款基金账户为政府主要的借贷账户，依据1968年国家贷款法案（National Loans Act 1968）于1968年4月1日设立，由财政部管理，用以控管政府资金借贷款项。

国家贷款基金主要任务为“满足统一基金收入不足以涵盖其支出时资金需求”。因此，国家贷款基金借由办理借款及使用收益以弥补统一基金的任何赤字，相对地统一基金如有任何净盈余也应存入国家贷款基金，以减少日后借款需求或增加可贷放额度。国家贷款基金每日银行账户余额也将结清至零，任何现金盈余应存入债务管理账户，而赤字时则由债务管理账户转存资金。

目前国家贷款基金大部分借款需求，通过债务管理办公室及国家储蓄及投资部办理。① 另国家贷款基金也贷款给各法定公共部门及提供资金给公共工程贷款委员会（Public Works Loan Board，PWLB，它成立于1793年，隶属于英国债务管理办公室，为财政部执行机关之一。其主要职责为转贷来自国家贷款基金（NLF）资金予地方政府（local authorities）及其他规定机构，作为最后贷款者（lender of last resort）角色，由其再转贷地方政府等机构。

国家贷款基金的借款，包括向政府各银行账户盈余临时性借款，此类资金已视为国库资金，因此不须支付利息，但对于向其他资源借款，国家贷款基金通常须支付利息并偿还借款。

三、债务管理账户（Debt Management Account，DMA）

债务管理账户依据1998年财务法案（Finance Act 1998）所设立，为政府现金与债务管理总账户，由债务管理办公室管理；其主要任务为补足国家贷款基金资金缺口需求，其中包括长期需求（债务管理）、短期需求及日常现金需求（现金管理）。债务管理账户中余额可视为国家贷款基金账户备用存款，备用金额大小取决于国家贷款基金账户的资金状况。如果债务管理账户出现资金不足，则从金融市场

---

① 该机构英文名称为National Savings and Investments，NS&I。国家储蓄及投资部为英国最大储蓄组织之一，为个人存款户与投资者提供储蓄及投资等服务，也是财政大臣执行机关。当存款户与投资者投资NS&I产品时，即可视为将投资款项贷给政府，该资金可被财政部加以运用，以有效协助管理国家债务成本。

上融资；同样，如果债务管理账户出现剩余，可将超过最低现金目标余额资金投入金融市场，目前债务管理办公室与英格兰银行所约定保留最低现金目标余额为2亿英镑，用以应对每个营业日非预测性资金需求变化。

在债务管理的角色上，债务管理账户代表国家贷款基金发行政府公债（gilts），因此政府公债发行属于国家贷款基金负债，且政府公债利息支付与到期赎回也为国家贷款基金责任。在现金管理角色上，债务管理账户于金融市场上进行日常资金借贷操作，大部分以发行国库券、① 买卖附买回交易或附卖回交易等形式为主。

债务管理账户用以管理国库净现金，国家贷款基金账户余额于日终须全数结转至债务管理账户。债务管理办公室与英格兰银行约定于账户中预留2亿英镑目标余额（targeted balance），用以支应任何延迟或非预期的现金流出。日终，若债务管理账户余额大于目标余额，则由债务管理办公室于市场上投资或贷出；若债务管理账户余额小于目标余额，则由债务管理办公室通过货币市场隔夜拆款或长期借款弥补。债务管理账户在任何时候都必须维持正数余额，不得透支。

第三节　国库资金的收入与支出

一、国库资金的收入与支出程序

国库部每一笔支付首先要送审计署审批，说明批准支出的法律文本或议会表决案。审计署审查后以统一编号的印章确认同意支付。国库部根据批文指令英格兰银行进行付款。英格兰银行则从财政部账户向设在支付办公室的各部门指定账户划转资金。

政府各部门按照议会批准的预算安排支出，负责有效地使用预算资金。各部门的资金存在支付办公室各自的账户上，只有立即对商品和劳务的供应商进行支付时，资金才转出支付办公室的账户。在财政年内，各部门制定按月分配的用款计划，根据需要从财政部账户上的未提余额中逐笔向支付办公室各自的账户上划转，每月的用款计划和实际支出数间的差额不能大于或小于5%，大于5%要按高于银行利率2个百分点向支出部门收取利息。为了减少政府的净借款，支付办公室账户上的所有贷记余额每晚都自动转回到财政部账户。②

（一）关于税收收纳的操作程序

英国国内收入署在全国境内设立了两个核算办公室，一个设在北部的苏格兰，

① 债务管理账户（DMA）发行以英镑计价国库券，作为其债务及现金管理操作一部分。

② 林惠敏：《英国国库管理制度及公共债务审计》，赴英国考察报告http：//report. nat. gov. tw/ReportFront/report_detail. jspx？ sysId = C10103439，2002年1月3日。

另一个设在南部的英格兰。以设在南部的英格兰约克郡夏普力（Shipley）的核算办公室（Accounts Office Shipley）为例，这个办公室的职能是处理整个英格兰地区的税收收入。处理过程是：首先由各地的税收办公室向该核算办公室提交征税名单及相关资料，核算办公室根据名单向纳税人邮寄统一格式的税票（Paylist）和专用支票。纳税人填写税票和支票并寄回给核算办公室，核算办公室通过自动化设备对纳税人填好的税票和支票进行分拣、记账，并将支票存入西敏斯商业银行。西敏斯商业银行当天将税款转入英格兰银行。核算办公室的自动化程度很高，一些处理程序是专门设计的。核算办公室每天处理的信件达到28 000封，能够保证及时、准确地将纳税人缴纳的税款交到国库。纳税人通过转账方式缴纳税款，直接将账款划到核算办公室在西敏斯商业银行账上，由核算办公室汇总划转到国库在英格兰银行的账户上。

（二）关于支出的操作程序

以国内收入署和上述Shipley核算办公室作为支出单位的例子。国内收入署的年支出预算确定以后，国库部按国内收入署的用款计划和进度将资金从英格兰银行的财政部账户向国内收入署在支付办公室的账户上划转。国内收入署每天可以在这个账户中进行开支。国内收入署下属的全国各地税务办公室没有自己的账户，全部统一在上述账户中集中支付。集中支付方法主要分为三种：

1. 工资。国内收入署64 000名职员的工资统一由英格兰银行直接汇到职员个人账户上。

2. 采购支出。国内收入署设有一个采购中心。国内收入署及其所有下属单位的采购活动的程序是：各支出单位与供应商签订采购合同，交国内收入署采购中心审批，经批准后交支付办公室办理审查和支付。

3. 小额支付。国内收入署给其所属各单位一本支票簿，对于一些小额零星支付，允许支出单位直接用支票支付。支票最终从国内收入署在支付办公室的账户上兑付。

二、国库集中收付

英国国库收支管理采行国库集中收付制度。所谓国库集中收付制度，是指对财政资金实行集中收缴和支付，其主要基本特征为：

1. 设立国库单一账户（Treasury Single Account），所有国库资金收支都由国库单一账户统一执行管理。①

2. 国库收入（税收及非税收入）通过银行系统及时缴入国库单一账户，国库支出由国库单一账户直接支付给商品和劳务供应者或用款单位，国库资金余额只存管于国库单一账户。

---

① 依据英国国库账户体系，此国库单一账户系指统一基金账户。

3. 进行国库收支即时动态监控，即时监控每一笔国库收入与支出情况。以下将进一步针对英国国库集中收付程序、国库收付工具、政府银行服务以及商业银行服务等四部分作说明。

（一）国库集中收付程序

1. 收款作业。税收款项为国库最主要收入来源，税收种类分为直接税（所得税、公司税、资本利得税及遗产税等）与间接税（增值税、消费税及印花税等）二种。英国税务及海关总署（英国税务及海关总署成立于2005 年4 月18 日，由英国国税局（Inland Revenue）和皇家关税署（HM Customs & Excise）所合并改制为负责办理税款征收业务主管机关，其下设立二个账务办公室（Accounts Office Cumbernauld 及 Accounts Office Shipley）协助处理税款征收作业。自 2008 年 4 月政府银行服务部门设立后，税款征收作业通过政府银行服务部门办理，纳税义务人（包含个人及法人）可通过金融卡或信用卡（此系通过 BillPay 系统，由 Santander Corporate Banking 所提供，缴纳税款，账务处理需 3 个工作日，不包含例假日，才会存入 HMRC 税款账户）、银行转账（直接转账、电话或网络银行，银行业因应电话或网络银行支付转账需求，推出 Faster Payments service（FPS）系统，款项可于当日或次一日达账，但转账支付金额不可超过银行所限定额度）、BACS 及 CHAPS 或支票等方式，将税款缴纳至英国税务及海关总署开立于花旗银行税款账户，不同的税目种类分别开立不同账户收存管理，并于日终将收入款项结转至政府银行服务账户。

另外，政府部门与机构自行收取收入，应每日存入其商业银行账户，商业银行应于当日将款项转入政府银行服务账户，未依规定于当日存入者，应另加计利息。每日日终，政府银行服务账户余额将再结转至统一基金账户。

2. 支付作业。国库支付程序可归纳为四个环节，依次如下：

（1）承诺付款。由支出部门或机构与商品及劳务供应商签订相关购买合约，并承诺付款。这个阶段是国库支出根源，监控支出承诺是国库支出程序中最重要的一个环节。

（2）审核付款。当支出部门或机构收到供应商所开立发票时，应审核发票上商品数量及金额是否与约定订购数量及承诺付款金额相符，计算出国库实际应支出数额。

（3）签发支付命令。由支出部门或机构向政府银行服务部门签发支付命令，并检查相关计算数据、承诺付款情况，以及所有辅助凭证等相关资料。

（4）办理支付结算。政府银行服务部门通过银行清算系统将资金自国库账户实际支付给供应商。

（二）国库收付工具

国库收支使用的收付款工具有很多种，最常使用工具说明如下：

1. 现金。基于成本和安全考虑，国库收支均应避免使用现金，只有在其他支付方式无法适用时才用现金支付，如部分须付现款的临时工资、小额杂支、订金等才使用。

2. 付款簿（Order Books）。类似邮政汇票，用于部分受款人无银行账户，又必须领现者，受款人可持至邮局窗口领款。

3. 付款凭单（Payable Orders，PO）。付款凭证是由政府银行服务部门账户付款，其性质类似支票由银行账户扣账。付款凭证时效为六个月，未画线者，可至指定银行领取；画线者须存入账户，经由票据清算系统至政府银行服务部门账户扣款。使用付款凭证付款，财政部可将库款一直留在政府银行服务部门账户中，直到受款人来兑领。

4. 支票。支票从签发到款项扣账、存入受款人账户，通常有一定的清算时间表，一般为三天。

5. 大宗转账清算系统（Bankers Automated Clearing System，BACS）。专门处理大量收支款项电子转账服务，每次至少 100 笔以上，费用低廉，达账时间三天；适合同性质大量款项支付作业。

6. 自动转账清算系统（Clearing House Automated Payment System，CHAPS）。当天达账，收费高，多用于银行间单笔高额款项移转，适合支付大额款项时使用。

此外，各政府部门与机构在移转款项（包括收入与支付）时，应使用最便宜、最安全且最快速的方式移转公共资金。财政部建议款项移转工具选择顺序如下：（1）使用政府银行服务办理内部转账，不须收取任何费用。（2）使用商业银行电子系统（BACS 及 CHAPS）办理政府银行服务账户与商业银行账户资金移转。（3）采用付款凭单（Payable Orders）或支票。（4）通常不使用现金、未画线支票、付款簿或其他涉及高安全性风险（high security risks）方式。各政府部门与机构可自行选择符合业务需求款项移转工具。

第四节　国库现金管理

国库现金管理是国库管理制度的核心，也是财政部门提高国库资金使用效益的重要途径。国库现金管理指在确保国库资金支出需要前提下，达到国库闲置资金余额最小化，资金使用效益最大化的财政资金管理程序。

一、目标

2000 年 4 月 3 日，英国政府将政府现金管理从英格兰银行（BOE）移交到债务管理办公室（DMO）。DMO 取代英格兰银行成为政府债务现金管理的代理机构。这种责任划分是为了明晰英格兰银行和财政部各自的作用，并避免在市场运作中产生利益冲突。它也使政府的短期和长期借款需求得到整合。DMO 于 1998 年 4 月 1 日接手债务管理的职责。DMO 履行现金管理职能的主要战略目标是通过市场运作，弥补每个工作日国民贷款基金（National Loans Fund，NLF）预期结算现金流入和流出，同时充分考虑信用风险管理，在不会过度影响短期利率水平的情况下，实现成本效益的原则。DMO 还必须考虑到英格兰银行的操作需要，使其能更好的实施货币政策目标。①

国库现金管理基本目标为：（1）在确保国库能及时取得所需资金的同时，尽量缩小政府在银行体系闲置资金规模，以降低借贷成本；（2）高效率地管理政府短期现金流量，使国库资金流入与流出时点可相互配合；（3）借由国库现金管理，促进国内金融市场的发展。

二、职能

债务管理办公室于2000 年4 月后自英格兰银行手中接掌现金管理职责，并与财政部相互配合，致力于达到上述国库现金管理目标；其主要业务内容包括以下三项：

（一）控管国库现金流量

控管国库现金流量的基础是控制资金流入与资金流出时点，并对二者间的缺口进行调节。国库收入资金（如税款、规费等）自缴纳义务人手中流入国库需要经过一个较长的过程，资金流入管理应在短时间内，以低交易成本将资金收入缴入国库。如果资金入库所花费时间过长，原预算中所预定支出项目（规划）就无法及时获得资金支付，因此良好的资金管理应要求尽量缩短收入与支出时间落差，所征集到收入均须迅速缴库，以便在需要时动用。

（二）通过国库账户体系运作，集中管理国库资金

财政部通过统一基金账户办理国库收付作业，并于日终层层结转余额至债务管理账户，集中管理国库资金，避免在其他金融机构保留大量闲置资金余额。国库资金余额集中化可视为最佳资金管理模式，所有政府账户（包括以基金形式管理账户②）均应实施资金余额集中化，以利于即时且灵活地资金调度操作，降低政府债务规模与成本（利息支出），并促进财政政策与货币政策协调。良好的现金管理是在确定政府整体最佳现金持有量的前提下，努力降低政府借款成本或使资金收益极大化，因此财政部与债务管理办公室均尽可能地降低国库账户体系营运资金余额。

（三）依据财政部国库收支预测，在货币市场调整资金借贷活动

为获得资金借贷最佳价值，并避免在资金不足时才紧急进行大额交易调度资

① 林惠敏：《英国国库管理制度及公共债务审计》，赴英国考察报告http：//report. nat. gov. tw/ReportFront/report_detail. jspx？sysId = C10103439，2002 年1 月3 日。

② 许多国家在一般预算系统外仍有若干政府基金运作，为确保资金余额集中化，政府基金应仅作为独立会计核算实体，而不另开立存款账户，其资金余额均应统一存管于单一国库账户。

金,① 可靠的现金流量预测实属必要。英国国库现金预测主要由财政部负责，再由债务管理办公室据此办理资金借贷作业。

1. 财政部从税务部门取得收入预测信息，自各政府部门与机构获取支出预测信息，并根据融资计划了解未来债务还本付息情况，据此对全年财政状况及净现金流量作中长期预测；另接收并核对各政府部门与机构每月所传送现金流量预测信息，再通过政府银行服务账户监控政府部门与机构实际收入与支出，于每周提供更新净现金流量短期预测信息给债务管理办公室。

2. 债务管理办公室收到预测结果后，根据该信息在货币市场上调整其资金借贷活动，以符合与英格兰银行约定目标现金余额。债务管理办公室在收到财政部所传送预测时（通常是19 周前），即开始计划以不同天期及各式金融工具稳定地借入或投资净现金部位；随着时间稳定地借入或投资资金，此有助于将每日利率变动对大量资金流入或流出潜在影响降至最低。如果债务管理办公室在某日因预测部位过低而须筹措非预期资金，此时可能需要再借入前已贷出款项；相反地，如果预测现金部位太高，债务管理办公室可能须将前已借入款项再次贷放出去，如此一来将增加交易成本，并在市场利率变动时存有潜在损失风险。

英国现金流量预测水平很高，财政部通过对国库资金收支变化的历史性数据进行统计分析，寻找资金波动规律，每周向债务管理办公室提供最新的国库收支预测，准确度很高，与实际执行数误差通常在1 000 万英镑左右，对现金管理决策发挥了重要作用。各政府单位资金流向与现金流量预测资金传递关系，如图6 –2 所示。

三、操作

英国国库现金管理是在国库单一账户管理体系（即国库资金集中收付管理制度）基础上办理，每日日终，所有国库现金余额全数移转至债务管理账户。债务管理办公室职责为根据财政部所提供国库收支预测，通过市场借入或贷出等方式，达到其与英格兰银行所约定于账户中预留2 亿英镑最低目标现金余额，以支应日常非预期性现金需求变化。

长期而言，因为有部分税收收入或支出难以预测准确，导致国库现金流量可能产生大幅度波动，此时债务管理办公室将采用以英镑计价附买回交易（repo）或附卖回交易（reverse repo）、短期现金债券（short cash bonds）、定存单（Certificate of Deposit）、商业本票（Commercial Paper）等货币市场工具及国库券等方式管理国库现金流量。以发行国库券而言，债务管理办公室在净现金流入或流出月份分别减少或增加发行量，国库券发行金额将随着现金需求变化而增减，主要反映在1 个月期国库券发行量上，相较于3 个月期或6 个月期国库券发行量，其波动幅度较大，如表6 –1 所示。此外，除了事先预计定期定量发行国库券外，债务管理办公室也于2007 年11 月8 日宣布启动双边国库券交易机制（Bilateral Treasury bill facility），根

① 通常于最后一刻仓促交易议价空间最小，利率条件通常较差。

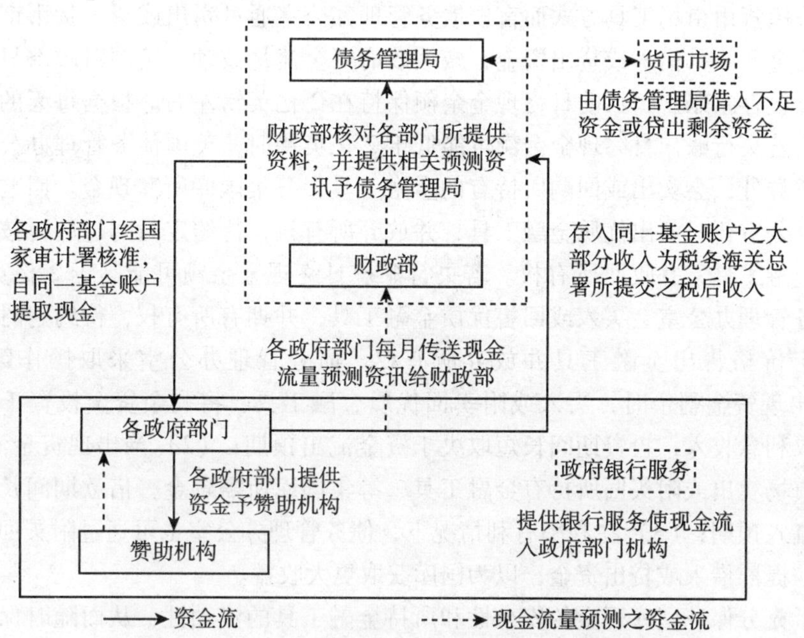

图6－2　各政府单位资金流向与现金预测的关系

注：图中实线箭头表示资金流、虚线箭头表示现金流量预测值资金流。

资料来源：National Audit Office.

据国库券主要交易商（Treasury Bill Primary Participants）要求，并考虑其现金管理业务需要，续发已流通国库券；双边国库券交易发行量标示为其他类型（Other Issuance）国库券，其发行量波动幅度也较大。

表6－1　　政府持有国库券情况（2014年节选数据）　　单位：百万英镑

国库券名称	1月	2月	3月	4月	5月	6月	7月	8月	9月	10月
8% 2013	0	0	0	6 039	6 039	6 040	6 040	6 158	0	0
2% 2014	1 238	1 742	0	1 028	1 028	1 028	1 028	1 028	1 028	1 028
5% 2014	6 039	6 039	6 039	6 186	6 186	6 186	6 695	6 695	6 695	6 695
2% 2015	1 028	1 028	1 028	3 153	3 153	3 152	3 291	3 292	3 291	3 291
4% 2015	6 186	6 186	6 186	1 130	1 130	1 130	1 561	1 561	1 561	1 561
8% 2015	3 153	3 153	3 153	5 457	5 457	5 457	5 923	5 923	5 923	5 923
2% 2016	1 130	1 130	1 130	594	594	594	977	977	977	977
4% 2016	5 457	5 457	5 457	3 508	3 508	3 508	3 654	3 654	3 654	3 654
1% 2017	593	594	594	258	258	258	678	678	678	678
8% 2017	3 508	3 508	3 508	5 370	5 370	5 370	5 833	5 833	5 833	5 833
1% 2017	258	258	258	12	12	12	469	469	469	469

资料来源：选取DMO网站部分数据整理而成。

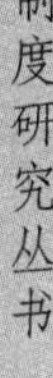

就采用货币市场工具方式而言，债务管理办公室通过卖出或买入货币市场上安全性较高金融工具借入或贷出资金，减缓政府资金流量波动。英国财政部只在英格兰银行开设存款账户，目前日终现金余额保持在2亿英镑左右。根据每天的国库收支预测，若央行账户日终现金余额可能低于2亿英镑时，英国债务管理办公室在发行短期债券外，会卖出或回购所持有的金融工具，筹集国库所需现金。回购是指债务管理办公室暂时卖出优质金融工具，并放弃所有权，待约定时间过后再按既定价格购回金融工具，并收回所有权。若央行账户日终现金余额可能高于2亿英镑时，英国债务管理办公室会买入或回售优质金融工具，并拥有所有权，待约定时间过后再按既定价格售出金融工具并放弃所有权。债务管理办公室采取操作策略为：(1) 当出现资金剩余时，买入或附卖回优质金融工具，将剩余资金投资于货币市场，赚取利息收入，投资期间长短取决于资金流出预期；(2) 当出现资金不足时，于货币市场卖出或附买回所持有金融工具，筹集国库所需资金，借款期间长短取决于资金流入预期；(3) 在利率有利情况下，债务管理办公室也可通过附买回或附卖回交易，提前借入或贷出资金，以为国库获取更大收益。

为了充分保证国库现金的安全性和所持金融工具的流动性，从而随时保证国库支出的需要，英国债务管理办公室规定：(1) 回购或回售交易，必须具有十足的优质金融工具作为抵押；(2) 买入或卖出的优质金融工具，其剩余期限最长不能超出半年；(3) 优质金融工具包括英国政府债券，信誉卓著的商业银行发行的英镑短期票据，以及美国政府债券和德国、法国发行的欧元政府债券等；(3) 按照《马斯特里赫特条约》的规定，欧盟各国的央行不能向本国财政部发行隔夜信贷来弥补其预算收支差额，为此英国债务管理办公室与几家大型清算银行签订了《备用透支协议》，以应付国库的资金急需。

债务管理办公室国库现金管理操作并不以获得最大收益为优先考虑，而是强调现金管理必须与货币政策、债务管理相互配合。在执行国库现金管理操作时，应与英格兰银行货币政策协调一致，在不影响市场短期利率水准的前提下，管理资金流入与流出，努力确保其资金管理短期操作不会扭曲市场利率。此外，国库现金管理也须与债务管理紧密结合，根据国库现金管理实际需要，搭配国库券发行，形成国库现金管理与债务管理有效配合机制。

第五节　政府采购管理

英国是政府现代意义上采购制度的发源地，政府采购在英国有着悠久的历史，早在1782年，英国就设立了文物公用局，用以对政府部门的政府部门办公用品的采购进行管理。经过此后几百年的发展，英国的政府采购制度逐渐建立和完善起来，积累了丰富的经验，也形成了自己的特色。

一、英国政府采购制度的原则

（一）物有所值原则

这是英国政府采购中最为强调的原则，其目的是在采购过程中实现物有所值，采购标的价格和质量要相匹配，性价比相当，能够最佳地满足采购部门的需要。物有要求政府在采购过程中既要考虑价值因素，又要考虑质量因素，使两者达到有机结合以满足政府采购部门的需要。

（二）充分竞争原则

充分竞争是英国政府采购的核心原则。根据有关法律规定，政府各部门在进行采购时可以自行决定最符合合同要求的竞争形式，要以最合理的价格采购自己需要的商品和服务。而且，有效的政府采购还能激发供应商间的竞争，推动更高级竞争的进一步形成，从而有利于未来的采购，使更加“物有所值”。通过充分的市场竞争，使政府采购的效益达到最大化。

（三）在采购中较少兼顾社会政策

英国并不强调政府通过采购来引导国民经济的规模和结构，从而在一定程度上发挥政府宏观调控的职能，并不会为保护中小企业而歧视大企业他们认为这才是平等，而是在采购中公平地对待所有企业。换句话说，政府不会通过政府采购去刻意追求社会或其他政治目标。但是也有例外，如政府也可拒绝与不友好的供应商签约，也可拒绝同犯有严重职业犯罪行为或经济实力不好的供应商签约。

二、英国政府采购的一般程序

从决策程序上看，各政府部门的政府采购都实行自我决策，完全可以根据本部门的需要进行采购。英国的政府采购是在议会、财政部、采购部门、采购官员等共同运作的前提下进行的。在采购决策中受到两个方面的制约：一是采购项目必须在财政部授权支出的范围内，二是所有支出都必须向议会负责。英国政府采购的一般程序都经过以下几个过程制定采购计划、确定采购需求、执行采购方式选择供应商、签订采购合同、合同履行和采购评估。要达到成功的采购目标，必须认真对待采购的每一个过程。

（一）制定采购计划

英国预算支出部门一般制定三年的采购计划。计划由财务计划和业务计划两部分组成。编制的计划递交到财政部备案、汇总。财政部有专门负责备案支出部门的管理人员，对三年计划每年进行一次评估，主要是评估当年的采购计划安排的合理性，并对当年各部门支出做出总额控制的分配建议。当年采购计划与支出分配有差距时，财政部门对支出部门当年的采购计划安排提出质询，并有权将计划退回，要求支出部门重新编制。达成一致后，经批准，就由各预算支出部门独立组织实施。

（二）确定采购需求

各预算支出部门完全可以根据本部门的需要进行采购，但所采购的商品和服务，必须在财政部授权的支出范围内。采购部门在确定采购需求上，承担一定的咨询义务。一些历史较长、规模较大的采购部门或采购代理机构，对于一些经常性、固定的物品还制订标准，进行标准化采购。有的甚至根据用户要求，设计特殊的需求标准，以便供应商对其产品加以改进，在投标时符合用户的要求。

（三）确定采购方式和供应商

根据欧盟政府采购指令等规定，公共采购超过一定数量的必须在欧盟官方杂志上公告，实行国际竞争性招标。在英国，货物或服务超过万英镑、工程超过万英镑的采购，均要进行国际性招标。

（四）签订采购合同

政府采购合同在欧盟采购指令或财政部制定的政府采购指南以及一些采购行业协会的有关文件中都有范本可以参照制定。一般短期的、一次性的采购行为，采用固定价格合同长期的采购行为，有的就需要采用可变价格合同。不同采购金额的合同必须由不同授权权限的采购官员负责签订，以明确采购职责和权限。

（五）履行合同

合同签订后，一般不可改变，并随即按合同约定履行合同。在英国，政府采购资金的支付从时间上看，实行即期付款。从支付人看，实行自行采购的或委托代理采购的，由采购部门自行支付实行集中采购的，由财政部门统一支付。

（六）采购的评估

采购的评估主要是起到对采购的监督、分析和对采购人员能力的评估等多方面的作用。不同的采购机构或采购中介代理机构，往往有不同的方式。较严格的采购评估是聘请独立的财务分析公司和专家进行抽查，被抽查的采购项目从采购计划制订到合同履约的全过程都要进行非常严格和仔细的审查。

三、英国政府采购对产业创新的保护

（一）英国保护本国民族产业的制度设置

像其他发达国家一样，英国同样非常注意对本国民族产业的扶持。①

首先，作为欧盟的重要成员国，欧盟的促进国家开放、消除采购歧视的一些政策和安排，对英国有制约作用。欧盟对政府采购参考各成员具体实际情况发布“指令”加以规范，欧盟的采购指令分为四种，即货物采购指令、公共工程采购指令、公用事业采购指令以及公共服务采购指令。通过执行指令不但可以降低采购成本，节约大量资金，消除非关税贸易壁垒，而且还打破了国内企业的价格垄断行为，促进了公平和充分竞争。四大采购指令灵活推动欧盟内部采购市场的开放，促进成员国经济发展，英国的政府采购首先也会受到这四项指令的制约。

其次，英国充分利用欧盟关于“国产比率”和“域内优先”条款限制第三国进军英国采购市场。1993 年生效的欧洲经济共同体的第 93/38（4）号指令关于水、能源、通信、交通四个领域的公共设施采购的程序在第 36 条中明确规定：第三国产品比率超过 50% 的可以拒绝其投标，域内投标者价格比域外投标者高 3% 以内可以优先中标。这为英国限制非欧盟国家参与国内政府采购提供了借口和直接依据，起到了保护民族产业的目的。

再次，政府制定具体的措施，引导和扶持国内企业参与政府采购的竞争。20 世纪 60 年代后半期，北海石油的地球物理探查大体完成，但英国的石油设备公司由于害怕风险，参与不多。英国政府决定采取行动鼓励英国公司发展近海设备，政府通过利率优惠政策，强调给英国企业以充分而公正的机会，即所谓的“购买英国货”的政策。后来又开设了国有的英国国家石油公司，作为英国设备供应商进一步介入的措施。这样做起到了立竿见影的效果，英国公司在英国大陆架石油勘探开采设备的供货总额中所占比例从 25% 上升到了 70% 以上。然而，虽然英国通过保护政策增加了国内供应商的供货比例，却未能提高本国公司的绝对竞争力。从供货的质量方面考察，英国企业所拥有的份额基本上属于原有技术的产品范围，其他一些技术性很强的专门设备却完全需要进口。

（二）扶持创新型中小企业，提高其竞争力

英国是一个中小企业规模庞大的国家，英国雇员低于 250 人的中小企业达到企业总数的 99. 19%，吸纳劳动力占劳动力总量的 55. 14%，实现产值占总产值的 50. 16%，② 由此可见其地位的重要性。为鼓励中小企业发展，英国提出了“优先考虑小企业”以及“理解小企业”的口号，主要政策和做法是降低小企业税赋、通过“直接通向政府”网站提供各类信息服务、加强金融服务、提供财政资助、鼓励技

①② 艾冰：《政府采购促进自主创新的关系及效果研究》，中南大学博士学位论文，2009 年。

术革新等，这些做法取得了良好的效果。除此以外，英国根据欧盟关于扶持中小企业发展的总体精神，通过政府采购的特殊安排来对中小企业给予支持，具体政策有：第一，在国家和地区互惠的基础上，增加中小企业中标的比率；第二，加强网络信息化建设，弥补中小企业和欠发达国家和地区获取采购信息滞后的不足；第三，在招投标准备和过程中提供法律、技术和语言交流上的一切支持，弥补由于语言等一些原因带来的采购障碍；第四，举办政府采购培训；第五，设立奖励措施并构建协助中小企业发展网络群包括信息中心、企业合作网、企业技术创新中心、贸易发展委员会、地区发展委员会等。

第七章

英国政府财务报告和审计

■ 本章导读

英国中央政府实行资源会计与预算改革，是在新公共管理（New Public Management）运动的重要历史背景下进行的。20 世纪 70 年代石油危机之后的经济衰退，导致西方各国高额的财政赤字，福利国家不堪重负，并面临一系列新的社会与政治问题，引发政府进行改革。中央政府主要的法定基金主要包括统一基金（Consolidated Fund）和国家贷款基金（National Loans Fund）。年度财务报告是政府会计信息的最终载体，英国中央政府一直致力于丰富和完善年度财务报告的内容，力求更客观、完整、科学地反映政府财务状况。目前英国已建立了比较完善的审计制度。

第一节　政府会计

一、英国政府会计改革的背景

政府会计改革的核心是在公共部门实行权责发生制会计。英国的政府会计改革是从地方政府开始的。1850 年伯明翰市政府就开始实行权责发生制会计，但地方政府推行权责发生制会计过程比较缓慢，直到 20 世纪 80 年代才全部推行。目前，英国地方政府会计改革已经基本完成，政府部门和教育、卫生等公共服务单位都采用了权责发生制进行会计核算、编制财务报告，并实现了会计报表合并。中央政府会计改革开始于 20 世纪 90 年代初期。1993 年中央政府第一次作出实施权责发生制的声明。1994 年，中央政府对外公布《更好地核算纳税人的钱：在政府中实施资源会计与预算》（征求意见稿），正式提出“资源会计与预算”的概念。“资源会计与预算”是指以政府各部门占有、使用资源为中心，按权责发生制基础编报预算并进行会计核算。1995 年中央政府发布有关实施权责发生制预算和会计的提议，包括实施的时间表。自 2001 年起，英国中央政府会计和预算编制同时采用权责发生制。①

英国中央政府实行资源会计与预算改革，是在新公共管理（New Public Management）运动的重要历史背景下进行的。20 世纪 70 年代石油危机之后的经济衰退，导致西方各国高额的财政赤字，福利国家不堪重负，并面临一系列新的社会与政治问题，引发政府进行改革。英国是新公共管理运动的发源地之一。1979 年撒切尔夫人上台以后，英国保守党政府推行了西欧最激进的政府改革计划，开始以注重商业管理技术，引入竞争机制和顾客导向为特征的新公共管理改革，其目标是追求“三E”（Economy，Efficiency and Effectiveness，即经济、效率和效益）。1979 年 5 月，刚当选首相的撒切尔夫人任命雷纳（Rayner）负责一项旨在提高政府效率的对国家政策和行政职能的全面评估工作，一场持续至今、影响巨大的“新公共管理运动”拉开了序幕。

英国的新公共管理运动大致可以划分为两个阶段，即引进私人部门管理技术和公共服务私有化阶段（1979 ~ 1987 年）、公共服务代理化和公共—私人部门伙伴关系阶段（1988 年至今）。在这两个阶段，不论是促进公共部门与私人部门的竞争，还是推动公共部门与私人部门的合作，都需要能对二者的活动将进行合理的比较。因此，为了提高公共部门会计信息与企业会计信息的可比性，英国政府开始在中央政府中引入资源会计与预算（RAB）制度。1994 年 7 月，英国发布了题为《对纳税人的钱做更好的会计核算：在政府中实施资源会计与预算》的绿皮书，提出在政府

---

① 财政部国库司赴英国政府会计培训班总结报告：《英国资源会计与预算改革》，2009 年，http：//www. mof. gov. cn/pub/guokusi/zhengfuxinxi/guojijiejian/200806/t20080620 _47659. html。

部门实施资源会计，并以此为基础实施资源预算。该文件指出，资源会计的概念包括用于报告英国中央政府支出的一整套的应计制会计技术，以及一整套针对各个部的目标，并且在可能的情况下将其与各个部门的产出相挂钩的支出分析框架。中央政府是指内阁各部与其所属的包括商业基金在内的执行机构。资源预算是以资源会计为基础的公共支出的规划与控制职能。资源会计旨在允许各个部门的管理者在相同的基础上评估使用资本与资源的成本。

新公共管理改革给英国的公共部门管理以及公共服务带来四个方面的重大变化：第一，随着许多国有企业的出售以及在经济活动中实行大规模的私有化，公共部门已从直接的经济活动中撤离；第二，在公共部门中保留的社会政策职能已服从于管理化和市场化，公共部门出现了创造“准市场”（quasi - markets）的种种尝试，这些准市场引入竞争机制，如招标和合同承包；第三，在公共部门及公共服务领域注重“少花钱多办事”，加强成本核算和强化审计，绩效评估更加公开化；第四，人力资源管理开始使用战略性的管理方式，不断地提出各种替代方案和更人性化的管理方式。

基于上述理念，主要由英国、澳大利亚等经济合作与发展组织成员国发起新一轮政府预算管理改革，从根本上变革预算管理的“游戏准则”，其重点涉及五个方面：建立和改进确保履行财政责任的制度与机制，编制多年期财政支出规划，采取新型的自上而下的预算程序，弱化对投入的控制，采用产出基础的受托责任体制。改革的主线就是在预算管理系统中强化基于结果和产出的绩效导向，从传统的关注预算过程的资源投入方面，转向预算过程中由预算投入所带来的“结果”方面。与此相适应，由传统模式中重点关注的合规性方面，转向新的预算与管理系统更加强调的其他目标方面，包括严格的财政纪律以确保总量控制、根据国家的政策重点确定预算优先性以及增强支出机构的营运效率——以更少的投入创造更多更好的产出。政府会计基础的变革及其应用是公共财政管理改革的重要组成部分，同时也对其他方面的改革起着关键性的支持作用。新的预算管理系统强化基于结果与产出的绩效导向的努力，促使政府当局更多地关注基于产出与结果的财务信息，寻求完全成本信息，以便向其公民提供关于服务供应的完全成本的信息。由于传统的收付实现制基础的政府会计不能提供对于预算和管理都极为重要的非现金交易信息，越来越多的发达国家转向权责发生制基础（或修正权责发生制基础）的政府会计。

一般而言，引入权责发生制会计基础可从三个方面支持全面的绩效导向的管理改革：一是体现分权，更强调绩效管理的受托责任。绩效受托责任意味着支出机构应对支出绩效（产出与结果）承担责任。二是鼓励以竞争和更加商业化的方式提供政府产品与服务。三是鼓励更有效的资源管理，特别是对长期资产的管理。由于绩效与成本的直接联结是政府预算系统中引入绩效导向管理模式的基础，权责发生制的引入使得在政府预算和财务报告中确认与计量成本信息成为可能，从而对支持绩效导向的管理模式起了重要的支持作用。

同时，英国的政府会计改革与世界上一些国家在公共部门实行权责发生制会计基础的背景密不可分。西班牙是世界上第一个在中央政府部门实行权责发生制的国家，1989 年就已实行。新西兰、瑞典、澳大利亚、美国等国家先后在 20 世纪 90 年代实行。这些国家的改革对英国产生了影响。英国政府也想通过改革走到世界改革前列，进而对其他国家产生影响。英国的政府会计改革也受到来自国际货币基金组织和世界银行等国际组织的影响。这些组织需要关注借款国家政府的财务状况和偿债能力，因此，通过一些经济手段，对英国实行权责发生制会计施加影响。此外，执政党力图向公众展示改善公共管理的能力，给选民树立一个有效率、精通财政管理的形象；制定私有部门会计准则方面的专家对政府施加压力并产生影响；审计署和议会为了获取更多的信息对政府施加压力等，也是英国实行权责发生制改革的重要因素。

二、英国中央政府会计改革基本历程①

英国中央政府会计改革的标志性事件为 1994 年英国财政部发布绿皮书《更好地核算纳税人的钱——政府资源会计和预算》（Better Accounting for the Taxpayer's Money：Resource Accounting and Budgeting in Government），在该书中正式提出在中央政府部门实行权责发生制会计与预算。但需要说明的是，中央政府采用权责发生制会计始于 1921 年，远早于 1994 年。英国中央政府会计改革与发展的具体过程如下：

1. 英国《支出和审计部门法案 1921》（Exchequer and Auditor Departments Act 1921）首次要求中央政府采用权责发生制会计，但仅限于中央政府部门所从事的商业活动。政府部门从事与政策制定、宏观调控、市场管理等职能相关的活动仍采用现金制会计核算。政府部门的财务报表仍以现金制为基础编制，只是要求权责发生制核算的政府部门商业活动信息作为补充资料单独披露。该法案授权英国财政部对中央政府部门从事的商业活动采用权责发生制会计核算提供指导。

2. 随着英国中央政府机构不断改革，权责发生制会计在中央政府层面的应用范围逐步扩大。1973 年，英国开始逐步将政府部门从事的商业活动剥离出去，即将商业活动与政务活动分离，成立了各种贸易基金（Trading Fund）专门从事商业活动，并制定了相应的法律规范贸易基金的成立及活动。当时，财政部未对此制定专门的会计指南，只是要求其采用英国公认会计原则（UK GAAP，即英国商业会计）进行核算。因此，贸易基金从成立开始就采用权责发生制会计进行核算。其后，除设立贸易基金外，1975 年，英国政府又开始成立另一种类型的公共单位，通常被称为非政府部门的公共单位（NDPB，Non - Department Public Bodies），承担一些非政务活动。1988 年，英国中央政府开始设立执行机构（Executive Agency），根据政府部门授权从事一些专门活动。上述三种类型的公共单位都是独立于英国政府部门的单位，均从成立开始就遵循英国公认会计原则（UK GAAP），采用权责发生制会计。不过，这三种类型的公共单位都属于英国中央政府范畴。因此，确切地说，英国中央政府会计改革主要是指在中央政府部门会计和预算中引入权责发生制。其他属于中央政

① 陈璐璐：《英国政府会计管理与改革情况及对我国的启示》，载于《会计研究》2007 年第 10 期。

府的公共单位从成立伊始就已采用权责发生制，因此不存在改革问题。

3. 英国中央政府部门会计改革拉开帷幕。1991 年，英国财政部开始研究讨论在政府部门中采用权责发生制会计。1994 年，英国财政部首次发布了关于在政府部门采用权责发生制会计与预算的绿皮书，公开向社会各界征求意见。1995 年，英国财政部发布了关于在政府部门采用权责发生制会计与预算的白皮书，正式声明准备在政府部门采用权责发生制会计与预算。1996 年，英国财政部和各政府部门开始启动采用权责发生制会计的准备工作，主要是制定相关的会计制度、评估各部门资产等工作，并成立了财务报告咨询委员会（FRAB，Financial Reporting Advisory Board）。1996～1997 年，英国部分政府部门开始试行编制以权责发生制为基础的资源报告。1997～1998 年，英国所有政府部门都试行编制权责发生制基础的资源会计报告。同年，公布了第一版资源会计手册（RAM，Resource Accounting Manual）。1998～1999 年，英国政府部门资源报告第一次接受了审计总署的非正式审计（Review）。1999 年后期，英国起草了政府资源会计议案（Bill），2000 年 7 月议会通过并正式颁布了《政府资源与会计法案 2000》（the Government Resources and Accounts Act 2000）。1999～2000 年，英国首次向议会提交了各政府部门未经审计的财务报告（审计总署没有出具正式的审计报告）。2000～2001 年，英国各政府部门同时向议会提交两套经审计的报告，分别是现金制基础的拨款报告和权责制基础的资源报告。2001～2002 年，英国首次在中央政府部门预算中采用权责发生制。英国推进权责发生制预算与会计改革的具体进程见表 7-1。

表 7-1　　英国推进权责发生制预算与会计改革的具体进程

时 间	改革进程
1993 年 11 月	政府发布公告，要实施权责发生制会计。
1994 年 7 月	财政部开始公开征求意见。（财政部，1994）
1995 年 7 月	财政部发布政策与项目公告。（财政部，1995）
1996～1997 年	各部门开始准备实施权责发生制会计。
1997 年	中央政府第一次资产登记公告（不含金融资产）。
1997～1998 年	多数政府部门模拟运行资源会计（dry-run accounts）。
1998～1999 年	所有政府部门实行资源会计。
1999～2000 年	1. 第一本经审计的资源会计首次对外公布，报送议会。
	2. 预算按照权责发生制实施模拟运行。
2000 年 7 月	1. 议会通过法案，建立权责发生制会计（非微观预算）。
	2. 财政部通过权责发生制（和收付实现制）基础的三年期微观滚动预算（2001/2002 年至 2003/2004 年）。
2000～2001 年	议会第一次提供资源会计及权责发生制基础上的预算预计数，也是预算第一年应用权责发生制。

续表

时 间	改 革 进 程
2000 年 11 月	财政部第一次发布包括权责发生制部门预算的 2001/2002 年财政预算。
2001 年 1 月	1. 公布传统的收付实现制基础的财务报告（含预算与实际的对比）。 2. 各部门公布权责发生制基础的微观会计报表（不含预算与实际的对比）。
2001 年 3 月	财政部第二次公布包括权责发生制部门预算的 2001/2002 年财政预算。
2001 年 4 月	各部门公布 2001/2002 年的权责发生制预算。
2001 年	中央政府第二次资产登记公告（包括金融资产，截止到 2000 年 3 月 31 日）。
2002 年 1 月	各部门公布 2000/2001 年权责发生制会计报表（含正式预算与实际的对比）。
2003 年 1 月	各部门公布 2001/2002 年权责发生制会计报表（含预算与实际的对比）。
2003 ~ 2004 年	公布权责发生制基础的中央政府整体合并会计报表。
2005 ~ 2006 年	公布权责发生制基础的政府整体公共部门合并会计报表。

三、英国中央政府的基金会计①

英国中央政府实行基金合计模式，中央政府按照法律要求设置具体的基金类型，各基金由特定的收入用于提供相关服务的支付。中央政府主要的法定基金包括统一基金（Consolidated Fund）和国家贷款基金（National Loans Fund），此外，还包括国家保险基金（National Insurance Fund）、应急基金（Contingencies Fund）等。

（一）统一基金

统一基金的收入主要来源于税收和其他支付给该基金的收入项目，政府的大多数支出项目部由该基金支付。统一基金年度法案授权该基金特定年度的服务支出，年度内授权支出的未使用部分应该返还统一基金或抵消下一年度的授权支出。

（二）国家贷款基金

该基金根据《国家贷款法案（1968）》（National Loans Act（1968））的规定建立，该基金的建立将政府借贷活动从其他活动中独立出来，主要管理所有的政府借款、利息支付，以及大多数国内贷款及偿还事项。其资金主要来源于政府股票、国家储蓄、

① 财政部会计司，《政府会计研究报告》，东北财经大学出版社 2005 年版。

其他公共部门借款和国外借款，以及公共部门的贷款偿还等，基金支付包括偿还贷款、支付借款成本、向其他公共部门贷款，以及向国际货币基金组织捐赠等。

统一基金和国家贷款基金都由财政部管理，由财政部为其编制年会计报表。统一基金的盈余可以转入国家贷款基金，其赤字也可由国家贷款基金弥补。

（三）国家保险基金

该基金建立于1975年，由原来的国家保险和产业伤害基金（National Insurance and Industrial Injuries Funds）及当时的国家保险（储备）基金（National Insurance (Reserve) Fund）合并而成。该基金的主要资金来源为相关受益者的贡献金，包括雇主与雇员的贡献金、个体户的贡献金，以及未就业市场中的志愿捐赠金等。其支出项目包括相关受益者的退休金、无劳动能力者的补助及失业者津贴等。国家保险基金由国内收入署管理，并为其编制各年会计报表。每隔五年，由政府保险精算师对该基金进行审议，确保其有足够的资金满足相关要求。

（四）应急基金

该基金的建立是为紧急、意外的支出项目提供资金，该类项目在按照应循程序应能得到议会授权但还没有得到的情况下，对紧急项目提供相应的资金支持。该基金由财政部管理，并为其提供年会计报表。

第二节　政府财务报告

一、《政府财务报告手册》

目前英国的政府会计（包括中央政府层面与地方政府层面）与企业会计标准都共同遵循英国公认会计原则的要求。[①] 在地方政府层面，特许公共财务与会计协会与地方政府会计咨询委员会联合制定的地方政府会计标准，需要由主要制定企业会计标准的会计准则委员会（ASB）批准生效。而在中央政府层面，英国已经从2008年4月起直接引入国际财务报告准则（适用于企业），作为政府会计核算与报表编制的依据。[②] 中央政府对国际财务报告准则的应用情况如下：第一，直接采用大部分准则，并对政府部门应用这些准则的具体问题加以解释。《政府财务报告手册》就政府部门如何应用这些国际财务报告准则做出了解释。例如，《政府财务报告手册》要求政府部门遵循《国际财务报告准则第37号——准备、或有负债和或有资

① FINANCIAL REPORTING MANUAL 2014-15，https：//www.gov.uk/government/uploads/system/uploads/attachment_data/file/388182/FReM_2014-15_final_version_3_for_December_2014_publication.pdf.

② 张娟：《英国政府会计改革的回顾及启示》，载于《双月刊》2010年第2期。

产》的规定，同时对政府部门应用该准则时的具体事项做出解释，如规定未来现金流量应采用英国财政部公布的实际折现率进行折现。第二，《政府财务报告手册》对部分准则中不适合政府部门业务活动特点的规定进行调整，如存货、现金流量表、固定资产、雇员福利、退休福利计划等准则。第三，《政府财务报告手册》对国际财务报告准则中未涉及的政府部门特有资产、特定事项等，就其会计处理做出专门规定。对于国际财务报告准则未涉及的基础设施资产、继承性资产等政府部门特有资产、特定事项，《政府财务报告手册》对其会计处理作了专门规定。如《政府财务报告手册》对基础设施资产进行了初步界定；对继承性资产进行了界定，并规定用于政府日常业务活动的继承性资产，参照其他同类非继承性资产确定价值，其他继承性资产按照成本或市价或扣除折旧后的重置成本来确定其价值。第四，《政府财务报告手册》还对预算信息的披露作了专门规定，如规定了预算的定义、预算执行表的内容以及预算执行表的附注披露等。

目前，《政府财务报告手册》（FReM）是英国规范中央政府会计核算与报告的主要规定。该手册的前身是《资源会计手册》（RAM，Resource Accounting Manual）。2005～2006 年，英国首次将手册名称变更为《政府财务报告手册》，并改变了手册的编写形式，对于政府会计与商业会计相一致的会计处理方法，不再予以详细描述，而是注明适用哪条准则，只对政府会计领域特有会计问题的处理方法予以详细规定和说明，从而使《政府财务报告手册》更加精简。这种变化也表明英国政府会计尽可能与商业会计趋同。另外，英国财政部每年都会对《政府财务报告手册》进行更新，不断提高政府财务报告质量。新版《政府财报告手册》通常会在新的财政年度开始之前发布。①

二、主要财务报表

财政部 2014 年《财务报告手册》规定了报告主体关于（合并的）综合净支出报表、（合并的）财务状况表、对纳税人权益的变化报表、现金流量表以及相关说明的内容和格式。②

除 2006 年公司法案（the Companies Act）外，还要遵循以下要求：国际会计准则 1；国际会计准则 7 现金流量表；国际会计准则 10 事件的报告期后；国际会计准则 24 号与关联方披露；国际财务报告准则 8 经营分部。

（一）综合净支出表

国际会计准则 1 号（下简称 IAS 1）要求报告主体编制全面收益表。部门和 ALBs 应继续遵循本手册指南。

---

① 陈璐璐：《英国政府会计管理与改革情况及对我国的启示》，载于《会计研究》2007 年第 10 期。

② FINANCIAL REPORTING MANUAL 2014 - 15，https：//www. gov. uk/government/uploads/system/uploads/attachment_data/file/388182/FReM_2014 - 15_final_versi.

按照2000年政府资源和账户法案和2001年政府资源和会计法（北爱尔兰）部门和单位应按照综合净支出准备一份详细如下所示的表格。当一个部门或机构认为其他格式可以提高对财务业绩的理解时，应当征求有关部门批准。综合净支出表如表7－2所示。

表7－2　　综合净支出表

本年至200Y年3月31日

£ 000	201X－Y			201W－X		
	核心部门	核心部门&机构	部门组织	核心部门	核心部门&机构	部门组织
	总计	总计	总计	总计	总计	总计
管理费用						
人员	X	X	X	X	X	X
其他	X	X	X	X	X	X
项目支出						
人员	X	X	X	X	X	X
其他	X	X	X	X	X	X
营业外收入	（X）	（X）	（X）	（X）	（X）	（X）
其他支出						
人员	X	X	X	X	X	X
其他	X	X	X	X	X	X
本年至200Y年3月31日的净运营支出	X	X	X	X	X	X
其他综合净支出 不会被重新归类至净运营支出的项目：						
净收益/（损失）：						
—不动产、厂房和设备的重新估价	X	X	X	X	X	X
—无形资产的重新估价	X	X	X	X	X	X
可能被重新归类到净运营支出的项目：						
—可供出售金融资产的重新估价	X	X	X	X	X	X
本年至200Y年3月31日的综合支出	X	X	X	X	X	X

ALBs（arm lenth bodies，一臂之距机构，承担公共服务职能的政府非部门机构）应准备一份全面适当的净支出报表。慈善 ALBs 应遵循慈善机构分配的要求。

（二）财务状况表

国际会计准则 1 号（下称 IAS1）要求报告主体准备财务报告并为之提供指导。为保证给公共部门一定的灵活性，IAS 1 允许部门选择列示财务和项目的顺序。为了确保一致性和可比性，报告单位应根据以下格式准备自己的财务报表，另外还需披露资本及储备等必要信息适当反映财务状况。此外，一个部门的集团财务状况表应当包括核心系列，核心部门和机构，以及合并部门（通常是核心部门，机构和 ALBs）。报告主体如希望使用其他格式，应首先获得有关机关批准（通过上级或出资部门）。财务状况表如表 7－3 所示。

表 7－3　　财务状况表

附　注	本　年	上一年
非流动资产		
流动资产		
总资产		
流动负债		
非流动资产加/减非流动负债		
非流动负债		
资产减负债		
纳税人权益		

（三）所有者权益变动表

国际会计准则 1 号要求报告主体编制权益变动表。所有报告实体将纳税人的权益变动表按照 IAS 1 格式报告。赞助或者投票形式提供资金的报告实体需要进行调整以适应这种格式。

1. 比较信息。按照 IAS1 要求在财务报表中披露比较信息。IAS1 要求的比较信息适用于全部报告单位。此外，对部门的纳税人权益变动表应当包括核心部门，核心部门和机构，以及合并组（通常是核心部门，机构和 ALBs）。

2. 资本。公共部门实体融资是税收，国际会计准则基于资本的概念并不适用于许多部门。资本披露应与有关当局的协议（通过上级或主办部门）。

（四）现金流量表

以下规定应由有关部门负责监督（当然在适当情况下可以由其行政机构执行）：

有关部门应按照国际会计准则 7 中对于现金流量表的格式要求进行编写，但应该在现金流后面增加表 7－4 格式的统一基金：

表 7－4　　　　现金流量表

	本年	上一年
本年到期收据或者由统一基金支付的款项调整之前的现金及现金等价物		
政府活动范围之外的由统一基金支付的款项	本年内获得的与 CFER（不计入综合净支出表）有关的现金	
统一基金支付的款项	在所有类别中超过统一基金的已付现金	
3 月 31 日的现金和现金等价物		

在提供现金流量表时，应注意以下问题：

1. 在调和运营成本和运营现金流的过程中，有关部门要排除不计入综合现金支出表的相关内容有关的债权人和债务人的变动情况（平衡统一基金；与国家助学贷款、资本支出、融资租赁和 PFI 合同相关的债权人和债务人）。

2. 现金流量表的附注应当置于账户附注内，而不是在现金流量表的首页。

3. 在分析资本支出及财务投资时，各部门要协调与资本支出及贷款债务人和债权人的关系。

4. 在分析融资的过程中，各部门要协调与涉及融资租赁及资产负债表的 PFI 合同的资本支出债务人和债权人的关系。

5. 各项收费信息将由执行机构，非政府部门公共机构提供，需要收费的营运基金筹集受到英国议会颁布的法律约束或由有关当局决定。

6. 公共企业应该将相应的财务分析资料公布在主管部门账户中，注明该分析适用的企业名称。该分析应该包括以下信息，包括总成本在 100 万英镑以上的各项服务或者以其他形态存在于财务报表的情况：财务目标；全部费用收入盈余或赤字；违反财务目标的表现等。

7. 公共部门还应发表一份声明，阐述其一直遵守成本分配，并符合财政部相关文件列示的要求，接受公共部门信息的指导。各项收费信息将由各部门，执行机构，非政府部门公共机构提供，同时需要收费的营运基金筹集由威尔士议会政府、北爱尔兰或者苏格兰议会实行。威尔士议会政府和北爱尔兰执行部门遵循公共资金委员会对于费用的各项要求进行征收，同时要及时披露相关信息。

（五）报表附注

按照财政报告手册，这部分信息是必须披露的，如行政成本和项目成本的具体解释等，本处不赘述。

三、英国中央政府各部门的年度财务报告

年度财务报告是政府会计信息的最终载体，制定政府会计准则也是为编制财务报告服务的。英国中央政府一直致力于丰富、完善年度财务报告的内容，力求更客观、完整、科学地反映政府财务状况。

为了向民众反映公共资金的适用范围和授权使用公共资金的各机构履行职责的情况，向议会提供有关服务成本的信息，各部门需要编制资源报告。资源报告主要由年工作报告、会计主管职责公告、内部控制声明、主要财务报表及附注以及审计报告五部分组成。主要财务报表及附注是资源报告的核心部分。

政府部门的年财务报表主要包括六种：

一是议会批准资源表（Statement of Parliamentary Supply）。该表主要反映政府部门获得议会批准的年资源和净现金的预算数与实际发生数。

二是经营成本表（Operating Cost Statement）。该表主要反映政府部门在一个财政年内日常营运活动发生的成本和取得的收入。

三是确认的利得与损失表（Statement of Recognized Gains and Losses）。该表主要反映政府部门的资产估值变动所产生的确认的利得与损失情况。

四是资产负债表（Balance Sheet）。该表主要反映政府部门在一个财政年结束时所持有的资产、负债及净资产情况。

五是现金流量表（Cash Flow Statement）。该表主要反映政府部门在财政年内的现金流入、流出及余额情况。

六是按部门活动目标分析的经营成本表（Statement of Operating Costs by Departmental Aim and Objectives），主要反映政府部门每类活动的成本情况。会计报表附注是资源报告中编写最困难、信息最多的一项，主要对财务报表反映的信息做进一步的解释和说明，以帮助信息使用者更好地理解报表。[①] 除六张统一报表外，各部门还应该根据自身情况在年度财务报告中增加其他内容，并且根据财政部每年要求做出相应变动。

中央政府的年度财务报告由财政部和各部门编制，财政部负责在每年末为统一基金编制会计报表，在收付实现制的基础上，增加或有负债和名义负债明细表。各部门负责编制本部门财务报告，报表格式由法律规定，报表内容依据英国企业会计准则和《财务报告手册》（Financial Reporting Manual）编制，《财务报告手册》规定了各会计要素确认、计量与报告的方法，特别是对公共部门特殊的会计规定进行了详细阐述，通常由英国财政部对外发布实施，但对外发布之前必须经财务报告咨询委员会讨论通过。财务报告咨询委员会（FRAB）是一个独立于政府的组织，主要负责审查政府资源会计标准的制定，促使政府财务报告达到最高水平。各部门编制财务报告，必须遵守财政部的规定，根据财政部确定的部门所属机构是否计入以及

① 陈璐璐：《英国政府会计管理与改革情况及对我国的启示》，载于《会计研究》2007 年第 10 期。

如何计入，各部门对被合并机构（含商业基金）的资产与负债进行合并，抵消部门内部交易事项，统一编报本部门的合并资源报表（consolidated resource accounts）。目前，中央政府的财务报告仅限于中央政府支出项目。①

年度财务报告的目标：一是为表明公共资金按照议会设定的目标正确地使用；二是向议会提供有关服务成本的信息以支持公共支出的规划管理；三是证明授权使用公共资金的各机构充分履行其职责并有效管理公共资金。目前，中央政府的财务报告仅限于中央政府支出项目。

年度财务报告的编制主体：财政部有法定责任在每年末为统一基金编制会计报表，这些报表主要采用收付实现制基础，但是要增加或有负债和名义负债的明细表。政府部门有法定责任编制年度财务报告，法律规定了这些报表的基本形式，报表的内容需要按照财政部的规定编制。统一基金和各部门的财务报告要经过审计长的审计，审计长对统一基金发表是否“适当反映”的意见，对各部门年度财务报告发表是否“真实公允反映”的意见。

年度财务报告编制的依据：各部门编制年度财务报告主要依据英国企业会计准则和财政部定期编制的《财务报告手册》（FReM），FReM 主要用于规范各部门的年会计和报告的会计处理及披露要求。根据英议会计准则和公司法的最新变化以及各部门的意见，定期更新，于每个财政年的年初发布。FReM 并不重复会计准则和公司法的要求，因此，各部门的会计人员需要熟悉相关准则和公司法以及适用范围、解释和其他要求。

除统一的报表外，各部门的年度财务报告还根据部门各自的情况包括其他内容，如就业及退休金部（DWP）的年度财务报告还包括管理层评论、薪酬报告、公众利益报告、会计主任的述职报告、内部控制报告和审计报告以及账目注释等内容。此外，各部门报告内容每年都可能有小的变动，如 2006 年财政部对薪酬就要求非常详细地报告，以提高透明度。

四、地方政府年度财务报告

地方政府需要编制和公布的年度财务报告，包括说明介绍；地方政府按照法定条款需要独立记账的各基金收入支出概要表；资本性支出概要表，反映当期资本性支出总额的资金来独立记账的各基金收入支出概要表；资本性支出概要表，反映当期资本性支出总额的资金来源；所采纳的会计政策说明表，主要关注那些政策改变对财务报告的结果有重大影响的方面；合并经营活动表；合并资产负债表；合并现金流量表；会计报表附注。法规要求在财政年结束 9 个月内公布会计报表。财务总监负责地方政府会计报表的编制，并且要按照 CIPFA 和地方政府（苏格兰）会计咨询委员会（LASAAC）制定的对英国地方政府会计的实务指南编制。在编制会计报

① HM Treasury. Government Financial Reporting Manual，https：//www.gov.uk/government/collections/jsp-financial-accounting-and-reporting-manual，2014 年。

表时，财务总监应选择适当的会计政策并保持对它们的一致性应用。

五、整体政府会计报告

政府整体财务报告（整体会计报告）整合了包括中央各部门、地方政府、权力下放政府、卫生服务、院校及公营公司等1 500多个公共部门的经审核账目，以提供任何年全面的、以账户为基础的财政状况。1995年，在议会建议下，政府宣布将进行整体政府权责发生制会计报表（Whole of Government Accounting，WGA）的研究。1998年，财政部发布了关于《整体政府会计报告》的报告，宣布财政部于2005～2006年发布整体公共部门经审计的合并会计报表。该套合并报表包括财务业绩表、资产负债表和现金流量表。整体公共部门包括：中央政府部门和代理机构、非部门公共机构，统一基金、国家贷款基金、国家保险基金、或有基金等，地方政府，公共公司，交易基金等。

整体会计报告以采纳欧盟国际财务报告准则（IFRS）为基础，IFRS是私人部门的国际通用会计制度，被应用于公共部门，因此整体会计报告与私人部门会计有相似之处。整体会计报告通过提供以私人部门账户用户所熟悉的标准为基础的财务报表，补充了国民账户的数据。整体会计报告明确了许多以前一直难以计算的指标，例如净公共服务退休金负债，政府根据私人融资计划（PFI）的承诺合同，或有负债。整体会计报告包括：收入和支出的合并报表、财务状况的合并报表，表明公共部门的资产及负债、合并现金流量表、内部监控报表等。

财政部为整体会计报告设置了以下目标：通过提供更多使用标准会计惯例的公共数据，提高透明度；通过公布经国家审计署审计的账目，提高数据的信服力和问责制；提供比现有资源更加完整的公共部门数据，如国家统计局的国民账户；通过整体会计报告鼓励公共机构准备其账目，使数据具有可比性；提供有关政府的资本和长期的财务状况，收入、支出和现金流量的互补，完整的信息，以支持长期的财政分析和决策等。

整体会计报告的目的是使议会和公众更好地了解和监督如何纳税人的钱是如何花的。通过将财政呈现在一个商业及会计专家熟悉的框架下，整体会计报告提高了财政信息的透明度和可及性。

1. 整体会计报告是提高透明度和受托责任的一个重要步骤。政府对财政透明度以及其在财政管理中的作用给予了高度重视。整体会计报告的发布支持了政府公开公共数据。整体会计报告的独立审计使其数据对议会和公众更有公信力，支持议会的有效审查。审查由公共账目委员会行使。

2. 整体会计报告提供了更完整的财政信息，整体会计报告整合了公共部门约1 500个机构的经审核账户，以账户为基础全面的展示了英国公共部门财政状况。整体会计报告也用于支持更长期的财政分析，例如预算责任办公室根据整体会计报告数据报告其年财政可持续发展报告。

3. 整体会计报告使不同公共部门实体的财务数据可以直接比较，并开始产生趋势数据，这样就有助于了解未来的分析和决策。

4. 预算决策的一个工具。整体会计报告全面反映了政府的资产和负债，例如政府怎样使用财产和金融资产，政府怎样控制债务的不断增加。为编制整体会计报告所搜集的数据被用于财政部的支出控制，作为支持或否定决策的一个工具。整体会计报告数据也被用于察看公共部门的资产基础，并质疑这些资产在提供公共服务中是怎样被使用的。

表7-5和表7-6分别是收入和支出合并报表与综合财务状况报表。

表7-5　　收入和支出合并报表　　单位：十亿英镑

	2012年	2011年
直接税税收收入	291.4	296.4
间接税税收收入	177.5	166.2
地方税税收收入	54.8	52.8
商品和服务销售收入	41.8	49.8
其他收入	51.1	48.8
总收入	616.6	614.0
社会保障福利	209.7	204.0
员工费用	183.2	193.1
养老金过去服务成本和通货膨胀调整	1.0	126.0
商品和劳务购买	152.0	159.2
津贴和补贴支出	61.6	68.4
折旧和减值	64.4	80.4
规定费用	17.4	18.3
其他支出	25.8	27.5
总支出	715.1	624.9
财务成本前的净支出	98.5	10.9
投资收入	5.2	5.1
财务成本	42.3	40.5
养老金计划负债利息	64.8	60.8
对退休金计划的资产提供资金的预期回报	13.8	13.0
净财务成本	88.1	83.2
金融资产和负债的重估	1.6	3.3
处置资产净亏损额	0.3	3.6
本年净支出	185.3	94.4

注：此报表将中央各部门、地方政府、权力下放政府、卫生服务、院校及公营公司等政府整体的收入和支出进行整合进行反映。

资料来源：Whole of Government Accounts，July 2013，https：//www.gov.uk/government/uploads/system/uploads/attachment_data/file/223814/whole_of_government_accounts_year_ended_31_march_2012.pdf.

表 7－6　　　　　　　　　综合财务状况表　　　　　　　　　单位：十亿英镑

	2012 年	2011 年
非流动资产		
财产，厂房和设备	745.1	714.0
投资性房地产	12.6	12.4
无形资产	35.0	34.8
应收账款	15.9	15.1
公共部门银行的股权投资	40.8	59.5
其他金融资产	122.8	120.4
总非流动资产	972.2	956.2
流动资产		
库存资产	11.4	12.0
应收账款	126.0	130.0
货币资金	21.5	22.5
黄金储备	10.4	9.0
持作出售资产	2.1	1.9
其他金融资产	124.0	102.7
总流动资产	295.4	278.1
总资产	1 267.6	1 234.3
流动负债		
贸易和其他应付款	101.3	98.6
政府借贷和融资	224.2	217.0
负债和费用备付金	13.4	11.6
其他金融负债	340.2	259.4
总流动负债	679.1	586.6
净流动负债	383.7	308.5
总资产减流动负债	588.5	647.7

注：此报表将中央各部门、地方政府、权力下放政府、卫生服务、院校及公营公司等政府整体的财务状况整合进行反映。

资料来源：Whole of Government Accounts，July 2013，https：//www.gov.uk/government/uploads/system/uploads/attachment_data/file/223814/whole_of_government_accounts_year_ended_31_march_2012.pdf.

第三节　审计制度

在英国对公共资金进行审计的主体包括以下组织：负责对中央政府进行审计的国家审计署（The National Audit Office（NAO））、负责对地方政府进行审计的审计委员会（audit commission）以及分别对苏格兰、北爱尔兰和威尔士进行审计的审计署。下面以国家审计署为例来介绍英国的审计制度。

一、中央审计

（一）内部审计、外部审计和中介机构

配合权责发生制的实施，英国规定了严格的内部控制与内部审计制度。英国财政部对中央部门内部控制的基本框架进行了明确规定，各中央主管部门具体负责对本部门内部控制制度实施管理。中央政府各部门内部设有部门审计委员会，部门审计委员会对各部门治理过程的适当性、足够性和财务价值以及风险及保证过程出具独立审计意见。各部门的内部审计工作由部门内部的独立机构进行，并直接向最高管理者报告。英国各部门建立起的内部控制和内部审计制度，有效保证了各部门财务信息的真实性与可靠性。

英国对内部审计的要求没有通过法律来规定，但在各个层次都建立了内部审计，包括部门、执行机构和很多自治组织。政府为成为一名内部审计人员设定最低要求。在英国，政府内部审计资格证书（GIAC）规定了内部审计人员必需的技能、知识和经验。内部审计机构的负责人必须具有政府内部审计资格证书（GIAC），同时拥有丰富的管理经验。此外，所有的内部审计人员必须由拥有政府内部审计资格证书（GIAC）的人员进行督导。在当前审计和控制现代化的情况下，审计人员经常发挥重要的咨询作用，这将对其独立性造成损害。审计人员可能发现他们自己已经过多地参与了咨询。在英国，内部审计机构具有会计（accounting officer）的重要任务，如果内部审计人员过于参与内部控制系统的建设，在审计这个系统时保持独立性就越发不容易。

英国还建立了严格的外部审计制度，即由审计署（负责中央部门）以及审计委员会（负责地方部门）进行的外部审计。审计署（NAO）负责中央政府部门的审计，审计委员会（Audit Commission）负责地方政府审计，所有审计机构做出的公共部门审计报告，都需通过议会公共会计委员会审计报告的合法性、合理性，发现有违纪问题，向议会报告。

除审计署这一重要的审计主体外，在英国中介机构也发挥着重要的审计监督作用。中介机构主要是会计师或审计师，会计师或审计师是指会计机构协调委员会所

属6个会计职业协会的会员。这6个会计职业协会是：英格兰、威尔士特许会计师协会，苏格兰特许会计师协会，爱尔兰特许会计师协会，注册会计师协会，财政会计师协会，管理会计师协会。这些审计机构的会员单位，既按照英国的审计准则开展私营企业的财务收支审计及绩效审计，同时也承担政府委托，对私营企业承接政府的公共服务开展绩效审计。无论是对私营企业还是政府的公共服务绩效审计，没有固定的、统一的绩效评估指标，指标的选取取决于绩效审计服务的目标对象，即私营企业委托诉求和政府公共服务目标导向。

（二）审计署

立法型政府审计模式下的审计机关是议会名副其实的“牧羊犬”，由议会直接领导，根据国家法律所赋予的权利，对各级政府部门和国家企业事业单位的财务收支活动等独立行使审计监督权，直接对议会负责并报告工作，不受行政当局的控制和干涉。最高审计机关与地方审计机关之间一般没有领导与被领导的关系，也没有业务指导关系，两者完全平等，审计机关的地位较高，独立性较强。

立法型审计模式最早产生于英国，英国的政体是典型的三权分立体制，其政府审计的主要特点是：审计长是议会下院的官员，依法独立地履行职责，代表议会行使职权，向议会提交审计报告；为保证审计人员的独立性，审计署禁止其职员参与各级政党机构的政治活动，防止将政党的观点和立场带入审计工作；审计工作透明度高，审计署的检查结果，有权自行或通过媒体公布。

国家审计署的报告经过议会审查后，要在限定的时间内上网向媒体披露，向公众公示，以便形成社会的舆论压力。所以，国家审计署并不是孤立地执行对国家政治经济生活的监督管理功能，它与议会、司法机关、媒体等部门环环相接，是保障和促进国家建全监督制度环境的一部分。审计报告的权威性是指审计决定的监督力和审计结论的社会影响力。审计报告权威性的体现，主要是由审计机构的设立、审计工作的质量和审计人员主观能动性来决定的。①

按照《2000年政府资源和会计法案》，财政部将预算提交给审计长进行审计，审计长要按照真实和公正的视角进行审计，审计署长要发布审计报告，并且将报告提交给财政部。财政部将次报告提交给下议院。财政部要根据法律确定提交相关资料的日期。审计署有权查看中央部门的相关资料，中央部门不得拒绝。②

（三）审计对象

英国国家审计署所审计的对象不仅包括从中央到地方所有政府部门和政府机构，还包括逾半数使用公共资金的社会团体，并负责审计所有“国家贷款基金”（即国债资金）账目。此外，英国国家审计署凭实力还承担了国际劳工组织和欧洲农业指

① NAO网站，overview of nao，http：//www. nao. org. uk/about – us/。

② Government Resource and Account Act 2000，NAO网站，http：//www. nao. org. uk/about – us/what – we – do/our – powers/。

导与基金保障组织的审计工作。总体而言，它每年审计550多个机构的账目。

总体而言，英国国家审计署的审计对象主要是政府部门、国家投资公司、卫生部门、市政部门等。《国家审计法》同时也限制了审计署的审计范围：国有企业不包括在审计署的审计范围内；国家审计署只限于对中央管辖的部门单位审计而地方政府另设有独立的地方审计委员会，负责地方政府的审计工作；审计署不能过问属于国家政策方面的问题。①

英国审计署每年的审计项目分为两大块，一块是政府各部门的财务审计，一块是根据每年的不同情况，经由英国下院公共账簿委员会的建议（PAC），并最终由审计长确定的绩效审计项目（value for money study）。与英国审计署传统职责之内的政府部门审计不同，绩效审计虽然也是关注政府部门的运作情况，但是会更多地从资金运用效率角度来审视政府部门运作的情况。一般来说，绩效审计项目都会涉及5种类别的审计项目：（1）主要政府部门；（2）高花费项目；（3）有重大资金使用效率隐患的项目；（4）公众热议的话题项目；（5）对于国家发展有战略性影响的项目。英国国家审计署一般每年有60个左右的绩效审计项目。地方审计署一般每年有10个左右的绩效审计项目。

在确定了当年的审计项目之后，审计项目会分别下达给平时专攻该项目涉及的政府部门的审计团队或是审计专业范围跨政府部门的审计团队。这样做的目的是保证负责每一个审计项目的团队对于该项目都足够的熟悉，并且在目标部门内部都会有熟悉的联系人，保证与被审计部门之间交流的通畅。同时英国审计署也强调所有被审计的主体也应该主动与审计团队交流，提供他们认为应该优先审计的方面，以便审计团队能够最为高效的运用其有限的资源，并且自绩效审计推行以来，它占整个政府审计的工作量的份额越来越大。

（四）审计方法

1. 确定审计对象的工作目标。通常对政府预算的审计目标以财政部确定的工作目标为依据，即对政府预算而言，一是要通过预算支持宏观经济的稳定；二是要为部门提供良好的激励以让他们在项目之间做出最优选择并管理好项目开支。②

2. 分析财政和部门该如何实现其目标。财政部应该设计和管理其预算制度，包括如何在部门之间分配资金。议会要监督财政部以确保收入合理征收，资源在其允许的限额内合理分配。政府也要监督政府保证部长们能够正确执行政策。

3. 审计署确定工作目标。审计署要研究预算实践是否有违背财政部设定的目标及其制度，同时也会研究有哪些良好的预算实践。审计署会评估财政预算制度的设计和执行，并会选择一些部门实践的案例来进行评估。在2012～2013年的评估中，就选择了五个部门进行评估。

① Miekatrien Sterck，Geert Bouckaert，《International Audit Trends In The Public Sector》，载于《内部审计师》2006年第8期，第49～53页。

② Managing budgeting in government，http：//www. nao. org. uk/wp－content/uploads/2012/10/1213597. pdf.

4. 审计署确定评价标准。一是相关规则和关系的设定是否清晰，因为清晰的设定能够保证稳定的预算和对预算进行控制。二是决策机制是否透明。三是是否在整个组织中进行优先选择并进行有效分配。四是是否在支出、决策和绩效方面进行协调。

英国审计主要基于国际审计准则（International Standards in Auditing, ISA）。对公共部门审计主要有财务审计，法规审计，货币价值审计和其他审计四部分。货币价值审计只针对地方政府，分为经济性审计、有效性审计和效率性审计。经济性是针对收入而言，用最小的成本取得最优的资源；效率性针对过程，在既定资源下创造最大的产出；有效性针对产出，确保产出达到预期的结果和目标。资源会计与预算的审计更侧重于财务报表的真实公允，主要集中于系统本身而不是单项交易。

5. 审计署选取评估的证据。通常通过相关部门网站、部门出版的数据、调查问卷等获取证据。

专栏 7-1　审计署审计政府部门的信息来源

报告日期：2013 年

审计内容：管理财务资源，提供更好的公共服务

审计目标：审计目标是检查各个部门财务资源的管理能力水平，以及为了提高财务资源的管理能力所采取的行动对财务资源管理绩效的影响程度如何。

审计范围：

审计范围包括所有主要政府部门的财务管理，代表了大约 99% 的政府资源和资本支出。

信息来源：

（1）对 37 个中央政府部门的调查；

（2）财政部发布的各个部门自 2003 年以来的年预算和支出数据分析；

（3）对各个部门财务资源管理的高水平指标分析；

（4）对政府各部门的年中报告、委员会会议纪要、风险记录表所进行的分析；

（5）召集中央政府各部门非执行委员会进行的两次研讨会；

（6）与来自政府六个部门的财务主任或者财务主管进行半结构化的面谈；

（7）与来自政府六个部门的 9 个高级预算控制官员进行半结构化面谈；

（8）从中央政府和更加广泛的公共部门收集良好实践的例子；

（9）对相关出版材料，包括学报刊登的文章、公共部门和私人机构的报告内容的审核。

资料来源：孙颖，《英国地方政府公共服务审计质量控制方法》，载于《中国内部审计》2014 年 2 月。

6. 做出结论。根据上述设定的目标以及审计署的调查研究，审计署会对财政部的预算实践进行评价。通常会认为：现行预算制度实现了财政部设定的控制政府支出的目标。但在保证部门优先权以及绩效预算方面还没有达到既定目标要求。特别在成本收益分析方面还有很大差距，这样的话，就难以进行有效的决策。在部门之间的支出效果比较分析还不足，这样就难以保证预算的稳定性和在不同部门之间资源的有效分配。

可以看出，英国审计人员关注某些过程和程序的可靠性，认为如果工作流程不合理，则效益不良的可能性必然增加。作为公共机构或者是公共投资项目的最终效益取决于产量和工作结果，比如改进卫生管理，提供更好的教育，建立更可靠的传输系统等，这才是公众最感兴趣的东西。因此，对结果的关注，使得审计更加重视被审计单位或项目是否达到预期目标。

二、地方审计

（一）审计委员会

英国地方政府的审计职责主要由审计委员会组织执行。审计委员会是一个相对独立的监督者，其职责是保护公共资金，提高地方公共服务的经济性、效率性和效果性，推动地方政府各部门实现其最佳价值。审计委员会通过对英格兰一系列地方公共机构任命审计人员来完成此项职责，并且还为审计人员建立了标准，监管他们的工作，其目标是以尽可能合适的价格保证高质量的审计工作。审计委员会采纳审计人员的审计信息，公布数据以提供权威的循证分析。这能够帮助地方公共服务机构相互学习，应对财务挑战。此外，审计委员会也进行公共部门间的数据比较，以识别哪些地方公共服务可能被滥用，并帮助组织打击欺诈行为。审计委员会的工作包括对地方政府、健康、住房、社区安全、火灾和营救方面服务的审计监督，从一个独特的角度提出观点，提升了纳税人税金的价值。审计委员会要审计 11 000 个地方公共机构 2 000 亿英镑的资金使用情况。作为一股促进改革的力量，审计委员会以合作伙伴的关系评价地方公共服务，提出切实可行的建议，促进地方人民的生活质量提高。审计委员会在从事审计业务的自有员工和审计供应商的审计人员中抽调出一部分人，将其任命为 1 200 个英国主要地方政府、刑事司法和健康机构以及 9 600 个县和市镇理事会的外部审计师，这是一种不同所属性质的审计人员组合而形成的独立的有限保证的审计体制。正如 1998 年审计委员会法案和 1999 年地方政府法案中所规定的，审计人员一旦被任命，就必须履行其法定责任，他们履行职责和行使职权必须与委员会的审计实务法典（以下简称法典）的条款保持一致。①

审计委员会为审计人员建立了标准，并监督他们的工作表现是否违背这些标准。审计委员会作为地方公共审计制度的校准器，必须对被审计单位和其他利益相关者

① 孙颖：《英国地方政府公共服务审计质量控制方法》，载于《中国内部审计》2014 年 2 月。

提供审计质量保证。为了确保可信性和独立性，审计委员会所属审计业务人员执行的财务报表审计的质量由独立审计和检查组（AIU）评审。审计委员会将在审计业务年度质量报告中发布AIU的检查结果和有关审计实践的质量监督活动结果。对于审计供应商所属的审计人员，审计委员会监督其绩效和工作质量是通过年度质量审查方案（Quality Review Process，QRP）来进行的，其目的是保证委员会的审计业务提供者具有适当的制度和程序，监督提交给被审计单位的工作报告的质量，以及通知审计程序和审计服务任命的获得情况。

（二）年度质量审查

英国审计委员会制定了一个质量框架用于其所有审计工作的监督控制。年度质量审查方案包括：对每个审计供应商自身的质量控制和监测工作的评价；采用结果阅读程序评价审计报告的质量，包括审计人员所达到的工作效果；评价审计人员对医疗保健委员会的“健康和社会保障检查协约”网站如何提升工作水平提出的建议；被审计单位的满意度调查；对个别审计供应商周期性的质量检查。①

审计委员会请一组人（包括委员会成员、首席执行官、董事、总经理和其他高级员工）阅读评价审计和检查报告。这些报告包括审计计划、管理报告、英国国民健康服务质量报告和公共利益报告。审计委员会请阅读者检查报告，从一个非执行董事或高级服务经理的角度回答以下问题：定期的目的是否明确？被审计单位提出的问题阐述清楚了么？信息思路与时间一致么？建议是否清楚？报告文字是否流畅和简洁，是否具有易读性？读者对报告进行评分，并分为优秀、合格、较差三个等级。总的来说，近年来2/3的报告是优秀的，然而仍有改善空间，审计委员会期待审计供应商积累经验进一步改善其报告的质量。

总体而言，近几年审计供应商的工作基本上能够满足审计委员会的要求。审计供应商发布不安全意见或不满足规范要求的风险一直保持在较低的水平。具体检查和评价过程如下：作为QRP的第一阶段，审计委员会要求每个供应商进行其质量控制和监测工作的自我评价，以保证交付给被审计单位较好质量的工作。为了帮助供应商自我评价，审计委员会以相关专业质量标准要求的检查表为基础制定了一个检查表，该检查表向社会发布。审计委员会检查这些问题的自我评价的结果，帮助决定下一步检查工作的范围和深入程度。审计委员会目前还没有从审计供应商进行的总的质量控制和监测工作中发现任何潜在的薄弱环节。采用此措施能够保证审计人员发布不安全的意见或不满足委员会的规范要求的风险较低。审计委员会期望每一项业务至少三年检查一次，一般来讲，检查审计工作的样本覆盖比率能够达到52%。审计委员会QRP组的检查对于审计工作质量提供了积极的保证，并使审计供应商发布不安全意见和不客观资金价值结论的风险保持在较低的水平。AIU得出结论认为英国的审计工作是可靠的。

---

① 英国审计委员会《质量审查计划2012年度报告》，http：//www.nao.org.uk/about－us/what－we－do/audit－quality/。

在近年的审计检查中，审计委员会发现了多个不满足规范要求的案例，它们涉及：在承担非法典规定的工作之前，没有获取审计委员会的许可；缺乏文件证据支持计划和资金价值的结论；在发布合格的资金价值结论前没有遵循与委员会协商后规定的范式，改变了标准的资金价值结论的措辞。审计委员会确定了为达到标准和保证交付的工作质量而进行改进的范围，包括：在给出审计意见和资金价值结论之前，要有翔实的文件材料；基于上一年度审计内容提出的关键结论和需要进一步做的工作要有确凿的证据；要备有与被审计单位制作财务报表的制度相关的文件。作为 QRP 的一部分，审计委员会也检查了审计人员是否满足按时提交审计意见、具有价值的报告和年度审计检查信件（对于检察事项的答复）的要求。在大多数情况下，审计人员满足委员会设定的时间期限，只有少量情况出现延误，并且这些延误是在审计人员可控的范围内出现的。审计委员会任用的审计供应商近年表现良好，其在很大程度上保证了审计体制朝着预想的方向继续工作。审计供应商已为递交高质量的审计工作建立了可接受的计划，包括正在制定委员会可依赖的足够稳定的内在质量监测的规程和措施。

专栏 7-2　审计委员会对被审计单位的满意度调查

被审计单位的观点对于评价所交付工作的质量至关重要。作为 QRP 的一部分，审计委员会再次调查被审计单位关于他们收到的服务的质量。年度的调查往往由某个调查公司（如 Ipsos Mori 公司）进行，由首席执行官随机进行电话访问。前几年委员会已经组织了一个电子化的被审计单位调查，在对比年度调查的结果时需要注意调查方法的差异。根据不同标题提出问题要求调查样本（随机抽取的被审计单位）对他们的审计人员的满意度从 1~10 打分（10 分是完全满意）。调查会问及的主要问题包括：与审计人员和审计组的联系情况；审计计划在多大程度上反映了被审计单位的观点；被审计单位对于报告在及时性、实用性和影响方面的满意情况；改善措施资金预算是否合适，是否经过风险评估，是否提出的所有意见和观点都被解释的很清楚；审计人员是否做了什么特别具有积极影响的事情。审计委员会也询问审计人员的表现与以往年份相比如何，被审计单位对所提到的审计人员和没有专门提到的审计人员是持批判性态度还是满意性态度。在解释调查结果的时候，审计委员会认识到低分不一定说明一个审计人员的审计质量低下，也可能是由于审计人员不得不给出一个不受欢迎的信息，在调查时被审计单位可能表达失望情绪，然而，在很大程度上，调查还是能够提供关于审计人员和被审计单位的工作关系的重要信息。一般来讲，审计供应商的被审计单位中有四成左右将完成调查，被审计单位将全面地报告其满意度的得分，往往在 60~90 分范围内。审计供应商的平均满意度范围一般在 6~8 分之间，55%~78% 的受访者说他们的审计人员是受欢迎的，剩下大多数的人认为是中性的，3%~15% 的受访者认为审计人员是重要的。对于专业性服务的调查得分在 7~8 分（满分为 10 分）之间为好的评价，低于

4分为差，近年整体满意度显示大多数审计供应商在走下坡路，他们需要鼓励，也有可能得分退步是由于或者部分由于调查方法的变化。调查强调了对审计人员有重大影响的三个方面：一是对于出现的困难问题是否提供了建议和指导；二是与被审计单位是否作为重要的朋友；三是对资源使用的评估是否具有积极的和实用的方法。大多数被审计单位提出他们与审计人员具有积极而愉快的经历，但仍有一些被审计单位认为不满意。被审计单位非常关注审计委员会“跟踪”被审计单位和审计人员继续调查。

资料来源：孙颖：《英国地方政府公共服务审计质量控制方法》，载于《中国内部审计》2014年2月。

三、绩效审计

英国国家审计署的工作重点是绩效审计。在英国，绩效审计的目的之一是对财政和财务收支、资源管理等方面的经济性、效率性和效果性进行评价，并向议会、政府、社会公众提供独立的信息和咨询，用于公共服务支出的绩效评估。绩效审计的另一个目的是寻求提高绩效的途径，帮助被审计单位改进内部控制。在绩效的衡量方面，英国没有完整的绩效指标和标准，通常是参照使用各个行业的指标和标准，由审计人员在进行检查时，根据谨慎的职业判断，选取指标进行绩效评价。绩效考评的结果成为调整政府长期经济目标和计划的依据，也成为财政部门对各政府部门制定以后年预算的依据，还作为议会和内阁对各政府的行政责任制落实的重要依据，提高了政府的工作效率。

（一）审计理念

1. 货币价值审计。英国的绩效审计也称之为“货币价值审计”，是因为其关注的不仅仅是绩效本身，还包括绩效的结果。英国绩效审计理念经历了从关注绩效、强调过程向注重货币价值、强调结果的转变。绩效关注投入产出的过程，而货币价值关注从成本到产出再到效果的状态，即通常所说的经济性、效率性和效果性，这一理念充分反映了社会关注点的变迁（见图7-1）。

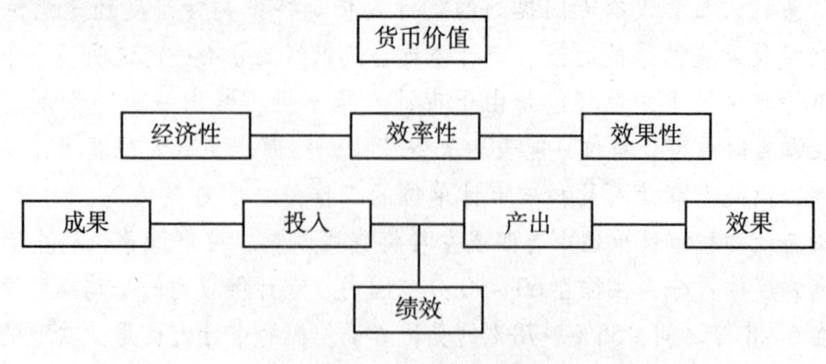

图7-1　货币价值审计

经济性、效率性和效果性三个要素既相互区别又相互联系：经济性主要指在保证一定质量的前提下使投入方面花钱少；效率性主要指对资源的利用程度要充分；效果性则指经济活动的钱花得是否有成效。经济性是在效果有保障条件下的节约，效率性是价值的体现，追求效率性的最终目的是要达到增值的效果。在绩效审计评价中，应该以效果好为优选条件，实行以效果性为主导目标的综合评价。

2. 用绩效标准强化审计质量。2008 年，英国审计署在总结绩效审计实践经验的基础上，提出了 10 个绩效标准作为绩效审计质量门槛用语对绩效审计质量进行统一指导，并纳入 2011 年《绩效审计手册》。这 10 个绩效标准分别是质量保证标准、项目确定和开展标准、项目设计标准、证据的可靠性和固定证据标准、客观分析标准、平衡和有说服力的报告标准、项目管理和监督标准、被审计单位参与标准、出具报告标准和跟踪检查标准。绩效标准的提出使英国绩效审计工作上升到一个新的平台。在绩效审计的每个环节中，都贯穿并体现了绩效审计标准。①

（二）法律依据及基本原则

1983 年英国颁布了《国家审计法》，赋予审计长开展绩效审计的职责。在 2009 年更新了《绩效审计手册》。审计手册中提出了绩效审计的基本原则，专业胜任能力，公正性，严密性，客观性，独立性，责任，增值性，沟通协调；建立了适用于所有绩效审计项目的循环程序。建立了贯穿于所有绩效审计项目遵循的一些基本原则，在绩效审计过程中，应考虑下列各项要素，并对其进行充分研究。这些要素包括：

1. 审计准备。选择恰当的审计项目；实行严格的项目和风险管理制度；对审计中需回答的问题予以清晰归类；适当的审计方法体系。

2. 审计实施。取得充分、相关和可靠的审计证据；提供简洁明了的审计信息；组织好与被审计单位交换意见；有效发布审计信息。

3. 跟踪检查。实现增值并扩大影响；建设性的事后检查和质量保证工作。

（三）考评的对象和实施方式

英国政府为保证公共支出目标实现，每年对一些政府公共服务支出情况进行综合绩效考评。从公共支出角度看，英国政府绩效评估主要是围绕“经济性、效率性、有效性”开展，其绩效考评的对象主要是对政府部门及其管理的项目，包括对政府部门开展的绩效考评，对基层单位开展的绩效考评，以及对政府预算投资项目开展的综合性考评。财政部代表政府与公共部门签订服务协议，审计机构负责对公共部门服务绩效的审计，组织形式也各有差异，有项目由政府内部审计人员进行评估，有的委托外部审计开展绩效审计，并聘请一些专家参与咨询，并相应提出建议。

考评的具体内容包括：（1）对支出项目的效果考评，主要是考评公共服务支出是否产生了预期的效果。（2）对支出项目实施方案进行考评，主要是对设计方案、

---

① 审计署审计科研所：《英国绩效审计的最新发展与启示》，载于《国外审计观察》2012 年 5 月 16 日。

实施方案的实施效果进行考评。(3)对支出项目的经济性和有效性进行考评，主要是对项目本身的财务效益状况考评。(4)对支出项目社会影响的效果进行考评，主要是对项目在社会经济、发展等方面有形、无形效益和结果的考评，重点是对一个地区社会、经济、环境等宏观方面产生的作用和影响进行考评。

这些考评的目标都紧紧围绕政府公共服务支出进行，这些目标都在政府公开信息中进行发布。如苏格兰政府公开信息中包含了政府公共服务目标导向的五大目标，宏观目标确认和领导能力；有效的合作伙伴；管理和责任；资金使用；绩效管理。苏格兰绩效审计也就围绕这五方面进行，绩效审计又没有固定的标准，在绩效审计手册中也体现出力求避免对如何成功实施绩效审计做出过多的硬性规定，利于不同项目或行业往往采用不同的绩效评价指标。如对纳入国民保健计划的手术室进行审计时，应考虑以下一个或多个方面：设计和目标的符合程度；建筑质量和维持成本；诊治病人数量；适用手术器具的配备程度；整洁度；利用率；手术安排清单；取消手术的频率和原因。

(四)英国绩效审计评价标准

英国国家审计署对政府绩效评估确定了三项标准：第一，是否花得少，是否尽可能少花钱多办事，以最少的资源取得最好的效果；第二，是否花得好，通过比较所投入资源与所产生效益进行评定；第三，是否花得明智，通过比较预期效果与实际效果进行评估。审计长如果发现某个项目或机构存在不合格开支或浪费了公共资金，就有责任提请议会加以注意和进行调查。英国国家审计署的工作，不仅是议会监督政府运用公共资金、改善行政管理的主要工具，也是英国打击政府腐败行为的重要支柱。而且，在发现重大腐败案例和司法部门介入之后，英国国家审计署并不就此止步，而会继续追踪有关部门是否采取补救措施并提出相关建议。

由于绩效审计评价在实践中没有固定标准，所以审计师在进行绩效审计时，可以灵活选取具体审计对象的行业标准、公众调查结果或专家研究成果作为等评价标准。

1. 以行业标准作为评价标准，包括国际行业标准和国内行业标准。如2008年政府公共服务热线提供公共服务情况绩效审计，依据全球独立标准计量研究结果，即国际上公共服务热线部门66%开支用于人员工资作为标准，将英国各部门77%费用支出用于人员工资的情况与之比较，指出英国政府部门公共服务热线中心的人员工资在费用支出中比重较大。依据国内行业标准，即84%的来电在20秒内得到应答是合理的作为标准，检查发现，有的部门100%实现20秒内应答来电，有的部门只有38%实现20秒内应答来电，公众平均满意程度最低71%，最高99%。审计得出结论：各政府机构所提供服务的社会满意程度不均衡。

2. 以社会公众调查结果作为评价标准。同样是政府公共服务热线提供公共服务情况的绩效审计，审计人员以“公众是否愿意通过拨打电话来获得商品和服务”这个主题，对部分社会公众进行综合性调查。调查表明，60%的公众愿意通过电话获得建议服务。审计以此为依据得出结论：公众对公共服务热线满意度较高。

3. 以专家研究成果和意见作为评价标准。如中央政府工程绩效审计，参考专家研究报告，指出英国建筑领域存在法律不完善、建筑合同非标准化、某些建筑工程效率低下、拖工期、超概算，甚至出现工程质量差情况等问题。

专栏7－3　英国审计署对教育行业绩效审计

报告日期：2012年

内容：教育和技能部：改善英国差等学校的绩效。

背景：英国教育和技能部对改善差等学校的教育服务这一重大问题制定了范围广泛的方案。

审计目标：评估全国的行动方案和地方行动方案在改善低绩效学校的绩效方面所获得的成果，总结出各学校可以从中学习的良好实践。

审计范围：

审计主要集中在该部门是否：

（1）采取了足够的措施来发现绩效出现恶化迹象的学校并提供帮助；

（2）采取了有效的措施来解决绩效低下的问题；

（3）“得到恢复”的学校继续得到改善，而没有重新出现绩效恶化的迹象。

审核包括对英国所有23 000所公立学校的财务数据和低绩效学校的绩效数据分析，辅以对校长所进行的调查，对14所学校的实地调查以及对学校顾问和学校理事的咨询。

资料来源：Managing budgeting in government，http：//www. nao. org. uk/wp－content/uploads/2012/10/1213597. pdf.

从英国的绩效审计经验中可以看出，评价绩效的第一标准就是政策目标。任何一个公共服务支出都有其特定的、明确的职能和目标，公共机构的活动达到了既定目标，就可以认为取得了相应的绩效。法律和政策决定了公共机构的职能与目标，决定了绩效审计评价标准的基本要求和内容。

第八章

英国政府预算信息公开

■ 本章导读

没有预算的政府是“看不见的政府”，而“看不见的政府”必然是“不负责任的政府”，“不负责任的政府”不可能是民主的政府。预算改革的目标也就在于要把“看不见的政府”变为“看得见的政府”，实现预算公开和财政民主。综观20世纪90年代以来中国向市场经济转轨大背景下财政改革的脉络，可以发现在完成分税制财政体制改革和控制导向的财政支出领域的一系列制度建设后，中国财政改革的焦点开始转向财政透明度、政府会计、参与式预算等与财政民主密切相关的深水领域。英国作为第一个建立现代预算制度的国家，在预算控制和信息公开方面，有很多有益的做法可资借鉴。[①]

---

① 感谢中央财经大学肖鹏教授对本章资料的提供。

第一节　政府信息公开计划

为了方便各部门更好的履行政府信息公开的义务，英国信息委员办公室（ICO）专门制定一套政府信息公开计划的模板，其中具体分为两个版本。其中一个版本是针对某些特殊的政府部门，这一类的政府部门所掌握的政府公共信息并不是都要公开，只是部分公开；另一个版本是通用的，除了上述的特殊部门以外的部门都适用这个版本。

专栏8-1　英国信息公开的相关监督管理机构职责

信息委员（Information Commissioner）。根据《信息自由法案》，指定"信息委员"首要负责监管该法案的实施，信息委员直接向议会负责，信息委员办公室（Information Commissioner Office，详情参见其网址：www.ico.gov.uk/）为具体执行部门，主要职能包括培训和引导公众获取公共部门信息、答复公众疑问，并对公共部门违反该法案的行为有执法权。此外，该办公室还对《数据保护法》、《环境信息条例》和《个人隐私及电子通信条例》的实施进行监管。

信息法庭（Information Tribu）。根据《信息自由法案》，由信息法庭负责处理有关《信息自由法案》的诉讼。该法庭由数据保护法庭（Data Protection Tribunal）改名而来。（详情参见网站：www.informationtribunal.gov.uk/）

公共部门信息办公室（The Office of Public Sector Information）。该办公室隶属文书局（The Stationery Office），其主要职能包括：负责公共部门的信息政策及标准的制定、公共部门信息汇总和管理、政府部门信息版权管理、指导政府部门执行有关信息法案、指导公众利用公共部门的信息等。（详情参见网站：http://www.opsi.gov.uk/）

司法部（Ministry of Justice）。其有关职能包括：负责《信息自由法案》和《数据保护法》及相关法律的司法解释和政策制定、向信息委员和信息法庭提供资助、监督中央政府对法案的执行情况、为中央政府执行法案提供指南并协调各部门间的信息共享等。（其详情参见网站：http://www.opsi.gov.uk/）司法部的有关职能由宪法事务部（Department for Constitutional Affairs）转来。

(一）适用于一般部门的政府公开计划①

政府公开计划的模板一般情况下每四年更新一次，具体的工作由信息委员会（ICO）来完成。适用于一般部门的政府公开计划，各机关部门可以不加任何修改直接套用，或是在能够提出合理解释并且合法的前提下可做修改。当新版本的政府公开计划出台时，信息委员会会专门通知各部门实时更新自己的政府公开计划。

1. 计划中承诺的公民权利。（1）各部门必须主动、及时的公开所持有的政府信息，包括行程、环境信息等各类信息。（2）按照公开计划中的信息分类标准对自己所公开的信息进行归类，并且分门别类的公开，以方便信息使用者的获取和使用。（3）要积极主动地按照信息委员会所制定的公开计划公开自己持有的政府信息，公开的信息必须保持和公开计划的一致性。（4）定期提供制作和发布具体信息的方法，以便它可以很容易地识别和市民访问。（5）要定期审查和更新根据这项计划提供的信息，以保证所提供的信息的权威性。（6）制定各项信息的收费价目表，方便市民的查询。（7）确保自己制定的政府信息公开计划能够方便的被大众获取。（8）政府机构在公布任何数据或者是信息时，最好以电子版的形式公布，那样方便重复利用。当然前提是各部门认为可以用电子版的形式公布的数据和信息，如果公布的信息涉及版权问题并且版权的所有人是公布该信息的机构的话，在数据重复使用时必须得到相应的授权。

2. 政府公开信息的分类。（1）公布机构的一些基本信息，主要包括：机构的职能范围、具体地址、联系方式和通讯方式、与部门相关的一些法律、法规。（2）部门的财务信息，这部分主要涉及各部门的经费来源情况以及各项支出的明细。包括部门的具体收入和支出，与部门有关的招投标、合同、政府采购等信息。（3）当前部门的工作重心，优先项目。针对部门的工作重点所提出的实施步骤和策略，以及策略的可行性分析。（4）部门政策的制定。包括部门政策的讨论协商机制，决议通过的程序，部门内部的评价标准等。（5）当前，为保证部门履行职责所达成的书面协议。（6）法律中明文规定的与部门职能有关的登记在册的信息、数据等。（7）部门向市民提供各项服务的记录，包括指导、建议，发放的宣传手册、传单，对服务的详细描述。

3. 公开计划中不包括的信息。（1）法律明文规定不允许公开的内容，或是《信息自由法案》中规定免于公开的信息。（2）尚未正式实施的一些方案，这些方案还未最终成型，尚处在讨论修改阶段，涉及这些的公共信息可以免于公开。（3）最后一类信息是已近存档封存的或是类似封存这种情况而导致无法轻易获得信息。

4. 信息公开的途径。在公开指南中明确规定各部门有义务告知公民信息公开的范围以及获取的方法途径。各部门必须把公开的信息上传到各自的官方网站上。考虑部分人不方便上网或是不愿意上网，政府部门除了在自己的官网上公布信息外还应该配合着别的公开途径，尽可能地满足民众对公共信息的需求。对于有些信息公

① ICO, Model - publication - scheme, 2013.

开的方式比较特殊，只能是想要了解该信息的人亲自观看。对于这种情况，信息持有部门要提供有效的联系方式，有专人负责安排对该信息提出要求的人亲自观看。各部门公开的信息必须以法定的语言呈现，有明文规定除了官方语言以外还应该采用的语言，信息持有部门有义务翻译该信息，提供相应的版本。为了不违背残疾人保护法等诸如此类的法律，信息持有部门还应该在提供政府公共部门的信息时，还应该按照此类法律的规定已响应的方式提供信息。

5. 部门信息公开的收费标准。首先政府公开信息的目的是在于以最小的成本给公民提供最多的政府公共信息公开服务，并非想借助政府信息的公开赚取报酬。所以收费并非是重要目的，所以一般在各部门官网上提供的信息都是免费的，部分需要收费的信息也是按照议会制定的收费标准来实施。收费的情况大多都是为了提供该项信息所需要额外垫付的款项，比如说打印费用、邮寄费用、包装费用或者其他一些与获取该信息有关的直接成本。还有就是一些涉及版权的信息，为此信息使用人必须支付相应的版权费。当信息使用人在需要了解这些收费的信息时，只有在信息最终获取的时候才确认缴费。

（二）适用于特殊部门的政府公开计划①

特殊政府公开计划的模板一般情况下同样是每四年更新一次，具体的工作由信息委员会来完成。适用于特殊部门的政府公开计划，各机关部门可以不加任何修改直接套用，或是在能够提出合理解释并且合法的前提下可做修改。当新版本的政府公开计划出台时，信息委员会会专门通知各部门实时更新自己的政府公开计划。

这里所谓的特殊部门是指在部门的职能中除了公共职能以外还具备其他职能，这一类部门的活动内容只有一部分涉及公共服务。对于这一类部门他们只需要公开涉及的公共服务的活动信息，而除此之外的信息不在公开范围之列。涉及公共服务的信息的公开范围、公开方式、公开途径、收费标准都和一般部门的一样，所以这里就不再赘述。

专栏 8－2　英国内政部的信息公开计划（Publication scheme）

英国内政部的官网上公布的财务信息包括 7 项（不同的部门公布的具体项目有所差异），分别是：

1. 政府财政支出中所有超过 25 000 英镑的支出细节，在英国内政部的官网上你可以下载到不同格式的数据。一般情况下，这些信息是按月披露的。

2. 部门通过政府采购卡（Procurement card）花费超过 500 英镑的所有项目的明细账。政府采购是政府财政支出的重要部分。为了限制预算单位提取、使用现金进行采购结算，提高小额政府采购的透明度和规范性，自 20 世纪开始，英国政府就在全国范围内推行公务卡采购工作。

① ICO，Model－publication－scheme－for－bodies－only－covered－for－certain－information，2013.

英国政府采购卡审计的基本情况：

项目背景

1997年，英国政府开始引进政府采购卡，作为方便和具有成本效益的低值采购方式。政府采购卡可用于所有公共部门组织，包括中央政府和地方政府。政府采购卡有多种类型，没有一致的定义，而且还存在其他多种类型的支付卡，例如旅行卡、预付卡和余额递减卡。报告中提到了两种类型的卡：(1) 采购卡：发行给个人或团队的实物卡。(2) 授权卡：为特定类型的支出递交给某一供应商的虚拟卡。只有从该供应商处采购商品或服务才能用授权卡支付。

使用情况

2010~2011年，中央政府使用政府采购卡支付了3.22亿英镑，2011~2012年上半年，这个数字是1.49亿英镑。2010~2011年，一共发生了175万笔交易，2011~2012年上半年，发生了81.88万笔。大多数交易属于低价物品的采购，2010~2011年每次采购的平均价格是184英镑。不同的部门对采购卡的使用，包括支付金额和采购商品劳务的类型都不同。2010~2011年，国防部的支付占中央政府采购卡支付总额的74%（2.37亿英镑），而皇家税收和海关局仅花费了20.5万英镑。差旅费是各政府部门最常见的支出科目，占总支出的41%。反之，某些部门不允许采购卡用于上述科目。

3. 内政部的膳食费用，每个季度末都会在内政部的网站上公布上一季度的全部膳食开销细节信息。

4. 每一年都会公布部门的所有员工的任职情况，与任职情况相对应的是每一名内政部工作人员的工资、福利细节和发放情况。

5. 部长的公务接待费（ministers' hospitality data），这个项目的支出大致分为三类，即车旅费、礼品费、会议费。每一项支出无论金额大小都会有记录，由于这项支出不是固定的，所以公布的时间也不一定。

6. 内政部聘请的特别顾问、报纸的编辑，媒体评论人的具体花费也在公开范围以内。

7. 每年都要公布政府重大项目投资组合数据。

资料来源：https://www.gov.uk/government/organisations/home-office/about/publication-scheme.

在英国财政稳固性准则中就明确提到了英国政府制定和贯彻财政政策时，要把透明作为一项重要原则。而透明性原则是指政府应该公布足够的信息让公众审查财政政策的进程和公共财政的状态，并且不得隐瞒信息，除非满足以下情形：① 第一，实质性伤害：(1) 英国国家安全、国防以及国际关系；(2) 调查、起诉、预防犯罪

① UK, The Code for FiscalStability, page 8.

以及民事诉讼进程；（3）隐私权；（4）其他党派（parties）与政府秘密通信的权利；（5）政府进行商业活动的能力。第二，损害政府决策和政策咨询过程的完整性。

从上述规定来看，在英国只要符合条件的信息都可以进行公布。此外，该准则还规定如果一个财政年只有一部预算，财政部必须至少提前三个月公布其前预算报告。财政部还应该在预算期内公布一份财政决算和预算报告，预算报告至少应该提供：（1）经济和财政计划；（2）对预算案中提及的重大预算政策措施的解读；（3）在必要的时候，解释财政政策如何使其与相应目标相一致。

根据守则内容要求，财政部在公布报告时还要指出在什么地方报告的副本供免费查询以及在哪购买报告副本。财政部应当确保每个报告公布后至少六个月内可供购买，且所有报告的副本都应该放在财政部互联网网站上。

第二节　政府预算信息公开的内容

在英国信息委员办公室（Information Commissioner's Office，ICO）编发了《信息自由法案》指南中明确规定了政府各部门应该公开的政府预算信息的范围和内容。该指南规定为了实现公民对政府预算信息的知情权，提高政府部门的透明度。要求每一个公共机关必须主动发布信息，并且制定出自己专属的公开计划（publication scheme），该计划在正式公布实施之前需要由信息委员办公室（ICO）批准，通过批准之后才能公布该计划所涵盖的信息。大多数部门的做法是将他们根据《信息自由法案》制定的公开计划上传到他们的官方网站上，通常命名为信息公开指南（guide to information）或者是公开计划（publication scheme）。为了保证当任何公民在提出对政府公共信息要求时能够得到及时、妥善的处理，要求各部门必须使自己的职员充分的熟悉本部门的公开计划，在接到信息申请时能够快速的解决。在计划中各部门必须承诺定期的公开不同类别的信息，诸如某些类别的政策和程序，会议记录，年报告和财务信息。为了帮助各部门编制自己的公开计划，信息委员办公室（ICO）开发了一套模板供各部门参考。这套模板有两个版本：一个为大多数公共部门制定的，另一个是针对少数只需要公布自己的部分公共信息的机构所制定的。但是按照公开计划释放的信息只是个政府部门应该公开的信息的最低标准。如果市民想要了解的信息涉及计划中没有列出的信息，那么他们仍然有权提出诉求。

一、英国预算报告内容

英国的预算报告大致可以分为五个方面。第一，对未来经济发展的预测，包括未来三年 GDP 的增长预期，未来的就业和失业情况，主要经济指标的预测。第二，财政预测，这部分主要是预测未来政府部门的财务情况，政府负债规模将如何发展，为了配合未来的发展战略如何安排未来的政府收支。第三，政府应对日益增高的负债的对策，公共部门净债务占 GDP 的比重预计在 2016 ~ 2017 年将达到峰值，占 GDP 的 85.6%，为了解决政府日益攀高的负债问题，英国政府制定具体的收支计划。第四，为了实现经济增长，解决就业问题，采取一些具体的措施，包括货币政策和财政政策的具体实施细节。第五，实现社会公平，政府的经济和财政战略基础是对公平的承诺和对勤劳致富者支持的意愿。财政预算案公布的政策使税收和福利制度更加公平，支持发展，把家庭生活和企业生产成本降下来。

预算年结束后，政府各部门要对本部门的各项收支、财产、往来款项等进行年终清理，在清理的基础上结算各类收支账户，然后编制决算报告书，连同决算附件报送财政部。各部门每年还须提出公共支出报告，向议会和公众报告部门公共支出的状况。部门报告由财政部汇编成“公共支出白皮书”于每年春天出版。

二、英国政府财务报告内容

（一）部门财务报告的主要内容

英国政府部门年度财务报告通常被称为资源报告（Resource Accounts）。资源报告主要由年工作报告、会计主管职责公告、内部控制声明、主要财务报表及附注，以及审计报告五部分组成。主要财务报表及附注是资源报告的核心部分。政府部门的年财务报表主要包括六种：一是议会批准资源表（Statement of Parliamentary Supply）。该表主要反映政府部门获得议会批准的年资源和净现金的预算数与实际发生数。二是经营成本表（Operating Cost Statement）。该表主要反映政府部门在一个财政年内日常营运活动发生的成本和取得的收入。三是确认的利得与损失表（Statement of Recognized Gains and Losses）。该表主要反映政府部门的资产估值变动所产生的确认的利得与损失情况。四是资产负债表（Balance Sheet）。该表主要反映政府部门在一个财政年结束时所持有的资产、负债及净资产情况。五是现金流量表（Cash Flow Statement）。该表主要反映政府部门在财政年内的现金流入、流出及余额情况。六是按部门活动目标分析的经营成本表（Statement of Operating Costs by Departmental Aim and Objectives），主要反映政府部门每类活动的成本情况。

会计报表附注是资源报告中篇幅最长、分量最重的一部分，主要是对财务报表反映的信息作进一步的解释说明，以帮助信息使用者更好地理解财务报表。英国要求政府部门在会计报表附注中，详细说明本部门采用的会计政策；按部门活动种类列示各种活动对资源的预算数与实际需求数，并解释预算数与实际数之间的差异；分析调整资源与现金需求之间的差异。此外，还要求在附注中反映详细的成本分析、收入分析、或有事项说明、一般基金及各种储备变动分析、资产负债表外事项说明、金融工具及风险分析等。总之，财务报表附注的撰写要比编制财务报表难度大得多，需要会计人员具备较高的财务分析能力和职业判断能力。

（二）部门财务报告的报送时间及程序

英国《政府资源与会计法案2000》规定，政府部门应于每个财政年结束后8个月之内（也即最晚不得晚于每年11月30日），向审计总署提交上一财政年资源报告以接受审计。审计总署则应于次年1月15日之前完成对部门资源报告的审计并将审计后的资源报告送交财政部。财政部则应于1月31日之前将所有部门的资源报告呈交议会。

除了法定时间要求外，英国财政部对各政府部门报送资源报告的时间另有专门要求，比法定时间要求更为及时。目前，在实际管理过程中，英国要求各政府部门自财政年结束后91天内将审计后的部门资源报告呈交议会。

第三节　政府预算信息公开的方式

政府信息公开的方式分成“主动公开”和“被动公开”两种类型。主动公开由政府部门自行拟定“公开计划”实施，计划应详细说明公开信息的种类、公开方式、取得信息的费用等问题。未列入公开计划的政府信息，公众需要通过书面申请的方式公开。对于口头申请，政府部门可以拒绝公开。因各种原由无法提出书面申请的公众，政府部门应予以帮助，或告之能为其提供帮助的政府部门。对于公众的“信息公开请求权”，政府部门有两项义务：其一，肯定／否定义务，即告知申请人本部门是否持有该信息；其二，提供义务，即如果本部门持有该信息，应向申请人提供。政府部门应在收到申请书20个工作日内，履行上述义务。特殊情况下，最多不超过60个工作日。

公共机构主动公开信息的主要程序是：国务大臣颁布公共机构信息公开指南，各公共部门根据《信息自由法》和信息公开指南，编写信息公开目录，提交信息专员署审核通过，按照信息公开目录，按时逐项公开。信息公开目录一般四年修订一次，各部门也可根据实际随时修改，但必须提交信息专员审核通过才能实施。依申请公开的程序是：申请人向索取信息的公共机构提出书面申请，申请内容包括申请人的姓名、联系地址、要求公开的信息，不必写明信息的用途。公共机构接到申请后，根据申请的内容，判断申请的信息属于公开的信息还是例外信息，如属于公开的信息，公共机构必须在规定时间内对申请做出答复。如果属于例外信息，公共机构拒绝提供要求的信息，但必须在规定时间内通知申请人申请的信息属于例外情况及其理由。

一、主动公开

主动公开方式主要是指英国“当局”拟定公开计划，一项公开计划载有一个机构应当定期提供的各种信息，这些信息应当很容易被任何人发现和使用。由于定期公布信息作为一个机构正常业务的一部分，因此这些信息应当很容易通过代理网站获取或者很迅捷快速地被机构官员发送出去。①

专栏8-3 英国《信息自由法案》中公开计划相关规定

第19条款部分规定：

(1) 每一当局的责任包括——

(a) 采纳并维持一项计划，其中涉及当局公布并得到信息委员会批准的信息；

(b) 按照其出版公开发布信息；

(c) 不时地审查其公开计划。

(2) 一项公开计划必须——

(a) 定义当局发布或拟发布信息的类别；

(b) 指定每种类别信息发布或拟发布的方式；

(c) 指定是否该材料会或者将会免费或者收费。

(3) 在采纳或者审查其公开计划的时候，当局应当顾及公众利益——

(a) 在允许公众获取政府持有的信息的时候；

(b) 在公布当局决定原因的时候；

(4) 当局应该在其认为合适的时候公布其公开计划；

(5) 在通过一项计划的时候，署长也许会在指定期限到期时批准计划；

(6) 凡是署长批准的任何当局的公开计划，他可以在给当局发出通知日起6个月内任何时候撤销其批准。

(7) 凡是信息官（Commissioner）——

(a) 拒绝批准公开计划，或者

(b) 撤销其批准的公开计划。

他必须给当局说明他这样做的理由。

资料来源：Freedom of Information Act2000，section 19.

上述规定对英国公开计划做出了要求，首先是每个政府部门都有公开发布其信息的责任与义务，其次，规定了公开计划的内容，即哪些内容应该包含在公开计划中。最后指出了政府在发布公开计划的时候应该遵循的规则，如果“信息官”拒绝或撤销其公开计划，要说明拒绝或者撤销的理由。

二、依申请公开

英国《信息公开法》规定申请人需就信息公开提出书面申请，相关政府机关有

① Ministerial Guidelines，page3.

义务在其申请过程中提供咨询。政府机关收到申请后如决定可以公开，须在20天内通过复印、查阅、摘抄或其他方式提供；如决定不能公开，须书面通知申请人并明确告知不予公开的理由。① 即没有列入公开计划的信息可以通过申请公开获得。任何人都可以向当局申请公开信息，对于符合公开条件的信息当局需予以提供，不符合公开条件的信息当局需向申请人说明原因。

专栏8-4　英国《信息自由法案》中依申请公开相关规定

8-（1）本法案任何提及“信息申请”都要求申请信息——

（a）是以书面形式；

（b）写明申请人的名字和相对应的住址；

（c）描述所要申请的信息。

（2）若以（1）（a）为目标的，满足以下情况将被视为以书面形式提供：

（a）以电子形式传送；

（b）以清晰的形式被接收，且

（c）能够被用于后续参考。

17-（1）如果一项信息属于豁免，则当局应该在1（1）所规定的时间内给申请人以通知：

（a）说明事实，

（b）指出问题中的豁免信息，

（c）说明为什么豁免条款适用。

14-（1）1（1）条款没有规定当局有义务遵守无理取闹的申请；

（2）当局没有义务遵守申请人的重复申请，除非先前申请与当前申请具有合理的间隔。

资料来源：UK，Freedom of Information Act2000，section 8 14 and 17.

上述规定对公民申请信息公开做出了要求，对政府信息豁免权的使用做出了具体规定。如果政府部门拒绝公众的信息公开申请，该申请人可以寻求法律援助，援助途径包括信息专员、信息裁判所、法院等。其中信息专员在接到申请人的申诉后，要做出三种通知决定：认定通知，即认定政府部门拒绝公开信息的做法是否违法；执法通知，命令政府部门向申请人公开信息；信息通知，命令政府部门向信息专员说明其作出不公开信息的理由。如果政府部门不执行上述任何一项“通知”，亦未申诉，信息专员可以认定该政府部门行为违法，移送相关机构以“藐视法庭罪”论处。

① 李云驰：《美国、英国政府信息公开立法的比较与借鉴》，载于《国家行政学院学报》2012年第3期。

第四节 政府预算信息公开的途径

现代预算公开的途径主要分为传统途径和网络途径。传统途径对应传统媒介，英国比较著名的媒体有BBC、泰晤士报、路透社等，这类媒体会在第一时间发布英国预算报告以及进行相关解读。

英国国家档案馆建立了非常完备的档案信息资源服务体系，包括联机目录、国家数字档案库、“获取档案”项目、国家档案登记系统等，可为公众提供全面的档案信息服务。此外，英国国家档案馆对于正式出版（网络出版）的政府信息资源和未正式出版的政府信息资源采取了不同的公开与服务方式，2003年9月，建立了专门选择性收藏英国中央政府网站的档案馆——英国政府网络档案馆，以收藏在网络上出版且易消逝的政府信息。英国政府网络档案馆采集并保存的网站信息都可以在万维网上公开、免费获取，主要包括“商业，工业，经济和金融”、“文化和休闲”、“环境”等11个主题，读者可以通过政府网络档案馆主页上的搜索引擎和专题索引工具进行检索利用，本国用户还可以直接到国家档案馆公共检索大厅进行查询。英国政府将未出版的政府信息资源看做国家资产的重要组成部分，国家档案馆下属的公共部门信息管理办公室通过创建信息资产登记系统（Information Asset Register，简称IAR）的方式加以管理和提供利用。IAR是由英国政府根据《1999年政府部门出版物的未来管理政策咨询白皮书》（the Consultation on the Future Management of Crown Copyright）推出的集中式检索系统，其目标是覆盖英国所有政府部门和机构的信息资源，包括数据库、旧档案集、近期电子档案、统计数据集、研究项目等，并创建了IAR元数据，通过Inforoute站点提供服务。①

此外，作为近年来发展迅猛的网络在英国预算公开透明方面发挥了巨大的作用，英国预算信息大部分都是通过政府财政部的网站发布，而且在2010年英国政府新组建了政府预算办公室（OBR），在该机构网站上，政府预算也是重点。目前在英国，民众有以下几种主要途径了解系统精确的政府预算报告：第一是政府官方网站——英国财政部网站（HM Treasure），英国主要的预算信息可以通过财政部网站了解；第二是英国政府预算办公室（OBR）；第三是具有科研性质的研究机构网站——如英国财政研究所网站（Institute For Fiscal Studies），此类网站是对英国预算信息的具体解读，便于民众深入了解预算情况；最后是非官方的民间网站——如微博、推特等。

① 谭必勇：《欧美国家档案馆参与政府信息公开的路径及其启示》，载于《档案学通讯》2010年第6期。

一、英国财政部网站（HM Treasure）

英国财政部又称为 HM 财政部，是负责开展和执行英国政府的公共财政政策和经济政策的英国政府部门。图 8 - 1 是英国政府网局部截图，从中可以看到除有醒目的快速检索外，还有十大板块内容。民众可以从 Departments 进入英国财政部网站，也可以直接检索。值得一提的是，在 Get involved 板块中，英国政府为民众提供了几个主要渠道参政，可以简单归纳为三种：第一种是政府会发布一些政策议题，让民众积极参与到政策制定中来。英国民众可以把自己的意见或建议发送给协商会，且政府机构在制定政策的时候会把这些建议或意见考虑在内。第二种渠道是民众可以创建一份请愿书影响议会和政府，如果请愿书有超过 10 万人在线签名，则将会提交下议院辩论。第三种渠道也是最迅捷的一种渠道就是通过一些社会媒介参与政府政策制定。除此三种主要渠道外，英国政府还提供了一些其他渠道（政策、参与途径）以适应不同人群的不同要求。

图 8 - 1　英国财政部网站截图 1

资料来源：英国财政部，https：//www. gov. uk/government/organisations/hm - treasury。

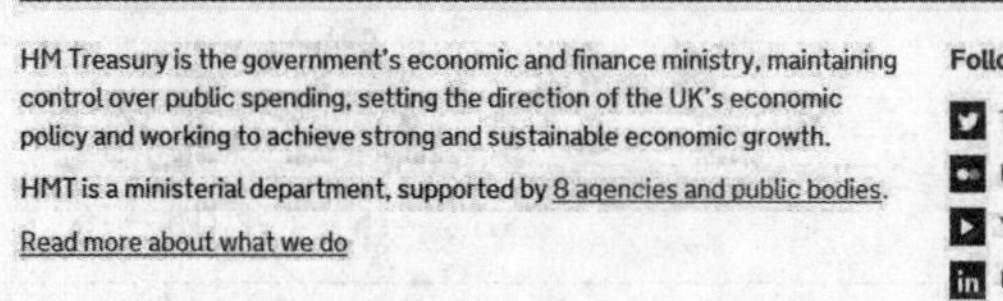

图 8 - 2　英国财政部网站截图 2

资料来源：英国财政部，https：//www. gov. uk/government/organisations/hm - treasury。

图 8 - 1、图 8 - 2 是英国财政部网站首页局部截图，在首页右端介绍了 2013 年支出报告（Spending Round 2013）、2013 年预算（Budget 2013）以及其他一些相关文件，网页中部简要介绍了英国财政部的职能，发布了一些财政政策与文件。如果想了解具体信息，右边 Follow us 还提供了几种渠道：Twitter、Flickr、YouTube 等，在这一类媒介上，公众可以自由发表对于预算信息的意见、看法，通过交流对新预算案有更加直观的认识。

网页底部则给出了英国财政部的联系方式，右侧还具体提供了投诉程序（Complaints procedure）以及透明数据（Transparency data），投诉程序详细介绍了民众投诉的方式以及如果对投诉结果不满意该如何继续申诉等问题，透明数据提供了大量关于财政部的信息供民众查询，公开期限因公开内容而异，有每年公开一次、每季度公开一次以及每月公开一次。

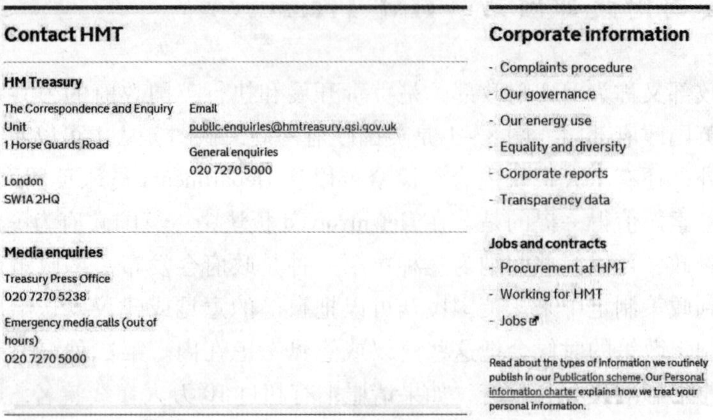

Contact HMT

HM Treasury
The Correspondence and Enquiry Unit
1 Horse Guards Road
London
SW1A 2HQ

Email
public.enquiries@hmtreasury.gsi.gov.uk

General enquiries
020 7270 5000

Media enquiries
Treasury Press Office
020 7270 5238

Emergency media calls (out of hours)
020 7270 5000

Corporate information

- Complaints procedure
- Our governance
- Our energy use
- Equality and diversity
- Corporate reports
- Transparency data

Jobs and contracts

- Procurement at HMT
- Working for HMT
- Jobs

Read about the types of information we routinely publish in our Publication scheme. Our Personal information charter explains how we treat your personal information.

图 8-3 英国财政部网站截图 3

资料来源：英国财政部网站，https：//www. gov. uk/government/organisations/hm - treasury。

（一）2013 年支出报告（Spending Round 2013）

2013 年支出报告中说明了政府将在 2015 年 4 月到 2016 年 4 月如何花费纳税人 7 400 亿英镑的钱以及英国政府如何把资金优先投向政府医疗体系、学校、增加关键基础设施如道路、铁路和能源。

表 8-1　　英国部门计划和管理预算

Table 1：Departmental Programme and Administration Budgets（Resource DEL exduding depreciationo）

	£ billion		Per cent
	Baseline[2] 2014 - 15	Plans 2015 - 16	Year-on-year real growth
Departmental Programme and Administration Budgets			
Education[3]	52. 8	53. 2	-1. 0
NHS（Health）	108. 3	110. 4	0. 1
Transport	3. 5	3. 2	-9. 3
DCLG Communities	1. 2	1. 1	-10. 0
DCLG Local Government[4]	25. 6	23. 5	-10. 0
Business，Innovation and Skills	13. 6	13. 0	-5. 9
Home Office	10. 4	9. 9	-6. 1
Justice	6. 8	6. 2	-10. 0
Law Officers'Departments	0. 5	0. 5	-5. 0

续表

	£ billion		Per cent
	Baseline[2] 2014 - 15	Plans 2015 - 16	Year-on-year real growth
Defence	23.9	23.9	-1.9
Foreign and Commonwealth Office[5]	1.2	1.1	-6.3
International Development	8.3	8.5	1.1
Energy and Climate Change	1.0	1.0	-8.0
Environment, Food and Rural Affairs	1.7	1.6	-9.6
Culture, Media and Sport	1.2	1.1	-7.0
Work and Pensions	5.5	5.0	-9.5
DWP non-baselined funding[6]	1.9	0.9	-
Scotland[7]	25.6	25.7	-1.5
Wales[7]	13.6	13.6	-1.8
Northern Ireland[7]	9.6	9.6	-1.5
HM Revenue and Customs	3.2	3.1	-5.0
HM Treasury	0.1	0.1	-10.0
Cabinet Office[8]	0.4	0.3	-10.1
Single Intelligence Account	1.6	1.7	3.4
Small and Independent Bodies[8]	1.3	1.3	-2.0
Spending commitments not yet in budgets[10]	-	1.1	-
Reserve	2.8	2.8	0.0
Special Reserve	1.8	1.0	-44.1
Localised business rates[4]	-11.2	-11.6	-
Total Resource DEL excluding depreciation	316.0	312.9	-2.7

资料来源：英国财政部网站，https：//www. gov. uk/government/organisations/hm－treasury。

表8－1列示了英国部门计划和管理预算，从表中可以清楚看到英国政府资金投入倾向，总体来说英国政府在缩减预算，但是教育、医疗总支出将会增加且教育投入实际增长率在下降。为了便于公众了解晦涩难懂的支出报告，政府提供了一些专业的解读。

前一部分属于文字解读，主要解释政府如何削减支出以及财政部在削减支出中扮演的角色。后一部分是音频解读，由财政大臣讲解支出计划如何帮助英国削减赤字。这两种解读使民众可以不用仔细去看支出计划便可以方便了解其内容，增强了信息的可获得性。

How to understand public sector spending

This guide explains how government spending is broken down, and the Treasury's role in controlling spending.

What is the Spending Round? Video

Our video, narrated by Chancellor George Osborne, breaks down what the Spending Round is about and how it helps Britain on our path to deficit...

图 8-4 英国公共部门支出解读

资料来源：How to understand public sector spending, What is the spending round? https://www.gov.uk/government/publications/how-to-understand-public-sector-spending/how-to-understand-public-sector-spending.

（二）2013 年预算报告（Budget 2013）

英国 2013 年预算报告长达近 100 页，报告主体分为两部分：第一部分是预算报告，第二部分是预算责任办公室对预算的预测。报告从经济整体到微观个体都做了详细的描述，涉及政府、个人、企业等各方面。

英国整体情况：

经济总体：英国财政部下调 2013 年经济增长预期为 0.6%，而这一数值几乎仅为 2012 年秋季财政预测 1.2% 的一半。2014 年经济增长预计为 1.8%。

政府财政：英国政府净借款 2012～2013 年为 1 210 亿英镑，2013～2014 年将为 1 198 亿英镑，占 GDP 总额的 7.4%。预计政府净债务将在 2016～2017 年达到高峰，占 GDP 的 85.6%。政府部门预算在未来两年内平均下降 1%，这可以节省出 11 亿英镑，这笔钱不会用于填补赤字，而是用于住房、学校以及健康方面的投资。截止到 2015～2016 年，政府人员工资上涨限制在 1% 以内，军队除外。

工作：私立企业雇佣人数预计从 2011 年到 2018 年将增长 240 万人，公共事业部门人员数将减少 100 万人。

基础建设：截止到 2020 年将投入 150 亿英镑用于新的道路、铁路以及建筑，2015～2016 年首拨 30 亿英镑。

个人影响：

个人所得税：2013～2014 年个人所得税起征点为 9 440 英镑，年收入在 15 万英镑以上的税率从 50% 降至 45%，年收入在 9 440 英镑至 15 万英镑的纳税人的税率保持不变。

住房：政府提出为期三年的"Help-to-buy"计划。这其中包括：政府将投入 35 亿英镑用于"Shared equity schemes"。购买价值不超过 60 万英镑的新建房产，政府将为购房者提供房产价值20%的贷款，前五年免息。这20%的贷款只需在卖出房产时返还。预计将有总额约1 300亿英镑的购房贷款。

日常消费品：啤酒税方面，原计划每品脱增加3便士，如今降至1便士。酒精度数低的啤酒税率下降6%，而烈酒税率则上涨0.75%。烟草税自3月20日起将上涨，高于零售物价指数（RPI）2%。驾车出行的人可免于燃油税增长。原计划于今年9月上涨燃油税被取消。

儿童福利：政府资助工作家庭20%的儿童护理（childcare）支出，每名儿童每年最高可补助1 200英镑。父母双方必须保证正在工作，并且任意一方年薪不能超过15万英镑。

社保福利：2016～2017年起实行统一的国家退休金发放额——每周144英镑。个人需要承担的养老费用自2016年起限制为最高额不超过7.2万英镑。

企业影响：

企业所得税：将从2014年的21%降至20%。

小型企业：每年可免缴2000英镑的员工国家保险，从事保姆行业的公司除外。

员工股份分红：在新出的“Right－for－share”计划下，员工所得的企业分红股份中的2 000英镑可免缴个人所得税和NI。分红股份收益不超过5万英镑的将免缴资本收益税（CGT）。这项计划自9月1日起实行。

企业避税行为：打击避税行为的规则General Anti－Abuse Rule（GAAR）正式生效。

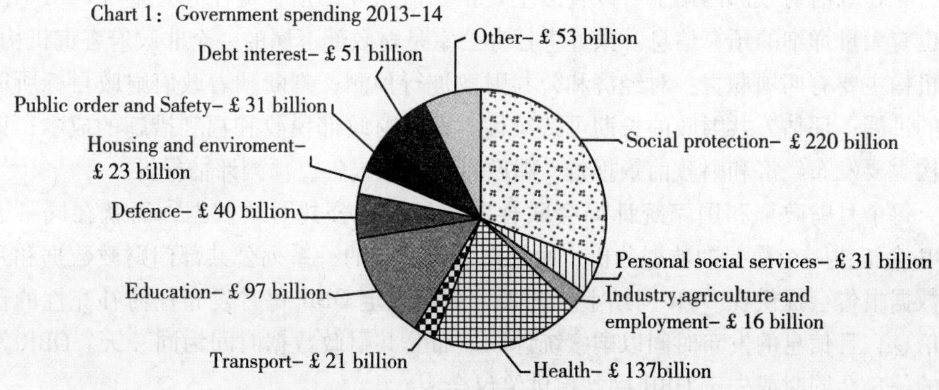

图8－5　2013～2014年政府支出构成

资料来源：2013 Budget，https：//www. gov. uk/government/uploads/budget2013_complete. pfd.

2013年预算报告以图表的形式显示了政府的各项主要开支。2013～2014年，总管理支出预计为7 200亿英镑。从图中可以明确看出预算资金的流向及所占份额的大小，从中可以看出，社会保障、医疗、教育位于资金安排的前三位，分别为2 200亿英镑、1 370亿英镑、970亿英镑，总额超过预算支出的50%。

图8－6为2013～2014政府收入构成。

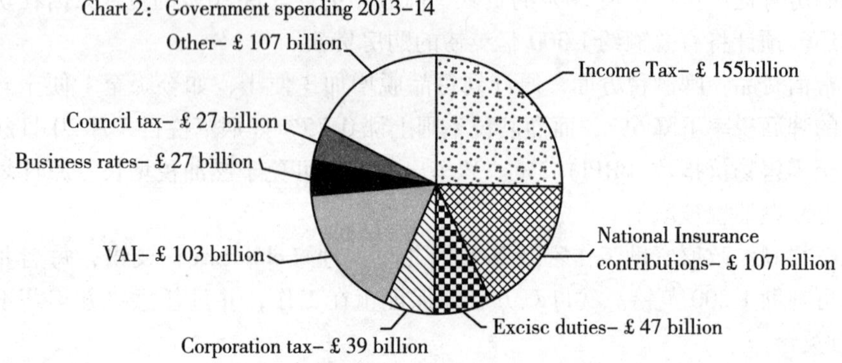

图8-6 2013~2014 政府收入来源

资料来源：2013Budget，https：//www. gov. uk/government/upload/budget2013_complete. pdf.

报告中显示了政府各种收入的来源，2013~2014年，预计公共部门的经常性收入大约是6 120亿英镑。所得税和国民保险收入是政府财政收入的两大来源。通过以上两张图表民众可以清楚看出英国政府下年财政状况，财政投入倾向以及预计财政收入来源。

二、英国政府预算责任办公室（OBR）

除在政府财政部网站上可以查阅主要预算信息外，预算责任办公室（OBR）网站也有大量详细的预算信息。预算责任办公室是财政部下属的一个非政府咨询机构，该机构主要有四项职责：对经济和公共财政进行预测；判断朝着政府财政目标所取得的进展；评估公共财政的长期可持续性；审查财政部税收和福利措施的成本；该机构主要发布经济和财政前景报告、财政可持续性报告、预测评估报告。

每个月财政部和国家统计局会联合发布最新的公共财政数据，而就在同一天OBR会提供一个简要的数据分析，而且财政部发布的一系列公共部门财政数据和月度数据报告会提供在OBR网站上。此外，英国规定OBR每月发布任何补充性的预测信息，且信息的发布时间以国家统计局发布公共财政数据时间为同一天。OBR发布的信息会同时或先于OBR网站提供给议会。①

三、英国财政研究所网站（Institute For Fiscal Studies）

该网站研究内容涉及税收与福利、公共财政和公共服务、不平等与教育、生产力和竞争、消费和储蓄等多方面。其中有一部分专门解读预算，网站会提供历年预算案和预算前报告以及部分支出报告，由机构专业人士对报告内容进行解读，民众

① Office for Budget Responsibility：release policy，http：//budgetresponsibility. independent. gov. uk/wordpress/docs/release_policy. pdf.

可以通过阅读解读文章对预算案信息有一个更为清晰的了解，更容易被民众所理解。

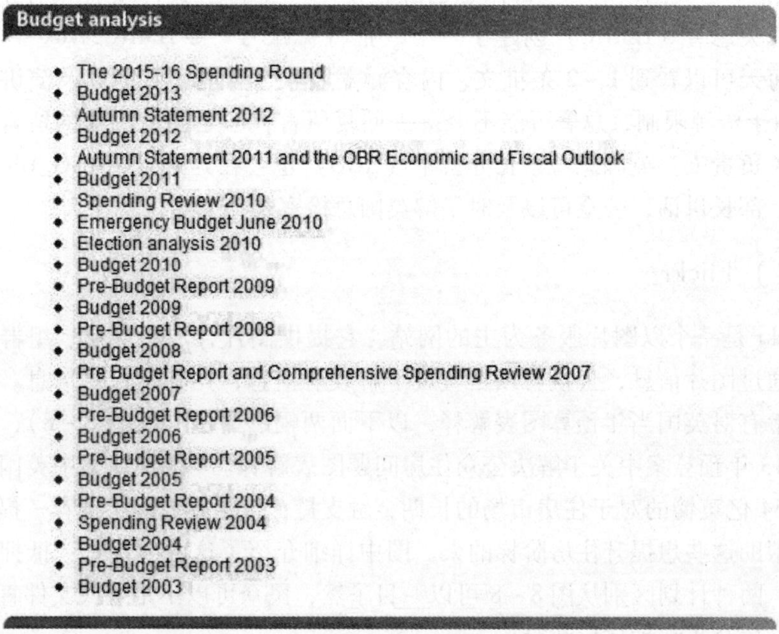

Budget analysis

- The 2015-16 Spending Round
- Budget 2013
- Autumn Statement 2012
- Budget 2012
- Autumn Statement 2011 and the OBR Economic and Fiscal Outlook
- Budget 2011
- Spending Review 2010
- Emergency Budget June 2010
- Election analysis 2010
- Budget 2010
- Pre-Budget Report 2009
- Budget 2009
- Pre-Budget Report 2008
- Budget 2008
- Pre Budget Report and Comprehensive Spending Review 2007
- Budget 2007
- Pre-Budget Report 2006
- Budget 2006
- Pre-Budget Report 2005
- Budget 2005
- Pre-Budget Report 2004
- Spending Review 2004
- Budget 2004
- Pre-Budget Report 2003
- Budget 2003

图 8-7 英国财政研究所网站截图

资料来源：英国财政研究所网站，https：//www. gov. uk/government/organisations/hm-treasury。

四、社交媒介类（Twitter、Flickr、YouTube）

除了专门的政府财政部网和研究机构网站，英国的社会大众还可以在民间的网络上查找政府预算信息，这主要得益于 YouTube、Flickr、Twitter 等一系列民间信息网站的发展。

（一）Twitter

Twitter（非官方中文译名为推特）是一个社交网络和一个微博客服务，它可以让用户更新不超过 140 个字符的消息，这些消息也被称做“推文（Tweet）”。这个服务是由杰克·多西在 2006 年 3 月创办并在当年 7 月启动的。Twitter 在全世界都非常流行，据 Twitter 现任 CEO 迪克·科斯特洛（Dick Costolo）宣布，截至 2012 年 3 月，Twitter 共有 1.4 亿活跃用户，这些用户每天会发表约 3.4 亿条推文。同时，Twitter 每天还会处理约 16 亿的网络搜索请求。Twitter 被形容为“互联网的短信服务”。网站的非注册用户可以阅读公开的推文，而注册用户则可以通过 Twitter 网站、短信或者各种各样的应用软件来发布消息。Twitter 公司设立在旧金山，其部分办公室及服务器位于纽约城。Twitter 是互联网上访问量最大的十个网站之一。由于 Twitter 是消息传播最快和便捷的通道，它的影响力近年来得到迅速的提升，西方多国政要与政府机构开始通过它宣传自身，英国曾于 2009 年 7 月要求公务员在推特上“顶”政府，[①] 英国政府一些部门也已经在使用“推特”宣传政府和引导舆论。英国税务海关总署（HMRC）创建了一个“推特”账号“@ HMRCgovuk”，通过该账号民众每天可以看到 1 ~ 2 条推文，内容涵盖税收、新闻、咨询以及演讲和宣传活动。[②] 由于资源限制，总署可能不会一一回复留言，但是会把民众的留言会及时反馈给相关负责人。英国总检察长办公室（AGO）也会在其账号@ AGO_UK 上发布相关新闻、部长讲话，公众可以及时了解英国总检察长办公室在做什么。

（二）Flickr

Flickr 是一个以图片服务为主的网站，它提供图片存放、交友、组群、邮件等功能。通过图片信息，公众可以更直观了解政府信息，尤其是预算信息。英国财政部网站上有对英国当年预算图表解释，以下面两幅图为例（见图 8 - 8），这是英国政府 2013 年预算案中关于解决公众住房问题图表解释。[③] 在预算案中英国政府提出了一项 54 亿英镑的对于住房市场的长期金融支持，包括发起购买推荐—提供了两种计划来帮助这些想提升住房阶梯的人。图中详细介绍了这两项计划：抵押贷款和按揭贷款。两种计划区别从图 8 - 8 可以一目了然，民众可以不用查找文件直接就可以了解自己适合于那种住房政策。

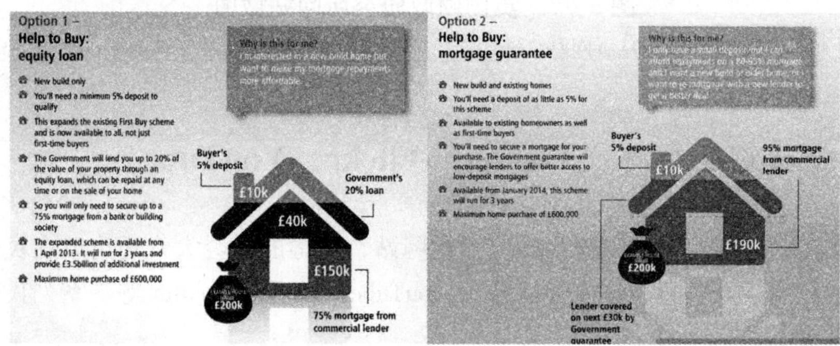

图 8 - 8　Flickr 上英国政府 2013 年预算案中关于解决公众住房问题图表解释

资料来源：flickr 网站。

此外，英国政府还用图表的形式介绍了一项工薪阶层育儿免税计划，图 8 - 9 只是其中的部分截图，从图中可以直观看出从 2015 年秋季开始，英国政府每年将会给低于 12 岁的孩子补助 1 200 英镑；政府将会投入 7.5 亿英镑用于育儿免税计划；图中还反映了该计划与已经存在的学券计划存在的不同之处：原计划只包含了 50 万个

① 《英要求公务员上“推特”“顶”政府》，新华网，http：//news. xinhuanet. com/world/2009 - 07/30/content_11795053_1. htm。

② HM Revenue&Customs，Social media use，http：//www. gov. uk/government/uploads/system/uploads/attachment_data/file/119090/twitter_policy. pdf.

③ GOV. UK，Budget 2013：an overview，http：//www. gov. uk/government/news/budget - 2013 - an - overview.

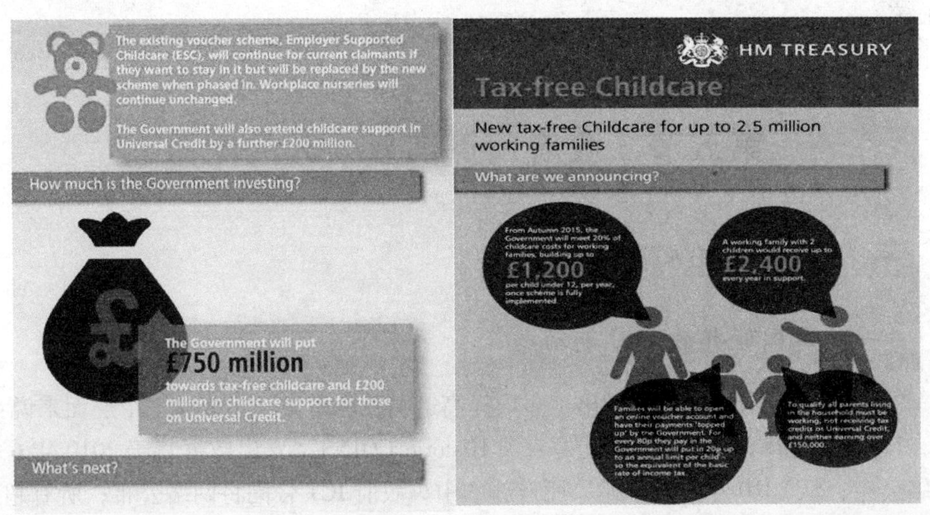

图 8 -9　Flickr 上英国政府关于工薪阶层育儿免税计划的介绍

资料来源：flickr 网站。

家庭，而新的免税计划可容纳 250 万个家庭。

由此不难看出，在英国预算解读过程中 Flickr 发挥了及其重要的作用，它更快捷且更容易被公众所理解。

（三）YouTube

YouTube 是世界上最大的视频分享网站，早期公司总部位于加利福尼亚州的圣布里诺，公司于 2005 年 2 月 15 日注册，由台湾裔美籍华人陈士骏等人创立，网站的口号为“Broadcast Yourself”（表现你自己）。根据市场调查显示，早于 2007 年 2 月，YouTube 的访客数目已经超越 Google 的短片网站，到了 7 月底，YouTube 每月访客数目增加至 3 050 万人，而 GoogleVideo 只有 930 万人，雅虎的 YahooVideo 则有 530 万人。YouTube 是全球著名的视频网站，可供网民上载观看及分享短片，至今它已成为同类型网站的翘楚，并造就多位网上名人和激发网上创作，已经成为了世界上访问量最大的视频播客类网站。正是由于 YouTube 在欧美巨大的影响力，使得 YouTube 也成为政府推行政务的工具。英国政府在 YouTube 上会发布了一系列政府财政部部长的预算演说，讲解当年的预算报告，以便于民众更加容易理解预算案。

除上述几种网络公开途径外，还有“数据英国”网站，涵盖各种数据信息。由于英国每个政府部门每年都要公布年报告，其中包括详细的开支分项且英国 49 个政府部门一年发布近万条信息。为了便于公众理解和判断，英国政府专门建立了强大的在线数据公开系统“数据英国”（data. gov. uk）网站，把那些政府各部门已经公开的数据汇总在一起便于查阅。该网站有超过 9 000 个数据集，数据涵盖了从中央到地方各部门的各种数据，① 提供数据的格式较为多样，有 RDF、PDF、CSV、HT-

① 数据英国网站，http：//data. gov. uk/about - us.

ML 等。

第五节　政府预算信息公开的期限

一、定期公开的规定

（一）英国联邦政府近期动态

2010 年 5 月卡梅伦政府做出了多项提高透明度的承诺，主要从三个层面来说：

1. 中央政府支出透明。历史零钱（Historic COINS）支出数据将于 2010 年 6 月网络公布；从 2010 年 7 月开始，所有新的中央政府 ICT 合同将网络公布；所有超过 10 000 英镑的新的中央政府贷款合同将于 2010 年 9 月在专门的网站上公布，用以向公众提供免费信息；自 2010 年 11 月开始，中央政府超过 25 000 英镑的财政支出将网络公布；自 2011 年 1 月开始，所有的中央政府合同要全文公布；自 2011 年 1 月开始，所有 DFID（英国国际发展部）超过 500 英镑的国际项目信息将网络公布（包括财务信息和项目文档信息）。

2. 地方政府支出透明。自 2011 年 1 月开始，地方政府超过 500 英镑的支出新项目将会公布；自 2011 年 1 月开始，超过 500 英镑的新的政府合同和支出招标文件将会全文公布。

3. 其他重要政府数据集。自 2011 年 1 月开始，犯罪数据将会公布（以便大众能够看到他们街道发生的事）；2010 年 6 月起，高级公务员年薪超过150 000 英镑要公布姓名、等级和职称。

（二）地方政府透明度实施推荐准则①

作为最低要求应该公开的数据：

支出超过 500 英镑（包括成本、供应商和交易信息），任何独资经营者或者机构在一项业务中收到超过 500 英镑的公共资金应该予以透明。

高级雇员的薪金、名称（有选项可以使个人拒绝公布他们的名字）、岗位描述、职责、预算和人员数目，“高级雇员薪金”是指所有工资高于 58 200 英镑以上（不论职位），这是高级公务员最低工资带，预算应该包括每位高级雇员的总体工资成本报告。

地方政府人员结构图应该包括目前空缺职位的信息和工资级别。

“支出倍数”——整个机关劳动力最高工资与中位平均工资之间的比率。

议员的津贴和费用。

---

① HM Revenue&Customs，Social media use，http：//www. gov. uk/government/uploads/system/uploads/attachment_data/file/119090/twitter_policy. pdf.

商业、志愿团体和社会企业部门的合同和招标的副本。

志愿团体和社会企业部门的自主应该很明确地逐项列出。

有关地方财政和金融状况的政策、绩效、外部审计、重点检查和关键指标。

公有土地以及楼宇资产的位置以及主要分布信息通常都记录在资产登记册上。

地方当局的民主活动的数据，包括：宪法、选举结果、委员会会议记录、决策过程以及决定记录。

公开：

1. 提供公共数据应该作为民众参与政府以便于驱动对政府问责的不可或缺的方式，它的有效性应该被宣传和推广以便于让民众知道如何访问并使用它，掩饰将会对民众和有利害关系的人更有帮助。

2. 为了给予公众的价值最大化，公共数据应该以一种公开再使用的格式发表，包括商业和研究活动，应该使用国家档案馆公布的公开政府特许为推荐标准。公共数据的版权属于那里等这些都必须明确。

3. 出版物应该是开放的和可机读格式的，完全开放格式的5步推荐：

* 可以在网上（可以是任何格式），但必须有开放许可；

** 加一星为可机读的结构化数据（如是EXCEL而不是一个表的图像扫描）；

*** 加两星是使用非专有格式（如CSV和XML）；

**** 上述所有再加上使用万维网联盟开放标准（如RDF和SPARQL 21）；

***** 上述所有加上可以链接你的数据到其他人的数据上予以提供文本。

4. 地方政府应当使用一种拥有强大内部风险程序的风险管理办法，以减少由于发布公共数据所造成的支付欺诈风险。地方当局应当英国特许公共财政和会计红皮书—欺诈风险管理—打击欺诈和腐败。

及时性：

1. 及时公开数据往往是重要的，应该及时尽可能快地公布数据即使它没有详细的分析说明。在实践中，地方政府应该寻求实时发布。

2. 公开的资料在第一次公布的时候应该尽可能地准确。虽然可能会出现错误，但是不应该为了纠正错误过分地延迟公布时间。相反，出版物应该被用来解决任何存在的缺陷和不足。

3. 在公开的数据中发现错误，或因为其他的原因（如遗漏）将文件更改，地方政府应该公布经过修订的资料，明确在何处做了修改、是如何修改的。还要在data.gov.uk上作相应的修改。

二、不定期公开

信息自由法中部分规定：①

① UK，Freedom of Information Act2000，section 10.

1. 除本条第（2）小节和第（3）小节之规定外，官方必须遵守第1（1）部分(即任何发出请求的人都有权利从官方得到书面通知官方是否掌握所请求的信息，如果有，该信息应当被提供)，并且在任何情况下不晚于自收到请求之日起的20个工作日。

2. 如果当局寄了一张收费通知单给申请人且申请人已经根据第9（2）之规定(即如果收费通知单已经寄发给申请人，除非申请人在自发出通知单起三个月内缴费，否则当局没有义务履行第1（1）之规定）缴费的，发出通知单到缴费之间的工作日不计算在第（1）部分20个工作日内。

3. 如果：

(a) 1（1）(a)（即任何公民被赋予得到当局是否掌握所需信息书面通知的权利）不适用，而2（1）(b)（即在任何情况下，在维持排除肯定/否认义务方面的公众利益要胜于在披露当局是否掌握信息方面的公众利益）被满足；

(b) 1（1）(b)（即如果当局掌握信息就应该被提供）不适用，而2（2）(b)(即在所有情况下，维持豁免的公众利益要胜于披露信息的公众利益）被满足；

当局不需要遵守1（1）(a) 或1（1）(b) 除非其是在合理的情况下，但本款并不影响17（1）做出的任何时间规定。

近年来，英国预算公开标准不断降低，以伦敦为例，2008年伦敦开始例行发布大伦敦区财政开支明细，凡超过1 000英镑的支出均会记录在案，2010年夏天更进一步，公布标准二次下调，超过500英镑的所有政府开支会被记录在案。最近的开支信息，可以在大伦敦区当地政府网站 london. gov. uk 上轻易查到。2008年来按季度或双月发布统计数字，2011年夏天基准调整后，伦敦当局开始按月发布统计数据。7月以来，伦敦当局总开支达到1 700万英镑，平均每月340万英镑，在最新公布的月度开支报告中，大伦敦区超过500英镑的公共支出共有378项，合计2 919 516. 02英镑。理论上而言，公开财政信息只是一个技术问题，按照会计报表公布即可。成熟严格的预算会计制度以及基于预算会计所形成的相关报告，加上及时、全面、细致的公开程序，成就了英国财政开支的高透明度，锻造出了一个没有“其他开支”的英国财政。①

第六节　政府信息公开的法律体系

一、《信息自由法》关于预算公开的规定

由于根深蒂固的保密文化传统，从某种意义上而言，英国政府信息公开制度建

---

① 《英国政府如何晒账本?》，政府采购信息网，http：//www. caigou2003. com/perspective/international/others/20111130/others_514623. html。

立的过程就是与英国保密文化传统斗争的过程。也正是因为这一原因，英国在政府信息公开立法方面较为落后，直到20世纪末才基本成型。英国于2000年制定并于2005年1月1日实施的《信息自由法》（Freedom of Information Act 2000，UK FOIA），规范了由官方以及为官方提供服务的私人所持有信息的公开事宜，确立人人（含外国人）皆有获悉官方持有之信息（包括预算信息）的一般性权利。

全文共有八章（parts）88条、八个附表（schedules），其架构如表8－2所示。

表8－2　　　　英国《信息自由法》（UK FOIA）的架构

正文（Parts）	
第一章	获取官方持有之信息（Access to information held by public authorities）
第二章	豁免的信息（Exempt information）
第三章	国务大臣、司法大臣以及信息官员的基本职责（General functions of Secretary of State，Lord Chancellor and information commissioner）
第四章	执行（Enforcement）
第五章	上诉（Appeals）
第六章	历史档案和公开档案局的记录（Historical records and records in Public Record Office or Public Record Office of Northern Ireland）
第七章	1998年《数据保护法》的修正（Amendments of *Data Protection Act* 1988）
第八章	附则（Miscellaneous and Supplemental）
附表（Schedules）	
附表一	官方（Public authorities）
附表二	信息官员与法庭（The commissioner and the Tribunal）
附表三	获取与检查的权力（Powers of entry and inspection）
附表四	上诉程序：1998年《数据保护法》第六条的修正（Appeal proceedings：Amendments of Schedule 6 to *Data Protection Act* 1988）
附表五	公开档案立法的修正（Amendments of Public Records Legislation）
附表六	1998年《数据保护法》的修正（Further amendments of *Data Protection Act* 1988）
附表七	申诉专员的信息公开（Disclosure of Information Ombudsmen）
附表八	废止（Repeals）

专栏8－5　英国《信息自由法》的主要内容

1. 适用范围

（1）适用主体。《信息自由法》给予人民获悉英国“官方持有之信息”的权利。所谓“官方”（public authority）大致分为三类：第一类为列名于附表一（schedule 1）的中央政府、地方机关、全国卫生机构、教育机构以及警察机关；第二类为受托行使公权力的第三方，并经国务大臣

(Secretary of State) 指定为“官方”的；第三类为由列名附表一的机关完全所有的公营公司（public-owned company）。

（2）适用客体。本法适用于一切“官方持有”的信息。即使某一信息是在2005年1月1日前产生，只要该信息于2005年1月1日以后仍由官方持有，即适用本法。

所谓“信息”（information），指以任何形式记录的信息但没有以一定形式记录的信息（如公务员口头陈述），则不适用本法。

所谓“官方持有之信息”，仅需官方持有信息记录即可包括以书面、数字化或录音、录像等各种形式记录的信息。

2. 主动公开

《信息自由法》将公开方式区分为主动公开与被动公开。

主动公开的方式，主要由“官方”自行拟定的公开计划（Publication Scheme）中列示。公开计划应详细说明官方拟公开之信息的内容、方式，以及取得该信息的费用等。公开计划拟披露的某些信息，例如机关内部工作手册、指南、规范及程序等须获得“信息官”（Information Commissioner）的认可。虽然信息官对于公开计划的特定内容没有强制增删的权力，但需要具明理由，拒绝认可或撤销认可。

3. 被动公开

未列入公开计划的信息，需要人民申请才能公开。

依据《信息公开法》，任何人皆可以向官方申请提供信息。“任何人”指包括外国人在内的自然人、法人及非法人团体。任何人向官方申请公开信息时必须以书面方式提出申请，口头申请无效。

“信息公开请求权”规定了受理请求申请后的官方具有两项义务：

（1）肯定/否认义务（duty to confirm or deny），即应告知申请人是否持有所请求的信息；

（2）提供义务（duty to communicate），如官方确认持有所申请的信息，应提供给申请人。

此外，官方应自收到申请之日（自缴纳申请费当天起）起20个工作日内，履行其“肯定/否认义务”及“提供义务”，以维护申请人的权益。但若所申请公开的信息存在是否属于豁免信息范围的争议时，则不受20个工作日的限制，但应在20个工作日内通知申请人具体情况以及最终决定是否公开的预计期限。

原则上，官方应以适当的方式提供申请人所申请公开的信息，申请人也可以在申请时，从以下三种方式中选择1~3种，作为官方提供信息的方式：

① 以永久形式或其他申请人可接受的形式，提供信息给申请人；

② 提供申请人合理机会，检阅内含申请信息的记录；

③ 以永久形式或其他申请人可接受的形式，提供信息的摘要给申

请人。

4. 豁免规定

除“公开的成本过于高昂”及“重复申请”两项外，《信息自由法》所定“豁免公开”都在本法第二章“豁免信息”（Part II: Exempt Information）第 21 至第 44 条。此 23 项豁免事由，依其公开所涉及的公益高低，又分为“绝对豁免”（absolute exemptions）与“有条件豁免”（qualified exemptions）两种。属于“绝对豁免”信息的，不问披露该信息所代表的公众利益有多大，官方都不予公开；属于“有条件豁免”信息的，只有当官方认为豁免公开的公益大于公开的公益时，才不予公开。

（1）绝对豁免。属于“绝对豁免”信息的共有八种：

① 申请人可经由申请以外的方式，合理取得的信息（如公开计划中所载的信息或议会立法中所载的信息），应豁免公开；

② 由安全机构或情报机构提供，或有关此类机构信息的，应豁免公开；

③ 因个案审理而提出的，由法院掌握，或法院所制作之文书中的信息，以及机关为进行仲裁而取得的信息；

④ 为避免侵害议会（上议院或下议院）的特权，须豁免公开；

⑤ 公开将妨害内阁官员集体责任传统（the convention of the collective responsibility of Ministers of the Crown）的维持、或妨碍思辨时自由而坦诚的意见交换，或以其他方式妨害公共事务有效执行的，或有可能产生妨害影响的，应豁免公开；

⑥ 信息为申请人个人数据的，或其公开将抵触“数据保护原则”或 1998 年《数据保护法》（Data Protection Act 1998）第 10 条规定的，或资料主体（data subject）对并没有获取权（right of access to personal data）的，应豁免公开；

⑦ 机关从个人处取得的信息，其公开将违反保密义务而可能被起诉（a breach of confidence）的，应豁免公开；

⑧ 其他法律禁止公开的、或有碍欧盟义务履行的、或可能会构成藐视法庭（contempt of court）罪的，应豁免公开。

（2）有条件豁免。属于“有条件豁免”信息的，共有十五项：

① 机关或个人持有信息以备将来公开（不论公开日期是否确定）的，可以豁免公开；

② 即使信息并不属于绝对豁免公开中的“情报事项”（绝对豁免中的第②项），但为维护国家安全，内阁官员可以通过获取豁免“证书”（certificate）来拒绝公开国家安全的相关信息；申请人可以就对该豁免“证书”向信息法庭（Information Tribunal, IT）申诉，信息法庭认为内阁官员签发证书无理由的，可废止其“证书”；

③ 信息公开将妨害英伦诸岛或任何殖民地的防御，或军队能力或效率

的，或有可能产生妨害影响的，可以豁免公开；

④ 公开将妨害英国与其他国家关系、或英国与国际组织或国际法庭关系、或英国海外利益的，或有可能产生妨害影响的，可以豁免公开；

⑤ 公开将妨害英国中央政府与苏格兰政府、北爱尔兰行政院或威尔士议会政府之间关系的，或有可能产生妨害影响的，可以豁免公开；

⑥ 公开将妨害英国全体或部分经济利益，或英国境内任何政府财政利益的，或有可能产生妨害影响的，可以豁免公开；

⑦ 政府机关履行职责而调查或刑事侦查所获得的信息，可以豁免公开；

⑧ 虽然不属于政府机关履行职责而调查或刑事侦查可以豁免公开的信息，但若公开将妨害法律执行，或有可能产生妨害影响的信息，包括：犯罪预防或侦查、罪犯起诉或逮捕、审判进行、征税或评定、移民管制、监狱安全管理以及其他合法拘留处所的安全管理等，可以豁免公开；

⑨ 公开将妨害机关执行对其他政府机关进行财务稽核或效率考核功能的，或有可能产生妨害影响的，可以豁免公开；

⑩ 涉及政府政策形成、内阁官员沟通、法律官员提供或请求建议的信息，可以豁免公开；但决策做出后，曾作为决策背景的事实信息（factual information）（如统计信息，statistical information），不在可以豁免公开的范围；

⑪ 有关女王、王室家族的通讯以及女王授予恩典等信息，可以豁免公开；

⑫ 公开将妨害个人身心健康或安全的，或有可能产生妨害影响的，可以豁免公开；

⑬ 官方持有的环境信息，若维持豁免公开的公益大于公开的公益时，可以豁免公开；

⑭ 信息属于法律职业特权主张的，或在苏格兰属于通讯机密主张的，并能在诉讼上成立的，可以豁免公开；

⑮ 构成商业秘密的，或其公开将损害一些人（包括持有该信息的政府机关）商业利益的，或有可能产生妨害影响的，可以豁免公开。

5. 执行与救济

申请人不服官方拒绝公开信息的决定时，应先遵循机关内部的救济途径，寻求救济；当机关内部救济无效时，可以向信息官员申请对审查官方拒绝公开的决定。

资料来源：作者根据英国2000年《信息自由法》（*Freedom of Information Act* 2000）整理。

二、《公共部门信息再利用规则》关于预算公开的规定

英国是最早按照欧盟的公共部门信息再利用指令（即2002年的欧盟公共部门信息再利用指令）要求，将欧盟指令融入本国法律，制定公共部门信息再利用规则的国家。英国的公共部门信息再利用规则（The Re-Use of Public Sector Information Regulations 2005，以下简称“规则”）是整个英国范围内的政府部门信息提供和再利用的指南性文件，于2005年7月1日正式生效。

该规则共21款，详细规定了与公共部门信息再利用有关的各个方面的内容，包括“公共部门”和“再利用”的定义，再利用信息的范围，申请信息再利用的程序，公共部门回复信息再利用申请的程序与时限，公共部门提供再利用信息的方式，信息再利用过程所涉及的如非歧视、禁止排他性协议、收费等活动要求，公共部门应公布的信息，以及解决或调解与公共部门信息再利用问题有关的投诉等内容。

专栏8-6　英国2005年《公共部门信息再利用规则》的主要内容

适用主体

规则适用的主体主要是指拥有或掌握公共部门信息的公共部门，规则中列举了包括内阁官员、政府各部委、上下议院、北爱尔兰议会委员会、苏格兰议会、威尔士议会、地方政府部门等在内的24个公共部门。

其中，“地方政府部门”在不同的行政区域具有不同的含义，如在英格兰，“地方政府部门”是指：(1) 郡（区）议会、伦敦市议会、教区议会和锡利群岛议会；(2) 与地方政府部门同级别的伦敦金融城共同委员会和警察机关；(3) 大伦敦管理局或《大伦敦管理局法案》里规定的与大伦敦管理局具有相同职能的其他机构。在苏格兰，“地方政府部门”是指苏格兰联合委员会或1973年《苏格兰地方政府法》里规定的与苏格兰联合委员会具有相同职能的其他机构。在北爱尔兰是指区议会或1972年《北爱尔兰地方政府法》里规定的与区议会具有相同职能的其他机构。

适用客体

规则对“再利用”的概念进行了解释，即“再利用”是指除为履行本职工作需要而制作某项文件的公共部门之外的自然人、法人和其他机构，对该文件进行的非用于制作该文件初始目的的重复使用。规则还明确规定，同一公共部门内的不同机构之间或不同公共部门之间为实现其公共职能而转让使用的，不属于“再利用”的范围。

关于“再利用”还有其他的一些规定，主要有：

(1) 本规则不适用于以下文件：

① 该文件的提供不属于持有部门的公共职能范围的；

② 第三方对该文件拥有知识产权的。

(2) 除满足以下条件外的文件不适用本规则：

① 已由公共部门确认为可再利用；

② 已提供给相关申请人。

(3) 以下机构持有的文件不适用于本规则：

① 公共服务广播公司及其附属公司或其他机构及其附属公司在相关法律法规下为节目制作或提供其他服务而持有的；

② 教育和研究机构，如大学、图书馆、科研机构，以及从事科研成果转让的机构；

③ 文化场所，如博物馆、档案馆、乐剧团、舞团等。

申请信息“再利用”的程序

申请：申请人递交申请除必须明确指明“再利用”文件以外，还必须采用书面形式，同时写明申请人姓名与通信地址，并注明获取文件的目的；

答复：公共部门在收到申请后的20个工作日内，必须对申请人进行答复；若申请人所申请的文件比较多或比较复杂，则公共部门可酌情延长答复时间，但必须明确告之最终答复期限；

结果：公共部门对申请人的答复一般包括同意并公开、同意但有条件地公开和拒绝公开三种结果。

其中，当公共部门决定某项信息为有条件地公开时，其不得设置使用方式和竞争等不必要的限制。

收费

(1) 公共部门批准再利用并向申请人公开时，可以收取一定费用。可能会收取允许重新使用。但收费不得超过文件收集、制作、复制和传播成本与合理的投资回报之和；

(2) 同一申请人就同一文件再次申请时，公共部门不得收取文件收集、制作、复制和传播成本费用；

(3) 公共部门应当在合理可行的条件下，对信息的再利用建立相应的收费标准；

(4) 若未建立相应的收费标准，则在向申请人收费时，应当以书面形式说明其收费的依据。

内部投诉机制

公共部门应当建立相应的内部投诉机制，以解决申请人对公共部门在处理信息再利用申请时产生纠纷而发起的投诉。申请人发起内部投诉的程序与申请信息再利用的程序类似。

资料来源：作者根据英国2005年《公共部门信息再利用规则》(The Re-Use of Public Sector Information 2005) 翻译整理。

三、《财政稳定法》关于预算公开的相关规定

1979年，以撒切尔夫人为首相的新内阁受到新自由主义思潮①的影响，对政府以及财政预算体制进行了一系列改革，如19世纪80年代末的政府再造改革、民营化运动的推进，90年代的财政预算改革。其中，最具影响的便是1997年提出的，并于1998年通过的《财政稳定法》(Code for Fiscal Stability 1998)。

《财政稳定法》的目的是要通过制定相应的财政政策制定和实施的基本原则，以及强化政府进行财政预算报告的责任意识，来提高政府制定和实施财政政策的能力。②《财政稳定法》也是英国预算公开的重要法律依据之一，该法案共33条，具体内容如下。

专栏8-7　英国《财政稳定法》的主要内容

基本原则

《财政稳定法》中明确提出了财政预算管理的基本原则，即：

(1) 透明性：制定和实施财政政策的整个过程都要保证公开透明，并且要及时公开政府财政账户；

(2) 稳定性：财政政策的制定和实施要保证连续、稳定；

(3) 责任心：在财政预算管理过程中，要有责任心；

(4) 公平性：财政政策的安排不仅要保证当前各方利益的公平，还要保证代际公平；

(5) 有效性：财政政策的制定与实施要保证能达到预期政策目标。

其中，透明性要求是指，政府应公布足够的信息，以便公众对财政政策的实施和公共财政的状态有清晰的了解。除以下信息之外，不得隐瞒：

(1)“实质性伤害”(substantially harm)。

① 有关国家安全、国防或国际关系的；

② 有关调查、起诉或犯罪预防，以及民事诉讼程序的；

③ 涉及隐私权的；

④ 有关其他党派与政府进行保密通信的；

⑤ 有关政府从事商业活动能力的；

(2) 公开可能妨碍政府进行决策的。

预算前报告

① 新自由主义思潮的基本观点有如下几个方面：第一，崇尚经济自由，反对国家干预。第二，主张私有化，反对公有制。第三，主张全球自由化，反对建立国际经济新秩序。第四，主张福利个人化，反对福利国家。

② 据英国1998年《财政稳定法》(*Code for Fiscal Stability* 1998) Section 翻译整理。

财政部应当在每个财政年结束前至少三个月向议会提交预算前报告（Pre-Budget Report，PBR）。预算前报告应当是协商性的，并包括准备编入预算但可能引起财政政策发生较大变动的政策的可行性建议。

此外，《财政稳定法》还规定，政府应当至少在主文件或者辅助性文件中公布政府的对未来经济和财政情况的预测，经济周期对财政总量变动的影响，以及本国经济在经济周期中所处的阶段，从而清晰地揭示政府财政规划的进展情况。

财政说明和预算报告

财政部应当在编制预算时公布《财政说明和预算报告》（Financial Statement and Budget Report，FSBR），每个财政年只需发布一次即可。该报告至少应当包括以下内容：

（1）经济规划和财政安排；

（2）对即将实施的、将会产生重大影响的财政政策工具的说明；

（3）如有必要，还应当对该工具如何影响经济进行预测说明。

经济和财政战略报告

财政部应当在编制预算时同时发布《经济和财政战略报告》（Economic and Fiscal Strategy Report，EFSR），每个财政年只需发布一次即可。在前述的财政预算管理基本原则的框架下，财政部至少应当在报告中反映如下内容：

（1）政府制定的长期经济和财政战略；

（2）对目前战略成果的评估以及对长期经济和财政前景的展望；

（3）评估短期前景和长期战略是否与对欧盟委员会的承诺，特别是“稳定与增长公约”条款一致；

（4）在合理假设的基础上，对未来十年或更长一段时间的财政状况进行预测，以揭示财政政策的可持续性及其代际影响；

（5）对经济所处的周期阶段对本国财政状况的情况进行分析。

经济和财政情况预测

财政部发布的《经济和财政情况预测》（Economic and Fiscal Projections，EFP）至少应当包括以下内容：

（1）对本国经济和财政情况进行预测的基本假设、预期和惯例，如全球经济增长趋势和贸易情况等；

（2）对本国GDP及其构成、零售商品价格、经常性账户收支平衡情况等的预测；

（3）对政府财务运行情况的预测，如财政收支及赤字、现金流、国有资产转让等；

（4）对财政风险进行的分析等。

《财政稳定法》还规定，对经济和财政情况的预测应至少以过去两个完整财政年的数据为基础，如有会计政策的重大变化，应当如实披露。

此外，财政部还须邀请国家审计署（the National Audit Office，NAO）对报告进行审计。

公开要求

财政部应将所有公开的报告公示在财政部网站上，并保证所有公开的报告能够买到或能免费查阅。

资料来源：作者根据英国1998年《财政稳定法》（*Code for Fiscal Stability* 1998）翻译整理。

四、《地方政府法》关于预算公开的相关规定

英国于1985年7月16日通过了《地方政府法》（Local Government Act 1985）第43章“信息的获取”，该章主要对公众获取地方政府的信息做出了相应的规定，包括6个部分和3个附表，其架构如表8-3所示。

表8-3　英国1985年《地方政府法》“信息的获取”部分的架构

正文（Sections）	
第一部分	某些特定部门、委员会及其下属委员会的会议内容或文件的获取（Access to meetings and documents of certain authorities，committees and sub-committees）
第二部分	苏格兰地方政府、特定的委员会及其下属委员会的会议内容或文件的获取（Access to meetings and documents of local authorities and certain committees and sub-committees in Scotland）
第三部分	修订与废止（Consequential amendments and repeals）
第四部分	适用范围（Extent）
第五部分	生效时间（Commencement）
第六部分	法律简称（Short title）
附表（Schedules）	
附表一	豁免信息（Exempt Information） 第一节对1972年《地方政府法》的修订（Part I - Schedule to be inserted into the Local Government Act 1972） 第二节对苏格兰1973年《地方政府法》的修订（Part II - Schedule to be inserted into the Local Government Act（Scotland）1973）
附表二	修订（Consequential amendments）
附表三	废止（Repeals）

资料来源：Local Government（Access to Information）Act 1985，http：//www.legislation.gov.uk/ukpga/1985/43.

《地方政府法》明确规定，议会会议原则上应对公众开放，但以下情况除外，即涉及机密信息的谈判和诉讼以及涉及虽暂时未定，但很可能会成为机密信息的谈判和诉讼。

为保证公众能及时申请参与议会的会议，《地方政府法》做出如下规定：在议会会议召开前至少三天，将会议召开时间和地点公之于众；若召开临时会议，则在会议召开当天公告；会议召开期间，议会无权阻止公众旁听；除非不在议会所辖场所召开会议，议会有义务为专门报导会议内容的新闻媒体提供便利设施。

第九章

英国政府绩效预算改革

■ 本章导读

20世纪70年代，在财政压力加剧、信任危机、管理效率低的情况下，英国开始了绩效改革。英国的政府绩效改革大致可以分为三个阶段：撒切尔政府的绩效预算改革；梅杰政府的绩效预算改革；布莱尔政府的绩效预算改革。英国在经过了1997年的政党轮替以后，于1998年实施了新的措施，称之为“综合支出审查”（Comprehensive Spending Review，CSR）。其内容除了将英国政府的改革支出分为两部分部门支出上限（Departmental Expenditure Limit，DEL）和年度管理支出（Annually Managed Expenditure，AME）以外，最重要的内容就是将绩效预算的观念带进了整个政府部门。“公共服务守则”（Public Service Agreement，PSAs）观念的引进，就是一个具体的做法。

第一节　改革背景

一、财政压力加剧

20世纪70年代，席卷西方世界的经济危机和日益严重的财政赤字成为推动政府预算变革的直接动因。对此，荷兰鹿特丹大学教授瓦尔特·基克特曾指出："无可否认的事实是席卷西方世界的行政改革主要是由严重的预算赤字所引起的。大规模地削减预算无疑构成了大多数国家行政改革的主要动因。"20世纪70年代对英国政府来讲是多灾多难的：全球性经济衰退和石油危机造成英国的处境非常困难，同时国内经济增长步履缓慢，通货膨胀和失业率不断加剧，经济形势不断恶化，生产力普遍下降，最后导致号称世界上的第一个工业化国家不得不向国际货币基金组织需求贷款。加上"福利国家"的巨大开支不但使国家财政背负着沉重的包袱，还带来了政府职能的扩大和机构的膨胀。长期的政府职能扩张和机构膨胀，导致政府机构和工作人员的数量不断增加，政府支出过大。在财力资源有限而又无法获取新资源的良策下，政府财政日益入不敷出，从而陷入严重的财政危机。①

二、信任危机

按照卢梭的观点，"政府是臣民（人民）与主权者（国家）之间建立的一个中间体，以便两者得以互相适合，它负责执行法律并维护社会的以及政治的自由。"政府作为国家的代表，在一定疆域内合法拥有政治强制力。政府凭借其强制合法性，向社会上一切合法的利益集体和个人提供制度保障。在现代社会中，合法性是政府公共行政的根本基础之一，是政府在社会生活中获得政治统治和公共管理权威正当性的资格和权利。测量政府合法性的最为重要的尺度是政府持续获得和保持公民信任的程度。然而，面对公共行政中日益严重的官僚主义、保护主义和公共资源的过度浪费以及由于政府规模膨胀所造成的沉重的财政负担，人们对政府的合法性产生了质疑，出现了政府信任危机。在此形势下，对政府行政能力进行绩效考评，改革政府行政管理模式，为大势所趋。

三、管理效率低

管理低效率是推行绩效预算的内在动因。随着信息技术和知识经济的发展、经济和社会的全球化，英国一直保持的大工业时代产生的"以议会主权、部长责任制

① 吕昕阳：《典型发达国家绩效预算改革研究》，中国社会科学出版社2011年版。

和政治中立为特征”的行政管理模式遭到冲击，这种行政模式的弊端日渐暴露出来，突出体现在所有行政强调规则为本和过程控制，关注投入而忽视产出和结果。这种过分强调规章制度、服从上级命令的管理模式导致政府效率低下，资源大量浪费。政府和公共部门规模巨大且具有垄断性，使得政府协调管理困难。庞大的政府雇员队伍既是选民，又是管理对象，使得政府行政出现管理失调、官僚主义和效率低下等现象。对此，英国学者帕金森在《帕金森定律》一书中指出，议会在讨论预算时，一个价值上亿英镑、在预算上有漏洞，承包商是一个已经被人起诉的公司的原子能反应堆工程预算可能轻易通过，但他们却会为建一个 350 英镑的自行车棚能否节约 50 英镑而进行长时间的讨论。

四、预算管理重点的转变

在 20 世纪 80 年代，大多数 OECD 国家预算管理的重点已经从投入转向产出。在保留以投入预算管理方法中某些重要成分的同时，更多的是根据它们提供多少公共产品和服务，而不是根据它们遵守行政管理程序的情况或为其规划争取到的资源情况来评价它们。尽管转向产出的观点得到普遍的肯定，但以产出为本的方法也存在不少局限性：一是强调量化结果的方法可能会分散资金使用单位的注意力，使它们忽视其规划对社会所造成的影响。二是政治家与一般公众可能会只强调绩效，而不是产出。因此，在强调绩效的政治家与强调产出的资金使用单位管理人员之间可能会产生责任上的偏差。三是产出一般无法将政府的政策（其目的可能是取得分阶段的成果）与政策的实施情况紧密地联系在一起。四是如果只强调产出，政府将难以获得或了解相关的信息，以制定未来的政策或检查哪些规划已经完成。这些局限性导致英国政府在继续关注投入、产出的同时，开始更多地强调绩效，探讨如何将政策制定、政治决策、管理、审查和评估联结在一起。

五、行政文化的推动

英吉利民族有着独特的哲学世界观，并且由这种世界观产生出独特的行政文化，如强调限制政府权力、独特的社会观念等，这种行政文化又影响着英国的绩效预算改革，使其向着更加公开、强调政府效益、强调满足人民的各种需要的方向发展。

（一）对个人权利的尊重

强调人作为一个独立主体的特殊性，尊重他人的自由选择，这是英国文化最重要的特点。也是由于对人的尊重促进了英国绩效预算的不断改革，并在改革中寻求对公民最佳的政府服务模式。

（二）限制政府权力

出于对政府的不信任，加上公务员与公民都无意将政府视为一个凌驾于社会之上的力量，从而形成对政府的权力进行尽可能限制的做法成为英国的特色。这种文化观念推进了英国的绩效预算改革向着更加自由、重视社会需求和提高绩效的目标前进。

（三）独特的行政价值追求

英国的公务员既关注职业的荣誉，也关注获得的报酬，这就使公务员的价值追求与私营部门的雇员十分相似，英国政府率先进行任务导向或是顾客导向的管理制度我们就不难理解了。英国政府通过教育其雇员树立“自己的事业”的信念，来保证他们的主动性不会损害公共利益。同时让公共部门拥有一种整合的、公平的文化环境，保证组织文化的健康。因而英国的绩效预算改革中很容易采用任务强化了这种独特的价值观。这种文化继续推动英国绩效预算的改革，使它向着更有效率、效益，更科学的方向前进。①

第二节　发展演化

英国绩效预算的改革始于1979年“雷纳评估”。雷纳评估是英国首相撒切尔夫人上台执政后任命雷纳爵士为首的政府绩效工作组，负责对政府行政和经济效率进行评审和制定措施。1981年雷纳评估小组升格为财政部经常性机构，每年将公共支出的绩效评估结果向内阁和议会报告。1982年英国提出财务管理新方案，1988年形成“下一步行动法案”，要求政府定期公布绩效评估报告。1997年英国开始实施对中央各行政部门目标完成情况的年评价制度，并进行会计模式改革，于2003年始全面实行绩效评估。

1979年撒切尔夫人上台后，随即开展了一系列以新公共管理为主题的改革运动，这场运动虽历经两届不同党派的政府，却保持了较好的连续性，改革始终沿着提高效率的轨道进行。英国的绩效预算改革就是在此改革的基础上进行的。

英国的政府绩效改革大致可以分为三个阶段：撒切尔政府的绩效预算改革；梅杰政府的绩效预算改革；布莱尔政府的绩效预算改革。

一、撒切尔政府的绩效预算改革

1979年撒切尔夫人上台后，立即任命雷纳爵士担任其效率顾问，并在内阁办公厅设立了一个效率小组，开展了著名的“雷纳评审”。雷纳评审的重点是经济和效率，目的是通过评审来终止和避免政府行政过程中无效率或效率低下，从而提高公共组织的经济和效率水平。据统计，从1979年到1985年6年间，雷纳评审小组共

① 吕昕阳：《典型发达国家绩效预算改革研究》，中国社会科学出版社2011年版。

进行了266项调查，找出并确认了6亿英镑的年节支项目和6 700万英镑的一次性节支项目。截止到1986年年底，评审共花费500万英镑，而它所带来的直接经济效益约高达9.5亿英镑。雷纳评审促使政府部门开始关注政府的产出和结果，初步树立起成本意识，在英国的绩效预算改革中具有重要的地位。

继雷纳评审之后，1980年，环境大臣赫素尔廷在环境部率先建立了“为整合目标管理、绩效考评等现代管理方法而设计的信息收集和处理系统”，通常称部长管理信息系统，其目的在于向部长及时提供全面、规范的信息，为部门的绩效考评提供系统、可靠的依据。与雷纳评审相比，部长信息管理系统更具有战略性和持续性，特别是它在绩效管理与目标管理、管理信息系统之间建立起了有机的联系。

在部长管理信息系统的基础上，1982年5月，英国财政部颁布了“财务管理新方案”，该方案明确提出在公共部门开始引入绩效考评制度，主要目的在于对中央政府财政资源进行有效的配置和监控。“财务管理新方案”重点是树立成本意识、公共部门的经济与效率水平，降低公共开支。它要求各部门、各层级的负责人都要做到：明确自己的目标和测定产出与绩效的标准和方法；了解可利用的资源和自己在充分利用这些资源方面负有的责任，包括对产出和货币价值进行评审；获得有效履行职责所需信息、技能训练和专家咨询等。考虑到职能上的巨大差异，各部门被要求按新方案的精神拟订实施计划，探索适合自己的最佳管理模式，包括管理责任制、财务核算制及控制机制等。虽然在各部门的实践中存在差异，“财务管理新方案”具有四个共同特征：（1）高层管理系统（Top Management System）。新方案希望各部建立一个信息系统，它不仅能向最高层提供评估和控制所需要的全面信息，而且能为下面各层主管提供做好工作所需的信息。（2）目标陈述（Statement of Dbjectives）。包括目标的界定、多重目标的排序、目标具体化而形成的可测定的指标等。（3）绩效评估（Performance Measurement）。评估包括经济、效率、效益三个方面内容，分别涉及资本与投入、投入与产出、产出与客观效果之间的关系。（4）分权与权力下放（Decentralization and Delegation）。分权采取了财务分权的形式，把一些执行性的、任务单一、工作程式化且分散在不同地域的单位建成独立核算中心。

财务管理新方案在提高政府公共部门的效率方面取得了明显成效，但对公务员行为的影响不大，“它提供了有价值的信息，却无法从根本上改变政府组织的动力机制”。针对这种情况，撒切尔政府接着实施下一步行动方案。

执行机构改革是英国“最重要的行政改革措施之一”，标志着英国“公共服务改革的一个转折点”。执行机构改革的标志是1988年内阁办公厅效率小组起草的调研报告《改进政府管理：下一步行动方案》，即著名的《伊布斯报告》。该报告对政府内部管理体制中存在的问题归结为结构的单一性和管理的非现代性。单一性表现为政府机构，不论所履行的是政策制定、服务提供还是管制职能，都实施集中化无差别管理；管理的非现代性表现为对管理不重视，管理缺乏结果导向，绩效测定和责任机制不完善，等等。针对这些问题，报告明确提出：设“执行机构”（Executive agency），承担执行政策和提供服务的职能，给予机构更大的灵活性和自主权；各部首长与执行机构签订服务供给协议，使执行机构对提供的服务负责；上级部门对执行机构的绩效情况进行定期评审并将评审结果公之于众，以便形成有效监督，也为下一年下达绩效指标提供参考依据；建立惩罚制度，对于没有完成绩效目标的机构，主管部门通过降低负责人和高层管理者绩效工资的方法进行惩罚。从1990年开始，内阁办公厅每年都要对执行机构的发展、运行及绩效状况进行总结评价，以《执行机构评论》（布莱尔政府将其改名为《执行机构报告》）的形式将结果公之于众，以便接受公众的监督，同时也为制定下一年的绩效指标提供依据。"下一步行动方案"体现了政府从规则为本到结果为本、从过程控制到结果控制、从隶属关系到契约关系的转变，以及分权制度化趋势，从而在各部门牢固树立"结果为本"的绩效意识，使英国的绩效考评不断向纵深发展。

从这一阶段的实践来看，虽然取得了预期效果，英国公共部门的效率平均每年提高2~3个百分点，但传统管理体制中存在的种种弊端仍未得到根本改观，预算仍侧重于关注投入，而较少关注绩效，大部分政府部门和管理者也缺少压力和动力改进部门绩效等，这些都促成了英国政府绩效预算管理改革的深化，并成为下一阶段的主要改革内容。①

二、梅杰政府的绩效预算改革

1991年梅杰接任首相后，相继发起了"公民宪章运动"和"竞争求质量运动"，英国行政改革的重心开始从经济、效率向质量、效果和公共服务转移。英国政府在首相办公室设立了宪章运动领导小组（A Citizen' S Charter Unit），专门负责宪章运动的推动和协调工作；同时还设立了由商界、顾客代表和教育界人士组成的专家委员会，与领导小组一起推动服务承诺计划。公民宪章运动的主要内容包括：一是政府要求各公共服务机构和部门在制定宪章时，要遵循六个原则，即明确的服务标准、透明度、顾客选择、礼貌服务、完善的监督机制、资金的价值。二是建立公民宪章运动的服务承诺机制，该机制包括内部管理机制和外部监督机制。公民宪章成为英国公共服务和政府部门活动的基本准则，其核心是通过服务承诺方式提高服务质量。公民宪章运动被学术界视为西方新公共管理运动中公共部门产出和绩效测量与评估工作的高峰。②

三、布莱尔政府的绩效预算改革

1997年布莱尔政府颁布了《支出综合审查法案》，要求各公共部门必须对本部门的预算和支出进行全面的审查，并建立起以后连续3年的公共支出计划。同时该法案还要求各部门应与财政部签订一份所谓的《公共服务协议》（Public Service Agreements，PsA），该协议的内容由三块构成，即责任条款、目标条款和实现目标的计划。该协议寻求达到以下目标：改进优先权在公共服务间分配的方式；关注具

①② 吕昕阳：《典型发达国家绩效预算改革研究》，中国社会科学出版社2011年版。

体公共服务对结果和目标的清晰表述；提高公共服务的绩效。该协议要求所有公共组织必须设立一系列清晰的结果和可测量的目标，同时设计一些具体措施来激励地方服务提供部门力求达到中央服务协议的要求。公共服务协议最显著的特征就是关注公共服务的结果甚于关注公共服务提供的过程。该协议另一个特征是对由单个产出目标合并形成的公共服务协议倾向于将优先权赋予那些能产生资本价值的政府活动。公共服务协议表明了布莱尔政府公共服务管理更加透明的决心，以及向各部门清晰提出需要优先考虑的问题。除此之外，该法案还要求各部门每年应向议会提交一份《秋季绩效评价报告》，内容是对本部门的目标完成情况进行评价。

1998 年英国政府发表了《经济和财政战略报告》，该报告提出了许多有关国家公共支出规划和控制机制的改革措施，引入了大量创新性的支出管理理念和方法，如综合支出评估（CSR）、部门开支上限（Departmental Expenditure Limit）、年支配开支（Annual Managed Expenditure）、全资源预算（Full Resource Budgeting），目的都是改革公共支出框架，提高使用效益。

1999 年布莱尔政府出台了《政府现代化白皮书》，强调政府追求三个目标：确保政策的高度协调性和具有战略性，强调结果导向和公众的广泛参与；以公共服务的使用者为中心，确保公共服务更符合人民的需要；确保公共服务具有高效率和高质量；完善结果导向的个人绩效评估体系，把目标的完成与薪酬紧密结合，同时赋予管理者更多的权限。

在地方政府层面，1999 年布莱尔政府引入最佳评价制度，积极推行地方政府改革，倡导通过最佳评价体系提高地方服务质量。2003 年实施了“全面绩效评估”（Comprehensive Performance Assessment，CPA），英国政府重视全面运用绩效评估体系（CPA）对地方公共实体开展绩效评估。CPA 是审计委员会按照 1999 年地方政府法和 2001 年政府白皮书的基本方针，在原有的最佳价值体系和地方公共服务协议的基础上，为单一制议会和郡议会、区议会和部门开发的评价体系，主要包括：消防和救援机构等公共部门发展方向评价，即关于议会是否履行其持续改进协议责任的年评价；资源使用评价，即关于议会是否合理地、战略性地管理和使用财务资源；服务评价，即一年一次地对地方政府服务绩效的评价；综合评价，即三年一次的关于政府目标、优先排序、能力、绩效管理、成就等的评价。

这些措施对政府提高公共服务质量和效能有很大作用。为了保证向公众提供高质量服务的承诺得到落实，英国还采取了诸如公共服务协议和人民监督委员会等一系列具体的保障措施。

另外，在近 10 年的执政期内，布莱尔政府形成了改革自我推进体系，包括政府对公共服务自上而下的管理、引入市场机制、使用者自下而上的反馈作用、落实改革措施的能力建设，这些无疑为绩效预算改革的深入实行起着助推器的作用。①

① 吕昕阳：《典型发达国家绩效预算改革研究》，中国社会科学出版社 2011 年版。

第三节　新绩效预算

一、新绩效预算

英国在经过了1997年的政党轮替以后，于1998年实施了新的措施，称之为“综合支出审查”（Comprehensive Spending Review，CSR）。其内容除了将英国政府的改革支出分为两部分：部门支出上限（Departmental Expenditure Limit，DEL）、年度管理支出（Annually Managed Expenditure，AME）以外，其中最重要的内容就是将绩效预算的观念带进了整个政府部门。“公共服务守则”（Public Service Agreement，PSAs）观念的引进，就是一个具体的做法。在PSAs的规范之下，各部门被要求建立在其可支配的预算花费项目之下，可以具体衡量的政策指标，用来检视目标是否达成。

国内学者也针对20世纪90年代的绩效预算赋予新意称之为“新绩效预算”。其改革是源于80年代以来的新公共管理思潮下的预算改革，其带头示范者，则是美国克林顿政府在1993年所成立的“全国绩效委员会”（The National Performance Review，NPR），由当时的副总统高尔所主持。克林顿政府的举措则是深受当时由Osborne和Gaebler所撰写的畅销书《新政府运动》所影响。这股风潮也从美国吹向了大西洋的彼岸，被引用来作为英国政府的预算改革的依据。新绩效预算之所以再度成为预算改革的手段，是在一些国家的实证研究显示了其对于国家的支出成长限制具有相当大的效果。在绩效指标的引导之下，英国政府与财政部也是针对政府的投入、产出以及结果等概念进行定义，以利于后续的绩效衡量框架之建立。在PSAs的内容之下，有关投入、产出和结果之间的关联性，英国财政部以图9-1来诠释。

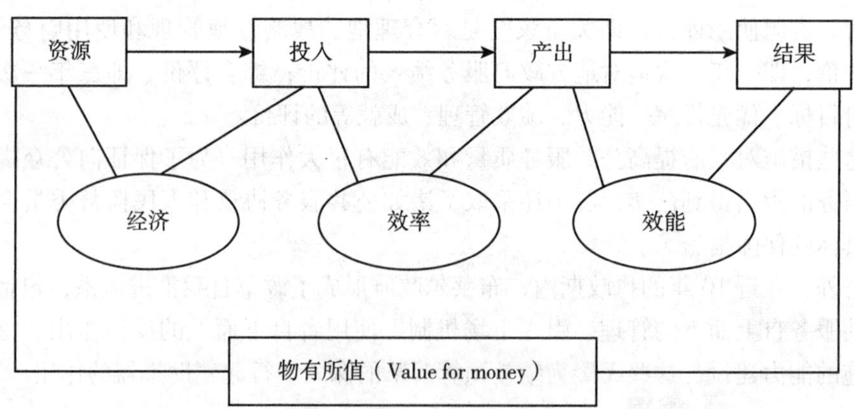

图9-1　PSAs下投入、产出和结果之间的关联

资料来源：英国财政部 Financial Statement and Budget Report 2009。

为了辅助PSAs的顺利运作，英国政府也于2000年的秋天首次出版《服务提供协议》（Service Delivery Agreements，SDAs），要求内阁各部门针对其部门的政策目标加以详述。在SDAs的第一部分，既要明白指出该部门要如何实现其PSAs所提到的政策目标，在SDAs的其他部分，则是要求各部门阐明其未来三年将要如何来改善其效率与绩效的内容。在确认每个部门的目标以及未来三年的施政计划以后，预算资源的分配即是根据这些目标来实施，要求各部门能够在预算资源的使用之下，顺利达成各部门所定的政策目标。

二、绩效预算的主要环节

英国的绩效预算过程主要有以下几个环节组成。

（一）设立绩效目标

实行绩效预算首先要明确部门的战略目标，然后根据战略目标确定绩效目标和指标。在英国，战略目标、绩效目标和具体的绩效指标在政府与各部门签订的公共服务协议（Public Service Agreements：PSAs）中明确规定。各部门的战略目标由财政部与各部门协商决定，其他内容主要由各部门负责制定，财政部审查并提出改进建议。一般情况下，各部门具体的绩效任务，衡量指标和标准由财政部门与该部门进行讨论协商制定，确保绩效目标最终转变为具体的可操作任务并取得预期效果。①

公共服务协议的框架建立在公共服务绩效的以下四项原则基础上：一是由政府制定的清晰的、侧重成果的国家级目标；二是将责任转移到公共服务提供者自身。为基层提供最大的改革的灵活性和能动性，以及保证地方需求能够得到满足的激励措施；三是独立、有效的审计和监督安排，以加强责任；四是对取得的成效的透明度，特别对地方和全国的绩效目标实现情况的完善的信息披露。

专栏9-1 英国交通部公共服务协议

显著进展：

3/4的指标得到提高指标1：从主要道路进入市区的行车时间（journey time）

2010~2011年，十大城市地区将满足拥堵目标（congestion targets），该目标是在其关于进入城市中心的主干道的地方交通规划中设立的。如果每英里个人行车时间（person journey time）平均上升3.6个百分点能够容纳行驶（travel）平均上升4.4个百分点，那么在这些地区的目标路径（target routes），该目标将被视为已经满足。

在全国取得的进步：

该部门2009年11月5日公布了最新的绩效数据。这包括了截止到

① 李慧：《英国的绩效预算改革及启示》，载于《经济导刊》2008年第5期。

2009 年 7 月底城市拥堵目标（congestion targets）的临时绩效数据。

该数据表明，所有目标路径的平均个人行车时间（person journey time）在基准（2004～2005 年和 2005～2006 年）和 2008～2009 年之间下降了 4%。根据趋势，这段时间个人行车时间（person journey time）预期上升 2.6 个百分点，实际数据与之相反。这意味着，在基准时间段，目标路径（target routes）上一个典型的 30 分钟的乘车往返在 2008～2009 年最初预计会耗费 30 分钟 46 秒。然而，临时数据显示，2008～2009 年这样的路程只耗费了 28 分钟 47 秒。自基准期以来，目标路径（target routes）行驶（travel）的平均水平 2008～2009 年上升了 0.3 个百分点，而不是 2.6% 的预期增长。

十个地区的进步：

十个城市地区的绩效遵循与国家指标同样的模式。九个地区的个人行车时间（person journey time）下降，一个地区无明显变化。所有地区都比预期趋势更好。

七个地区每人每公里的行驶水平（travel level）下降，三个地区的上升。两个地区的行驶流量（travel volume）高于其预测趋势。伦敦增长了 8.6%，占全国数字的 41%。

绩效：

2008～2009 年的绩效数据实现了连续第三年个人行车时间（person journey time）的改善。这可能是出行水平（level of travel）的增长低于预期水平导致的，这与经济衰退，有关公路主管部门采取的干预措施以及其他外部因素有关，例如道路施工和土地利用的变化。

图 1 为 2006～2007 年，2007～2008 年和 2008～2009 年（临时）的绩效数据和国家预期趋势。

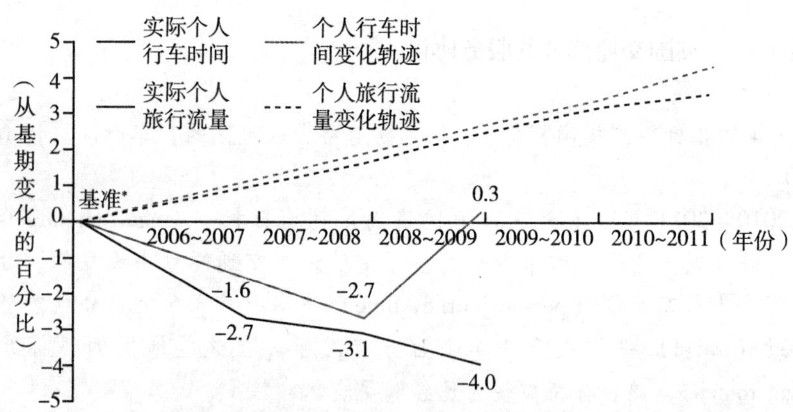

图 1　城市拥堵的实际绩效与变化轨迹

注：基准使用 2004～2005 年和 2005～2006 年的数据。

指标 2：重要道路网（strategic road network）的行车时间（journey

time）的可靠性（reliability）

SR04 PSA——使重要道路网（strategic road network）上行车时间（journey time）更加可靠——已经被纳入到该指标中。

在交通每年以1%～2%速度增长的背景下，尽量减少2008年3月至2011年3月之间行程中最慢的10%的延滞的增长。（Minimise increases in delays between years ending March 2008 and March 2011 for the slowest 10 per cent of journeys in the context of traffic growing by 1－2 per cent a year.）

行车时间（journey time）的可靠性是通过行程中最慢的10%的平均车辆延滞（vehicle delay）衡量的。这是目前反映道路使用者的经验的最好指标。延滞（delay）是指观测到的行车时间和参考行车时间之间的差异（交通自由流动时理论上花费的时间）。

截止到2009年9月的临时数据表明，在整个重要道路网（strategic road network），所测算的道路上行程中最慢的10%的平均车辆延滞从基期（2007年4月到2008年3月）的每10英里3.90分钟下降到每10英里3.46分钟。这相当于每10英里节约了26秒，这些道路行程最慢的10%的平均速度从44.3英里每小时上升到45.7英里每小时。

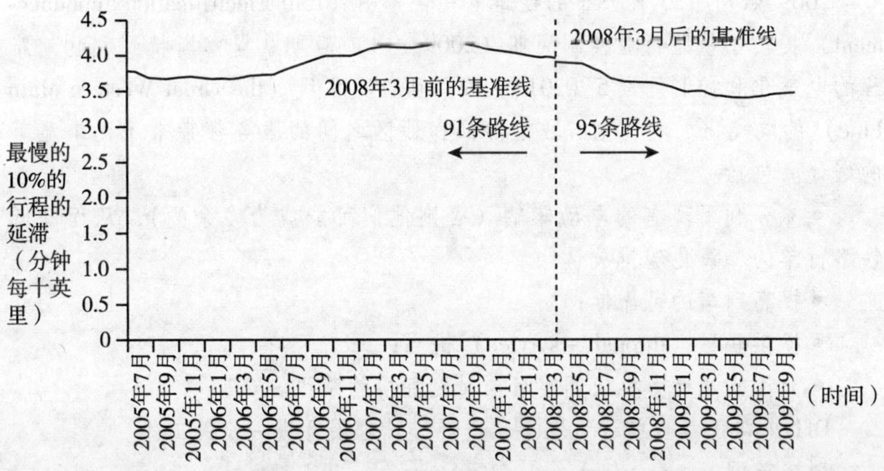

图2　行车时间可靠性的月度趋势

延滞绩效改善的主要在重要道路网（strategic road network）的交通流量下降的背景下进行观测，从2008年3月到2009年3月下降了约2.4%。

这一指标的成功，是因为干预方案2011年3月预计会节省170万小时的车辆延滞时间。这相当于最慢的10%的行程每10公里10秒的时间。

现在的交通水平类似于2005年7月，当时可靠性第一次被测量，延滞较高。这表明可靠性交付计划的干预措施通过降低延滞水平，产生了有利的影响。

数据质量：

该指标的数据通过来自四个不同来源的交通数据构建，与国家统计局行为守则（National Statistics Code of Practice）符合。

指标3：铁路网络的运力和拥挤程度——概述

到2013~2014年增加铁路运力，以适应从2008~2009年预期增长14.5%的铁路客运公里，实现政府高水平输出规格（Government's High Level Output Specification，HLOS）中制定的列车荷载因素。

结果将是铁路网络将在目前运力不足以满足预测需求的时间和地点增加铁路载客量。该额外的载客量将主要在主要城市地区，以满足工作日早高峰。额外的载客量将主要来自于列车延长，但对有些地区来说增开列车或者重新安排列车可能更加满足成本效益。车站、轨道和其他轨道基础设施将根据需要修改，以增强旅客列车服务。

指标3一般都在2013~2014年实现的项目中。与列车运营公司关于提供额外的车厢的谈判已经开始。到目前为止500辆新的轨道车辆已经订购。2013~2014年，客运铁路里程预期将比2008~2009年上升14.5%，运力也将随之提高，同时实现政府高水平输出规格（Government's High Level Output Specification，HLOS）中制定的列车荷载因素。

2009年7月23日公布的铁路电气化声明（Rail Electrification announcement）提出了铁路行业控制周期（2009-14）后期从曼彻斯特到利物浦路程的电气化和控制周期5（2014-19）西部大主线（the Great Western Main Line）的电气化。电气化给城市内部和地区之间的服务都带来了几个显著的好处。包括：

- 充分利用现有的电动车辆（否则他们可能成为多余的），从而降低铁路行车的二氧化碳排放量；
- 提高列车的可靠性；
- 提供联运（through-service）机会；
- 允许柴油动力机组调整目前过度拥挤的路线。

DfT也在了解目前运力取得了进展，计划展开进一步的工作。

覆盖范围：

该PSA主要关注交通对经济增长所做的贡献。指标3的目的是解决铁路网络运力和拥挤的问题。该目标与政府铁路网络的HLOS相关，它详细介绍了23条策略性路线的乘客需求以及全国道路和主要车站预期获得的载荷量。

资料来源：Department for Transport，Autumn Performance Report 2009，https://www.gov.uk/government/uploads/system/uploads/attachment_data/file/238513/7737.pdf.

由于注重效果的绩效管理要与政府部门的高层次的工作目标相关联，公共服务协议体系包括以下目标层次：方向（Aim）、目标（Objective）、具体目标（Target）、关于如何对具体目标进行测量的技术解释（Technical note）、实施计划（Delivery Plan）等。其中，方向是对部门职责的总括性描述；目标是部门要实现的各项计划的描述，而其中绩效目标是在前面目标体系基础上提出的以绩效为重点的具体目标体系。对各级次的目标完成情况要通过部门报告和秋季绩效报告的形式予以公布。在2004年支出审查计划中，还为每个部门提出了效率目标，侧重于提高部门工作的效率。此外，公共服务协议体系还要明确具体目标落实情况的负责人（通常是有关的国务秘书等）。

设立目标体系的目的包括：能够清楚地表明政府要达到的目的、明确的方向、强调最后结果、利于有效实施监督、更好的公共责任。目标的制定，对服务提供机构提出了清晰的方向和重点，并可促进其改善服务；作为绩效管理体系的一部分，也提供进行监督的基础；保证好的做法能够推广并得到回报，而差的绩效能得到处理；目标完成进度情况的定期公布，也提高了公众的信任度。公共服务目标的具体例子如：卫生部提出的通过减少婴儿死亡率并提高预期生命的措施使健康不均等情况下降10%；司法部提出的将犯罪率减少15%以上等。自1998年公共服务协议以来，以效果（Outcome）为主的目标所占的比重逐渐加大，目前的公共服务协议是以效果（Outcome）为主，同时也有少量的产出（Output）目标。

好的目标体系应具备以下特点：应该在代表完成政府承诺和达到公众预期上具有挑战性。例如一个提高10%的目标，但完成结果是9%，从绩效上看要比设定一个低的目标（如8%）但全部完成要好。在目标的选择上，很重要的一点是，如果目标能够完成，将意味着在政府部门所提供的公共服务的质量、经济、环境或其他方面，比以前有大的改进；应获得共识，尽量减少不适当的激励和扭曲；要将根据、分析和在指标选择、措辞表达和测量中的实践相结合。需要说明的是，尽管政府公共协议的目标体系覆盖了政府支出的相当大的部分，但并不是全部。

目标（Target）的选择原则被概括为SMART（巧妙的），即要具备以下五项要素：明确性（Specific）：避免那些可能带来不确定性的模糊的目标；可衡量性（Measurable）：有明显、可靠的量化数据作支持；可实现性（Achievable）：即目标设定应是符合实际的，应是可实现的；相关性（Relevant）：目标的选择与部门的职责应是相关的；时效性（Timed）：目标应是具有时效的，即有明确的截止时间，并有及时的数据支持。

相对于以前年的支出审查计划，2004年支出审查计划在强调绩效目标的同时，减少了公共服务协议目标的总数量，20个部门共制定110个目标，平均每个部门约6个目标，每个目标对应约50亿英镑的预算。在设定目标体系的同时，还增加了技术说明文件（Technical Notes），对如何衡量目标的完成情况进行具体说明，包括对公共服务协议目标进行准确定义、数据来源、以及如何判定目标是否达到等。

（二）分配资源（预算资金）

各政府部门在获得预算资金的同时也签订各自的PSA，明确规定部门用这些资源要实现协议中规定的绩效结果。资源分配与绩效任务最终由内阁委员会决定，其要求各部门提供有关资金需要与其产出或绩效改进情况的信息。在此基础上财政部编制政府总开支计划，并随附各个部门的支出限额以及绩效合同，以白皮书的形式发布并提交议会。议会选择委员在 PSAs 基础上召集某个部门部长和公务员就某些问题进行质询，以加强监控。

（三）对预算绩效完成情况进行监督

财政部、内阁委员定期对各部门和机构在完成绩效任务过程中存在风险进行定期检查和监控。负责公共支出的内阁委员会，每年两次召集各部门负责人汇报该部门当前绩效目标的完成情况、存在的风险，以及控制风险的计划。如果某个部门的绩效下降，内阁部长会与该部门找出解决办法，确保绩效回到正常轨道上来。财政部每季度收集一次各部门绩效任务的进程信息，定期发布，并向内阁委员会报告。

（四）提交绩效报告

为了便于权力机构和政府领导阶层和公众及时了解各部门完成绩效任务的进展情况，政府部门每年两次向议会提交绩效报告，一是春季提交的部门年报告（Annual Departmental Report：ADP），年报告是一个财政年结束后提交的报告，要求说明部门绩效任务的最终完成情况；二是秋季提交的秋季绩效报告（Autumn Performance Report：APR）一般在每年的 12 月份提交，属于预算进程报告。对外公布各部门执行 PSA 各项任务的进展情况和已经取得的业绩。公众和其他组织可从财政部或各政府部门的网站上获取相关绩效信息。

（五）进行绩效审计

绩效审计是绩效预算的重要内容，通过绩效审计可以准确了解各个部门预算支出所取得的实际效果，通过与预期绩效目标对比，可以发现部门是否完成预期任务。权力机构通过审计机构提交的绩效报告加强对政府的监控，同时绩效报告也为未来政府部门预算决策，提供了参考依据。在英国，每预算年结束后，各部门根据各自预算执行情况，提交部门绩效报告，并由隶属于议会的国家审计署进行绩效审计。审计结果向议会公共账目委员会报告，并反馈给政府部门，同时也对外公布。

（六）使用绩效信息

各部门的绩效信息为下一轮预算中，资金分配决策提供了科学依据。英国在绩效结果与预算之间建立了直接联系，对于绩效好的部门或地方政府，实行适当的“奖励”。如果地方政府在未来 3 年里绩效良好，将得到奖励，一部分是财政利益奖励，另一部分是扩大地方自治权。这样给各部门和地方政府提供了更大的激励，促使它们关注支出结果，不断提高支出绩效。而对于绩效不好或未完成规定的绩效任务的部门，内阁委员会会给该部门提供支持和建议，帮助其分析原因、找出改进方法和措施，以保证按规定完成绩效任务。①

三、绩效预算的意义

绩效等级所带来的最显著的改革就是在部门内引入非常强劲的基于绩效水平的管理改革，对此一些评论家概括它为“恐怖”的体系。绩效较差的部门，其高级管理者将面临严峻的危险。绩效指标（特别是核心目标）成为管理者最重要的关注点。对于绩效好的部门，将增加其部门自主权作为奖励。例如，在急症医疗领域绩效最好的部门有权申请使用基金，这也意味着该部门直接从国家医疗服务部中获得了更多自主权。

作为世界上最早开始探索政府绩效管理的国家之一，英国财政部门把提高财政绩效管理水平与政府改革紧密结合，使财政绩效管理成为政府行政管理体制改革的“助推器”。目前，英国财政绩效管理已初步形成了一个完整系统，在政府管理中起着极其重要的作用。

英国的财政绩效管理依据《全面支出审查法案》，以 3 年为期进行预算分配，把经费投入到优先顺序较高的目标及政策中，克服了各部门每年消化预算的弊病，从而使部门规划更具前瞻性，也使政府财政支出计划更具有效益。全面支出审查时，要求各部门提出改进服务品质日标的《公共服务协议》，以获取支出计划所需的财政资源。公共服务协议详尽地规定了每个部门的总体目标、策略目标、绩效指标、评估方式及负责执行单位等，强调运用公共服务协议的各项指标推动财政绩效管理，并建立以结果为导向的财政绩效评估体系，以强化政府施政成果与财政资源分配间的因果关系。

此外，英国财政绩效管理还特别强调绩效信息披露的重要性和公众的参与权。及时可靠地披露支出绩效信息和广大公众的参与，进一步强化了政府预算约束，提高了公共财政资源的配置效率和使用效益，并最终增强了政府部门的公共受托责任和财政透明度，提高了政府的执政能力，推动了政府的效能建设。

四、绩效预算的特点

英国的绩效预算改革有别于其他国家，如美国这些国家的绩效预算改革是在法律框架下逐步推进的，而英国绩效预算一直是由政府主导下循序渐进，并无立法要求。英国的绩效预算具有如下特点：

1. 在绩效预算过程中，英国政府考虑将绩效目标、评价指标的制定以部门为主，由财政部门进行指导，并请求预算管理部门和技术专家的参与。这样就确保了绩效目标最终转变为具体的可操作任务并取得预期效果，同时有助于提高部门主管及员工参与预算改革的积极性和遵从性。

① 李慧：《英国的绩效预算改革及启示》，载于《经济导刊》2008 年第 5 期。

2. 在资金使用过程中，英国政府赋予机构一定的灵活性，同时也有一定的束缚性。各部门在获得预算资金的同时也要求签订各自的公共服务协议（PSAs：public service agreements），并明确规定部门用这些资源要实现协议中规定的绩效结果。保证在一年内的支出计划不突破总额限制，同时也允许一个部门可以在一个决议拨款中的两个款项之间形成资金的拨转，使执行部门可以根据情况及时将资源配置到最具战略优势的项目上去，提高了公共资源的分配效率。

3. 绩效预算管理推动英国政府以公共利益的目标为导向，改变了政府部门长期存在的官僚主义作风，培养了顾客服务意识，有效地使用了公共资源，更多更好地满足了公共需要，使得英国政府重新赢得公众的信任。可以说，绩效预算已成为英国公共资源改革的里程碑。①

4. 英国政府将绩效评估纳入行政改革，并制定相关法律、法规和政策保障绩效评估的实施。在英国，公共部门绩效评估是其行政改革的重要组成部分。通过将绩效评估纳入政府改革方案，一方面，能保证绩效评估随着政府改革的推进而在公共部门中获得持续性发展；另一方面，也有助于其他管理工具（如内部市场、标杆管理、分权化管理、市场检验等）的有效应用，从而进一步推动行政改革。另外，英国政府还以管理规范形式将绩效评估纳入重大改革方案，并制定相关政策来指导、规范其实施。例如，为推动公民宪章运动，英国政府成立了公民宪章领导小组，先后发表了《公民宪章》、《公民宪章指南》、《1992 年公民宪章首次报告》等。

第四节 绩效评估指标体系

制定科学合理的绩效评估指标体系是实施绩效预算的关键，也是绩效预算改革的难点之一。绩效评估指标和标准必须得到各个部门的认可，这样可降低预算改革的执行成本。英国的做法是，在绩效预算过程中，绩效目标、评价指标和标准的制订是以部门为主，财政部等预算管理机构进行指导，并征求其他绩效管理者、技术专家和民众的参与。这样做的原因是：各部门对本部门的情况最了解，在制定绩效评价指标和标准等方面拥有信息优势；其他绩效管理者、技术专家的参与，使制定出来的绩效指标、标准更为科学和全面；以部门为主制定的绩效指标和标准得到了部门的认可，在事前化解了有关分歧，有助于提高部门主管及员工改革的积极性和遵从性；预算管理机构的参与可以对各部门如何制定绩效目标、指标进行理论指导和把关。②

绩效指标的制定被各国公认为一个极其复杂的问题，是一项技术性很强的工作。因为政府的工作不像市场上的各种活动那样都有直接的经济效益。政府活动的范围

① 吴永立：《绩效预算管理的国际比较及对我国的启示与借鉴》，载于《会计之友》2012 年第 32 期。
② 李慧：《英国的绩效预算改革及启示》，载于《经济导刊》2008 年第 5 期。

往往是那些市场失灵的领域，政府的投资也往往是那些社会需要，但短期很难见到经济效益的项目。因此，各国在衡量财政支出的绩效时，除了借助于企业经常使用的“成本—效益”分析方法外，还要考虑衡量支出的经济效益和社会效益，以及支出的短期效应和长期效应、直接效应和间接效应。在建立绩效指标体系时，必须遵循短期效益与长期效益指标相结合、定量与定性指标相结合、统一与专门指标相结合的原则，并充分听取各方面专家和社会公众的意见，以形成科学合理、多层次的绩效评价体系。①

英国绩效预算改革是以公共服务协议为中心而展开的。要实行成果管理，首先要明确部门的战略目标，然后根据战略目标确定绩效目标和指标。战略目标、绩效目标和具体的绩效指标在政府和各部门签订的公共服务协议中作了明确的规定。各部门的战略目标由财政部与各部门协商决定，其他内容主要由各部门负责制定，财政部对如何起草公共服务协议进行指导。但各部门的公共服务协议最终需要内阁委员会和首相办公室讨论决定。然后，财政部有关人员对公共服务协议草稿进行复审，并提出改进建议。公共服务协议中的各项任务随着部门的不同而不同，一般情况下部门可以与服务提供者就任务的具体内容、衡量指标和标准进行讨论协商，取得部门认同，最终达成一致，以确保绩效目标最终转变为具体的操作任务并取得预期效果。专栏9－2说明了公共服务协议中的具体绩效目标。

专栏9－2　英国交通部部门战略目标

该部门CSR时期更加广泛的交通运输目的在2009年1月推出的五个战略目标（Strategic Objectives）中体现。其中每一个都由衡量进步和成果的关键绩效指标支撑，如下文所示。

目标1：通过提供可靠、有效的交通运输网络，支持国家经济竞争力和增长。

显著进展：

五个指标中的四个得到改善

指标1：

到2010～2011年尽量减少十个最大城市早高峰时期行车时间的增长，在个人每公里行车时间平均上升3.6%的范围内容纳旅行4.4%的增幅。

2008～2009年的绩效数据实现了连续第三年个人行车时间的改善。这可能是旅行水平（level of travel）的增长低于预期水平导致的，这与经济衰退，有关公路主管部门采取的干预措施以及其他外部因素有关，例如道路施工和土地利用的变化。

指标2：

在2011年3月前的3年内，通过在重要道路网（strategic road network）实施新策略实现节省170万小时的延滞时间。

① 姚少波：《对绩效预算的认识与思考》，载于《发展研究》2005年第12期。

目标正在被逐步靠近。截止到 2009 年 3 月，公路局（the Highways Agency）已经实现了重要道路网（strategic road network）每年估计超过 60 万小时的延滞时间的节约。这是通过实施公路局 2008～2009 年可靠性交付计划（Agency's 2008～2009 Reliability Delivery Plan）中的干预措施实现的。2009～2010 年的交付计划（Delivery Plan）已经更新，预计 2010 年 3 月进一步实现 70 万小时延滞时间的节约。

指标 3：

到 2013～2014 年增加铁路运力，以适应从 2008～2009 年预期增长 14.5% 的铁路客运公里，实现结果将是铁路网络将在目前运力不足以满足政府高水平输出规格（Government's High Level Output Specification，HLOS）中制定的列车荷载因素。

2009 年 7 月的一份声明提出曼彻斯特到利物浦线路和西部大主线的电气化。

指标 4：

在 CSR07 期间，将支出在高资金价值最大化类别（High Value for Money category）中的比例保持在 SR04 期间水平。

该指标没有国家目标，但是部门的目标是将支出的比例维持在上文所述的那样。是否成功将在支出审查（即 2011 年 3 月）结束后进行判断。然后，迄今已经取得了一些进步。从 2008 年 4 月到 2009 年 8 月底，98% 获取批准的支出在高资金价值最大化类别中，SR04 时期平均为 95%。

指标 5：

2014 年 3 月，以公共绩效评估年移动平均（Public Performance Measure Moving Annual Average，PPM MAA）测量的铁路可靠性达到 92.6%。

英格兰和威尔士的铁路绩效处于自 2001 年开始测量以来的最好水平。各个部门的铁路可靠性在不断提高，2009 年 3 月达到了 PPM MAA 90.6% 的目标。该行业仍在继续努力以在新的监管时期（2009 年 4 月至 2014 年 3 月）绩效得到进一步的改善。在截止到 2009 年 10 月的 12 个月内已经取得了一定的进展，特许经营的客运服务的准时性提高到了 91.4%。

目标 2：减少交通产生的二氧化碳和其他温室气体，避免危险的气候变化。

显著进步：

四个指标都得到改善。

指标 1：

制定交通运输的碳减排策略。

7 月交通部发布了《低碳交通：更加绿色的未来》（*Low Carbon Transport：A Greener Future*），陈述了交通将怎样为整个英国经济的温室气体的排放量的减少做出重大贡献。

碳减排策略有三个核心主题：

- 支持向新技术和新能源的转换；
- 促进低碳选择；
- 以及利用市场机制，鼓励向低碳运输的转变。

该部门正在为2010年春季发布的战略中概述的行动制定交付计划。

指标2：

推动后续安排，与汽车制造商签订关于新车二氧化碳的自愿协议。

2009年4月欧盟通过了一项新的轿车碳排放控制计划（Car CO_2 Regulation）。为在欧洲销售汽车的制造商制定了欧盟范围内的销售加权的二氧化碳排放目标，作为自愿协议的后续。2012年设立了130g CO_2/km的目标，完全符合2015年和2020年95g CO_2/km的长期目标。英国在2020年碳减排的游说中起到了帮助作用。

我们积极参与了专家委员会过程，在这个过程中管理措施的许多工作细节将得到解决。我们也支持欧盟委员会的建议，提出了类似轿车碳排放控制计划的厢式货车（van）碳排放控制计划。我们正在与欧盟委员会接洽，他们正在发展他们的建议和影响评估。

指标3：

同意2012年后改进的欧盟委员会排放交易体系，包括航空业。

2008年10月欧盟理事会通过了一项指令，将航空业纳入欧盟排放交易体系（EU ETS）。该指令2009年1月13日发布在欧盟的官方期刊（The Official Journal of the European Union）上，并于2009年2月2日生效。

交通大臣（Secretary of State for Transport）2009年3月根据民航局（the Civil Aviation Authority）专家意见宣布环境部（Environment Agency）作为英格兰和威尔士的该系统的监管者。咨询之后，2009年航空温室气体排放交易计划条例（the Aviation Greenhouse Gas Emissions Trading Scheme Regulations 2009）于2009年8月提交到议会并于2009年9月17日生效。EU ETS下所有由英国监管的飞机运营商需要在2009年10月12日之前向英国管理当局申请排放计划。2012年起所有飞离和抵达欧盟机场的航班都被纳入EU ETS，2010年1月1日起运营商需要监管排放量。

指标4：

推行可再生交通燃料义务法（Renewable Transport Fuel Obligation）——要求到2010年所有英国加油站销售的燃料的5%来自可再生资源。

可再生交通燃料义务法（RTFO）2008年4月1日生效，可再生燃料署（RFA）的建立就是为了执行这项计划。

2008年加拉格尔审查（Gallagher review）发现生产某些生物燃料来取代现有的农业生产会导致温室气体排放量净增长的风险。

因此，我们放慢了RTFO的增长速度，同时我们致力于充分了解生物燃料的间接影响。RTFO（修订）令于2009年4月15日生效，这意味着我们现在的目标是在2013～2014年达到5%的水平，而不是2010～2011年。2009～2010年的生物燃料义务水平是总道路运输燃料的3.25%。

从RFA得到的RTFO第一年的数据显示，在2008～2009年，总道路交通燃料的2.6%来自可再生能源，超过了2.5%的义务水平。根据得到的报告，温室气体的减少量的47%通过该燃料取得，超过了政府40%的目标。

目标3：通过减少因交通产生死亡、受伤或伤病的风险和推动有利于健康的旅行模式，来提高安全性、健康和预期寿命。

一些进步：

四个指标中的两个得到了改善；

指标3分类信息；

指标4尚未评估。

指标1：

到2010年将因交通事故死亡或严重受伤的儿童数量减少到1994～1998年平均数量的50%，解决弱势社群（disadvantaged communities）中事故率高的问题。

2008年向警方报告的在交通事故中死亡或严重受伤的儿童数量跟基期相比减少了59%，已经超出了儿童伤亡减少的目标。截止到2009年6月的估计数据表明该趋势将会延续，据报告死亡或严重受伤的儿童数量比基准线低60%。

弱势社群（disadvantaged communities）通过88个社会复兴基金（NRF）地区的报告伤亡与1999～2001年平均数相比下跌的百分比来衡量，这要大于英格兰总体下降的百分比。该目标设为2005年实现并满足。然而，该部门还在监察该元素。2008年88个社会复兴基金（NRF）地区的报告儿童伤亡与1999～2001年平均数相比下跌的百分比大于英格兰总体百分比的下降（伤亡分别下降了47%和45%）。

指标2：

到2010年使因道路交通事故死亡或严重受伤的总人数与1994～1998年平均数量相比减少40%，解决弱势社群（disadvantaged communities）中事故率高的问题。

2008年向警方报告的在交通事故中死亡或严重受伤的人数跟基期相比减少了40%，第一次达到目标。截止到2009年6月的估计数据表明该趋势将会延续，据报告死亡或严重受伤的总人数比基准线低42%。

弱势社群（disadvantaged communities）通过88个社会复兴基金（NRF）地区报告伤亡与1999～2001年平均数相比下跌的百分比来衡量，这要大于英格兰总体下降的百分比。该目标设为2005年实现并满足。然而，该部门还在监察该元素。2008年88个社会复兴基金（NRF）地区的报告伤亡数与1999～2001年平均数相比下跌的百分比大于英格兰总体百分比的下降（伤亡分别下降了31%和28%）。

资料来源：Department for Transport，Autumn Performance Report 2009，http://www.gov.uk/government/uploads/system/uploads/attachment_data/file/238513/7737.pdf.

第十章

英国政府债务管理

■ 本章导读

早在17世纪，英国政府就开始发行债务。目前债务管理已经比较成熟，其债务管理目标是在长期内最小化满足财政融资的成本，并考虑风险，同时确保债务管理政策与货币政策相协调配合。债务管理办公室是进行债务管理的主要机构。英国是最近20年来压缩财政收支、国债规模控制较好的国家之一。英国是凯恩斯主义的发源地，财政政策一直在英国的宏观调控中占主要地位，但是自从20世纪80年代中期以来（特别是1998年以来），英国并没有简单地运用财政刺激政策，财政和国债发行总体上保持了一种稳定发展势头。

第一节　政府债务管理的历史及发展

一、威廉三世时期

英国国债的起源发生在威廉三世的统治时期。威廉三世参与城市交易者（City traders）和商人组成的银团（syndicate，辛迪加）出售政府债务。该银团很快演变成为英格兰银行，最终为马尔伯勒公爵（Duke of Marlborough）的战争和后来的帝国征服（Imperial conquests）筹集资金。

英格兰银行的建立由查尔斯·蒙塔古（Charles Montagu）伯爵于1694年提出。该计划由威廉·帕特森（William Paterson）此前三年提出，但并没有得到实施。他提出向政府提供120万英镑的贷款，作为回报，认购者成立英格兰银行公司及其董事会（*The Governor and Company of the Bank of England*），并取得长期的银行特权，包括发行银行券。1694年7月27日，随着Tonnage Act 1694通过，皇家特许执照（Royal Charter）颁布，英格兰银行成立。

当时的财政状况非常严峻，以至于当时英格兰银行发行的贷款每年要收取8%的利息，每年管理贷款还要收取4 000英镑的费用。第一任行长是约翰·霍布伦（John Houblon）爵士，1994年发行的50英镑上印有的就是霍布伦的头像。许可证在1742年、1764年和1781年都得到了延续。

英格兰银行的成立结束了政府债务的拖欠，例如1692年的the Great Stop of the Exchequer，查尔斯二世暂停偿还其账款。自此之后，英国政府一定会将债务偿还债权人。1815年，在拿破仑战争结束时，英国政府债务达到了顶峰，高达GDP的200%以上。

当时的财政大臣的罗伯特·哈雷（Robert Harley）于1711年创立了南海公司（The South Sea Company）。名义上，这是一家贸易公司，但其主要活动是政府债务的资金筹集。1720年，一个法案通过使南海公司负责整个国家的债务。这引发了对这家公司的狂热，其股份达到了原始发行价的10倍，随后引发了流动性问题和崩溃。该公司至少负责部分国家债务，直至1850年被废除。

二、第一次世界大战和第二次世界大战期间

20世纪初英国国债维持在GDP的30%左右。然而，第一次世界大战期间，英国政府被迫大肆借贷，以资助战争。英国国债从1914年的6.5亿英镑增至1919年的74亿英镑。

英国在第一次世界大战期间向美国借入了大量贷款，并从这一时期的许多贷款都处于一个奇怪的状态（in a curious state of limbo）。1931年，赫伯特·胡佛（Herbert Hoover）总统宣布由于全球经济危机，所有国家对其战争借款的偿还暂停一年，但 1934 年英国仍欠美国 44 亿美元第一次世界大战的债务（以 1934 年汇率计算约合英镑 8. 66 亿英镑）。经通胀调整后，约等于 400 亿英镑左右，如果以英国国内生产总值的增长进行调整，约等于 2 250 亿英镑。在大萧条期间英国停止了支付这些贷款，但这从未被正式注销。

到了 20 世纪 20 年代中期，英国政府债务的利息占到了全部政府开支的 44%，在 1937 年战争逼近，英国重新开始军事装备之前，政府债务利息支出都超过国防支出。

第二次世界大战期间，英国政府又因为与轴心国之间的战争大肆借贷。在冲突结束时英国的债务超过了 GDP 的 200%，达到了拿破仑战争末期的水平。第二次世界大战期间美国再次通过低利率贷款和租借法案（Lend Lease Act），成为提供的资金的主要来源。即使在战争末期，英国仍需要美国的经济援助，并于 1945 年贷款 5. 86 亿美元（以 1945 年汇率计算约 1. 45 亿英镑），此外还有 37. 5 亿美元授信额度（以 1945 年汇率计算约合 9. 3 亿英镑）。债务从 1950 年开始偿还，50 年内付清。有些贷款在 21 世纪初才得到偿还。2006 年 12 月 31 日，英国偿还了最后一期贷款，约 8 300 万美元（4 550 万英镑），从此还清了美国的战争贷款。

第二次世界大战以后，20 世纪 80 年代是英国财政政策的转折点。私有化和政府与公共部门的改革和严格控制财政开支的政策，都对减少财政赤字起了积极作用。但是，由于 80 年代上半期的经济衰退，国债规模并未得到压缩。到 80 年代后期，私有化和政府与公共部门的改革和严格控制财政开支的政策的成效开始显现出来，英国经济加速增长，这也使得控制财政赤字和国债增长的政策明朗化。① 第二次世界大战结束时，英国已经积累了 210 亿英镑的巨额债务。其中大部分资金来自于国外，约 34 亿英镑被欠海外（主要是债权人在美国），约占年 GDP 的 1/3。

三、20 世纪 70 年代以来

战争结束后，债务占 GDP 的比重逐渐下降，但 1976 年詹姆斯·卡拉汉（James Callaghan）领导下的英国政府面临英镑危机，英镑的价值下跌，政府难以筹集足够的资金维持其开支承诺。英国首相不得不向国际货币基金组织（IMF）申请 23 亿英镑的救助计划，这是截止到当时对 IMF 最大规模的资源请求。1976 年 11 月 IMF 公布了其贷款条件，包括大幅削减公共支出，这在实际上控制了英国的国内政策。由于卡拉汉对 IMF 的“低声下气”、“卑躬屈膝”（“cap in hand”），这场危机被视为国耻。

20 世纪 90 年代初期，随着经济形势的变化，英国财政政策又开始松动，财政赤字和国债规模迅速扩张，但财政刺激政策的效果越来越差。1998 年，英国政府决定进行全面的财政改革，出台了《经济与财政战略报告》，建立了有关财政支出的

① 王德祥：《现代外国财政制度》，武汉大学出版社 2005 年版。

两个原则和三个基本措施。

两个原则是：黄金规则和可持续投资规则。三个基本措施是：坚持预算盈余，控制公共部门的借款，设定公共部门净债务率上限。英国政府将实施两个原则和三个措施的重点放在政府预算方面，从而又对公共支出审查制度、预算支出分类、预算编制方法作了进一步的改革。英国政府认为，国债问题根源在预算（支出），因此，稳定财政和控制国债的关键是加强预算约束。从1998年以来英国国债发展的情况来看，这种以预算控制为中心的国债控制政策取得了预期成效。

20世纪90年代末21世纪初，英国国债相对回落，2002年下降到GDP的29%。此后，尽管经济持续增长，国债又开始增加，2007年达到GDP的37%。这是由于对卫生、教育和社会保障的支出增加，使政府借贷规模上升。

2008年后，公共部门债务的极具扩张主要因为：2007~2013年的经济衰退（低税收收入，高失业救济金支出）。经济衰退对印花税（房价下降）、所得税和公司税的影响较大；这些周期性因素也暴露了潜在的结构性赤字；对北岩银行（Northern Rock），苏格兰皇家银行（RBS），劳埃德银行（Lloyds）和其他银行的金融救助计划。①

20世纪90年代以来的债务规模如表10-1所示。

表10-1　　1995~2012年英国政府债务规模

年　份	占GDP比重（%）	百万欧元
1995	51.2	443 355
1996	51.3	543 932.8
1997	48.7	617 685.7
1998	45.8	578 657.7
1999	43	649 694.4
2000	40.5	640 451.9
2001	37.3	631 727.2
2002	37.1	617 149.9
2003	38.7	630 320.7
2004	40.3	693 684.1
2005	41.7	776 785.3
2006	42.7	858 236.8
2007	43.7	851 335.7
2008	51.9	796 498.7
2009	67.1	1 070 821
2010	78.4	1 353 941
2011	84.3	1 551 386
2012	88.7	1 700 538

资料来源：根据债务管理办公室（DMO）网站资料整理而成，https：//www.gov.uk/government/organisations/uk-debt-management-office。

① Economics Help，http：//www.economicshelp.org/blog/334/uk-economy/uk-national-debt/.

第二节 债务管理框架

一、债务管理目标

债务管理目标于1995年确立。其目标是："在长期内最小化满足财政融资的成本，并考虑风险，同时确保债务管理政策与货币政策相协调配合。"然而关于债务管理政策的决策必须从一个长远的角度来看，关于政府总融资需求的具体决策需要每年做出。这些决策在下一年的财政预算案中公布，并在一年中随着发布的财政总量修订版进行更新，通常在四月中央政府净现金需求（CGNCR）上年结算数字发布之后以及在七月预算责任办公室（OBR）更新预测时。目标的组成部分见专栏10－1。

专栏10－1　债务管理目标的组成部分

满足政府长期融资需求的成本直接来源于债务的应付利息（息票以及发行收益和赎回款项之间的差额）和与发行有关的费用。

"长期"是指政府希望在未来长期内得到借款，即超出了财政政策的预测期间。这种期望体现在政府债务管理战略的选择上。例如，政府推动二级市场的流动性，因为它是一个"重复借款人"。此外，如果一些策略提供短期的"机会主义"的好处，但将在长期对投资者的态度产生不利影响，政府可以驳回。

债务管理的风险没有一个统一的定义。相反，选择债务管理战略时要考虑许多风险。五种尤为重要的风险是：

- 利率风险。与每年新发行的债券有关，因为新债发行时产生利率风险。
- 再融资风险。与到期债务的展期有关。债务展期时会发生利率风险，当未来的中央政府净现金需求可能会很高时债务可能需要展期，在市场背景下，这难以预测。此外，如果赎回都集中在特定的年份，再融资风险是较大的。
- 通胀风险。息票以及主要的和指数挂钩金边债券的指数化带来的通货膨胀。
- 流动性风险。政府可能无法在特定的时间从市场的特定部分取得需要金额的贷款，因为市场该部分不具有充分的流动性。
- 执行风险。政府可能无法在特定的时间出售完所提供的债券的金额的风险。

这个风险的列表并不详尽，然而，这些是近年来债务管理职责的决策中考虑的主要风险以及未来年预期考虑的主要风险，每种风险的权重会随时间改变。

资料来源：HM Treasury, Debt and reserves management report 2013 – 14, https://www.gov.uk/government/publications/debt-and-reserves-management-report-2014-to-2015.

二、债务管理政策原则

债务管理目标的实现通过：

- 满足公开性、透明性和可预测性的原则；
- 发展高流动性和高效的金边证券市场；
- 发行能获得基准保费（benchmark premium）的金边证券；
- 调整政府债务组合的期限和性质，主要通过债务发行的期限和组成，还通过其他市场操作，包括转换招标（switch auctions），返销（buy-backs）；
- 通过英国全国储蓄与投资（NS&I）向零售部门提供高成本效益的储蓄工具。

该框架由 1998 年建立的债务管理政策的制度安排支撑，特别是债务管理政策的执行和运行的 DMO 的创立。

三、财政部和 DMO 的职责

1998 年 4 月 1 日，英国债务管理办公室（DMO）成立，政府大规模发行英镑债券的责任由英格兰银行转移到 DMO。该重组发生在 1997 年 5 月设定英国官方利率的业务责任由财政部转移到英格兰银行之后。DMO 的职责是开展政府降低长期融资成本的债务管理政策，并考虑到风险，尽量减少抵消政府的净现金流量的成本，同时在这两种情况下部长批准的风险偏好下操作。就机构方面，DMO 从宪法和法律的角度来说都是财政部（HMT）的一部分，作为一个执行机构，它独立于各个部长。财政大臣决定了 DMO 运行的政策的财政框架，向行政长官（Chief Executive）委派债务和现金管理的运行决策，以及工作的日常管理。

财政大臣和其他财政部官员，财政部常务秘书，以及 DMO 的行政长官各自的职责在发布的框架文件（Framework Document）中有详细描述。该文件还规定了 DMO 的战略目标和行政长官向议会负责。行政长官对 DMO 的绩效和运行负责，无论就其行政支出和记录了 DMO 的所有发行和买卖交易债务管理账户（DMA）。DMO 每年四月发布其商业计划，根据 DMO 战略目标为该年设定一系列长期目标。

债务管理办公室的战略目标是：（1）为政府债务管理策略制定、提供建议并实施。（2）为政府现金管理需求制定、提供建议并实施。（3）就政府资产负债表管理的问题向财政部提供建议和业务服务。（4）就批发市场（wholesale markets）相关问题和活动向政府部门提供建议和业务服务。（5）发展并履行其资金管理职责，特别是向利益相关者提供具有成本效益的服务。（6）通过公共工程贷款委员会（the

Public Works Loan Board）向地方当局提供具有成本效益的贷款服务。（7）使DMO的管理高效并具有成本效益，确保主要职责得以实现。（8）管理，经营和制定合适的风险和控制框架。

财政部和DMO各自的职能载于DMO的相关文件中。政府对债务的管理基于公开性、透明性和可预测性原则，这是国际认可的最小化长期债务成本的最有效的方式。为了支持这一点：DMO将继续按照公开性、可预测性和透明性的原则处理其业务；财政部和DMO将尽可能地向市场解释债券发行的基础，使市场参与者更好的理解其决策的合理性；DMO将有责任继续建议和推动金边证券和短期国库券市场的流动性和高效性；财政部根据以BOR预测的财政政策总量为基础预计的融资需求设立年融资计划书（Financing Remit），DMO有责任向市场事先公布发行的债券的细节，包括招标日程（auction calendar），未来一年发行的金边债券的种类和计划的平均招标规模（auction sizes）。

专栏10－2　DMO的充分资金规则

债务管理政策的总体要求是政府每年通过出售债务充分满足其预计融资需求。这被称为充分资金规则“full funding rule”。因此政府发行充足的批发和零售工具，使其能够满足其预计融资需求。充分资金规则的理由是：政府认为充分筹集其融资需求才能最好的满足透明性和可预测性原则；为了避免人们认为公共部门的金融交易会影响货币状况，与货币政策和债务管理政策之间的制度分离相一致。

然而，一个财政年所筹集的资金总额在实践中会和预计融资需求有所不同。这种差异通常发生于财政年结束时，可以通过许多不同的因素来解释。包括：预计的CGNCR和其结算数字之间的差异；秋季声明之后的一段时期的招标所得（auction proceeds，包括招标后选择权便利the Post Auction Option Facility）与满足相关融资目标所需要的拍卖所得之间的差别；出售国库券，包括DMO改变年末存量的操作灵活性，以及双边买卖下年到期的国库券；以及年末辛迪加项目（syndication programme）的执行。

这种差异将在DMO财政年的现金平衡的上升或下降中得到体现。为了满足充分资金规则，政府通过调整下一年预计的净融资需求来使DMO的净现金平衡回到其原始水平。

资料来源：DMO网站，https：//www. gov. uk/government/organisations/uk-debt-management-office。

四、中央银行负责制

中央银行负责制曾广泛应用于各国主权债务管理，目前大部分发达国家已经摒弃了这一管理模式，只存在少数发展中国家。在这些新兴市场国家中，由于央行代为管理外汇储备，在实施货币政策时与金融市场广泛接触，央行的管理人员拥有比财政部对金融市场更深刻的理解，在管理人员紧缺的情况下，政府不得不让中央银行承担管理政府债务组合的责任。理论上，中央银行的货币政策目标和债务政策存在着不可调和的利益冲突。央行为了抑制通胀的压力，不得不上调基准利率，而此举会增大政府债务的利息压力，违背了债务管理成本最小化的目标；央行在发行政府债券时，出于降低政府债务成本的考虑，有操控金融市场利率的动机。即使主权债务管理由央行框架下的独立部门负责，债务管理决策仍然可能被内部消息所影响，在这种情况下，无论货币政策还是债务政策都不是最优的。

在 1997 年之前，英格兰银行一直代为管理政府国库和主权债务，1997 年 5 月，英国财政大臣宣布将主权债务管理的职责移交给财政部，而利率决定权交给英格兰银行，旨在分离债务管理与货币政策，给予主权债务管理独立的政策地位和问责机制。然而在很多发展中国家，央行仍然承担着一系列政府债务的日常管理，比如出于流动性管理的目标在国内市场实行日常的公开市场操作、国库券和政府债务的竞标等。但是央行在代表债务管理机构承担这些职责的同时，为了避免与货币政策目标之间的冲突，央行与 DMO 之间通常会有合作协议以规定操作对象和范围，确保主权债务的日常管理不会成为货币政策变化的政策信号。①

第三节　国债发行和国债市场

英国是最近 20 年来压缩财政收支、国债规模控制较好的国家之一。英国是凯恩斯主义的发源地，财政政策一直在英国的宏观调控中占主要地位，但是自从 20 世纪 80 年代中期以来（特别是 1998 年以来），英国并没有简单地运用财政刺激政策，财政和国债发行总体上保持了一种稳定发展势头。

一、国债发行

（一）国债类型

英国国债也分为短期国债、中期国债和长期国债，此外还有由政府选择付息的时期，并不付本金的永久国债和不可转让的国债储蓄债券。短期国债和中、长期国债的具体类型主要有以下三种：

1. 国库券。英国短期国债的典型代表是国库券。同美国的国库券相似，英国国库券是以折价方式发行的，其发行价格与满期价值之间的差额作为利息。英国国库券的面额最初为 5 000 英镑，目前规定为 1 万英镑和 5 万英镑两种；国库券期限最初规定为 12 个月以内，后来统一规定为一年。

① 刘晓星：《主权债务管理：模式选择、宏观协调与金融稳定》，载于《东南大学学报（哲学社会科学版）》2014 年第 1 期。

2. 金边债券。金边债券是英国政府的英镑债务，由财政部发行，并在伦敦证券交易所上市。这反映了英国政府从未在利息或本金到期时没能进行支付。在英国，金边债券是指除国库券以外可以在证券交易所买卖的所有政府国债，也是在伦敦证券交易所上市的债券中价格最稳定的优良债券。由于这种政府债券都带有黄色的金边，同时代表着最高的信誉和最低的风险，因此又被称做金边债券。

（1）金边债券市场通常由两种不同类型的债券组成——常规债券（conventional gilts）和指数联结债券（index-linked gilts），他们占了金边债券发行量的99%。

常规债券（conventional gilts）是英国政府债券最简单的形式，占政府债务组合的最大份额。常规债券保证在到期日前每半年向持有人支付固定的现金款项（票息coupon），到期日持有人将获得最后的票息和本金。常规债券以100英镑为报价单位。然后，常规债券能够以分为单位进行交易。常规债券通过其票面利率和到期日表示（例如，4% Treasury Gilt 2016）。票面利率通常反映了该债券第一次发行时的市场利率。因此任何时候市场上都存在广泛的票面利率范围，反映了过去筹资成本的波动。票息表明了持有人每100英镑每年可以获得的现金支付。该支付分为两次，每6个月支付一次（如果支付日不是交易日，将滚动到下一交易日）。例如，一个投资者持有1 000英镑2016年到期的票面利率为4%的常规债券，他会在每年的3月7日和9月7日获得20英镑的票息支付。常规债券有固定的到期日。在4% Treasury Gilt 2016的例子中，本金将于2016年9月7日支付给投资者。近年来政府发行的常规债券的期限集中在5年、10年和30年，但是2005年5月DMO发行了新的50年到期的常规债券。2013年6月，进行市场咨询后，DMO发行了新的55年期的常规债券。

指数联结债券（index-linked gilts，IGs）在政府债务组合中的份额仅次于常规债券。英国式最早向机构投资者发行指数联结债券的发达国家之一，从1981年开始发行。与常规债券相同，指数联结债券的息票反映了初次发行时的借款利率。然后，指数联结债券反映的是政府的实际借款利率而非名义借款利率，随着时间在实际收益率上有微小变化。指数联结债券与常规债券的主要差别在每半年进行的票息支付和本金随英国零售价格指数（RPI）调整。这意味着在这些债券赎回时，票息和本金都要考虑自债券首次发行以来的通货膨胀进行调整。对于2002年7月之前的指数联结债券，英格兰银行在RPI数字公布之后，负责每种指数联结债券的上升票息（uplifted coupons）的计算和公布。对于2002年7月之后首次发行的指数联结债券，DMO执行此功能。DMO制作了详细的文件，说明了计算指数联结债券现金流量的方法。指数联结债券的每份票息包含两个元素：年实际票息的一半。实际息票在金边债券的名字上标示，是固定的（例如2½%指数挂钩的国债股票2016年支付2½%的息票，每年支付两次1¼%）。

（2）金边债券按期限划分又分为有期国债和永久国债。有期国债又可分为三类：期限在1～7年的，称之为短期国债；期限在7～15年的称为中期国债；期限在15年以上则为长期国债。金边债券虽然有一定的偿还期（称为单一期限），但在到期前，政府有权随时偿还。永久国债为政府有权在一定期限后，提前三个月公告，在某一特定日期随时偿还（称为双重期限），持有人无权要求偿还，只能按所定的条件领取一定的利息，政府视情况选择偿还日期。除了永久国债，金边债券多是普通债券，有固定的利率，固定的期限，附有息票，一年两次付息。

（3）除了规范的金边债券品种外，还有四类特别的金边债券：一是可转期债券，一般到期期限很短，但持有人在未来数年后将其转换成特定数量的期限较长的国债的权利。可转换债券有一系列转换期和相应的转换价格。二是指数化国债，指数化国债的利息支付和最后的本金支付都和一般消费价格指数联系在一起，票面利率非常低。通常为2%～2.5%，代表实际收益率。指数化国债的初次发行是在1981年，此后频频发行。目前，英国国债市场上大约有12种指数化国债，金额达130亿英镑。三是可变收益率国债，1977年，英国政府发行了可变收益率国债，票面利率为每周国债发行时的招标收益率加上0.5个百分点。英国政府曾发行过三种可变收益率国债，但目前市场上已不存在。四是分期付款债券是英格兰银行协助财政部从1977年开始发行的。由英格兰银行派出的政府经纪人为这种债券规定一个认购期限，投资人可在认购期开始时支付部分价款来购买债券，待认购期结束时再进行结账，补足未缴的那部分价款。

3. 国民储蓄债券。它是国民储蓄银行吸收存款的债券，是政府筹款渠道中仅次于英格兰银行的第二大渠道，约占国债债务的20%。其存款方式由固定利息储蓄存单，有与物价指数挂钩的储蓄存单和有奖储蓄存单等。这些为政府债务筹款的银行与一般银行的业务不同：一是在其经办的储蓄中，利息可享受税收上的优惠待遇；二是与英格兰银行不发生直接关系，它属于国家储蓄部门，不属于金融系统；三是以邮局系统为其分支机构，全国约有2万个邮局分支机构经办国民储蓄银行业务，由国民储蓄银行对邮局支付一定的经费。

国民储蓄债券具体有三种：5年期的国家储蓄债券；期限不固定的有奖储蓄债券；5年期的指数化债券。

（二）发行方式

英国的金边债券是以名义价值的固定利息发行的。利率随国债期限和发行日市场利率水平而变化。多数金边债券是通过招标方式发售的，在英国，英格兰银行通常在周五下午宣布将要发行的国债，投标申请必须在下个星期四上午报英格兰银行。1979年以前，招标方式的发行价在宣布之日即固定下来，在市场收益率下降时，投标人可以轻易获取发行价格和市场价之间的价差利润，从而发生投标严重超标的情况，从1979年开始，英格兰银行采用价格招标方式，通常英格兰银行确定一个最低招标价格，发行国债的数量分配按招标价格从高到低分配给投标人，投标人所支付的实际价格统一为中标的最低价格。未发出去的部分，先由英格兰银行的债券发行局全部认购，然后由该局派出政府经纪人向金边债券的批发交易商发售。这一发售方式称为开关制，即批发交易商随时可向政府经纪人申请购买金边债券，而后则根据市场需求情况决定买与不买、买多或买少，就像一个开关。通过这种发行方式，英格兰银行把发行金边债券当做货币调控的一种工具。

对于国库券，主要有两种发行方式：第一种方式是每周标售法。这种方法是由财政部每周提供定量的国库券，由金融机构等参加投标而一次售出。此种以标售办法发行的债券即标售券为金融机构及社会大众所持有，构成政府的有效短期负债的一部分。招标发售后，大部分都在市场上持续发生交易，因此被称做"市场国库券"。第二种方式是随时零售法，又称"随借"，是按固定利率或价格，随时售予拥有临时资金的各级政府机构。零售券为政府各机构所持有，差不多是名义上的债券，仅代表政府内部会计上的交易，原则上不进入市场；只有英格兰银行为吸收剩余资金而向市场售出国库券时，才出售若干零售券。

二、国债市场

（一）一级市场

英国有 18 家国债一级自营商，分别来自英国、美国、法国、德国、日本、瑞典和波兰。英国发行政府债券一般是由英格兰银行组织拍卖，只有这 18 家一级自营商才有资格通过电话进行投标，标书内容在投标结束前仍可更改，其他投资者则要用书信的方式将标书提前两天送达英格兰银行或其分支机构，所以一级自营商在投标中处于有利的地位。国债一级自营商从央行批发国债后再通过各自的网络向社会投资者零售。18 家一级自营商之间通过 3 家同业经纪人进行匿名交易来调节各自债券头寸的余缺。

除战争国债外，购买其他英国国债都需缴纳 25% 的税，但下列情况可以免税：免税的机构，如退休金管理部门和慈善机构享受免税；外国投资者购买记名债券，付息前可以申请免税；购买"非本国居民免税债券"可向免税机关申请，批准后可以免税；与英国签署了双税制协议的国家的公民购买英国国债可以享受免税。

（二）二级市场

英国国债在二级市场是通过电话进行交易的，但它不同于一般的柜台交易。实际上，英国的国债交易是伦敦国际金融期货期权交易所（London InternationalFinancialFuturesExchange，简称 LIFFE）交易行为的一部分。伦敦国际金融期货期权交易所从 1982 年开始就成了欧洲国债期货和期权交易的中心市场。在这里交易的都是国外的债券，合约证券的种类也很特别。LIFFE 采用灵活的政策，适应市场变化，推陈出新，不断淘汰那些过时的品种，引进许多新的品种，取得了成功，最典型的是欧洲大陆债券期货合约。1988 年，该交易所推出了 10 年期德国政府国债期货合约，引起了很大的反响，并取得了巨大的成功。1991 年又推出了意大利政府国债（BTP）期货合约。LIFFE 的期权交易是从 1985 年开始的，现在已有 8 种期货期权挂牌买卖。其中主要的合约标准有：20 年英国国债、短期国债、中期国债；德国政府国债；美国联邦长期国债；日本政府国债。

（三）期货市场

LIFFE 的国债合约采用公开叫价的方式，在交易所中完成，所有的期货交易都由国际商品清算公司完成，清算公司向会员收取保证金，以保证交易者正常履约。LIFFE 在该交割月的第一通知日之前的第 10 个工作日之前公布“可交易的金边债券名单”，所有列入名单的债券都有下述特点：（1）有偿还期限，一般规定应在到期日一次偿清全部债券，到期日后从相应交割月第一天算起不少于 10 年，不多于 15 年；（2）没有允许或要求提前偿还的期限；（3）在期限内拥有半年支付一次的单一固定利率的利息；（4）仅以英镑和便士标识及支付本金和利息；（5）应已全额付款；（6）非无记名方式；（7）被收入伦敦股票交易所正式名单之内。

（四）回购市场

1992 年 9 月的英镑危机导致了英国银行系统的流动性危机后，英格兰银行试图通过发展回购市场以缓解危机。1994 年正式出台了旨在促进回购市场发展的便利措施，但回购市场的主体仍仅限于指定的金边债券市场的做市商。1996 年 2 月，英格兰银行开放英国回购市场，允许所有专业的市场参与者建立金边市场头寸。

英国回购市场的运行是以 1995 年 11 月最新修订的 PSA/ISMA 协议为基础的。PSA/ISMA 协议的制定完全适用于在伦敦回购市场进行的跨国业务，金边债券回购通过中央金边债券办公室进行结算，该机构是英格兰银行运营的一个针对金边债券结算的电子簿记和登录系统。中央价值清算系统、欧洲清算系统和纽约银行目前均为中央金边债券委员会的成员，从而使得金边债券三方的清算和跨国的清算成为可能。

为了促进新的回购市场的发展，英格兰银行对金边债券的管理进行了一些调整，发放利息登记日期从债息支付日前的 37 天减少到 7 天。但是，从其他国家的情况和国际标准来看，7 天仍然是一个很长的时期。由于这使得回购交易复杂化，这段时间在将来很可能会进一步缩短。由于代扣所得税也是使交易复杂化的原因之一，所以所有金边债券的债息支付对专业的市场参与者而言都无须扣税，只要这些参与者以一个特殊的中央金边债券办公室“星”账户（CGO“STAR”Account）持有其债券即可。如果其总部设在英国，则需要每季度缴税。

按值交易是一种从其他中央金边债券办公室成员借款的隔夜交易机制，抵押品由中央金边债券办公室自行指定。按值交割交易在新的回购市场发展的同时仍然存在。根据按值交割交易的交易机制，回购交易是基于资金金额而不是证券金额进行，作为抵押品的证券由中央金边债券办公室从出售者的账户中自动选取。资金和证券在第二天进行反转，而无须支付回购利息，回购利息由购买者向出售者单独支付。

目前，英格兰银行回购市场交易每两周进行一次，旨在对市场流动性进行管理。与其他主要的中央银行不同，英格兰银行曾声明，它不会利用回购交易显示其利率政策的变化，或者以之作为它的日常干预工具。目前，它将继续运用对符合条件的短期证券的直接购买进行日常的市场干预。这种政策可能在将来随着金边债券市场的进一步完善及其流动性的进一步增强有所变化，这种政策上的变化将使英格兰银行的操作与欧洲其他中央银行，以及欧洲中央银行相一致。

（五）国债市场监管

传统的英国模式是自律型监管模式的代表，与美国模式不同，自律型管理模式是指政府除了一些必要的国家立法以外，很少干预证券市场，对证券市场的管理主要由证券交易所、证券商协会等自律性组织完成，强调证券业者自我约束、自我管理作用，一般不设专门的证券市场管理机构；当然，政府的作用也是不可忽视的。

英国政府未设立统一的证券市场监管机构，对证券市场实行自我管制。自我管制体系是由证券交易商协会、收购与合并问题专题小组和证券业理事会三个机构组成，一些政府机构如贸易部、公司注册署等也实施部分监管。英国的证券市场传统上是完全自治的，不受政府的干预，政府对证券市场基本上采取自由放任的态度。这是因为历史上的伦敦证券交易所对本所的业务制定了严格的交易规则，并且拥有较高水准的专业性证券商和采用严格的注册制度和公开说明书制度，各种自律性组织都有各自的条例、准则来对证券市场进行监管。例如：证券交易商协会主要的监管对象是伦敦证券交易所及其他交易所，它制定的《证券交易所管制条例和规则》是各种交易的主要依据；收购与合并问题专门小组主要从事有关企业、公司收购合并等问题的监管，它的监管规则是《伦敦城收购与合并准则》（简称《伦敦城准则》）；证券业理事会推出的《证券交易商行动准则》、《大规模收购股权准则》等，这些规则不仅由它制定推行，而且由它负责解释和监督实施。这些自我管制机构与政府机构是相对独立的，但它们在一定程度上进行非正式合作。自我管制的结果表明，它们可以通过有组织的形式对证券市场实施监管，因而在很大程度上代替了贸易部等机构推行严厉的市场政策。自我管制机构如发现监管对象有欺诈等不法行为，会将提案提交贸易部等政府机构，由政府机构进行调查和提出诉讼。由此可见，自我管制机构是以非立法方式来实施其行为准则的，而政府机构对证券市场也不是袖手旁观的，其参与监管更多地采用立法形式。

同时，英国政府机构对证券市场的监管还表现为立法管制。政府制定的一系列不同的证券法规以及与证券业相关的法规，既是对自我管制的指导，又是对自我管制的补充。如1958年颁布的《反欺诈（投资）法》、1948年颁布和1967年修改的《公司法》、1973年颁布的《公平交易法》以及1988年颁布的《财务税务法案》等，这些法规对证券交易行为、内幕交易行为以及自我管制的确认等诸多方面都做出了具体规定。但是，在1986年以前，证交所规则的影响力远高于这些议会立法。

然而，在1986年之后，英国证券市场监管进行了一系列改革，传统的明显的自律监管模式被打破，英国证券市场监管出现了一些集中监管模式的特点。特别是1999年7月提出、2000年年初通过的《金融服务与市场法》创设了“金融服务局”（Financial Service Agency，简称FSA），它取代了原先的证券与投资委员会（Securities & Investment Board，简称SIB），并将继承三个自律组织和九个被承认的职业团体的一系列监管职能：这是英国政府第一次建立既统一又相对独立的证券监管机构监管证券市场，使英国具有了集中型监管的一些特征。

第四节　英国地方债务管理

中央政府的集权程度较高，地方政府财政管理必须遵循三大原则：一是中央政府享有征税权，没有中央政府的批准，地方政府无权征收地方税；二是地方政府只有在获得中央政府的批准时才可以举债；三是地方政府举债不能用于经济性支出。在这种宏观的财政管理环境下，地方债务管理具有以下主要特点：

一、设置专职的债务管理机构

财政部成立了独立专职的债务管理办公室，全面执行中央政府国库现金管理的各项职能，其主要职责是负责英国政府债务和现金管理。包括向地方政府提供贷款和管理某些公共部门基金；每年负责发布政府借款计划，按季公布债券拍卖计划，并与主要的市场参与者进行定期协商等。

此外，监管公共工程贷款委员会（PELB）在地方借债中扮演着十分重要的角色。英国一些地方政府为解决基本建设资金的不足，发行过一定数量股票和债券。但近年来，英国地方政府已经大大减少了通过发行短期票据、股票及债权进行融资的行为，取而代之的是向英国公共设施贷款委员会（PWLB）借款而获得资金，通过这种方式获得资金的成本低于市场直接融资。英国公共设施贷款委员会是独立经营的法定非营利机构，它虽然是中央政府向地方政府直接融资的中介机构，但也同时承担着政府机构的职能，其主要职责是审查地方政府和其他部门的贷款申请报告，并负责贷款的收回。目前，其借款人主要为地方政府，借款的用途是获得中央政府批准的基本项目建设。该委员会发放贷款的资金来源，主要是中央政府发行的金边债券和其他债券所获得的资金。公共工程贷款委员会成立于 1817 年，在 2002 年并入了英国财政部债务管理办公室。对中央政府而言，将地方政府借款控制在了公共支出和债务管理体系内；对地方政府而言，简化了借款的程序，而且是地方政府享受到了比市场更优惠的利率，在保证贷款安全的同时降低了成本。

地方政府获取公共工程贷款委员会贷款基本是固定利率。债务管理办公室根据《1968 年国家贷款法案》决定公共工程贷款利率，贷款利率的制定方法需得到英国财政部批准。贷款利率是在国债收益率基础上增加 12 ~ 22 个基点，并尽可能接近政府其他借款利率，以促使更多的地方政府向公共工程贷款委员会借款。公共工程贷款委员会不得以低于国债利率的价格将资金转贷给地方政府。由于 2005 ~ 2006 年国债利率的降低，公共工程贷款委员会贷款的利率也有所降低，从而增加了地方政府对贷款的需求，也增加了对现有贷款的延期要求。近年来，贷款利率基本上都控制在 5% 以下甚至更低。贷款的平均期限虽然从 2001 年开始有所降低，但从 2003 年又开始回升，2006 年 7 月平均期限已达 43 年。公共工程贷款委员会贷款利率较低、灵活多样且收费低廉。公共工程贷款委员会对地方政府贷款的收费标准由财政部决定，仅需满足贷款所需成本的要求即可。

二、构建债务融资的谨慎监管框架

2004 年 4 月英国开始构建地方政府资本融资的谨慎性监管框架，主要包括谨慎性准则、谨慎性指标及其具体的执行措施等。

（一）谨慎性准则

谨慎性准则目的是为地方政府资本性融资提供一个可靠的制度框架，为了建立清晰透明的制度框架，必须明确地方政府的责任，所以要对地方政府提出以下几点要求：一是资本性支出计划不得超过地方政府承债能力；二是所有的外部借款和其他长期债务应当谨慎可靠，并且这种谨慎性应当具有可持续性；三是国库管理决策应当体现先进的专业化管理理念。

（二）谨慎性指标

在谨慎性制度下，各个地方政府的首席财政官负责提供基于谨慎性指标的财政稳健性报告，监控政府绩效，制定符合当地政府承债能力的审慎借款计划，并设法使民选议员同意这一计划。

地方政府用于评估其承债能力的谨慎性指标包括：一是资本融资计划，包括融资和借款的渠道、借款占总体融资额的比例等；二是资本融资计划的债务规模和债务到期情况；三是对现有债务的还本付息承诺；四是可获得的收入来源；五是其他长期负债与投资。但是有些地方政府（如北爱尔兰地方政府）的财政体系相当严格，不借款，无负债。

（三）执行谨慎性制度

地方政府必须遵守专业化的谨慎性准则，同时，根据特许财政与会计协会确立的谨慎性指标，地方政府将债务规模控制在财政允许且满足地方政府资本投资需要的范围内；在贯彻谨慎性原则、考量谨慎性指标的基础上，外部审计人员将负责审议债务的合法性、适应性和资金价值；主管财政官员有责任报告预期的财政稳健性和政府储备资金的充裕程度；地方政府应当从收入总体结构出发考虑其举债需求，并且使用其全部收入保证贷款安全性；地方政府不得使用其资产作为债务抵押。

当地方政府违法或其借款计划超出承受能力时，中央政府将保留对地方政府谨慎性约束的权力。因此，即使中央政府想增加地方政府借款的自由性，但在谨慎性制度实施的过程中，中央政府仍将有对地方政府借款的干预权。当地方政府不能实现举债的可持续性时，采取的措施主要有：首先，提前支取偿债准备金；其次，出售地方政府资产；再次，减少当地政府的公共支出。假如以上措施不能奏效，中央政府则有权力直接接管地方政府，代其行使职能。实际上，中央政府并不愿看到地方政府因面临偿债困难而减少公共服务，因此会时刻关注地方政府财政和债务状况，如遇困难会提前采取相应措施。

三、建立地方政府偿债准备金

为了缓解地方政府的债务压力，避免地方政府由于一次性偿付而导致资金不足，英国中央政府设立了偿债准备金制度，要求地方政府制定年预算时安排一定比例的收入用于偿还债务，以化解偿债压力。

中央政府规定偿债准备金应保持在债务本金4%的水平，这为控制地方政府支出提供了统一的方法。在2007～2008年，偿债准备金制度的实施更为灵活，地方政府不再统一设定偿债准备金数额，而是根据债务项目、性质和构成的不同分别设定，以帮助地方政府结合自身特点并结合谨慎性制度确定偿还本息计划。

四、地方债务风险控制的策略

一是建立了较为完善的地方政府债务风险防范体系。中央政府时刻关注地方政府财务和债务状况，建立了地方政府资本融资的谨慎性监管框架，用于评估地方政府承债能力的谨慎性指标包括资本融资计划。资本融资计划的债务规模和债务到期情况，以及对现有债务的还本付息承诺、可获得的收入来源等，通过对系列指标进行实时监控，及时掌握地方债务的发展趋势和风险级次，对地方财政风险进行有效预警和防范。二是实施债务规模控制。要求地方政府将借款保持在规模控制限额之内，债务余额占GDP的比率不高于4%。三是要求地方政府债务透明。英国实行权责制发生基础的政府会计制度，并以此为基础来编制政府预算和财务报告，及时披露重要的非现金交易信息，提高地方政府债务透明度。①

① 中国人民银行武汉分行国库处课题组：《从英日地方债务管理的经验谈我国央行在地方债务管理中的作用》，载于《武汉金融》2012年第10期。

第十一章

英国预算制度相关改革的启示与借鉴

■ 本章导读

英国现代预算制度在中期预算、绩效管理、债务管理、预算公开、政府会计和报告等方面都具有一定的特点，我国可以借鉴英国做法，从改善预算公开、推进中期预算、推动绩效预算、加强地方债务管理和健全政府会计和财务报告等方面入手，逐步建立并完善我国的现代预算制度。

第一节　中期预算的特点与借鉴

一、英国中期预算的特点和经验

（一）审慎的宏观经济预测

作为中期预算框架的基础，在进行宏观经济预测的过程中，对于中期可动用公共资源的数量的预测必须给予格外的关注。其中的一个微妙问题就是，多年宏观经济预测中所存在的不确定性。一个基本观点就是，在中期高估 GDP 的增速可能会对多年的公共支出计划产生高估的压力。此外，有关部门可能会对中期预算框架中的财政资源分配产生先入为主的错觉，从而使得一旦 GDP 增速下降再下调支出变得令其难以接受。要对中期的宏观经济状况进行准确预测确实是一个难题。解决这一问题的一个方法就是，审慎进行中期预算预测。出于此项目的，英国在其中期预算框架中引入了所谓的“审慎要素”（prudence factors）。其具体做法是，要么对经济预测做出有意识的低估，要么创建备用金（contingent reserves），当宏观经济出现负面发展时动用。为了避免对中期的宏观经济预测出现人为操控的情况，英国将中期经济预测的任务交给专门机构来进行。

（二）确定的预算目标应当具有可信性

对于中期预算框架的使用，可能会存在风险。投机型政府为了避免或者推迟实施政治上难以推行的财政紧缩政策，可能会对中期的政府财政做出过于乐观的预测，预期政府可能会在未来大幅削减政府赤字或债务。为了避免出现这种风险，中期预算目标应当具有可信性。第一，中期预算目标应当取得所有财政政策参与者的充分支持。在这方面，参与议会预算目标的确定是很重要的。中期预算目标的确定应当得到各级政府的充分协作。第二，为了使中期预算框架在财政政策的执行过程中得到贯彻，其与年度预算之间应当有着清晰的联系，也就是说，在编制年度预算时，应当首先关注中期预算框架中对以前年度所做出的预测。对偏离中期预算框架的情况，应当做出解释。第三，中期预算框架中的预测，应当保持高度的透明度。中期预算的预测应当是有意义的，也就是说，中期预算的预测应当有助于最终财政目标的实现，二者之间应当保持清晰的路径。当政策目标和政府财政的现实发展之间存在差距时，中期预算框架中应当制定所需要采取的举措。

二、构建我国中期预算的借鉴和思路

（一）我国中期预算的编制实施情况

20 世纪 80 年代开始，我国财政部一直配合“国民经济和社会发展五年计划纲要”，编制“财政发展五年规划”。1998 年，为应对当时亚洲金融危机对我国造成的不利影响、加强财政管理工作的前瞻性、防范财政风险，编制了《1998－2002 年国家财政发展计划》和《2004－2007 年国家财政滚动发展计划》，并组织各省（直辖市、计划单列市）级政府编制地方财政发展三年滚动计划，这被世界银行专家称为“中国第二代的预算改革”，标志着我国的预算改革开始向着中长期的纵深方向发展。

2014 年 9 月修订的《预算法》规定，各级政府应当建立跨年预算平衡机制，这是我国向中期预算迈出的重要步骤。2014 年 9 月 26 日，国务院在国发［2014］45 号文件《国务院关于深化预算管理体制改革的决定》（以下简称《决定》）中指出，要改进预算管理和控制，建立跨年预算平衡机制。财政部门会同各部门研究编制三年滚动财政规划，对未来三年重大财政收支情况进行分析预测，对规划期内一些重大改革、重要政策和重大项目，研究政策目标、运行机制和评价办法，为未来推进中期预算改革提供了方向和框架。而国务院在《关于实行中期财政规划管理的意见》中分别对财政部、中央和地方部门编制时间进行了规定。其中明确规定，2015 年中央部门启动部门三年滚动财政规划管理，即中央各部门在编制 2016 年部门预算时，同步编制 2016～2018 年部门滚动规划，对目标比较明确的项目编制三年滚动预算，特别是要在水利投资运营、义务教育、卫生、社保就业、环保等重点领域开展三年滚动预算试点。

（二）未来完善我国中期预算制度的政策建议

1. 切实赋予中期预算相应的法律地位。我国的中期预算改革还处于起步阶段，尚需进一步细化和推进，而这也需要相应的法律和规章制度予以规定。比如财政部门编制的中期财政计划是否需全国人民代表大会的审批，对于政府收支活动是否具有法律约束力，如何保证重大工程项目资金在中长期的时间区间内有效实施等。[①]本书认为，在法律效力上，中期预算应当成为高于年度预算的、具有法定约束力的预测指导性收支计划表。也就是说，中期预算本身的职能就要求它必须获得约束年度预算的法律地位，否则中期预算就将难以起到衔接各个年度预算并使其符合国民经济发展规划的作用。为此，还有必要细化《预算法》中相关规定以及配套法律法规，待条件成熟时，可以考虑规定将中期预算草案提交人大审批。

2. 加强有关中期预算的业务培训和组织建设。要加强业务培训和工作交流，提高地方三年滚动中期预算的编制水平。明确合作职能，进一步健全编制中期预算的工作组织体系。完善财政统计制度，在各种财政计划和报告中统一使用规范的统计数据，便于社会和公众准确理解和正确评价中期预算中的有关财政政策，最大程度的发挥中期预算的作用。

3. 做好数据支持工作，为中期财政规划编制提供良好支撑。中期财政规划需要

① 国务院：《国务院关于实行中期财政规划管理的意见》，人民网，http：//politics. people. com. cn/n/2015/0123/c1001－26438442. html。

以当期预算以及相关数据为基础，如果这些基础数据不够真实或者完整，那么中期规划就失去了意义。因此，作为预算部门要按照国务院的相关要求，及时提供部门基础信息和相关行业数据；作为财政部门，也要加强财政数据信息管理、支出项目化管理和定额标准体系建设，为规划编制提供必要的人员保障和技术支持。

第二节 绩效预算的特点与借鉴

一、英国绩效预算的特点

（一）构建科学合理的绩效目标和指标需要部门积极作为

英国在绩效预算过程中，绩效目标、评价指标和标准的制定以部门为主，注重征求财政部等绩效管理者、技术专家和公众的意见。英国要求好的目标应完成政府承诺和达到公众预期上具有挑战性，例如一个提高10%的目标，但完成结果是9%，从绩效上看要比设定一个低的目标（如8%）但全部完成要好。目标的选择应获得共识，尽量减少不适当的激励和扭曲。英国建立了四类指标体系：成果指标、产出指标、效率指标和投入指标。指标体系反映的信息与政府使命和职能密切相关，指标选择和措辞表达与测量中的实践相结合。指标体系设计遵循“巧妙的（SMART）”技术原则，即要具备明确性（Specific）、可衡量性（Measurable）、可实现性（Achievable）、相关性（Relevant）、时效性（Timed）五项要素。通过《公共服务协约》中的责任条款，预算强调结果控制，并给予部门在预算执行中的更大灵活性和自主性。正是由于《公共服务协约》的约束和激励双重作用，政府各部门能够建立共性和特性兼具的绩效目标和指标体系。

（二）政府行政配套措施完善为绩效预算改革明晰了实施路径

英国始终将绩效预算纳入政府行政改革的大框架内，作为政府行政改革在预算领域的具体措施之一，与资源会计与预算（权责发生制）、滚动预算、分权化管理、采购制度等方面的改革同步进行，不仅清除推进过程中的障碍，也借助了各方力量。同时，给予完善的立法支持，颁布《财政稳健法》、《支出综合审查法案》和《政府现代化白皮书》等，为绩效预算制度的建立提供法理支持，进一步减少了改革阻力，推动改革按照既定的路线图逐步展开，节约了改革成本。在人员培训上，结合英国完善的公务员培训体系，重视从高级文官到基层从事绩效预算人员的立体培训，并由财政部给予各部门信息技术运用的有力支持。由此，保证了绩效预算的顺利实施。

（三）权责发生制的完全建立为绩效预算改革提供了关键支撑

英国1995年正式在政府部门引入资源会计和预算（RAB），它是一种以权责发生制为核算基础的中央政府会计与预算，即采用权责发生制基础进行政府预算的编制、预算执行的会计处理和政府财务报告的编制，以更全面、系统地反映公共部门运行的成本和资源耗费的成本。它按部门目标对支出进行分析，反映议会的控制，并侧重于产出，而不是投入。2000 年颁布的《政府资源与账户法案 2000》，确定了权责发生制在政府会计和预算中的地位。目前，政府各部门、主要的政府基金、地方政府均推行了资源会计与预算。事实证明，它使各部门可以集中关注其对外提供服务与其他形式产生的产出和成果，也使议会的控制得到进一步加强，监督和审查方可以更多关注重要事项，更为快捷地发现高质量的数据，对政府业务进行复杂的成本分析，为在不同的支出方案之间进行政策选择提供更充分信息。而且，对公共部门提供的服务与私人部门提供的服务可以进行更为直接的比较，有利于政府部门总体效益和管理效率的提高。总之，权责发生制的建立，对于确定合理的预算拨款规模，制定科学的绩效规划，调整未来绩效目标等提供了关键支撑。

（四）绩效运行体系设计完备确保了绩效预算的高效实施

整个绩效预算运行框架包括制定年绩效计划、分配预算资金、签署公共服务协议、运行过程监控、提交绩效报告、进行绩效评价、绩效结果运用等，辅助以独立的绩效审计、完善的信息披露和有效的管理受托责任等措施，整个绩效管理流程与部门预算编制、执行、监督和调整紧密结合，设计规范、高效，注重民主、透明，讲究契约、责任，调动各方参与，形成推进合力。如各部门在获得预算资金的同时与政府签订公共服务协议，明确规定部门用这些资源要实现协议中规定的绩效结果（包括战略目标、绩效目标和具体的绩效指标）；各部门每年两次向议会提交绩效报告，秋季报告在一个财政年度结束后提交，说明部门绩效任务的最终完成情况，春季报告在每年的 12 月份提交，说明预算进程；所有部门的绩效报告文件在网上可通过财政部设定的唯一窗口查询，部门要向议会说明其绩效信息的可信性，而其使用数据的有效性由国家审计署来监督。

二、英国绩效预算改革的启示

（一）推行绩效预算能够在一定程度上提高公共服务质量，改善政府效能，提高民众满意度

在传统的政府治理模式下，政府的行为往往伴随着低效率、无效益、浪费严重等问题，财政资金的使用效率和分配效率都很低。绩效预算则能在一定程度上克服这些弊病，通过财政部与各部门签订公共服务协议，将财政资金的分配与量化绩效目标相挂钩，从而实现“遏制政府开支迅猛增长的势头，提高公共服务质量，改善政府效能，进而提升公众满意度”的目标。

（二）在推行绩效预算改革的过程中应该将政府指导推行与立法支持相结合

英国的绩效预算是由政府主导的并没有进行立法，而美国等国家则是通过制定法律框架来实施绩效预算改革的。为了更好地实现绩效预算改革的目标，将政府主导与制定法律框架相结合是比较高效的一种方式。这样有利于社会公众的认可、支持和协作配合，有助于减少改革阻力、节约改革成本、推进改革速度。

（三）政府应该增强财政透明度，公开绩效预算的信息

在英国绩效预算改革中，增强财政透明度，公开绩效预算信息是十分重要的组成部分。绩效预算改革的核心任务之一就是建立一个高效透明的绩效预算体系，让政府的政策意图，财政资金流向、工作程序和实施过程透明公开，在构建良好政府治理中发挥重要作用。政府增强财政透明度，有利于在一定程度上避免腐败、管理混乱等问题，增强民众对政府行为的信心。

（四）将权责发生制引入绩效预算

传统政府采用的收付实现制，虽然在现金支出的控制方面有很大的优势，但有时却不能体现出政府的财政支出成本和绩效信息，因此在推行政府绩效预算改革时不能发挥其优势。而权责发生制则能克服这一弊端，比收付实现制的核算基础更加准确，能更好地解决绩效管理的问题。权责发生制能够在资源用于生产产品和服务时确认费用，将绩效与成本更好地联系起来，也在一定程度上增强了财政支出的透明性，为探寻合理的预算拨款规模，制定科学的绩效规划、调整未来绩效目标等工作发挥了不可替代的基础性作用。

（五）实行有利于确认绩效预算可使用资源的复式预算形式

英国像大多数西方国家一样采用了复式预算形式，针对某一部门以“活动”为基础进行编制，并在此基础上编制了部门预算，以此全面反映政府或其某一部门所占用的政府性资源，并就此与部门、议会达成一致意见。有利于控制政府公关支出，为有关行政效率提供充分的信息。

（六）给予各部门以充分的自主性和灵活性

在预算管理系统中，由于预算资源是由支出机构具体营运的，所以支出机构在预算资源的使用方面了解的信息更为完善，但是财政部或决策部门在信息的了解方面有明显的滞后性和不完善性。因此，如果财政资金的分配、管理和使用由财政部或决策部门一手包办，明显是不科学的。因此，应该给予支出机构和管理人员在营运决策和资源管理中以更大的自主性和灵活性，根据实际情况进行具体安排。在给予充分的自主性和灵活性的同时，也应该使支出机构和管理人员在财政资金的使用中负有更大的责任，这样才能更好地使财政资金的使用符合部门的需要并且能够提

高支出机构的运作效率。

（七）充分应用绩效评价制度，以绩效为基础进行拨款和资源配置

英国政府在绩效预算改革过程中，从过去注重财政稳定性转向更关注于资源的有效配置，将绩效和投入放在同等的地位。英国政府根据每年的绩效评价报告，对各政府部门的经济目标和计划进行相应的调整；对政府支出绩效评价报告中反映出各部门在管理中的问题及时提出解决方案，供议会和政府参考；绩效评价的结果也成为财政部对各部门制定以后年度预算的依据，使得预算资源的分配和绩效之间建立直接的联系。

三、推行我国绩效预算管理的思路

多年来，我国在传统政府治理框架以及投入控制型预算模式下政府行政运作一直表现出低效率甚至无效益、浪费等问题，由此引致的税负增加、财政低效益、管理落后和民众信任危机就成了我国推行绩效预算的直接动因。目前，提高公共服务质量，改善政府效能，进而提升公众满意度已经成为我国政府善治改革的主要目标。同时，随着新公共管理理论不断创新，目标管理、全面质量管理、成本核算、结果导向管理等现代工具手段被深入引用，政府预算的编制、执行、调整紧紧围绕绩效而展开，进一步提高效率、效果和透明度就成了我国绩效预算改革的必然趋势。

新修订的《预算法》顺应了这一历史和社会需要，对绩效预算的原则、编制、审批、决算等方面都进行了明确规定，这保证了绩效预算的法律地位，有利于绩效预算改革的推进。结合《预算法》的相关规定，未来可考虑在以下方面重点推进绩效预算：

（一）借鉴英国经验，做好绩效预算的前期配套改革

从英国推行绩效管理的实践可以看出，绩效预算的实行有很多限制条件：一是公共资产管理要到位，使政府能够准确掌握公共资源的占有、使用情况，并能对投入进行严格的监督和控制；二是要赋予部门充分的自主权和灵活性；三是要具备一定的制度基础，如实现现金管理全部在国库、细化国库管理，实行权责发生制政府会计制度，形成完善的问责机制等；四是要有完善的实施方式。由此看来，我国在实施绩效预算改革中首先要建立健全相关的配套改革。首先建立以产出与结果为导向的政府绩效预算模式，转变传统的以投入为重点的预算管理模式，构建起以预算产出和结果为衡量标准与指导方向的预算绩效管理模式。其次将权责发生制引入绩效预算。权责发生制的引入为探寻合理的预算拨款规模，制定科学的绩效规划，调整未来绩效目标等工作发挥了不可替代的基础性作用。再次是政府层级扁平化。减少代理链条，增强公民作为委托人对预算的监督，从根本上遏制公共政策执行过程中的“漏斗效应”，减少政策性浪费。简化绩效考评指标。

（二）建立专门负责政府绩效管理与评估的机构

要想切实推行绩效预算，首先在组织上要予以重视，要新增一个专司政府绩效管理与评估的机构，建立包括财政、审计部门在内的评价体系。需要构建的评价体系有四个方面：一是政府绩效评估的主体。财政部门作为资金拨付机构必须成为政府绩效评估的主体，这是事前评价的核心。二是专家与中介评价体系。要让专家和民众广泛参与评议。保障公众的知情权，充分实现政务公开，提高公民评议的水平和效率。绩效调查问卷的设计要保持中性，由中立的舆论调查机构进行调查，减少评议过程中的误导，提高评议的准确性。专家主要负责解决一些技术上的难题，协同政府部门确定指标、标准，对各部门的支出绩效进行评价。三是以审计部门作为评价组织体系中事后监督评估的主体，以保证评价结果的客观公正，又体现了绩效预算的决策民主化功能。四是全部评估结束后形成部门及负责人的业绩报告，上交组织部门评估，作为相关公务员业绩进入奖惩考评体系，决定其升迁或降职。只有这样才能真正落实绩效管理改革，推进绩效预算的实质性进展。

（三）循序渐进地推进绩效预算

从理论上分析预算是处于经济学、政治学和公共管理学和其他应用经济学的一个综合内容。有效实行绩效预算，减少信息不对称是实现我国政府绩效管理的开始。绩效预算是一个庞大的系统工程，技术性强，内容复杂，涉及面广。我国地区发展又很不平衡，地方财政收支规模大小不一，各项财政改革进度不一，实行绩效预算不可能一蹴而就，必须分步分级实行。其一，分区域逐步进行。省级、地市级和一些发达地区应以近几年已开展的财政支出绩效评价所积累的经验为基础，加快建立科学、合理的预算绩效评价体系，进一步提高预算编制的科学化和规范化程度，强化预算约束，逐步健全与社会主义市场经济体制相适应的公共财政管理体系。其二，程度上循序渐进。按照公共财政改革的总体部署和要求，把绩效管理理念与方法引入财政支出管理之中，逐步建立起与公共财政相适应的预算管理体系，以提高政府管理效能和财政资金使用效益为核心，以提高部门资金管理效率、合理分配财政资源为着力点，以实现绩效预算为远期目标的绩效预算之路。目前工作的重点是进一步加强投入管理，强化预算约束，提高预算编制的科学化和规范化程度，以绩效考评为突破口，探索科学合理的预算绩效评价体系，培养关注产出的绩效预算文化。

第三节　政府会计和财务报告的特点与借鉴

一、英国政府会计和财务报告的特点

（一）政府部门采用私有部门的会计准则指导

会计准则委员会为英国公司制定并颁布会计准则，英国公司必须遵循会计准则委员会制定的会计准则，与会计准则相背离的部分要进行解释说明，公司报表必须真实公允地反映公司情况。中央政府改革后，政府部门采用与私有部门相同的会计准则，由财政部对会计准则委员会颁布的会计准则进行适当调整，去除政府不必要的部分，规定政府特殊部分的准则，并在相关网站公布。会计准则委员会在英国逐步实行国际会计准则的同时，英国财政部也在根据国际会计准则不断更新政府会计准则。地方政府具体的会计处理建议由特许公共财务与会计协会起草，经会计准则委员会批准后发布执行。特许公共财务与会计协会是地方政府财务官员的职业团体，已经得到会计准则委员会的认可，能够发布建议实务公告，并且要求其成员遵守相关会计处理建议。

（二）采用权责发生制的同时，收付实现制未完全取消

尽管英国在资源会计与预算改革中同时在预算和会计处理及财务报告中都采用权责发生制，被国内外专家认为是比较激进的改革，但英国并未完全取消收付实现制。英国政府在改革初期，权责发生制与收付实现制并行。在首次改革的三年预算中，英国政府将支出划分为当期支出和资本性支出，但对于折旧等无法控制的支出项目，进行非现金权责发生制调整。议会对于年度预算的正式表决以一套并行文件进行，该文件保存了收付实现制。财政部编制的统一基金财务报告也采用收付实现制进行会计处理。该统一基金的收入主要来源于税收和其他收入项目，支出涵盖了政府的大多数支出。

（三）年度财务报告更强调受托责任

权责发生制会计基础下，政府部门被要求在年度财务报告中与私有部门一样，会计报表必须包括财务绩效报表、资产负债表和现金流量表，并由大量的其他报告进行补充。权责发生制下，政府部门不仅要对现金流入流出负责，也要对其管理的资产负债负责，要清楚地界定他们所提供的服务所对应的资源成本以及相关的产出绩效。政府部门的资产负债一般数额较大，这部分信息的披露使政府部门的信息更公开，强化了其受托责任。

二、借鉴英国经验　健全我国政府会计和财务报告制度

（一）政府会计改革应循序渐进

政府会计改革涉及经济、社会、政治等多方面，面临的问题和难点很多。权责发生制会计的复杂性，高成本以及它的优越性体现需要更长的时间，使得权责发生制会计推广并不如预期的那么快，英国政府从收付实现制改革为权责发生制，花费了将近十年时间，苏格兰政府花了 15 年，由此可见，政府会计改革是一个长期工程，应该循序渐进，我国要立足于本国的国情，结合其他国家的经验，逐步摸索前进。财政部在《权责发生制政府综合财务报告制度改革方案》（以下简称《方案》）中明确指出，建立权责发生制的政府综合财务报告制度涉及面广，技术性、政策性、敏感性较强，宜逐步推进。① 我国目前的现状是，财政总预算会计、行政单位会计基本上采用收付实现制，少部分核算事项采用权责发生制；事业单位总体上实行收付实现制，经营性收支业务核算可采用权责发生制。我国有大量的事业单位，这些公共部门如何归类；长期收付实现制核算基础下，这些部门的资产负债模糊不清，如何对公共部门的资产负债进行核资；各级政府负债的计算口径，披露程度和披露方式等如何规定，都是我国会计改革所要面临的问题。我国与西方国家体制不同，因此不能完全照搬西方国家的改革历程，考虑到我国推行政府会计改革的艰巨性、复杂性、渐进性和长期性，政府会计改革需要与我国的实际结合起来，做好相关方面的研究及试点工作，逐步推进改革，循序渐进。

（二）权衡使用权责发生制和现金收付制

2014 年 12 月，财政部《方案》提出，逐步建立以权责发生制政府会计核算为基础，以编制和报告政府资产负债表、收入费用表等报表为核心的权责发生制政府综合财务报告制度。使用权责发生制会计基础，能够对不导致现金流入、流出的资产、负债、收入、费用等进行核算处理，能够比收付实现制基础下提供更丰富、更全面、更有价值的信息。但是权责发生制对于各部门的现金流入流出无法进行实际反映，而现金流量对于部门财政现金管理至关重要，因此即使是应该安全执行权责发生制的基础下，也要求各部门编制现金流量表，对外公布以现金管理为基础的财务报表信息。权责发生制下，政府会计更加复杂，改革成本巨大，因此我国在采用权责发生制的过程中，也不应该完全放弃收付实现制提供的现金流量等财务信息，而应该充分利用权责发生制的优点，将权责发生制与收付实现制结合起来，根据业务需要逐步推进权责发生制的范围，记录和披露更多有用的信息。如在外债核算问题中，采用权责发生制可以更有效地核算汇兑损益及人民币升值压力等带来的风险。

① 财政部：《权责发生制政府综合财务报告制度改革方案》，财政部网站，2014 年 12 月 12 日，http：//www. mof. gov. cn/zhengwuxinxi/caizhengxinwen/201412/t20141231_1174662. html。

（三）建立强大的信息管理系统

与收付实现制相比，权责发生制会计信息更复杂，需要涉及大量的操作型业务，对政府信息技术系统建设要求较高，因此英国等发达国家越来越重视开发和应用政府会计系统，很多做账过程依赖于计算机。以英国编制政府整体财务报告为例，需要各部门通过信息管理系统，将会计信息进行合并整理，形成本部门年度财务报告，然后通过信息系统将财务报告上交给财政部，财政部统一汇总后，形成整体财务报告。没有强大的信息系统作为支撑，这一编报工作量太大，难以完成。我国政府级次多，政府单位数量多，范围广，从政府会计改革来看，我国也应有统一的政府会计信息管理系统，使财政部门与各支出机构都依赖这一系统开展预算管理、财务核算和编制财务报告。而财政部《方案》中也指出，在构建覆盖政府财政管理业务全流程的一体化信息系统，不断提高政府财政管理的效率和有效性。目前，我国预算系统、会计系统、其他财政管理系统等众多，应该在这些系统的基础上，研究提出可行的方案，建立涵盖全部财政业务的信息系统，来满足政府会计核算的要求。

（四）建立政府人员管理培训机构

英国在改革过程中遇到的一个阻碍就是政府专业会计人员不够，一定程度上影响了政府会计改革的成效。英国有六个会计师职业团体都可以对会计人员进行培训，而且还有专门对公共部门会计人员进行培训和发放资格证书的团体。我国现行的以预算会计为主要特征的政府会计管理体系，会计处理和账务核算相对比较简单，对从业人员业务素质和水平要求较低，这样的人员难以适应推行政府会计改革的需要。为了保障政府会计改革对人才的需求，应该组织现有业务人员及时更新知识，掌握新业务，并且加强政府会计领域从业人员的准入管理。我国企业财务领域有中国注册会计师协会对从业人员进行培训和管理，而政府领域没有相应的机构。因此我国政府领域也应该建立类似的机构，具体负责政府会计准则的培训、资格认证以及后续管理等工作，改变当前政府会计人员管理水平不高、人员素质参差不齐的状况，为我国政府会计改革做好人力保障。

（五）建立健全的内部控制和审计制度

《方案》指出，要加强政府财务报告编报内部控制。在权责发生制的基础下，会计处理和技术操作较复杂，资产负债的计价，收入费用的确认，以及折旧费用等的扣除，需要人为的职业判断，因此权责发生制存在着人为的操作和管理风险，有可能被管理者用来粉饰管理成果。因此在权责发生制下，应建立独立的审计和控制制度。英国要求各部门内部建立严格的内部控制制度和内部审计制度，同时通过审计署、审计委员会等外部审计机构，促使各部门的会计核算结果真实反映财政资金的运营情况。我国在进行权责发生制改革时，也应该重视权责发生制的这一缺点，建立健全的内外控制和审计制度，保证财政信息的真实、完整和可靠。

（六）编制政府综合财务报告

政府财务报告反映了政府受托责任的履行情况，提供及时、真实、可靠的政府财务报告不仅是政府受托责任的要求，也是财政信息公开透明的体现。我国目前尚未建立真正意义的财务报告制度，为了更好地履行政府责任，有必要借鉴西方政府的财务报告改革经验，结合我国实际逐步完成政府财务报告制度改革和完善。

2010 年年初，财政部就首次提出试编部分事项权责发生制财务报告，当时，这还停留在建立健全政府财政统计报告制度、研究建立全口径的年度政府收支统计制度层面。2012 年，中国已有 23 个省份试编了政府综合财务报告。2014 年 9 月修订的《预算法》规定，各级政府财政部门应当按年编制以权责发生制为基础的政府综合财务报告，报告政府整体财务状况、运行情况和财政中长期可持续性，报本级人民代表大会常务委员会备案。为更好地推广政府综合财政报告的编制，可以加快试编的范围。从目前试编的情况看，由于涉及大量的数据转换、合并，需要补充的数据资料也较多，且基本靠人工进行，既比较复杂、繁琐，又容易出错。因此，政府会计规则尚未全面建立之前，在现行政府会计制度的基础上，暂按照权责发生制原则和相关报告标准，编制出反映一级政府整体财务状况的财务报告，为加强地方政府性债务管理、开展政府信用评级等提供信息支撑。与此同时，加快推进政府会计改革，建立审计、公开机制和分析应用体系，落实相关配套措施，为编制符合我国国情的政府综合财务报告提供条件。①

第四节　预算信息公开的特点与借鉴

一、英国预算信息公开的特点

（一）公开途径丰富

在英国，预算公开途径多样化，包括书面文件和各种网站等。首先，预算作为一种正式的法律文书，以书面的形式进行公开是非常必要的，这也是国际的普遍做法，通常各国公开的书面文件包括预算政策、预算、预算执行情况、审计等。我国有必要进一步加大预算书面文件的公开力度，通过书面文件将分散于各预算单位、各政府网站的预算信息进行整合，从而为信息使用者提供规范的、完整的预算信息。这些书面文件通常是免费的，少数文件要收取一定的费用。其次，政府网站的公开也非常重要，包括政府官方网站以及各种研究机构的网站等，便于公众和学者了解需要的预算信息。目前，政府网站作为英国政府预算信息的主要方式，也是公众了

① 冯任佳：《关于建立权责发生制政府综合财务报告制度的思考》，载于《经济研究参考》2014 年第 5 期。

解政府预算信息的主要渠道。

（二）构建起公民参与机制

公共预算的初衷就是要让公众了解预算的过程和内容，并且在预算的过程当中提出各自的意见和建议，如果没有有效的公民互动参与机制，公民根本不能在预算过程中提出自己的意见。没有公民参与的预算反映的只是“政府偏好”。互动参与机制就是要把预算中的“政府偏好”转变为“公民偏好”，根据公民对公共需求偏好度的高低程度来安排公共财政资金的使用和公共项目的轻重缓急。

从英国经验来看，参与预算的主要方式包括公众听证、公民问卷、公民咨询委员会、公民陪审团等，政府可以综合利用多种方式，并且在不同的阶段，应该选择不同的参与方式，这样可以对多种参与方式实现“扬长避短”。目前我国可以预算听证制度作为切入点，构建预算信息公开的参与机制。预算听证是目前运用最多的参与方式之一，可以看到，许多发达国家的法律中明确了预算听证这种公民参与方式。我国《立法法》规定了听证制度，但《立法法》的规定不适用于预算的审议，目前预算法没有预算听证的内容，但是很多地方人大的监督管理条例中都明确了“预算初审阶段，人大常委会要建立预算审查听证制度和辩论制度，直接面向社会就部门预算案或某些预算项目举行听证会，要求有关部门对预算草案或项目的可行性、效益性、预测依据等举行说明，充分听取公众和专家的意见，提高公众的参与度，增强预算透明度和认可度。”

（三）信息公开的法律健全

英国的整体法律体系比较健全，在其较完备的法律环境下，预算信息公开方面的法律也比较完善。英国是世界上最早构建现代预算制度的国家。作为起预算制度的里程碑，《大宪章》确立了议会的预算权利，目前关于预算公开的法律还包括《议会法》、《国家审计法》、《财政稳定法案》等。其中，《财政稳定法案》是最重要的预算公开法律，于 1998 年开始实施。该法案提出，预算透明是重要的预算原则，并提出除了特殊原因之外，政府不能限制公开。为达到此目标，该法还明确规定了一系列的公开措施。

二、推进我国预算信息公开的建议

（一）大力推广网站建设

首先，要在政府网站上设置预算专栏。从中央和几个省级政府预算公开的情况来看，无论是人民政府网站、财政部门的网站、还是其他部门网站上，在网站首页基本都没有设置预算专栏，公众必须尝试打开很多个网站专栏才能确定预算信息的所在。虽然很多政府网站首页都设有“政府信息公开”一栏，预算信息就在这一栏下，但是该栏中还有非常多其他的政府信息，特别是当与几百上千条的公告信息混杂在一起时加深了公众查询预算信息的难度。为了便于公众获知预算信息，应将预算信息从政府信息公开一栏中脱离出来，在政府网站首页专门成立预算专栏，这也是 IMF 制定的财政透明度标准中方便公众获取信息的原则的重要体现。从我国国情来看，各级人民政府网站比财政部门网站更为合适向公众公开预算信息，因为人民政府网站上有大量公众需求的信息，公众对人民政府网站的关注度远远大于财政部门网站。因此可以考虑在省人民政府网上设置预算专栏，对预算信息的统计应该全面，涵盖财政部门在内的所有政府部门网站、人大网站上的预算信息等。目前在全国两会期间，我国财政部的相关负责人都会在人民网、新华网等主流媒体与公众在网上就年财政预算进行互动的在线交流。但这种公开毕竟是临时性、短暂的，未来可以考虑将这种形式长期化、固定化，比如按照月度、季度或者半年举行定期的预算发布会将相关预算信息及时进行发布。有个别地方政府开始进行了摸索并取得了成效，比如河南焦作市成立“财政信息服务大厅”，让市民可以在此通过电子屏、触摸屏和文本资料免费查询到所需预算信息，焦作还在火车站、人民广场、市行政服务窗门等人流聚集区的电子屏幕上进行关于“公共财政与百姓生活”动态报道。其他地方可以借鉴焦作的做法，加强主动公开预算信息的力度。

其次，要发挥人大网站预算公开的作用。从目前我国预算信息公开的网站来看，大部分信息来自于政府、财政部门以及各预算部门和单位，来自于人大网站的预算信息量非常少。当然，在当前我国人大不断加强自身建设的情况下，个别地方人大在预算信息公开方面进行了一些探索，比如广东省人大就在其网站上公开了相关预算信息。作为国家立法机关，人大在预算监督方面应该发挥重要的作用。因此，与政府相比，人大在其网站上公布的预算信息应侧重于对预算编制、审批、执行预算情况的监督情况以及监督机关对违反预算法律行为的查处情况等。

最后，还可以考虑成立预算信息的专门网站。随着我国预算公开的推进，政府完全可以专门设置一个预算网站，在该网站上对所有的政府预算信息进行全面详细的公开，并且在该网站上应该设置一个官民互动的预算板块，在该板块中，官民可以就预算问题向政府提出任何的疑问，政府部门相关负责任人必须在规定的时间内及时解答，通过这种互动的方式有效增强预算透明度。

（二）增强预算信息的可读性

把专业的财政术语和大量枯燥的数字，转化为能够为广大代表所理解的语言，不是一件容易的事。首先，可借鉴英国做法编写预算说明。目前预算报告是预算公开的主要内容，但是预算报告的信息非常少，对上一年的预算执行情况的描述就占到了一半的篇幅，对本财政年预算工作的布置也有浓墨重彩的描述，真正涉及本财政年预算收支的信息少之又少，因此预算编制说明的公开非常重要。其次，如果能在预算公开中多使用图表，可以大大增强预算报告的可读性。如目前在财政部的预算草案报告中，将中央和地方的财政平衡关系通过图形直观地进行报告，这更便于公众解读预算，增强了预算公开的可读性，未来可以考虑进一步增加用图表等形式直观解读预算的方式。

（三）构建预算信息公开的参与机制——听证

1. 听证项目的选择。由于公共预算的专业性，加上我国政府的宣传和公开力度不够，社会公众对于预算的重要性认识度不高，各地预算听证往往出现这样的情况，主动报名的社会公众人数比较少，实际参加人数远远少于原定名额，很大程度上削弱了预算听证的作用。公众对预算越感兴趣，参与的热情才会越高，因此，要提高公众参与度，政府应以民生为突破口，选择公共财政预算、社会保障资金预算这些与公众切身利益相关的预算项目进行听证。如果只有政府相关部门拥有预算听证项目的选择权，作为理性的利益人，往往不能做出站在公众角度最优的选择。建议人大等政府部门可以选出事关民生、社会关注的项目由公众进行网上投票，政府有关机构以此推选出代表公众心声的项目。对经公示拟安排的项目组织财经、技术、管理方面的专家论证，对经过专家论证的项目仍需听取社会意见的进行社会听证。

2. 提前多渠道发布听证公告。建议可以提前30天发布听证会的通告，向社会公众告知听证会的内容、时间、地点和程序。对于听证会的内容公开的越详细，人大网站上应该可以免费下载预算表在内的所有预算听证信息。越早让公众知晓预算的听证的相关内容，公众知情权得到最大满足，才能准备得越充分，才能最大程度发挥听证会的作用，促进公共决策的科学化和民主化。政府应该应针对不同的人群，综合运用电视台、报纸、网站等媒体上多渠道发布听证公告。要使预算编制更加科学合理，需要吸收不同年龄段和社会阶层的人参与到听证会中，相比而言，中老年人和一些社会弱势群体不常使用网络媒体，而他们更多时候是预算过程中的重要利益相关者，这时候就需要政府发挥报纸、电台、广播等传统媒体的作用。除此之外，在人民广场、火车站、市行政服务窗口等人群集散的地方设立电子屏幕，在小区内各居委会的张贴栏发布听证会的相关信息，全方位多渠道得加大预算的宣传力度，提高公众的参与热情。

3. 科学设置听证程序。在听证会上，需要听到不同利益群体感性的呼唤，也需要听到专家学者理性的见解。建议预算听证可以包括三类人：第一类是预算草案的提出机构，他们必须就以上两个听证事项的预算方案做一个定时说明，要讲清楚政府的预算资金怎么花，以及花钱的理由和依据。第二类是听证会的主角——听证陈述人，由若干名人大代表、社会公众、专家组成，他们可以针对这两个预算项目提出自己的意见，并与第一类角色进行辩论。第三类是由若干名人大代表、社会公众、专家组成的旁听人，他们虽然不享有发言权，但可以在会后提交书而意见。设计足够的表达和辩论时间，使多元利益能够主体充分对话，协商讨论，推动预算编制的合理性。建议在听证会开始之前，应进行听证会的相关模拟，预算的提出机构应对棘手的问题进行预计并作了相应解答，对预算项目进行充分的调查研究，以避免或使听证会上的意外情况减至最小，使听证会能够顺利进行。

4. 实现听证制度在预算中的常态化。听证会是传统的公民参与方式，但如果公民发现政府部门根本不重视他们的发言，他们的意见根本对政府决策无关紧要时，公众参与预算听证的热情就大大降低。当公民对听证会讨论的内容一无所知，有的甚至将听证会成为发泄自己不满情绪的地方，政府采用这种公民参与方式的积极性也大为降低。因此，预算听证制度要发挥作用，离不开长效机制的建立和政府和公民双方的努力，而我国现阶段还要做的是在预算法中对预算听证做出明确规定，赋予预算听证法律保障，实现听证制度在预算中的常态化。

除听证外，我国还可以考虑通过公民问卷的方式加强公众参与。比如在预算编制阶段，可以通过公民问卷的方式，大规模发放问卷的方式来了解公民的公共需求，根据公民偏好程度的高低来安排公共财政资金的使用，政府可以从问卷获知哪些民生项目是目前公众最需要政府提供的，在现阶段政府就应该将有限的财力用在公共需求最旺盛的点上，就是所谓的“好钢应该用在刀刃上”。

另外，还可以通过咨询委员的方式，组织财政、金融、管理等各方面专家对必要的项目支出和民生项目进行科学论证。通过这种方式可以有效弥补公民问卷阶段公民专业知识的缺乏，他们更多的是感性的角度来判断自身需要公共投入，提的相关预算意见可能缺乏实践上的可行性，专家们的专业知识和理性判断可以给政府部门在预算编制中提供合理性的建议。经过了公民问卷调查和咨询委员会，预算编制就已经初步结合了民意的“公共性”和专家的“专业性”，但这样还远远不够，经过专家论证后的预算项目还应该通过预算听证、公民论坛、咨询委员会的形式再次让公民发表意见，当预算讨论的内容不是很多的情况下，应该每个公民都有机会充分发表自己的意见。

（四）健全预算信息公开的立法

1998 年后，各级政府部门高度重视财政信息公开立法建设。特别是 2007 年《中华人民共和国政府信息公开条例》（下称政府信息公开条例）颁布后，财政信息公开法制化进程进一步加快，有关规章相继明确界定了我国财政信息的范围、属性、公开方式与程序等内容，并对预算信息公开做了具体说明。但与发达国家相比，我国目前的财政信息公开立法还不够细化，如在公开内容方面，简单罗列了九条，没有将其归纳整理后再加以细化；另外，公开的时限规定也难以满足保证财政收支统计数据及时性的要求。下一步，要继续推动财政信息公开的法制建设，借鉴发达国家在财政管理法制建设方面的经验，完善财政信息公开的法律法规。

目前《政府信息公开条例》是我国促进预算信息公开的最有力的法律文件。该条例第 9 条规定的行政机关应当主动公开的信息并不足以保证预算信息公开能达到社会以及人大能够有效监督和规范政府预算行为的目的。其中一个重要的原因是该法与《保密法》未能协调。《保密法》规定：行政机关在公开政府信息前，应当依照《中华人民共和国保守国家秘密法》以及其他法律、法规和国家有关规定对拟公开的政府信息进行审查。而对国家秘密的规定却比较模糊，即规定国家秘密是关系国家安全和利益，依照法定程序确定，在一定时间内只限一定范围的人员知悉的事项。因此实践中一些部门和单位选择遵守法律层次较高的《保密法》，从而降低了预算的公开程度。

对此我国应完善预算公开相关法律法规的制定，使预算公开以法律的形式固定下来。具体来说，主要包括两点内容。第一，制定完善且具体的关于预算透明及管理的法律法规，如在《宪法》中增强相关规定，完善《财政法》、《审计法》、《政府信息公开条例》、《保密法》等法律法规，明确规定预算文件应包含的内容以及应公开的项目，保障公众获取信息的权力，此外，应注意各个法律法规之间的协调，避免如《政府信息公开条例》与《保密法》之间的矛盾性规定。第二，提升《政府信息公开条例》的法律层级。将《政府信息公开条例》提升为《政府信息公开法》，将现有的《保密法》的有关规定作为《政府信息公开法》的特别条款，合理界定保密的范围，在法律上真正贯彻以公开为原则，不公开为例外的精神。并在其中明确，需要公开的不仅仅是预算、决算报告，而且还应该包括公民、人大代表以及人大机构履行监督职能所需要的所有其他财政信息。

相应地，我国还要修订《保密法》。这是因为在法律上如何定义国家秘密，如何确定其范围，对信息公开而言是非常关键的。国家秘密一词可以挡住无数争取政府预算公开的努力。可以说，如果《保密法》不做实质性的修改，预算公开必定步履维艰。因此，要实现预算信息公开目标，必须从根本上修订《保密法》，废止这些可能成为预算信息公开挡箭牌的规定。

第五节　地方债务管理的特点与借鉴

一、英国债务管理的特点

（一）形成地方政府债务管理的统一口径

地方政府债务的定义是地方政府债务管理的前提和基础。在英国不管是从地方政府债务的名义上还是定义上，不同地区之间已经形成了统一的口径。这些相同的定义方式决定了纳入地方政府债务管理制度中的债务内容上的一致，以及对于地方政府债务管理口径的一致，各地地方政府债务的数据可以进行比较和统计，其相关的债务资金管理绩效指标计算也很有意义。

（二）形成明确的地方政府债务管理机构

目前对英国地方债务进行管理的部门主要是财政部以及债务管理办公室，并已经形成比较完善的管理制度。我国目前还没有向英国一样独立的债务预算管理办公室（DMO）。对于地方政府债务的管理存在着组织混乱职责不明的现象。现行的多数制度规定由政府不同的职能部门共同对政府债务管理。尽管各种规定都依据不同部门的本身的职责规定了其在政府债务的管理过程中应扮演的角色，并要求按照“统一领导、归口管理、分工合作、各司其职”的原则进行债务管理。但是缺少统一的债务管理部门，容易导致债务管理部门职能分工的混乱的现象，不可避免的会导致由于权责不明带来的债务管理效率低下的问题，也说明我国地方政府债务管理工作有待提高。

二、完善我国地方债务管理

长期以来，我国地方政府主要通过融资平台公司等方式举借政府性债务，为促进经济社会发展起到了积极作用。同时，由于没有赋予地方政府规范的举债权限，缺乏全面系统的管理机制，难以有效发挥政府信用低成本融资的优势和债务资金使用效益，局部地区风险不容忽视，长期来看难以持续，不能适应转变发展方式、稳定经济增长和完善国家治理的需要。主要表现在：地方政府举债缺乏明渠，一些地方违法违规融资较为普遍；债务管理“借、用、还”脱节，一些地方多头举债问题突出，债务资金大多没有纳入预算管理，举借和使用缺乏人大和社会的有效监督，重借不重还；一些地方政府主要通过企业举债，在政府信用之外支付不必要的成本，融资成本高企；一些地区债务增长过快，风险不容忽视等。这些问题如不采取综合治理措施，局部地区风险有可能成为经济社会持续健康发展的隐患。[①] 在这种情况下，新《预算法》规定：经国务院批准的省、自治区、直辖市的预算中必需的建设投资的部分资金，可以在国务院确定的限额内，通过发行地方政府债券举借债务的方式筹措。借鉴英国的做法，未来可以考虑在以下方面加强地方债务的管理：

（一）由中央政府加强地方政府债务的规范化管理

我国正处于逐步完善社会主义市场经济的过程中，加强宏观调控和依靠市场调节两者缺一不可。当前我们还不可能完全依靠市场力量来约束地方政府债务，中央政府必须进行较为严格的地方政府债务管理，这是稳定宏观经济、保障经济安全和社会稳定的必要举措。英国经验表明，地方政府债务风险的出现与政府间财政关系的制度设计密切相关。英国中央政府对地方政府债务管理有序、控制较严的国家，其地方财政就健康运行，经济就会平稳增长。

借鉴英国的经验，我国中央政府应硬化对地方政府的预算约束。目前中央政府对地方政府举债存在预算软约束。在我国，一方面，一旦地方政府有财政危机，中央政府会作为兜底人为地方政府提供了隐性担保。这种救助预期使得地方政府举债的潜在成本和收益不对称，导致地方政府产生过度举债的冲动。另一方面，地方政府的决策者在任期内举借的债务，大多是其任期结束后偿还，这样使得举债决策者并不承担债务偿还的责任，这也必然助长地方政府举债的积极性。中央政府可以先通过立法规定地方政府的债务上限，比如债务占当地 GDP 的比例不得超过50%，利息支出不得超过经常性收入的一定比例等。再通过立法明确宣示中央政府对地方债务不承担责任，建立中央承诺不担保的可信度，从而打消地方“隐性担保”的预期。对部分由系统性风险的大城市违约案例，应该采用在中央或省级政府支持下的

① 《财政部有关负责人就加强地方政府性债务管理有关问题答记者问》，纳税服务网，http：//www.cnnsr.com.cn/jtym/cszx/20141009/20141009104228121949l.shtml，2014 年10 月9 日。

债务重组方式，降低违约对投资者的损失和风险在金融市场上的传导范围，但涉事官员必须承担最大责任。

（二）成立专门债务管理机构

世界上绝大部分国家都有较为统一的债务管理部门，在中央政府一般设有相应的地方政府债务管理机构。在大多数国家财政和预算部门是最主要的地方政府债务管理职能部门，承担管理地方政府债务的主要职责。英国成立了专门的债务管理部门—DMO，这有效地监管了地方政府的举债行为。目前，我国尚未建立全国统一的地方政府债务管理机制和制度体系。中央财政应尽快建立专门的债务管理机构，并建立全国统一的债务管理体系，规范地方政府举债行为，建立规模控制和风险预警机制，以防范和化解目前我国地方政府隐含的债务风险。

（三）建立适合我国国情的债务规模控制和风险预警机制

健全各级政府债务风险预警体系构建符合现实的政府债务风险预警系统和风险防范化解机制是实现公债管理的规范化、系统化和科学化的重要环节。从英国情况看，管理地方政府债务的有效手段是合理确定地方政府债务规模，建立科学的风险防范和预警机制。为使这一机制切实可行，相关指标要量化到每一级政府，同时要进行供给和需求双重控制。当前，我国虽然尚未发生地方政府性债务危机，但局部地区已经存在发生债务危机的隐患，为避免这种隐患转变为现实的风险，应当尽快采取强有力的控制措施，建立预警机制。要通过确定一系列预警指标及判别标准实现债务风险预警，通过对财政债务的规模、结构和逾期违约展开实时监控，对负债的变动趋势做出分析评价，通过测算每一项负债的参数以及债务违约概率，确定未来偿还债务对财政资金的支出需求，形成科学的风险评价。

（四）纳入预算统一管理

理论上讲，政府债务是政府收入的重要来源之一，应当纳入预算统一管理。同时要对地方政府债务实行硬预算约束，这正是英国的做法。实践证明，纳入预算统一管理，能够加强对债务管理的约束力，提高债务的透明度。新《预算法》规定，省、自治区、直辖市依照国务院下达的限额举借的债务，列入本级预算调整方案，报本级人民代表大会常务委员会批准。为此，我国有必要借鉴英国经验，将债务纳入预算，形成全口径预算。

在2014年国务院印发的《关于加强地方政府性债务管理的意见》（以下简称《意见》）中也指出，政府债务资金是政府公共资源的重要组成部分，需要未来的财政收入偿还，按照政府预算统一性与完整性的原则，应当纳入政府预算统一管理。《意见》明确，将一般债务收支纳入一般公共预算管理，将专项债务收支纳入政府性基金预算管理，或有债务确需政府承担偿债责任的，偿债资金要纳入预算管理。此外，为全面加强财政风险管理，《意见》强调，政府与社会资本合作项目中的财政补贴等支出按性质也要纳入相应政府预算管理。

（五）规范融资举债机制

具体来说，一要减少隐性债务。要通过法律法规严格规定地方政府不得为其他主体的负债提供担保，从法律层面推动地方政府隐性负债规模的减少。二要控制债务规模。对地方政府债务实行限额管理，设定地方政府债务风险控制标准，严禁超过控制标准的地方政府发债。三要规范负债责任主体。被赋予发债权的地方政府主体要科学制定地方政府发债的审批程序。四要健全政府偿债机制。从法律上明确地方政府本年度举借的债务和还本付息数额应当在本级预算中单独列示。还要尝试建立偿债风险准备金和偿债基金，形成缓冲地方债券信用风险的“蓄水池”。

参考文献

[1] Alta Fölscher: Budget Transparency: new frontiers in transparency and accountability, London: Transparency & Accountability Initiative.

[2] Antony Seely, The Budget and the annual Finance Bill, 5 December 2013.

[3] AnuPekkonen & Carmen Malena, Budget Transparency, CIVICUS.

[4] Attorney General's Office, AGO's Twitter policy, 22 October 2013.

[5] Bernard Mallet, British Budgets 1887 – 88 to 1912 – 13. Kessinger Publishing, 1913.

[6] Carl Emmerson, Christine Frayne & Sarah Love, "Updating the UK's Code for Fiscal Stability", Institute for Fiscal Studies, IFS Working Papers 01/2004.

[7] Department for Communities and Local Government, Local authority revenue expenditure and financing in England: 2010 to 2011 final outturn (revised), 01 November 2013.

[8] Department for Communities and Local Government, The Code of Recommended Practice for Local Authorities on Data Transparency, September 2011.

[9] Department for Transport, Autumn Performance Report 2009, December 2009.

[10] Economics Help, UK National Debt, http://www.economicshelp.org/blog/334/uk – economy/uk – national – debt/.

[11] Einzig, Paul. The Control of the Purse: Progress and Decline of Parliament's Financial Contral. London: Secker & Warburg, 1959.

[12] Elina de Simone: The Concept of Budget Transparency: between democracy and fiscal illusion, PUBLIC CHOICE E POLITICAL ECONOMY, 2009 (24 – 25).

[13] Ellis, Kevin & Stephen Mitchell, Outcome – focused Management in the United Kingdom, OECD Journal on Budgeting.

[14] Emsley, A.: British Society and the French Wars 1793 – 1815. Macmillan, 1978.

[15] Following the pound-accounting officers in central government.

[16] Forecast in Detail, Economic Outlook, 2008.

[17] GOV. UK, Budget 2013: an overview, http://www.gov.uk/government/news/budget – 2013 – an – overview.

[18] HM Revenue&Customs, Social media use, http://www.gov.uk/government/uploads/system/uploads/attachment_data/file/119090/twitter_policy.pdf.

[19] HM Treasury, Government Financial Reporting Manual, 2012.

[20] HM Treasury, Managing public money, July 2013, https://www.gov.uk/government/uploads/system/uploads/attachment_data/file/212123/Managing_Public_Money_AA_v2_-_chapters_annex_web.pdf.

[21] HM Treasury, Spending Round 2013, June 2013.

[22] HM Treasury, Debt and reserves management report 2013 – 14.

[23] HM Treasury. 2006. Government Financial Reporting Manual.

[24] House of Commons, "Budget Resolutions to be moved by Mr Chancellor of the Exchequer", 20 March 2014.

[25] http://number10.gov.uk/news/letter-to-government-departments-on-opening-up-data/.

[26] https://www.gov.uk/government/organisations/home-office/about/publication-scheme.

[27] IBP, Open Budget Survey 2006 – 2012.

[28] IBP, The IBP Releases New Landmark Book on the Causes and consequences of Budget Transparency. http://internationalbudget.org/blog/2013/04/29/the-ibp-releases-new-landmark-book-on-the-causes-and-consequences-of-budget-transparency/.

[29] IMF, Code of Good Practices on Fiscal Transparency, 2007.

[30] IMF, Manual on Fiscal Transparency, March 23, 2001.

[31] Information Commissioner's Office, Model publication scheme for bodies only covered for certain information. 2013. 09. 01.

[32] Information Commissioner's Office, Model publication scheme. 2013. 09. 01.

[33] Information Commissioner's Office, The Guide to Freedom of Information. February 2014.

[34] June Pallot, "Transparency in Local Government: antipodean initiatives", The European Accounting Review, 2001 (10).

[35] King, H. Parliament and Freedom. Butler & Tanner ltd, 1962.

[36] Lee, Jack Y. &XiaoHu Wang, Assessing the Impact of Performance-Based Budgeting: A Comparative Analysis across the United States, 2009.

[37] Mackie, J. D. The Earlier Tudors (1485 – 1558), Oxford university Press, 1962.

[38] Ministerial Guidelines, page3

[39] OECD: Historical Statistics. Paris: OECD, 1999.

[40] OECD, Best Practices for Budget Transparency, 2002.

[41] OECD, The Legal Framework for Budget Systems: an international comparison, OECD journal on budgeting, Vol. 4. No. 3, 2004.

[42] Office for Budget Responsibility, "Britain's fiscal watchdog: a view from the kennel", 9 May 2013.

[43] Office for Budget Responsibility, "Budget and Autumn Statement policy changes sin 1970", 23 April 2014.

[44] Office for Budget Responsibility, "Economic and fiscal outlook", March 2014.

[45] Office for Budget Responsibility: release policy, http://budgetresponsibility.independent.gov.uk/wordpress/docs/release_policy.pdf.

[46] Office for the Budget Responsibility. brief guide to the UK public finances. [M]. 2014.

[47] PESA, Public Eexpenditure Statistical Analysis.

[48] Robert Chote, Britain's fiscal watchdog, 2013 -05.

[49] Rule, J. The Vital Century, England's Developing Economy, 1714 - 1815. Longman: London and New York, 1992.

[50] Smith, G. B. History of the English Parliament: Together with An Account of Parliament of Scotland and Ireland. V1, London: Ward, Lock, Bowden Co, 1892.

[51] Stuart Young, "The British Budget Process: A Case Study". Harvard Law School Federal Budget Policy Seminar, 2006.

[52] The Participatory Budgeting Unit, Unpacking the Values, Principles and Standards, December 2009.

[53] Treasury officer of accounts, Regularity, Propriety and Value for Money, November 2004.

[54] UK public spending, central Vs local debt, http://www.ukpublicspending.co.uk/.

[55] UK Debt Management Office, Annual Report and Accounts 2012 -2013 of the United Kingdom Debt Management Officeand the Debt Management Account [DB/PL]. 2013.

[56] UK, Data Protection Act 1998.

[57] UK, Freedom of Information Act 2000.

[58] UK, Local Government (Access to Information) Act 1985.

[59] UK, The Code for Fiscal Stability 1998.

[60] UK, The Re-Use of Public Sector Information Regulations 2005.

[61] Wikipedia: Government spending in the United Kingdom. http://en.wikipedia.org/wiki/Government_spending_in_the_United_Kingdom.

[62] 埃尔顿:《都铎王朝统治下的英国》,牛津出版社 1983 年版。

[63] 艾冰:《政府采购促进自主创新的关系及效果研究》,中南大学博士学位论文,2009 年。

[64] 百度文库:《英国的基本法对中央政府和地方政府的财政职能作了具体规定》,http://wenku.baidu.com/link?url=DhFXLnA35idnW32gefA2Fxmw8Be63T97ogblKQ_Ukdt-aCnmIyaJD1IUVm89aGQbFLFQgWZE8gtN_fYUTHtTt5OztmTAemfw4WXkkZicx37O。

[65] 财政部:《2014 政府工作报告》,http://www.gov.cn/zhuanti/2014gzbg.htm. 2014。

[66] 财政部《财政制度国际比较》课题组:《英国财政制度》,中国财政经济

出版社 1999 年版。

[67] 财政部国际司:《英国预算支出监管情况介绍》, http://www.mof.gov.cn/mofhome/guojisi/pindaoliebiao/cjgj/201307/t20130725_969205.html。

[68] 财政部国库司赴英国政府会计培训班总结报告:《英国资源会计与预算改革》, http://www.mof.gov.cn/pub/guokusi/zhengfuxinxi/guojijiejian/200806/t20080620_47659.html。

[69] 财政部会计司:《政府会计研究报告》, 东北财经大学出版社 2005 年版。

[70] 财政部预算司:《预算管理国际经验透视》, 中国财政经济出版社 2003 年版。

[71] 曹顺宏:《美国的政府预算信息公开制度》, 载于《学习时报》2011 年第 2 期。

[72] 陈璐璐:《英国政府会计管理与改革情况及对我国的启示》, 载于《会计研究》2007 年第 10 期。

[73] 陈蕤柽:《论公共财政视野下预算审批立法的完善》, 华南理工大学硕士学位论文, 2010 年。

[74] 陈云星:《地方政府债务管理的国际比较与借鉴》, 山西财经大学硕士学位论文, 2013 年。

[75] 程宗璋:《美、英、日三国公共财政法律体系及其特点》, 载于《财经科学》2003 年第 3 期。

[76] 楚安生:《"庞廷事件" 与英国的保密法》, 载于《世界知识》1985 年第 8 期。

[77] 戴维·罗伯特:《英国史: 1688 年至今》, 中山大学出版社 1990 年版。

[78] 丁艳波:《从财政宪法的角度解读〈自由大宪章〉》, 载于《法制与经济》2006 年第 3 期。

[79] 董礼胜:《欧盟成员国中央和地方关系比较研究》, 中国政法大学出版社 2000 年版。

[80] 董妍、耿磊:《澳大利亚财政预算信息公开制度述评——以 1998 年〈预算诚信章程法〉为中心》载于《南京大学学报》2010 年第 6 期。

[81] 凤凰财经网:《审计署: 全国政府性债务超 20.6 万亿》, http://finance.ifeng.com/a/20131230/11367865_0.shtml。

[82] 高宏贵、魏璐:《论财政预算公开原则——以政府治道变革为视角》, 载于《江海学刊》2010 年第 2 期。

[83] 广西财政厅课题组:《预算信息公开问题研究》, 载于《经济研究参考》2011 年第 17 期。

[84] 郭驰:《英国地方税收管理的启示》, 载于《涉外税务》2006 年第 6 期。

[85] 郭俊华:《英国政府会计改革: 政府统一账户的最新发展及评价》, 载于《国际经贸探索》2008 年第 5 期。

[86] 汉德库克:《英国历史文件》第 12 卷第 2 分册, 伦敦出版社 1977 年版。

[87] 胡锦光、张献勇:《预算公开的价值与进路》,载于《南开学报(哲学社会科学版)》2011年第2期。

[88] 贾建学:《地方政府债务预算编制研究》,载于《财政探索与研究》2008年第2期。

[89] 经济合作与发展组织:《比较预算》,人民出版社2001年版。

[90] 克拉潘:《现代英国经济史(中卷)》,商务印书馆1986年版。

[91] 肯尼思·O·摩根:《牛津英国通史》,商务印书馆1993年版。

[92] 李昊:《预算公开法律制度研究》,中国政法大学硕士学位论文,2011年。

[93] 李慧:《英国的绩效预算改革及启示》,载于《经济导刊》2008年第5期。

[94] 李杰刚、徐卫、刘鹏:《加拿大政府预算透明度考察》,载于《经济研究参考》2011年第50期。

[95] 李笑冰:《中外政府预算制度比较分析》载于《新西部(下旬·理论版)》2011年第13期。

[96] 李云驰:《美国、英国政府信息公开立法的比较与借鉴》,载于《国家行政学院学报》2012年第3期。

[97] 林惠敏:《英国国库管理制度及公共债务审计》,http://report.nat.gov.tw/ReportFront/report_detail jspx? sysld = C10103439,2002年1月3日。

[98] 林雪:《将地方政府性债务纳入预算会计体系浅议》,载于《现代经济信息》2012年第14期。

[99] 刘晓星:《主权债务管理:模式选择、宏观协调与金融稳定》,载于《东南大学学报(哲学社会科学版)》2014年第1期。

[100] 刘笑霞:《国外政府财务报告的发展及其启示》,载于《经济问题研究》2008年第10期。

[101] 刘志宏:《英国财政预算改革之研究》,载于《政策研究学报》2012年第12期。

[102] 鲁香元:《英国政府预算制度探究》,http://sjj.yz.gov.cn/content.php?mId = 854.2013。

[103] 罗纳德·德沃金、冯川:《英国是否需要权利法案》,载于《南京大学法律评论》2001年第12期。

[104] 吕昕阳:《典型发达国家绩效预算改革研究》,中国社会科学出版社2011年版。

[105] 马改艳:《我国地方债务问题及其化解之道》,载于《改革与战略》2014年第2期。

[106] 马骏:《论转移支付:政府间财政转移支付的国际经验及对中国的借鉴意义》,中国财政经济出版社1998年版。

[107] 马骏:《解决地方债危机应硬化预算约束》,载于《中国新闻周刊》2013

年第 32 期。

[108] 门淑莲、颜易:《我国预算公开存在的问题及对策》, 载于《甘肃社会科学》2012 年第 4 期。

[109] 门淑莲:《政府预算公开透明需要三大支撑》, 载于《新视野》2013 年第 4 期。

[110] 孟引:《英国史》, 中国社会科学出版社 1998 年版。

[111] 彭健:《英国政府预算制度的演进及特征》, 载于《东北财经大学学报》2008 年第 2 期。

[112] 钱乘旦、许洁明:《英国通史》, 上海社会科学出版社 2002 年版。

[113] 审计署 2013 年 32 号文,《全国政府性债务审计结果》, 2013 年。

[114] 施雪华:《当代各国政治体制——英国》, 兰州大学出版社 1998 年版。

[115] 史锦化:《公债学》, 中国社会科学出版社 2011 年版。

[116] 数据英国网站, http: //data. gov. uk/about-us。

[117] 苏明、李成威、赵大全、王志刚:《关于预算公开的若干问题研究》, 载于《经济研究参考》2012 年第 50 期。

[118] 苏钱贵:《宪政视角下的公共预算公开制度研究》, 华中师范大学硕士学位论文, 2012 年。

[119] 孙亦军:《中国地方政府债务与融资平台问题研究》, 载于《经济走势跟踪》2011 年第 54 期。

[120] 塔塔里诺娃:《英国史纲》, 三联书店 1962 年版。

[121] 谭必勇、张莹:《欧美国家档案馆参与政府信息公开的路径及其启示》, 载于《档案学通讯》2010 年第 6 期。

[122] 王德祥:《外国财政制度》, 武汉大学出版社 2005 年版。

[123] 王淑杰:《强化我国政府预算约束性的思路和对策》, 载于《宏观经济研究》2011 年第 12 期。

[124] 王雁:《英国地方政府预算的编制与管理》, 载于《财会研究》2003 年第 5 期。

[125] 维基百科: 英国政府部门, http: //zh. wikipedia. org/wiki/% E8% 8B% B1% E5% 9B% BD% E6% 94% BF% E5% BA% 9C% E9% 83% A8% E9% 97% A8。

[126] 吴永立:《绩效预算管理的国际比较及对我国的启示与借鉴》, 载于《会计之友》2012 年第 32 期。

[127] 夏镇平、高抒宇:《英国中央政府政务公开的主要做法和经验》, 载于《中国行政管理》2006 年第 1 期。

[128] 肖鹏:《公债管理教程》, 对外经济贸易大学出版社 2012 年版, 第 194 ~ 195 页。

[129] 谢和均:《英国社会保障预算管理及对我国的启示》, 载于《理论观察》2013 年第 9 期。

[130]《英要求公务员上“推特”“顶”政府》, 新华网, http: //news. xinhua-

net. com/world/2009 - 07/30/content_11795053_1. htm。

[131]《该不该编制“第五本预算账”——全口径预算背景下的政府性债务出路》，新华网，http：//news. xinhuanet. com/politics/2014 - 03/06/c_119627192. htm. 2014。

[132]《中国财政预算经历透明度之变》，新华网，http：//news. xinhuanet. com/ 111618146. htm. 2014。

[133] 徐冰：《英国国家审计署简介》，载于《审计月刊》2003 年第 11 期。

[134] 闫霏：《国外政府信息公开法律体系的比较和借鉴》，载于《新华月报》2012 年 10 月 19 日。

[135] 阎照祥：《英国政治制度史》，人民出版社 1999 年版。

[136] 杨红燕、陈天红：《英国财政社会保障支出制度结构与公平性分析》，载于《武汉理工大学学报（社会科学版）》2013 年第 4 期。

[137] 杨平：《公民预算知情权的法律保障》，载于《甘肃政法学院学报》2010 年第 3 期。

[138] 杨轻波：《我国财政制度透明化的国际比较及演进路径研究》，载于《财政监督》2012 年第 33 期。

[139] 姚少波：《对绩效预算的认识与思考》，载于《发展研究》2005 年第 12 期。

[140] 英国国家审计署网站，http：//www. nao. org. uk/about-us/role-2/what-we-do/history-of-the-nao/。

[141]《英国信息立法简史》，载于《保密工作》2011 年第 2 期。

[142] 英国议会网站：《公共账目委员会》，http：//www. parliament. uk/business/committees/committees-a-z/commons-select/public-accounts-committee/role/。

[143] 应松年、陈天本：《政府信息公开法律制度研究》，载于《国家行政学院学报》2002 年第 4 期。

[144] 余应敏：《国际组织与发达国家政府财务报告的发展及其对我国的启示》，《中国会计学会 2011 学术年会论文集》，2011 年。

[145] 翟司霞：《中央财政预算透明度评价研究》，载于《管理评论》2013 年第 2 期。

[146] 张钢：《英国的新公共管理运动与公共部门研究的范式转换》，载于《自然辩证法通讯》2003 年第 1 期。

[147] 张娟：《英国政府会计改革的回顾及启示》，载于《中南财经政法大学学报》2010 年第 2 期。

[148] 张平：《我国财政透明度的现状及其国际比较研究》，载于《财经理论与实践》2010 年第 5 期。

[149] 张新宇：《从〈权利法案〉看英国革命》，载于《西华大学学报（哲学社会科学版）》2006 年第 6 期。

[150] 张馨、袁星侯、王玮：《部门预算改革研究——中国政府预算制度改革剖析》，经济科学出版社 2001 年版。

[151] 赵芳、樊江宏:《英国公共部门信息再利用模式分析》，载于《图书馆学研究》2011 年第 3 期。

[152]《英国政府如何晒账本?》，政府采购信息网，http://www.caigou2003.com/perspective/international/others/20111130/others_514623.html。

[153] 中国人民银行武汉分行国库处课题组:《从英日地方债务管理的经验谈我国央行在地方债务管理中的作用》，载于《武汉金融》2012 年第 10 期。

[154]《感悟英国国家审计》，中国审计署网站，http://www.audit.gov.cn/n1992130/n1992150/n1992561/2886450.html。

[155] 周斌:《英国政府信息公开制度的立法及其保障措施》，载于《兰台世界》2011 年第 8 期。

[156] 朱芒:《开放型政府的法律理念和实践——日本的信息公开制度》，载于《环球法律评论》2002 年第 3 期。

后　记

本书在编写过程中，本人尽量获得英文原文资料并进行翻译整理，部分资料内容比较新，如关于英国部门会计长、预算责任办公室的介绍等，这为我们了解英国的现状提供了重要的资料。这些英文原文资料大多通过官方网站、研究机构网站或者图书、论文等途径获得，这保证了这些资料的客观性和准确性。书中还借鉴了一些专家学者的研究文献，在此一并表示感谢！

本书是国家社会科学基金重点项目“建设现代预算制度研究——基于制约和监督权力运行的研究视角”（14AZD022）、国家社会科学基金青年项目“加强人大预算监督权力的途径研究”（12CZZ036）和中央财经大学重大科研培育项目“国家治理能力提升下的政府施政行为规范研究”的阶段性成果。

本书的出版过程适逢本人在美国做访问学者，给出版中的沟通及一些具体工作带来了不便。因此，在本书的审稿及修改完善中，李燕教授及本书编辑刘颖做了大量细致具体的工作，多次通过邮件与我沟通，给出了修改完善建议及亲自进行了书稿的校订工作，使得本书能够顺利出版，在此表示深深的感谢！

由于受本人对英国预算制度文献的掌握及翻译理解水平所限，本书肯定还存在许多不尽如人意之处，欢迎各位读者不吝赐教，提出您的宝贵意见和建议，以供今后本书进一步的修改与完善。

王淑杰

于2014年11月